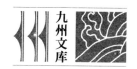

九州文库

中国自贸试验区的供给侧结构性改革效应

李 杰 著

九州出版社
JIUZHOUPRESS

图书在版编目（CIP）数据

中国自贸试验区的供给侧结构性改革效应／李杰著．
北京：九州出版社，2025.5. -- ISBN 978-7-5225
-3949-2

Ⅰ. F752

中国国家版本馆 CIP 数据核字第 2025HU5043 号

中国自贸试验区的供给侧结构性改革效应

作　　者	李　杰　著
责任编辑	云岩涛
出版发行	九州出版社
地　　址	北京市西城区阜外大街甲 35 号（100037）
发行电话	（010）68992190/3/5/6
网　　址	www.jiuzhoupress.com
印　　刷	三河市华东印刷有限公司
开　　本	710 毫米×1000 毫米　16 开
印　　张	20
字　　数	363 千字
版　　次	2025 年 5 月第 1 版
印　　次	2025 年 7 月第 1 次印刷
书　　号	ISBN 978-7-5225-3949-2
定　　价	98.00 元

前　言

本书受到攀枝花学院博士启动基金和校级科研项目的资金支持。

自贸试验区建设和供给侧结构性改革是推动中国式现代化的两大战略举措。党的二十大报告强调，要"加快建设海南自由贸易港，实施自由贸易试验区提升战略，扩大面向全球的高标准自由贸易区网络"。报告还指出，要"坚持以推动高质量发展为主题，把实施扩大内需战略同深化供给侧结构性改革有机结合起来"。在此背景下，深入研究中国自贸试验区的供给侧结构性改革效应，具有重要的理论和现实意义。

虽然西方经济学的理论对中国自贸试验区建设和供给侧结构性改革具有重要启示，但中国的自贸试验区建设和供给侧结构性改革必须以马克思主义政治经济学的基本原理和中国特色社会主义政治经济学为指导。中国的自贸试验区建设采取渐进推进模式，分七批设立了22个自贸试验区，构建了覆盖全国东中西部的自贸试验区网络。自贸试验区肩负着制度创新试验田、现代新兴产业集聚地、高水平对外开放窗口和国家战略重要执行者等重要使命。经过十余年的建设和发展，自贸试验区在这方面取得了显著成效。中国的供给侧结构性改革经历了筹备启动、深化拓展、巩固提升和供需协同四个主要阶段。该改革具有问题导向性、阶段性、系统性、长期性、政策连续性和创新性相统一、风险防控与稳定发展相统一等特征。供给侧结构性改革的重点内容包括优化资源配置、推动产业结构升级与创新驱动、完善市场机制、提升社会治理能力、加强环境保护以及促进区域城乡协调发展等。通过有效执行"三去一降一补"五大任务，供给侧结构性改革取得了显著成效。

畅通国民经济循环是自贸试验区助力供给侧结构性改革的基本理论逻辑。中国的自贸试验区在经济循环的各个环节具有诸多的积极作用。自贸试验区可以在生产环节降低生产成本并提高生产效率，可以在分配环节优化资源及收入分配，可以在交换环节推动贸易自由化和便利化，可以在消费环节提升消费能力并满足多样化消费需求。自贸试验区在进行制度创新、集聚发展现代新兴产业、高水平对外开放、服务国家战略的过程中必然会推进供给侧结构性改革。自贸试验区通过促进资源再配置和市场拓展缓解了过剩产能。自贸试验区建设和发展既能够增加房地产市场需求，也有助于抑制房地产市场过度供给，从而推动房地产市场的去库存进程。自贸试验区通过推动政府职能转变、培育新增长点、金融开放创新、优化营商环境、提高企业自我融资能力等多条途径，有效助力了政府和企业去杠杆。自贸试验区建设和发展可以有效降低企业的制度性交易成本、融资成本和物流成本。自贸试验区还可以弥补有效制度供给不足、国内中高端商品供给不足、区域发展不平衡等短板。

不同批次和区域的自贸试验区均具有显著的供给侧结构性改革效应。上海自贸试验区作为中国首个自贸试验区，对上海及全国的供给侧结构性改革产生了深远影响。云南自贸试验区作为首批设立于陆地边境的自贸试验区之一，肩负着推动"一带一路"和长江经济带互联互通的使命，显著缓解了云南省煤炭、钢铁、建材等传统产业的产能过剩，并降低了昆明、红河河口县及瑞丽市的房地产市场库存。此外，云南自贸试验区还有效降低了区域企业的制度性交易成本、融资成本和物流成本，填补了制度供给不足和开放水平不高等短板。四川自贸试验区，作为首批在内陆设立的自贸试验区之一，致力于建设西部门户城市和推动区域协同开放，缓解了四川省钢铁和煤炭等行业的产能过剩，减轻了成都和泸州市房地产市场的库存压力，降低了企业的物流、通关、财务及投资成本，缓解了制度供给不足、开放水平不高、中高端商品短缺和创新能力不足的问题。

本研究丰富了自贸试验区建设和供给侧结构性改革关系的研究内容，并为自贸试验区提升战略的有效实施和供给侧结构性改革的深化提供了决策依据。在推进中国式现代化的背景下，统筹推进自贸试验区提升战略与深化供给侧结构性改革至关重要。一方面，政府应加强政策协同，确保自贸试验区的创新举措与深化供给侧结构性改革紧密结合，形成政策合力，以激发市场活力和技术进步；另一方面，要推广简政放权、优化营商和创新环境，以提升供给体系的质量与效率和供需的适配性。

目 录
CONTENTS

第一章

导　言

第一节　研究背景与研究意义

一、研究背景

建设自由贸易试验区（以下简称自贸试验区）和推进供给侧结构性改革是党中央、国务院为适应国际国内形势变化采取的推动中国经济社会高质量发展的两大重要战略决策。自贸试验区建设和供给侧结构性改革在中国建设更高水平开放型经济新体制与化解供需结构失衡中发挥着重要的作用，是中国加快构建"双循环"新发展格局、全面推进高质量发展的重要的平台和工作主线。

自2013年设立第一个自贸试验区以来，中国先后分7批次共计设立22个自贸试验区，形成了东西南北中全覆盖的空间布局和沿海、沿边、内陆各类型统筹发展的整体格局。自贸试验区作为新时代"改革开放的试验田"，在推动中国更高水平对外开放、促进经济高质量发展方面发挥了重要作用。《国务院新闻办发布会介绍自贸试验区建设十周年有关情况》一文指出，自贸试验区成立10年来，在全国范围内累计推广了302项制度创新成果，对全国的外商投资和进出口总额贡献显著。以2022年为例，21个自贸试验区以不到千分之四的国土面积，贡献了占全国18.1%的外商投资和17.9%的进出口贸易。此外，自贸试验区的建设和发展有力地推动了自贸试验区所在地及其周边地区产业集群发展、营商环境优化以及政府治理能力提升。例如，上海自贸试验区的金融服务和高端制造业、天津自贸试验区的融资租赁业、浙江自贸试验区的油气产业、湖北自贸试验区的光电子信息产业以及江苏自贸试验区的生物医药产业的规模和影响力不断提升。

自2015年正式提出供给侧结构性改革以来，中国各地区各行业坚持以供给侧结构性改革为主线持续深化改革开放，提高供给质量与效率，致力于解决制约地区和行业高质量发展的结构性矛盾。供给侧结构性改革近10年来，中国的供给侧结构性改革在优化经济结构、淘汰过剩产能和无效产能、降低税费负担、优化营商环境、推动科技创新和产业升级、增强经济内生动力等方面发挥了重要作用。中国的三次产业结构从2015年的4.4∶39.7∶55.9调整为2023年的5.9∶33.9∶60.2，第一产业的基础地位更加牢固，第三产业的贡献更加突出。2022年我国转型升级指数达到162.8，比2015年提高了53.1；截至2022年年底，全国共淘汰落后产能和化解过剩产能钢铁约3亿吨、水泥约4亿吨①。减税降费、降低融资成本、简化行政审批等降低成本和优化营商环境的效果也十分明显。以增值税为例，2018年财政部和税务总局发布通知将原适用17%和11%的税率，分别下调为16%、10%。② 根据世界银行发布的《全球营商环境报告2020》，中国在全球营商环境排名中比上一年上升了15位，达到历史最高的第31位，比2018年的第78位上升了47位。

自贸试验区建设和供给侧结构性改革是相辅相成的，它们共同推动了中国经济社会的高质量发展。自贸试验区的重要作用主要体现在制度创新和产业集群发展两个方面，而供给侧结构性改革的重要作用主要体现在提升资源配置效率、提升产品和服务质量、推动技术创新、降低企业成本等方面。自贸试验区建设和供给侧结构性改革的目标具有一致性，两者旨在通过改革提高经济效率和发展质量，促进中国经济的持续健康发展。自贸试验区建设和供给侧结构性改革是相互促进的。自贸试验区建设和发展为供给侧结构性改革提供了实践平台和创新经验，而供给侧结构性改革则为自贸试验区提供了结构调整和产业升级的动力。自贸试验区建设和供给侧结构性改革不仅在中国过去的经济社会发展中起到了重要作用，而且在中国未来的改革发展中也具有不可替代的作用。自贸试验区建设和深化供给侧结构性改革是中国未来持续推进高水平对外开放和高质量发展的重要平台和重要抓手。党的二十大报告强调，要"加快建设海南自由贸易港，实施自由贸易试验区提升战略，扩大面向全球的高标准自由贸易区网络"，"坚持以推动高质量发展为主题，把实施扩大内需战略同深化供给侧结构性改革有机结合起来，增强国内大循环内生动力和可靠性"，"推动经济

---

① 陈彦斌. 深化对供给侧结构性改革的认识［N］. 经济日报，2023-10-11（8）.
② 财政部. 税务总局关于调整增值税税率的通知［EB/OL］.［2018-04-04］. https://fgk. chinatax. gov. cn/zcfgk/c102416/c5202464/content. html.

实现质的有效提升和量的合理增长"。①

鉴于自贸试验区建设和供给侧结构性改革之间内在的紧密联系以及两者在中国高质量发展中的重要作用,因此有必要对自贸试验区建设和供给侧结构性改革相互作用的机制以及如何协同推进两大重要战略进而形成战略合力进行系统全面的理论与实证研究。供给侧结构性改革是一项复杂的系统工程,涉及全国各地区、各行业领域,影响经济社会运行的方方面面,需要从不同的视角探索深化供给侧结构性改革的关键着力点与实现路径。现有的研究与实践经验表明,自贸试验区的建设和发展有利于供给侧结构性改革目标的实现,实施自由贸易试验区提升战略是深化供给侧结构性改革的重要实现路径。然而,当前对自贸试验区建设与供给侧结构性改革的关系缺乏系统全面的研究,这显然既不利于全面客观认识自贸试验区在供给侧结构性改革中的潜在作用,也不利于协同推进自贸试验区建设和深化供给侧结构性改革政策策略的制定。因此,研究中国自贸试验区的供给侧结构性改革效应具有重要的理论与现实意义。本研究结合中国自贸试验区建设以及供给侧结构性改革的实践,从理论和实证两个方面较为全面细致地分析自贸试验区助力供给侧结构性改革的理论逻辑、现实逻辑与实现路径,并对自贸试验区的供给侧结构性改革效应进行案例分析,期望能够获得一些有益的研究结论供后续研究和相关政策策略的制定提供参考。

二、研究意义

研究中国自贸试验区的供给侧结构性改革效应的理论意义主要体现在以下三个方面。首先,研究有助于推动中国特色社会主义政治经济学的丰富和完善。自贸试验区建设和供给侧结构性改革是中国特色社会主义市场经济发展的重要组成部分。通过探讨自贸试验区与供给侧结构性改革的关系,尤其是前者在后者中的潜在作用及其实现路径,可以为中国特色社会主义政治经济学的发展提供新视角。理论探索与案例分析相结合,有助于深入理解高水平对外开放与国内经济高质量发展的关系,从而为经济理论提供新的内容。其次,研究可以丰富自贸试验区与供给侧结构性改革关系的研究内容,深化对两者关系的理解,为政策制定提供理论支撑。对自贸试验区供给侧结构性改革效应的理论与案例分析,不仅有助于拓展相关领域的研究视角和内容,弥补现有研究的一些不足;

---

① 习近平. 高举中国特色社会主义伟大旗帜 为全面建设社会主义现代化国家而团结奋斗——在中国共产党第二十次全国代表大会上的报告 [EB/OL]. [2022－10－25]. http：//www. qstheory. cn/yaowen/2022－10/25/c_ 1129079926. htm.

还有利于进一步深化对供给侧结构性改革内涵和自贸试验区功能的理解，进而全面认识两者的相互促进机制。最后，研究有助于推动理论观点与研究方法的创新与融合。研究中国自贸试验区的供给侧结构性改革效应需要综合运用西方经济学与马克思主义经济学的多种理论与方法。通过借鉴各学科、各学派的理论观点，能够更好地阐释经济现实，促进学术观点的交叉融合与创新发展。此外，综合运用宏观经济学、微观经济学及发展经济学等多个学科的研究方法，将有助于推动研究方法的创新与融合。

　　研究中国自贸试验区的供给侧结构性改革效应的现实意义主要体现在以下三个方面。第一，研究有助于总结自贸试验区建设与发展过程中的成功经验和存在的问题，为自由贸易试验区提升战略的有效实施提供决策依据。从供给侧结构性改革的全局性视角分析自贸试验区的功能与作用，能够深入理解自贸试验区建设的关键工作与主要目标。这将有助于准确识别在中国自贸试验区建设和发展中值得推广的经验以及亟待解决的现实问题，从而为合理规划自贸试验区的未来发展提供实际依据。第二，研究有助于找准深化供给侧结构性改革的关键着力点，为完善相关政策提供决策参考。通过深入分析自贸试验区建设助力供给侧结构性改革的现实逻辑与实现路径，能够加深对影响供给侧结构性改革因素的理解，并帮助识别实现深化供给侧结构性改革目标所需的条件和重点工作。这种分析将为政策制定提供更加科学的依据。第三，研究能够发现自贸试验区建设与供给侧结构性改革的契合点，从而推动两大战略的协同发展。深入探讨自贸试验区助力供给侧结构性改革的理论与现实逻辑，可以从理论依据、战略目标、工具手段等多个方面探索自贸试验区建设与供给侧结构性改革的内在关联性，进而找出协同推进两大战略的有效路径。

第二节　研究思路、框架与研究方法

一、研究思路和研究框架

　　本研究遵循"理论与文献综述—现状描述—理论探讨—案例研究—对策启示"的基本思路。第一，对自贸试验区与供给侧结构性改革的相关理论进行梳理和总结，为深入探讨两者关系奠定理论基础。同时，对现有研究进行综述，指出其不足之处，并强调本研究的贡献。第二，概述中国自贸试验区建设与供给侧结构性改革的基本情况，梳理其发展历程、关键特征与主要成效。第三，在分析自贸试验区与供给侧结构性改革内在联系的基础上，探讨自贸试验区助力供给侧结构性改革的理论与现实逻辑，构建基础分析框架。第四，选择不同批次和区域的代表性自贸试验区，对其供给侧结构性改革效应进行案例研究。第五，基于理论分析与案例研究结果，提出有效统筹推进自贸试验区提升战略和深化供给侧结构性改革的对策建议。本书的研究框架如图 1-1 所示。

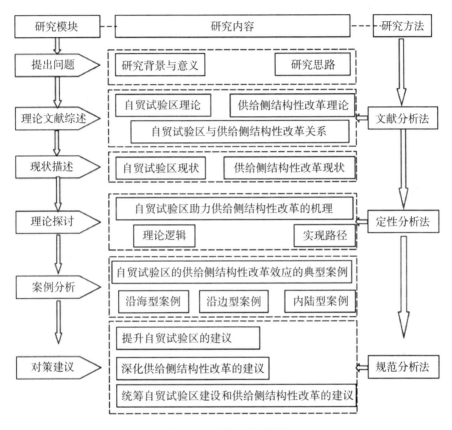

图 1-1 研究的基本框架

二、研究方法

为了更全面客观地认识自贸试验区在供给侧结构性改革中的作用，本书坚持理论探讨与案例分析相结合、实证分析与规范分析相结合的研究方法。主要的研究方法包括以下四种。

（1）文献分析法。本书首先对自贸试验区与供给侧结构性改革的相关理论和文献进行梳理和总结，分析和归纳出自贸试验区建设和供给侧结构性改革的理论依据。然后，分析现有关于自贸试验区与供给侧结构性改革关系研究的不足之处，指出研究自贸试验区供给侧结构性改革效应的重要价值。

（2）定性分析法。本书以马克思主义政治经济学为指导，同时借鉴西方经济学相关理论的合理观点，对自贸试验区助力供给侧结构性改革的理论逻辑、现实逻辑和实现路径进行理论探讨，试图较为全面地揭示自贸试验区在供给侧结构性改革中的各种潜在作用及其实现路径。

（3）案例分析法。本书选取具有代表性的沿海、沿边及内陆自贸试验区，从去产能、去库存、降成本和补短板四大重点任务视角，分析其供给侧结构性改革效应。通过案例研究，既可以识别各自贸试验区推动供给侧结构性改革的主要方式，又可以对比不同自贸试验区在这一进程中发挥的作用差异。通过对这些效应的比较分析，有助于归纳总结自贸试验区促进供给侧结构性改革的一般规律和最佳实践。

（4）规范分析法。本书在理论和案例分析的基础上，结合当前自贸试验区建设和发展、供给侧结构性改革面临的新情况，坚持以新发展理念为指导，以服务新发展格局构建和高质量发展为目标，提出提升自贸试验区和深化供给侧结构性改革的对策建议。

第二章

理论与文献综述

第一节　自贸试验区的相关概念与理论

一、自贸试验区的相关概念

中国的自由贸易试验区（Pilot Free Trade Zone，以下简称自贸试验区）是指在中国境内设立的，以制度创新和政府职能转变推动贸易投资自由化便利化为主要目的的多功能经济性特区，是中国自主开放的重要前沿领域和当前国内最高水平的开放平台，肩负着为全国构建更高水平开放型经济新体制积累新经验、探索新路径的重要使命。建设自由贸易试验区是党中央、国务院在新形势下全面深化改革和扩大开放的一项战略举措，对加快政府职能转变、积极探索管理模式创新、促进贸易和投资便利化、形成深化改革新动力、扩大开放新优势具有重要意义。[①]

与自贸试验区相似或密切相关的区域包括自由贸易区、自由贸易园区、保税区、经济特区、出口加工区等。这些区域虽然在促进国际贸易和投资方面具有明显的相似性，但在具体的定义、运作方式、法律地位、监管政策等方面存在差异。

自由贸易区（Free Trade Area）是指两个以上的主权国家或单独关税区通过签署协定，在世贸组织最惠国待遇基础上，相互进一步开放市场，分阶段消除绝大部分货物的关税和非关税壁垒，改善服务和投资的市场准入条件，从而形

[①] 国务院关于印发中国（上海）自由贸易试验区总体方案的通知：国发〔2013〕38 号[A/OL]．[2013 − 09 − 18]．https：//www. gov. cn/gongbao/content/2013/content＿ 2509 232. htm.

成的实现贸易和投资自由化的特定区域①。自由贸易试验区与自由贸易区之间的主要区别在于设立主体、区域范围、核心政策和法律依据。自由贸易区通常由两个或更多主权国家或地区组成，旨在通过签订协定消除成员间的关税壁垒，促进贸易和投资自由化。而自贸试验区则是一个国家在其境内设立的特定区域，实行优惠税收和特殊监管政策，主要关注本国内部的贸易和投资便利化。自由贸易区的法律依据多为国际协定，自贸试验区则依据国内立法。自由贸易试验区侧重于制度创新和压力测试，为全面深化改革和扩大开放探索新路径，而自由贸易区则侧重于实现贸易和投资的自由化。②

在国外，与中国的自贸试验区最为相似的区域被称为自由贸易园区（Free Trade Zone，简称FTZ），是指在贸易和投资等方面比世贸组织有关规定更加优惠的贸易安排，在主权国家或地区的关境以外，划出特定的区域，准许外国商品豁免关税自由进出的区域。③ 自由贸易园区是特定的地理区域，通常位于国家边境或主要商业港口，允许货物在不受本国关税限制的情况下储存、处理和再出口。设立自由贸易园区的主要目的是促进国际贸易与经济活动，通过税收优惠和行政便利吸引外国投资。在自由贸易园区内，企业可以进行包装、装配及制造等多种活动。自贸试验区本质上属于自由贸易园区，不过自贸试验区相对来说是一个更为广泛和一般的概念。国外的自由贸易园区主要侧重于贸易和加工活动，而中国的自贸试验区则涵盖更广泛的经济活动和政策试验。自贸试验区不仅限于贸易和制造，还包括服务业和高技术产业，同时承担着制度创新、复制与推广的使命。自贸试验区提供的优惠政策涉及税收、投资、贸易及行政管理等多个方面，形成了更为全面的支持体系。

保税区（Bonded Area）是一种设立在国际港口、机场或边界附近的特殊海关监管区域，主要功能包括允许货物暂存而无须立即支付关税和进口税，企业可在此进行简单加工和再包装，享有税收优惠。保税区的设立主要是为了促进进出口贸易和物流业务，通过简化的海关程序和税收优惠，吸引外资企业和国内企业参与国际市场的竞争。相比之下，自贸试验区的功能则更为广泛和深入。除了包括传统的贸易和加工功能外，自贸试验区还涵盖服务业和高技术产业，

---

① 商务部国际司. 商务部 海关总署关于规范"自由贸易区"表述的函 [EB/OL]. [2008-05-09]. https: //m. mofcom. gov. cn/article/b/g/200806/20080605579008. shtml.

② 自由贸易区（FTA）与自由贸易试验区（FTZ）的区别有哪些？ [EB/OL]. [2016-09-08]. http: //doc. jiangsu. gov. cn/art/2016/9/8/art_ 51621_ 6861964. html.

③ 什么是自由贸易区？ [EB/OL]. [2017-03-30]. https: //ftz. luzhou. gov. cn/hdjl/cjwt/content_ 831207.

致力于创新和完善经济管理政策和制度。这些区域不仅是经济特区，也是政策实验室，通过实施前瞻性的政策试点和制度创新，探索适应新经济形势的发展模式。自贸试验区的目标是通过这些政策实验，引导更广泛的经济结构调整和开放，推动经济高质量发展。

经济特区（Special Economic Zone）是政府在特定地区划定的用于试验经济和管理政策的特定区域，通常拥有比国家其他地区更多的政策自主权，包括税收优惠、土地使用政策的灵活性及外资准入的便利化等。经济特区的设立主要是为了吸引外资，促进出口，创造就业机会，从而推动地区乃至全国的经济发展。经济特区是一种更为宽泛的概念，自由贸易试验区可以视为经济特区的一种特殊形态，专注于贸易投资自由化和制度创新。中国经济特区的创办有其深刻的历史背景，既是党和国家在新的历史条件下主动顺应世界政治经济发展新趋势作出的战略抉择，也是党和国家在深刻总结历史经验的基础上，为推进改革开放和社会主义现代化建设进行的伟大创举。① 中国的自由贸易试验区则是在新时代推进深化改革、扩大开放的一项战略举措，以制度创新为核心，探索实施一批基础性、根本性的改革，是全国改革开放的新样板。

二、自贸试验区的理论依据

自贸试验区既是贸易投资自由化的实践平台，又是制度创新的试验田。西方经济学和马克思主义政治经济学的诸多理论对建设和发展自贸试验区具有重要的理论支撑作用和现实参考价值。这些理论有助于从不同的维度和层面对"为什么要建设自贸试验区""建设怎样的自贸试验区""如何建设自贸试验区"等自贸试验区建设的核心问题进行理论解释。

（一）自由贸易理论及其启示

自由贸易理论旨在解释和支持国际贸易的自由化和开放化，是自贸试验区建设的核心理论依据。自由贸易理论认为，自由贸易能够增进贸易双方的福利，进而促进本国和全球经济的增长，强调通过减少或消除贸易壁垒，促进国际分工，增加国民收入，加强竞争，减少垄断，提高经济效益。比较有代表性的西方自由贸易理论有亚当·斯密（Adam Smith）的绝对优势理论、大卫·李嘉图（David Ricardo）的比较优势理论、伊·菲·赫克歇尔（Eli F. Heckscher）和戈特哈德·贝蒂·俄林（Bertil Gotthard Ohlin）的要素禀赋理论、保罗·克鲁格曼

---

① 关于经济特区的更多分析参见陈金龙，张鹏辉. 经济特区：中国改革开放的伟大创举
　　[N]. 光明日报，2020-11-11 (11).

（Paul Krugman）等人的新贸易理论等。

马克思主义政治经济学主张以辩证的视角看待自由贸易。根据这一理论，国际分工是社会分工的延伸，自由贸易并非必然促进全球经济增长和福利提升。相反，自由贸易可能加剧国际贫富差距，使发达国家的富裕阶层受益，而使发展中国家的工人面临剥削。因此，马克思主义政治经济学倡导采用多种政策手段，以减少自由贸易带来的负面影响，实现更公平的国际经济秩序。中国特色社会主义政治经济学是马克思主义政治经济学的重要发展，吸收了西方自由贸易理论中的有益思想。中国特色社会主义政治经济学认为，在全球化背景下，自由贸易可以促进资源的优化配置，提高生产效率，推动经济增长。对外开放也有助于加强与世界各国的交流与合作，实现互利共赢。然而，这一理论同时认识到自由贸易可能带来的挑战，如对国内产业的冲击和贸易保护主义的抬头等问题。

各种自由贸易理论论证了不同经济环境下国际分工与贸易的潜在好处，这为建设自贸试验区以促进国际贸易与投资发展提供了有力的理论支撑。同时，自由贸易理论对建设怎样的自贸试验区以及如何建设自贸试验区也具有重要的启示意义。在经济全球化的背景下，自贸试验区应该是国际商品和资本自由流动的平台、国际分工的实践基地、优势产业的集聚区。自贸试验区建设的重点是促进贸易投资便利化、构建公平开放有序的市场环境、培育提升比较优势等方面。自贸试验区应该通过减免关税和其他贸易壁垒促进贸易便利化和国际贸易的增长，通过营造内外资公平的营商环境促进投资的便利化和投资规模的增长，通过鼓励企业专注于具有比较优势产品的生产、推动技术创新与产业升级等方式提升本国企业和产业的国际竞争力。

（二）经济全球化与全球价值链理论及其启示

经济全球化理论是一个广泛的理论框架，用以分析和解释全球经济一体化的过程、动力、影响及其对国家、企业和个人带来的挑战，其对自贸试验区的建设和发展也具有重要的启示价值。经济全球化具有贸易全球化、金融全球化、劳动力全球化等多种不同的表现形式，涉及生产、资本、技术和商品服务等的跨国界的流动。有代表性的西方经济全球化理论包括以弗里德里希·哈耶克（Friedrich Hayek）、米尔顿·弗里德曼（Milton Friedman）和大卫·莱恩（David Lane）等为代表人物的新自由主义全球化理论，以保罗·赫斯特（Paul Hirst）、格雷厄姆·汤普森（Grahame Thompson）和约瑟夫·斯蒂格利茨（Joseph Stiglitz）等为代表人物的全球化怀疑论，以安东尼·吉登斯（Anthony Giddens）、扬·阿特·肖尔特（Jan Aart Scholte）和曼纽尔·卡斯特尔斯（Manuel Castells）

等为代表人物的秩序转型派的经济全球化理论。① 新自由主义全球化理论认为，经济全球化是全球经济与市场一体化的过程，通过市场机制促进生产要素和商品的跨国流动，可以实现资源的最优配置，进而造福所有国家。全球化怀疑论者认为，当前的全球化现象被过分夸大，未能达到历史上某些全球化的高度；国与国间的经济交往依赖于国家与政府的协调，以确保经济合作的正常运转；经济全球化可能加剧世界经济的不平等，使部分发展中国家边缘化。秩序转型派则认为，世界秩序的变化充满不确定性，经济全球化是推动经济、社会和政治秩序转型的重要力量，这一转型带来了新的机遇与挑战。

马克思主义经济全球化理论包括马克思和恩格斯的经济全球化理论以及其他马克思主义者的经济全球化理论。马克思和恩格斯的"世界市场"理论认为，资本主义发展推动了全球市场的形成，是经济全球化的主要动力。该过程涉及商品、资本和劳动力的跨国流动，引发经济和社会问题的国际化，如经济危机和阶级斗争的全球传播，导致社会结构的深刻变革，并可能加剧不平等与剥削。以萨米尔·阿明（Samir Amin）和大卫·哈维（David Harvey）等为代表人物的西方新左翼全球化理论也对新自由主义全球化理论进行了批判，认为经济全球化是资本主义生产方式的全球扩张，导致了全球不平等和社会矛盾的加剧。中国特色社会主义政治经济学对经济全球化的理论阐释，融合了马克思主义全球化思想与中国实际，体现了中国共产党领导下对全球化趋势的深刻认识及应对策略。中国特色社会主义经济全球化理论认为，经济全球化为中国带来了市场扩展、资源优化、生产效率提升和竞争力增强等机遇。中国积极融入世界经济，支持并维护全球化进程。同时，该理论指出全球化可能引发的不平等、就业不稳定、主权削弱、环境问题、文化冲突、金融风险及经济波动等挑战。面对全球经济治理的严峻形势，中国主张在遵循国际规则的同时，维护国家经济安全，推动建立公平合理的国际经济新秩序，促进构建人类命运共同体。

全球价值链（Global Value Chain）理论是分析全球经济活动，特别是生产活动在全球范围内分布和组织的理论框架。该理论强调了生产过程的国际化和分散化，以及不同国家和企业如何通过跨国生产和分销网络相互连接。全球价值链理论的代表人物包括加里·格雷菲（Gary Gereffi）、蒂莫西·斯特金（Timothy Sturgeon）和布鲁斯·科洛特（Bruce Kogut）等。全球价值链理论揭示了经济全球化下企业如何将生产过程分解并分散至全球，以利用各地的成本、

---

① 更多关于经济全球化理论的分析参见吴志鹏，方伟珠，陈时兴. 经济全球化理论流派回顾与评价［J］. 当代经济研究，2003（1）：43-47.

技术和市场优势。该理论核心观点包括以下几点：产品从设计到销售的各环节可能分布在不同国家；跨国公司通过外包和直接投资在全球生产网络中发挥核心作用，整合不同生产阶段；发展中国家可通过参与全球价值链实现产业升级，但也面临被锁定在低附加值环节的风险。该理论分析了生产活动在国家间的分布与组织，解释了国际贸易和投资的模式变化，深化了对国际分工的理解，并关注全球生产网络的治理结构和可持续发展。它为理解全球化经济中的生产、贸易和分配模式提供了有力的分析工具，对政策制定者、企业和学者具有重要的指导意义。

中国特色社会主义政治经济学在全球价值链的理解和运用中展现出独特的视角和战略选择。中国特色社会主义政治经济学强调，在参与全球价值链的同时，维护国家经济主权与安全，通过产业升级与技术创新降低技术依赖，推动自主品牌建设；注重经济结构调整，发展服务业与高技术产业，减少对资源密集型产业的依赖；倡导可持续发展，推动绿色低碳经济，并主张全球治理结构的合理化，提升发展中国家在国际事务中的代表性；加强内外联动，通过国内改革促进国际市场衔接，共享发展成果，实现互利共赢。中国还强调风险管理，通过市场多元化降低经济风险，推动区域经济一体化，如"一带一路"倡议，加强与周边国家的经济联系。总之，中国特色社会主义政治经济学中的全球价值链理论，体现了中国在全球经济一体化进程中的积极角色和对国家发展战略的深刻理解，旨在通过参与全球价值链推动经济的高质量发展。

全球价值链理论与经济全球化理论紧密相关，通过强调不同国家和地区在生产过程中的相互依存性解释国际贸易模式的演变，并强调全球化对经济结构和发展的深远影响，共同构成了对全球化过程的深入理解。经济全球化理论与全球价值链理论为自贸试验区的建设与发展提供了重要的理论指导与实践启示。首先，经济全球化理论强调跨国界的经济活动和互联互通的重要性。自贸试验区应通过政策制度创新降低贸易壁垒，促进要素自由流动，吸引外资，推动产业升级与经济结构优化。其次，全球价值链理论强调了不同国家和地区在全球生产网络中的角色和地位。自贸试验区应鼓励企业参与国际分工，通过技术和管理创新，攀升至全球价值链的上游，提高产品附加值和竞争力。同时，自贸试验区应成为技术创新和知识溢出的平台，通过与跨国公司合作，加速技术转移和人才培养，促进本地创新能力的提升。再次，自贸试验区在推进经济全球化和全球价值链参与的过程中，需警惕潜在风险，确保国家经济安全，并注重发展的平衡性与可持续性。自贸试验区应构建风险评估体系，制定平衡发展战略，以缓解经济波动和区域产业不平衡问题。同时，自贸试验区应引领绿色发展和社会责任，通过推广清洁技术和社会责任标准，实现经济与社会、环境的和谐共生，保障经济增长的普惠性和长期性。最后，自贸试验区还应积极参与全球治理，推动构建开放型世界经济，成为国际合作的平台，推动贸易和投资自由化便利化，参与制定国际规则，为全球经济治理体系的完善贡献力量。

（三）制度经济学理论及其启示

制度经济学专注于研究制度的定义与演化、制度对经济行为和经济结果的影响。自贸试验区的一个重要使命就是进行制度创新，因而制度经济学的许多理论对于自贸试验区的建设和发展具有重要的理论参考价值。从发展历程来看，西方制度经济学大致可以分为索尔斯坦·凡勃伦（Thorstein Veblen）、约翰·康芒斯（John Commons）、韦斯利·克莱尔·米契尔（Wesley Clair Mitchell）等为代表的旧制度经济学和以罗纳德·科斯（Ronald H. Coase）、道格拉斯·诺斯（Douglass North）、奥利弗·威廉姆森（Oliver Eaton Williamson）、詹姆斯·布坎南（James Buchanan）等为代表的新制度经济学。西方新旧制度经济学虽然在理论取向、研究重点和方法论上存在明显区别，但是两者在制度重要性的认识上有着共同的基础。

旧制度经济学强调，制度是经济活动的基础，规定了经济主体的行为规则及其权利和义务，从而深刻影响资源的配置和经济效率。旧制度经济学还认为，制度变迁是经济和社会变革的关键，并且这种变迁往往是渐进的、累积性的；技术进步与制度是相互作用，技术的发展推动制度的变革，而制度的变革又为技术进步提供条件；国家在经济中扮演着重要角色，通过国家干预或控制纠正市场的偏差可以推动实现社会福利的最大化。新制度经济学核心理论涵盖交易成本理论、产权理论、制度变迁理论及国家理论等多种理论。交易成本理论指出，经济活动中的交易成本，如寻找交易伙伴、谈判和监督合同等，对资源配置和组织结构产生显著影响。产权理论强调，产权的界定与保护是激励有效经济行为的关键，能降低交易成本，促进资源有效分配，提升经济效率。制度变迁理论认为制度非静态，而是随时间和环境变化而演化，变迁可能由内在动力如利润最大化追求或外在冲击如技术进步所驱动，且受历史和初始条件影响，呈现路径依赖。国家理论则视国家为产权制度的制定者和维护者，通过法律和政策影响产权界定与保护，对经济发展产生深远影响。新制度经济学还探讨委托—代理问题、制度多样性及非正式制度的作用。西方新旧制度经济学的各种理论为分析经济组织、市场运行和政府政策提供了重要框架，并为经济改革和制度设计提供了理论基础。

马克思主义制度理论基于阶级斗争和社会基本矛盾两大理论。阶级斗争理论视社会进步为阶级矛盾和斗争的结果，经济制度变迁是其产物。社会基本矛盾理论指出，生产力与生产关系、经济基础与上层建筑间的矛盾是发展和变革的根源，生产关系与生产力的不适应催生社会变革。马克思主义制度变迁理论认为制度变迁是社会发展和阶级斗争的必然结果。与西方制度经济学相比，马克思主义的制度理论形成更早，具有坚实的方法论基础和系统严谨的理论体系，对西方理论发展产生了深远影响①。与自贸试验区密切相关的马克思主义的制度理论主要包括所有制与产权理论、制度变迁与制度创新理论以及国家理论。所有制与产权理论指出所有权关系是生产关系的总和，受生产力水平影响。制度变迁与创新理论认为，制度变迁的根本动力源自生产力与生产关系、经济基础与上层建筑之间的矛盾，旨在通过制度优化促进生产力发展。国家理论视国家为阶级矛盾的产物，对经济发展具有双重作用。这些理论为自贸试验区的制度变迁与创新提供了理论基础，强调制度调整应适应经济发展需求，推动社会生产力提升。

中国特色社会主义政治经济学继承并发展了马克思主义制度理论，强调制度与制度创新对经济社会发展的重要性。中国特色社会主义政治经济学认为，制度的适应性和灵活性是国家或地区发展潜力与竞争力的关键。不同的制度安排导致不同的经济与社会效果，而良好的制度能激发创新、保障产权、促进市场竞争、优化资源配置、推动发展。随着社会发展，制度变迁成为必然，是经济发展的重要动力。经济体制改革应充分发挥市场决定性作用，同时有效发挥政府职能，通过政策和法规促进制度健康发展，保障市场秩序，解决制度漏洞，确保经济稳定与可持续性发展。

西方制度经济学与马克思主义制度理论虽在理论基础和方法上存在差异，但均认同制度对经济和社会发展的重要影响。两者均强调明晰的产权、法律框架和交易规则对提升经济效率的关键作用，并重视制度变迁对经济发展的影响。同时，两种理论都认可国家在经济活动中的关键作用，无论是作为制度的制定者还是生产关系和社会福利的调节者。这些理论对自贸试验区的建设和发展提供了重要的理论启示，主要体现在以下三个方面：首先，自贸试验区的建设应平衡市场化改革与自由贸易的收益与风险。西方制度经济学强调市场机制的积极作用，而马克思主义制度理论则关注其负面影响。自贸试验区应在推动经济

---

① 更多对比分析参见徐文燕.马克思的制度理论与西方新制度经济学的比较分析 [J]. 理论探讨，1999（1）：61-63；徐明君.马克思与诺斯制度变迁理论比较研究 [D]. 南京：东南大学，2014.

增长的同时，加强监管以防范经济风险和不平等问题。其次，制度创新是自贸试验区解放和发展生产力的关键。两种理论均认同产权界定的重要性，但马克思主义更注重公平与效率的平衡。自贸试验区应通过产权制度改革，促进技术创新和高质量发展。最后，自贸试验区需妥善处理政府与市场的关系。两种理论均认可国家的双重作用，自贸试验区应探索政府与市场的有效合作，优化政府职能，同时确保政府在宏观调控和公共产品供给中的有效作用。总之，自贸试验区的建设应融合西方制度经济学和马克思主义制度理论，通过多方面努力，实现经济高质量发展和社会全面进步，制定出符合国际规则且具有中国特色的发展策略。

（四）区域经济发展理论及其启示

区域经济发展理论涵盖了多种理论和观点，旨在解释和指导不同地区的经济增长和发展。自贸试验区作为特殊的经济功能区域，区域经济发展理论对自贸试验区的建设和发展必然具有重要的指导作用。与自贸试验区建设密切相关的比较具有代表性的区域经济发展理论有以弗朗索瓦·佩鲁（Francois Perroux）、贡纳尔·缪尔达尔（Gunnar Myrdal）和阿尔伯特·赫希曼（Albert Hirschman）等为代表的不平衡发展理论，以保罗·克鲁格曼、安东尼·文斯洛（Anthony Venables）和保罗·萨缪尔森（Paul Samuelson）等为代表的新经济地理学，以及以雷蒙德·弗农（Raymond Vernon）、克鲁默（Krumme）和海特（Hayor）等为代表的梯度转移理论。

不平衡发展理论认为，主导产业在特定区域的集中形成增长极，通过极化与扩散效应影响周边；增长极的形成依赖城市的集聚优势，城市按规模和重要性形成有层次的空间服务分布，构成区域经济与社会网络；区域经济发展常呈现不均衡分布，核心区域因资本积累和创新成为增长中心，边缘区域可能因资源流失而落后；市场力量倾向于扩大区域差异，政府需在促进区域均衡发展中扮演积极角色。

新经济地理学融合经济地理学与国际贸易理论，分析空间集聚与区域不平衡，强调地理因素、市场机制和政府干预在地区经济发展中的作用。该理论认为，规模收益递增促使企业与产业空间集聚，形成经济核心区，带来规模经济和生产效率提升；地理因素如交通网络和资源分布影响城市与地区发展；市场机制常存在失灵，政府干预可修正之，促进经济发展；经济活动受市场规模和运输成本影响，在某些区域高度集聚，形成空间不平衡。新经济地理学为全球化、城市化和区域发展提供理论基础。

梯度转移理论是解释区域经济发展阶段和产业转移的重要理论，为区域经济发展、产业转移等问题提供了有价值的分析视角，对促进区域协调发展具有重要启示。该理论历经传统梯度理论、反梯度理论、广义梯度理论等演进。传统梯度理论认为，生产活动会随产业生命周期，从技术先进的高梯度地区向技术较落后的低梯度地区转移。反梯度理论则强调，落后地区可利用自身优势实现跨越式发展，赶上甚至超越发达地区。广义梯度理论将梯度概念拓展至自然、经济、社会、人力、生态、制度等多个维度，认为这些维度的梯度存在互动关联，梯度推移是多维和双向的。广义梯度理论特别强调可持续发展，体现了对人类终极关怀的价值取向。同时，它提出了梯度推移的动力机制，包括推挽效应、极化效应、扩散效应和回程效应，共同构成了梯度推移的多元交叉互推机理。①

早期的马克思主义政治经济学和中国特色社会主义政治经济学也深入关注区域经济发展，提出了丰富的理论观点。早期的马克思主义政治经济学揭示了资本主义体制下的结构性不平等，形成了资源控制和利益获取的核心地区与外围地区之间的对立。为解决这一问题，马克思主义强调政府在经济发展中的积极作用，特别是在社会主义国家，通过科学规划和国家控制促进区域均衡发展，避免不公现象。它主张有计划地发展经济，通过国家干预和政策导向优化生产力布局，合理分配资源，实现区域协调与平衡。这不仅是经济任务，更是实现社会公平的政治使命。中国特色社会主义政治经济学在继承马克思主义基础上，针对中国实际提出了创新性战略，如以人民为中心的发展思想、区域协调发展和"一带一路"倡议。这些旨在推动国内经济社会均衡发展，实现共同富裕，并在全球化背景下构建人类命运共同体，强调国际合作与共赢，以应对全球挑战，促进世界经济平衡发展。总之，早期的马克思主义和中国特色社会主义政治经济学在区域发展问题上提出了深入分析和创新性策略。它们强调通过国家干预和计划经济实现区域协调，缩小发展差距，并在全球化背景下推动国际合作与共赢，以应对全球性挑战。

自贸试验区的建设与发展是一个复杂的系统工程，涉及经济、社会、政治、文化等多个方面。不平衡发展理论、新经济地理学、梯度转移理论、马克思主义的区域经济发展理论为我们提供了多维度的分析框架和丰富的政策启示。第

---

① 梯度理论和广义梯度理论的更多内容参见李国平，许扬. 梯度理论的发展及其意义 [J]. 经济学家，2002 (4)：69-75；李国平，赵永超. 梯度理论综述 [J]. 人文地理，2008 (1)：61-64，47；李具恒，李国平. 区域经济广义梯度理论新解 [J]. 社会科学辑刊，2004 (5)：61-65；李具恒. 广义梯度理论：区域经济协调发展的新视角 [J]. 社会科学研究，2004 (6)：21-25.

一，自贸试验区建设应正视地区经济不均衡性，采取差异化政策，激发后发地区潜力，缩小与增长中心的差距，促进区域经济均衡发展。第二，自贸试验区应利用空间集聚效应，培育区域增长极，通过产业定位和结构优化，发挥辐射示范作用，推动产业集聚和区域经济协调发展。第三，自贸试验区应加强开放合作，构建开放型经济新体制，积极参与国际分工，提升贸易投资自由化便利化水平，促进国际人才交流。第四，自贸试验区需协调政府引导与市场机制，发挥政府积极作用，通过宏观调控和政策引导，促进市场机制和政府作用的有效结合。第五，自贸试验区应关注多维度发展机制，综合考虑经济、社会、文化等因素，制定综合性发展规划，推动自贸试验区的多维度发展，实现经济、社会和环境的协调发展。

（五）产业集群理论及其启示

产业集群理论探讨了相互关联企业、供应商、关联产业及专业机构在特定地理区域内如何通过集聚效应形成有力的市场竞争与合作机制，分析了地理集聚对市场动态和产业升级的促进作用，揭示了集群经济在全球化背景下的重要性。这种集聚促进了资源共享和技术交流，增强了产业协同效应。密集的企业网络和产业链条使集群内企业实现更高的生产效率和创新能力，推动整体区域经济发展和竞争力提升。自贸试验区的重要功能之一是打造现代新兴产业聚集地，因而产业集群理论对自贸试验区建设和发展具有重要的启示意义。

亚当·斯密的分工理论、阿尔弗雷德·马歇尔（Alfred Marshall）的外部经济思想以及阿尔弗雷德·韦伯（Alfred Weber）的工业区位论为产业集群理论的形成奠定了基础。马歇尔认为，外部经济能促使性质相似的小企业集聚于特定地区，从而导致产业集群的形成。韦伯则将产业集群划分为企业自身规模扩张引起的产业集中化，以及大企业集中带来的同类企业地方性集聚两个阶段。麦克尔·波特（Michael Porter）正式建立了产业集群理论，强调了集群的竞争优势，包括降低成本、刺激创新、提高效率等。此外，克鲁格曼等学者从规模报酬递增和内生集中经济的角度解释了产业空间集聚问题。新经济增长理论和演化经济学也关注了历史事件、路径依赖以及空间集聚对创新成本和经济增长的影响。综合西方产业集群理论，促进产业集群形成的主要原因包括分工专业化、外部经济、集聚经济、知识溢出、社会文化因素、经济地理因素、中介组织作用以及区域主体协同创新等。产业集群的优势在于资源共享、成本降低、技术创新、产业链协同、区域品牌效应和提升区域竞争力等。西方产业集群理论一般认为，产业集群是现代产业发展的重要形式，是国家和地区经济竞争力的体现；政府在促进产业集群发展中应发挥重要作用，通过消除发展障碍，营造有利环境，推动产业集群的形成与发展。

　　马克思主义政治经济学对产业集群的研究主要集中在两个方面：产业集群形成与发展的内在规律，以及其对提升区域竞争力和实现经济社会全面发展的作用。从理论角度来看，马克思主义认为，资本主义生产方式下产业集群的形成是资本主义生产关系内在逻辑的结果。资本家为获取更高利润率而集中投资于特定地区，形成产业集聚。但由于资本主义生产方式的矛盾与不稳定性，产业集群也可能面临周期性危机和调整，出现产能过剩、资金链断裂等问题，引发产业结构调整。马克思主义强调劳动力、技术创新、国家干预以及跨国公司在产业集群形成发展中的重要作用。劳动者协作和技能提升是推动产业升级和技术创新的关键；技术创新可提升企业竞争力，但也可能导致产业重组；国家通过政策干预维护利益；跨国公司的出现使产业集群更趋复杂。此外，马克思主义认为，产业集群可能引发区域发展不平衡，一些地区因集群发展迅速，而其他地区因产业外迁而衰退。因此，应关注产业集群对区域经济社会全面发展的影响。中国特色社会主义政治经济学在继承和发展马克思主义政治经济学的基础上，对产业集群理论进行了深化，特别强调了政府引导与市场调节并重、产业集群的转型升级、创新驱动、区域协调发展及生态环境保护等原则。中国特色社会主义政治经济学视产业集群为深化产业分工与集聚发展的高级形态，是培育先进生产力、提升竞争力的关键平台，也是推动区域经济高质量增长和实现社会主义现代化的重要手段。产业集群的发展需与生产力水平相适应，国家应在战略规划和政策支持上发挥关键作用，推动国家级产业集群的差异化布局，集中优势资源，促进协同创新，助力企业和产业向高质高效方向发展，同时确保对生态环境的保护和可持续性发展。通过产业集群的发展解决社会主要矛盾，促进区域经济的均衡与全面发展。在全球化背景下，强调通过开放合作提升产业集群的国际竞争力和创新能力，优化国家在全球价值链中的位置。

　　西方和马克思主义的产业集群理论为自贸试验区建设和发展提供了重要启示。首先，自贸试验区应以高质量的产业集群作为发展基础。产业集群理论强调产业聚集的重要性，自贸试验区作为新兴产业聚集地，应通过政策引导和市场机制，促进企业、供应商及相关产业在特定区域的集聚。这种集聚提升了生产效率和创新能力，推动了自贸试验区高质量发展。自贸试验区需坚持差异化布局，聚焦优势产业，推动产业集群向高端、智能、绿色发展，以形成高效的产业链布局，吸引人才与资本，实现良性循环。其次，产业集群的发展应有助于技术创新与产业升级，打造国际竞争力。产业集群的知识和技术溢出效应显著，自贸试验区应鼓励企业间合作与交流，促进技术创新和资源共享。政府应采取灵活政策，支持企业研发，提高产业附加值和核心竞争力。这不仅能优化产业结构，还能培育新的增长点，为区域经济长期发展奠定基础。在数字经济时代，自贸试验区应推动传统产业向数字化和智能化转型。再次，自贸试验区要强化产业集群的协同效应与区域品牌建设。产业集群的形成需要产业链上下游有效协作。自贸试验区应建立协同机制，促进各环节对接，提升产业集群的知名度和影响力，制定品牌战略，利用数字化平台推广品牌，并建立质量标准体系。此外，自贸试验区要发挥政府在产业集群发展中的作用，并加强生态环境保护。政府应制定科学产业政策、提供财政支持和完善法律法规，营造良好的外部环境。同时，加强监督，贯彻绿色发展理念，实现产业集群的可持续发展。最后，自贸试验区应促进区域间合作，解决社会主要矛盾。在推动产业集群发展的同时，需关注区域协调与合作，解决发展不平衡的问题。通过与周边地区或其他国家的合作，自贸试验区可以探索新产业发展模式，增强国际竞争力，实现资源优势互补与共赢发展。

第二节　供给侧结构性改革的相关概念与理论

一、供给侧结构性改革的相关概念

供给侧结构性改革是指从提高供给质量出发，用改革的办法推进结构调整，矫正要素配置扭曲，减少无效和低端供给，扩大有效供给，提高供给结构对需求变化的适应性和灵活性，提高全要素生产率，更好满足广大人民群众的需要，促进经济社会持续健康发展。[①] 这种改革的核心在于通过优化和升级生产要素的配置，提高经济的潜在增长率，从而推动经济的高质量发展。中国提出供给侧结构性改革是为了解决经济运行中的结构性问题，如过剩产能、企业债务高企、库存高企、成本过高、效率低下等。

与供给侧结构性改革相对的是需求侧管理，它是一种宏观经济管理策略，旨在通过各种政策工具调节总需求，实现经济平稳增长和结构优化。需求侧管理的核心在于利用财政政策、货币政策和税收政策等手段，影响企业的投资成本和意愿、消费者的购买力与购买意愿，从而调动经济总需求。这种管理方式

---

① 如何准确把握供给侧结构性改革的深刻内涵［EB/OL］.［2021 - 02 - 25］. http：//theory. people. com. cn/n1/2021/0225/c40531-32036538. html.

有助于维护宏观经济的稳定与增长，确保经济活动的持续性与健康性。通过有效的需求侧管理，政府能够更灵活地应对经济波动，实现更为均衡的发展目标。

供给侧结构性改革与需求侧管理是宏观调控的两大支柱，共同促进经济稳定增长和结构优化。两者既相互联系又有所区别。需求侧管理通过扩大内需为供给侧结构性改革提供市场空间，而供给侧结构性改革通过提升供给质量来满足需求。两者需协同推进，避免政策冲突，实现优势互补，形成良性互动。然而，两者在政策侧重点、工具手段、时间跨度和影响领域上存在差异。从政策目标来看，需求管理侧重于调节需求以应对短期经济波动，保持经济平稳运行；而供给侧结构性改革关注解决供需结构性失衡，以提升经济潜在增长率并促进长期增长。从政策工具来看，需求侧管理主要通过利率、政府支出和税收等直接的货币与财政政策调节投资和消费需求，而供给侧结构性改革则通过结构性政策、改革措施和制度创新等间接手段降低经营成本、引导投资方向，提高供给质量与效率。从调控时间跨度来看，需求侧管理关注短期效果，通过货币和财政政策迅速调整总需求以实现经济稳定；而供给侧结构性改革不仅关注短期效应，也重视长期效果，包括有效化解过剩产能与高杠杆风险，并通过优化资源配置提升产业竞争力，促进经济长期增长与结构优化。因此，供给侧结构性改革强调短期调整为长期结构性改革创造条件。从影响领域来看，需求侧管理通过货币、财政和汇率政策直接影响消费、投资、政府支出和出口等需求端经济活动；供给侧结构性改革则主要通过制度创新优化资源配置、降低经营成本和改善营商环境，影响生产、分配和流通等供给侧经济活动。

二、供给侧结构性改革的理论依据

供给侧结构性改革需重点关注的问题包括影响供给效率的因素、提升供给效率的策略以及供给如何有效响应需求变化。现有西方经济学和马克思主义政治经济学对此进行了广泛讨论，形成了许多理论成果可供供给侧结构性改革参考借鉴。

（一）生产理论及其启示

西方经济学的生产理论专注于生产过程中生产函数、成本、规模经济及生产要素最优组合的研究。该理论将生产视为将生产要素转化为产出的过程，其效率取决于要素配置。帕累托标准是评估生产效率的依据，即在给定要素下实现最大产出或在给定产出下最小化成本。无效率生产可通过优化要素配置提升效率，而有效率生产则需依赖技术进步。企业作为生产主体，需决定生产规模、产品定价、要素组合及研发投入，以维持和提升技术水平。企业间的供应链、竞争和合作关系构成了复杂的生产体系，而交易成本对生产效率有显著影响。减少搜索、谈判、运输及监管成本等交易成本对于提升生产效率至关重要。西方经济学强调市场在资源配置、技术创新及生产效率提升中的关键作用，并认为政府对市场失灵（如垄断、公共物品供给不足、外部性问题）的干预可提高生产效率。

马克思主义政治经济学从剩余价值、生产力和生产关系的角度分析生产活动。马克思主义认为，在资本主义体系中，资源配置由资本家控制，生产过程旨在创造剩余价值。资本家通过资本集中和大规模生产追求效率和剩余价值最大化。生产效率主要取决于生产力水平，而生产力的提升可通过技术创新、改进劳动组织和合理配置生产资料来实现。劳动力的素质和技能水平直接影响生产效率，而不同的所有制形式则会影响生产过程中的积极性和创造力。市场竞争是推动企业提升生产效率的关键因素，不仅促进企业内部效率的提高，还推动整个行业的技术进步和经济增长。交易成本则影响企业行为，从而对资源配置和经济效率产生影响。马克思主义主张通过技术进步、教育培训提升劳动力技能、鼓励竞争以及优化生产关系来提高生产效率，以适应生产力的发展。

中国特色社会主义政治经济学在分析生产行为和生产效率时，既继承了早期马克思主义政治经济学的核心理论，又在新的历史条件下进行了创新发展。理论上的创新使其能够更好地解释当代中国的经济实践，并为全球经济理论的多样性提供了新的方法和视角。中国特色社会主义政治经济学强调劳动者在生产中的主体作用，重视技术创新、劳动力素质以及资源配置对生产效率的深远影响。在社会主义市场经济条件下，生产关系的优化调整尤为重要。生产关系的调整不仅要追求社会公平和效率的平衡，还要服务于国家的长远发展战略，使生产关系与生产力及技术进步相协调，进而推动经济的持续增长与社会的全面进步。同时，中国特色社会主义政治经济学在政策实践中强调政府引导与市场机制的有机结合，主张通过市场经济条件下的有效机制提高生产效率，而非简单否定市场的作用。通过这种结合，生产效率的提升既得益于政府的宏观调控，也离不开市场的资源配置功能。此外，该理论还充分认识到生态环境保护与生产力可持续发展的内在联系，并从全球化视角分析了经济全球化对生产效率的影响。与早期马克思主义政治经济学相比，中国特色社会主义政治经济学更加关注可持续发展的理念。

西方经济学和马克思主义政治经济学的生产理论的各种观点为以提高供给体系效率为主要目标的供给侧结构性改革提供了多维启示。第一，供给侧结构性改革应充分发挥市场在资源配置中的决定性作用，同时政府需加强引导和监管，以调节市场失灵，促进公平竞争和资源的可持续利用。例如，通过政策支持降低企业技术创新成本，激励研发投入，提高生产效率。第二，供给侧结构性改革应调整不适应生产力发展的生产关系，提升生产力水平。这包括通过技术创新、提高劳动力素质和合理配置生产要素来提高生产效率。同时，应关注生产关系的调整，激发劳动者和企业的生产积极性和创新活力。第三，供给侧结构性改革应促进市场竞争和技术创新。市场竞争和技术创新是提高生产效率的关键。政府应破除行业壁垒，降低准入门槛，打造公平竞争的市场环境，推动产业升级和转型，提升经济增长质量和效益。第四，供给侧结构性改革应关注企业的交易成本和规模经济效应。降低企业的交易成本，如搜索、谈判、运输和监督等成本，提高供应链效率。同时，引导企业合理确定生产规模，实现规模经济，避免规模不经济现象。第五，供给侧结构性改革应注重绿色发展，推动产业结构向环保和可持续方向转型，实现经济发展与环境保护的双赢。在经济全球化背景下，供给侧结构性改革还需关注国际国内市场变化，提升国内产业国际竞争力，支持"双循环"新发展格局的构建。通过这些措施，供给侧结构性改革将有效提升供给体系的效率和质量。

（二）经济增长理论及其启示

西方经济学的经济增长理论大致经历了古典经济增长理论、新古典经济增长理论、内生经济增长理论等三个阶段。[①] 经济增长理论的演进揭示了经济学家对增长动因理解的深化。古典经济增长理论以亚当·斯密和大卫·李嘉图为代表人物。新古典经济增长理论以罗伯特·索洛（Robert Solow）和特雷弗·斯旺（Trevor Swan）等为代表人物。内生经济增长理论以保罗·罗默（Paul Romer）和罗伯特·卢卡斯（Robert Lucas）等为代表人物。古典理论将增长归因于劳动分工和资本积累，而新古典理论将增长源泉扩展至劳动、物质资本、人力资本，并强调技术进步的核心作用。索洛模型将技术进步视为外生因素，解释了除资本和劳动投入之外的增长部分，突出了全要素生产率的提升对经济增长的促进作用。内生增长理论进一步将技术进步内生化，认为政府干预能促进增长。21世纪的研究将制度、人口结构和产业结构等因素纳入模型，形成了制度决定、结构转变和人口过渡等理论。制度决定理论强调良好制度通过促进竞争和影响动机来推动增长。结构转变理论指出资本深化和消费结构变化促进产业结构升级和经济增长。人口过渡理论则探讨了人口动态与技术变革的互动

---

① 经济增长理论更多内容参见高鸿业．西方经济学［M］．7版．北京：中国人民大学出版社，2018：548-575.

对增长的影响。西方经济学的经济增长理论的发展表明，增长动因已从单一的资本积累扩展到技术进步、人力资本、制度变迁和结构转变等多个维度，为我们提供了一个更全面理解经济增长的框架。

马克思主义政治经济学的经济增长思想集中体现在扩大再生产理论中。马克思将社会总产品划分为生产资料和消费资料两大部类，揭示了资本主义经济增长的内在机制。扩大再生产要求这两大部类保持一定的比例关系，其中第一部类的生产资料需满足扩大再生产的新增需求，第二部类的消费资料则需满足新增劳动力和资本家的消费需求。在资本主义生产方式下，资本积累是经济增长的核心，剩余价值的生产和实现是驱动力。资本家通过资本积累推动经济扩张，但这也会导致资本有机构成提高和劳动力相对过剩，可能引发经济危机。马克思主义还认为，技术进步是增长的重要因素，但受资本积累和阶级关系的制约。马克思的扩大再生产理论揭示了资本主义经济增长的内在规律及其潜在危机，提供了理解资本积累与技术进步的深刻视角。

中国特色社会主义政治经济学的经济增长理论，融合了马克思主义经济学的核心原理，并针对社会主义初级阶段的国情进行了创新性发展。该理论继承了生产关系与生产力矛盾运动、劳动价值论及剩余价值理论，为理解经济增长提供了理论基础。在此基础上，中国特色社会主义政治经济学提出了以人为本的发展理念、创新驱动发展战略、新发展理念，以及有效市场与有为政府的结合，强调经济增长的质量和效益，追求经济、社会、资源和环境的全面协调可持续发展。经济增长应服务于人的全面发展，以增进人民福祉为根本目标，追求经济效益与社会福利的统一。中国特色社会主义政治经济学强调贯彻新发展理念，实现创新驱动、区域城乡协调发展、经济与环境和谐共生、国际国内有效联动、发展成果普惠共享。改革开放和科技创新被视为关键驱动力，通过加大研发投入和市场化改革，激发经济活力和增长潜力。同时，经济增长还需加强产业结构调整，推动产业升级，提升内生动力和竞争力。政府在这一过程中应发挥引导作用，通过政策和规划引导资源合理配置，同时激发市场主体活力与创新能力，以实现资源的优化配置。

供给侧结构性改革是中国在经济进入新常态后，针对经济结构性矛盾制定的重要战略，其核心目标是通过优化供给结构，提高经济质量和效率，以适应并推动经济转型升级。西方经济学和马克思主义经济学的经济增长理论为供给侧结构性改革提供了多维度的理论启示。首先，供给侧结构性改革应聚焦于全要素生产率的提升，以技术进步和创新为核心。内生增长理论与马克思主义经济学均强调技术进步对经济增长的内生推动作用，通过增加研发投入和优化创新环境，促进产业升级和经济竞争力提升。其次，人力资本积累是经济增长的关键，供给侧结构性改革需通过教育体系优化和职业教育强化，培养高素质劳动力，支持经济转型升级。资本积累和制度创新同样重要，供给侧结构性改革应通过改善投资环境和提升资本效率来鼓励资本投资，并通过制度创新推动市场活力和经济结构优化。政府和市场之间的有效协同是改革成功的关键，政府应通过政策引导与市场机制相结合，实现高质量发展。同时，供给侧结构性改革需关注社会公平和收入分配，通过完善社会保障体系和调节税收，实现普惠发展和内需扩大。最后，供给侧结构性改革必须推动生态文明建设，坚持绿色发展理念，强化环境监管，实现经济发展与环境保护的协调。

（三）供给与需求的相互关系理论及其启示

西方经济理论关于供给与需求的关系存在两种截然相反的观点。萨伊定律认为"供给创造自身的需求"，而凯恩斯定律认为"需求能创造出自己的供给"。根据对供给与需求的关系的认识及其政策主张的不同，西方经济学可以分为供给学派和需求学派。

供给学派，又称供给经济学，注重从供给端分析经济问题，并以萨伊定律为理论基础。供给学派认为，社会的购买能力取决于社会的生产能力，通过提升生产和供给，自然会创造相应的需求。供给学派强调生产增长不仅依赖于劳动力和资本等生产要素的有效供给与配置，还受到报酬激励机制的影响。通过合理配置生产要素与设计激励机制，个人与企业的积极性将得到提升，从而推动经济的持续增长。供给学派主张自由市场能够自动调节生产要素的供给与利用，政府应通过调节刺激措施影响经济行为。他们倡导通过低税率和宽松的财政政策刺激经济增长，同时采取紧缩的货币政策控制通货膨胀。供给学派的主要代表人物包括阿瑟·拉弗（Arthur Laffer）、罗伯特·蒙代尔（Robert Mundell）和乔治·吉尔德（George Gilder）等。拉弗主张降低边际税率，以刺激储蓄和投资，从而促进生产和经济增长。蒙代尔认为税率调整对劳动力供给和储蓄有重要影响，减税有助于增强生产潜能。吉尔德则强调减税和放松监管能够激发创新，促进生产率提升和经济增长。供给学派的政策主张为现代经济政策提供了重要的理论依据，特别是在促进经济增长和提高生产效率方面。

需求学派，亦称凯恩斯主义经济学，主张经济缺乏自动恢复充分就业的机制，强调短期内总需求波动对产出和就业的影响。需求学派认为市场失灵如不完全竞争、信息不对称和价格黏性等问题阻碍了资源的有效配置，因此政府干预显得尤为必要。凯恩斯主义视税收为调节经济、纠正市场失灵的重要工具，通过累进税制缩小贫富差距，或利用税收优惠激励特定经济活动。在长期增长方面，凯恩斯主义认为技术进步和资本积累是经济增长的关键。政策上，该学派主张政府通过积极的财政和货币政策调节总需求，以实现充分就业和经济稳定。财政政策方面，凯恩斯主义支持在经济衰退时增加政府支出或减税以刺激需求，而在经济过热时则采取相反措施。货币政策上，凯恩斯主义认为中央银行应通过调整利率和货币供应量来影响经济活动，避免通货膨胀或通货紧缩。此外，凯恩斯主义强调投资在经济增长中的关键作用，主张政府通过公共投资补充私人投资的不足。凯恩斯主义经济学的主要代表人物有约翰·梅纳德·凯恩斯（John Maynard Keynes）、保罗·萨缪尔森、尼古拉斯·卡尔多（Nicholas Kaldor）等。凯恩斯强调政府在经济衰退时应通过增加支出和减税来刺激需求，以实现充分就业。萨缪尔森指出价格和工资的黏性导致市场无法快速调整，产生非自愿失业，政府应通过政策干预调节经济。卡尔多则认为制造业的生产率增长能带动整个经济增长，主张税制上应实现更公平的分配，建议从按个人收入课税的制度转向按实际支出课税的制度。凯恩斯主义经济学通过这些理论和政策主张，为现代宏观经济学的发展提供了重要的理论基础和实践指导。

马克思主义政治经济学采用辩证法分析供给与需求的动态关系，认为供给创造需求的同时，需求也引导供给。生产活动通过创造产品和服务满足人们的需求，而消费者需求通过市场反馈给生产者，促使其调整生产结构以满足这些需求。马克思通过辩证分析供需关系，揭示了资本主义供需失衡的根源，并为社会主义社会实现供需平衡提供了理论指导。在资本主义社会，资本家追求剩余价值导致出现资本家与工人阶级之间的矛盾，以及生产过剩与劳动人民购买力不足之间的矛盾，从而引发供需失衡和经济危机。资本主义国家通过对外扩张争夺殖民地市场来缓解内部矛盾。社会主义社会则通过计划与市场机制相结合，实现供需平衡，满足人民需求。马克思的社会再生产理论指出，社会再生产是一个包含生产、分配、交换、消费的连续统一过程。生产决定供给内容和规模，对需求结构有决定性影响；分配涉及生产成果在社会成员间的分配，影响购买力和需求构成；交换反映需求与供给的相互作用；消费是再生产的终点，也是新循环的起点，对生产具有引导作用。中国特色社会主义政治经济学在继承马克思主义政治经济学基本原理的基础上，根据中国实际对供需关系进行了创新和发展。中国特色社会主义政治经济学认为，经济发展的首要任务是通过扩大供给来满足人民日益增长的物质和文化需求，这要求供需形成良性互动，推动经济全面发展和社会进步。生产方式决定消费、分配和交换关系，供给不仅满足现有需求，还能创造新需求。企业应发挥市场主体作用，而政府则需在规划、支持、改革、协调和监管中扮演关键角色。中国特色社会主义政治经济学通过强调供给与需求的动态平衡，为经济发展提供了理论指导。它认识到供给的扩张和创新在满足需求中的关键作用，同时强调需求对供给结构优化的引导作用。该理论为实现供需匹配、促进经济持续健康发展提供了科学依据，体现了对马克思主义政治经济学原理的中国化发展和创新应用。

供给侧结构性改革旨在通过优化供给端解决供需失衡问题，促进经济社会高质量发展。西方经济学与马克思主义经济学关于供给与需求相互关系的理论为供给侧结构性改革提供了重要启示。第一，供给侧结构性改革应通过税收政策优化和激励机制，激发市场主体活力，以提高生产能力和效率，通过增加供给创造新需求，实现经济自我平衡和增长。第二，供给侧结构性改革必须基于对需求变化的正确预判，选择供给激励的重点领域和措施，确保供给增长与需求变化相适应，实现需求管理与供给激励的平衡。第三，供给侧结构性改革应减少各类主体科技创新的制度约束，加大财政金融支持，激发创新潜力，鼓励研发新技术和新产品，提升供给效率和质量。同时，政府应增加科研和教育投入，建立高效的创新体系，促进科技成果转化，并通过教育改革和人才培养计划，培养适应新时代经济发展需要的高素质人才。第四，供给侧结构性改革应在提高效率的同时，通过财政支出、税收、社会保障等配套措施创造更多工作机会，拓展收入来源，完善收入分配机制，缩小贫富差距，促进社会公平。第五，供给侧结构性改革需要调整不适应生产力的生产关系。供给主要由生产力决定，而需求与生产关系密切相关，改革应考虑生产关系与生产力的匹配性，通过改革生产关系解决供需矛盾。第六，供给侧结构性改革需要在市场机制和政府干预之间找到平衡点。市场应在资源配置中发挥决定性作用，政府应发挥引导和规划作用，通过改革生产关系以适应生产力发展，实现供给与需求的动态平衡。第七，供给侧结构性改革应推动国际合作和开放型经济新体制构建，顺应经济全球化的新趋势，为参与国际分工与合作创造良好的法治环境和市场秩序，推动贸易投资自由化便利化，建立公平合理的国际经济秩序，维护国家利益，促进共同发展。

（四）结构经济学理论及其启示

结构经济学以经济体系中不同部门之间、不同产业之间以及不同市场之间的相互作用和影响为主要研究对象，重点关注经济结构对经济运行和经济增长的影响，以及如何通过政策干预来改变经济结构以实现经济发展。早期结构经济学关注经济结构的基本理论和方法、经济结构的具体表现形式及其变化规律，如产业结构、就业结构、投资结构等，代表人物包括威廉·配第（William Petty）、弗朗索瓦·魁奈（Francois Quesnay）等。现代西方人口理论深入探讨了人口增长与经济发展的复杂关系。托马斯·马尔萨斯（Thomas Malthus）提出人口增长受生活资料限制的观点，强调资源与人口的平衡。凯恩斯则指出人口增长减缓可能导致有效需求不足，影响经济增长。以阿尔弗雷德·索维（Alfred Sauvy）为代表人物的经济适度人口学说认为，人口规模应与资源、技术、市场等经济条件相适应，以实现经济效益最大化。以西奥多·舒尔茨（Theodore Schultz）、罗伯特·卢卡斯（Robert Lucas）、加里·贝克尔（Gary Becker）等为代表人物的人力资本理论强调人口质量的重要性，主张通过教育投资提升人口质量，促进技术创新和提高生产效率，实现经济持续增长。西蒙·库兹涅茨（Simon Kuznets）则强调人口发展趋势及结构对经济增长和收入分配的重要影响。

结构主义发展经济学主张发展中国家通过政府干预促进工业化，并实施进口替代战略以解决市场失灵和外部性问题。结构主义的代表人物包括沃尔特·罗斯托（Walt Rostow）、雷恩·格罗斯曼（Reinhard Grossmann）和罗森斯坦-罗丹（Rosenstein-Rodan）等。罗斯托的经济成长阶段理论指出，经济发展经历不同阶段，每个阶段特征迥异。格罗斯曼强调市场结构对企业决策和市场策略的影响。新结构经济学，以林毅夫为代表，强调经济结构的内生性和动态性，认为产业、技术、基础设施和制度环境的变迁是经济发展的核心，有效市场和有为政府在此过程中至关重要。该理论特别强调禀赋结构作为经济结构变化的核心内生变量，对不同发展阶段的经济体进行差异化分析。

马克思主义政治经济学通过历史唯物主义分析社会经济结构。马克思认为经济基础决定上层建筑，而上层建筑对经济基础有反作用。生产关系构成社会经济结构的基础，生产力发展推动生产关系变革。社会经济结构由生产运行结构和生产要素结构组成，其中生产要素结构包括生产力、生产方式和生产资料所有制三个基本层次，形成基本社会关系即生产关系。马克思强调生产力是社会发展的决定力量，与生产关系相互作用，推动社会经济结构动态变化。经济结构变革是社会变革的基础，生产资料的占有和分配方式体现社会主要矛盾。阶级斗争理论认为经济结构中的阶级关系和斗争是社会变革的主要动力，在资本主义社会中表现为资产阶级与无产阶级间的不可调和矛盾。社会再生产理论指出，为确保将剩余价值转化为资本，第一部类和第二部类需保持一定比例关系。中国特色社会主义政治经济学强调经济结构优化升级对高质量发展的关键作用，主张经济结构改革应渐进式进行。中国的经济政策从农村到城市、从轻工业到重工业、从外向型经济到内需驱动，循序渐进，注重实效和风险控制。同时，关注城乡和区域发展不平衡，通过实施区域发展战略，如西部大开发、东北振兴等，推动区域经济平衡发展，缩小发展差距。政府还通过农产品保护价收购、农业补贴政策、完善农村基础设施等措施提高农民收入，改善生活条件，缩小城乡差距。

供给侧结构性改革的目标是提升供给体系的质量和效率，以实现经济的可持续增长和高质量发展。结构经济学与马克思主义政治经济学的经济结构理论为供给侧结构性改革提供了深刻启示。第一，结构经济学重视经济结构的内生性和动态变化，而马克思主义政治经济学强调生产力发展对生产关系变革的影响。因此，供给侧结构性改革应着眼于产业结构的动态调整，通过技术创新、制度创新和基础设施完善，推动经济结构向高端化、现代化转型，发展战略性新兴产业和高技术产业，增强经济的技术含量和附加值。第二，供给侧结构性改革需重视人口和人力资本的作用，促进人力资本红利的形成。随着人口增长放缓，应加大教育和培训力度，提升劳动力技能，实现从人口规模红利向人力资本红利的转变。政府和私营部门应共同增加对高等教育和职业教育的投入，以提高人力资本质量。第三，供给侧结构性改革要关注制度环境与经济发展的适应性，调整不适应生产力发展的生产关系。需深化经济体制改革，特别是在财税、金融、土地、国有企业等领域，完善社会主义市场经济体制，激发市场和社会的创造力。第四，供给侧结构性改革应促进市场结构与企业战略的协同，优化市场环境，支持中小企业发展，确保公平竞争。政策制定者应提升市场透明度，减少不必要的行政干预。第五，供给侧结构性改革应关注社会公平，协调城乡区域发展。改革应通过改善收入分配、加强公共服务供给、提高社会保障水平等措施，确保改革成果惠及更广泛群体，尤其是弱势群体，推动共同富裕。缩小收入差距和提高保障水平有助于缓解社会矛盾，增强社会凝聚力和稳定性，为经济结构优化创造良好的社会环境。此外，改革应优化资源配置，加大对中西部和农村地区的支持，促进区域经济均衡发展，缩小地区发展差距，提升整体经济效益。

（五）制度变迁理论及其启示

制度变迁理论主要研究社会制度的时间演变，强调制度并非静态，而是在经济、政治、社会和技术等力量作用下不断演进的。在制度变迁理论中，制度包含正式制度（如法律、政策、法规等）和非正式制度（如文化习俗、社会规范和道德等）。正式制度通常由政府或官方机构颁布，具有强制性和普遍性，社会成员必须遵守。相比之下，非正式制度缺乏法律强制力，但通过社会压力和文化认同，强有力地约束和引导个人的价值观与行为习惯。制度经济学普遍认为，制度为经济行为提供规则与激励，深刻影响个体和组织的选择，从而对经济、政治和社会发展产生深远影响。适当的制度安排可以促进社会进步和经济增长，而不合理的制度安排则可能导致发展停滞甚至倒退。

　　西方制度经济学的制度变迁理论可以分为旧制度学派与新制度学派。旧制度学派采用整体主义的方法论，强调制度的演化和社会整体对个体行为的决定作用，认为技术进步是变迁的根本动力。凡勃伦视制度为社会习俗和思想习惯，认为制度变迁是渐进的过程，受制于现存制度的阻力。康芒斯则认为，制度是集体行动对个体行动的控制，其变迁缘于个体和组织追求经济利益的行为。与此不同，新制度学派基于个人主义的方法，将制度视为约束个体行为的规则，侧重于正式规则和法律，强调交易成本和产权的重要性，认为制度变迁由个体或集团基于成本收益分析推动。科斯的交易成本理论指出，制度变迁由成本与收益的比较驱动；诺斯则引入国家和意识形态理论，认为制度变迁是国家行为和意识形态变化的结果。无论是旧制度学派还是新制度学派，都认为制度存在惯性和路径依赖，制度变迁过程并非简单的线性过程。所谓"制度惯性"，是指一旦建立的制度由于社会力量的支持而保持稳定；而"路径依赖"则指历史选择对制度未来发展路径的限制，使得制度变迁往往沿袭既有路径，而非发生彻底的突变。制度变迁是一个复杂且充满不确定性的动态过程，既可能是渐进的，也可能是突发的；既可能由外部力量强加，也可能由内部行为者根据需求和利益推动。在经济全球化背景下，全球化和国际关系也会影响国内制度的变迁，包括国际贸易、资本流动和技术传播等因素。

　　马克思主义的制度变迁理论基于历史唯物主义，探讨了社会经济制度的生成、演进及其变革规律。马克思主义认为，制度变迁是由生产力发展和生产关系变革共同驱动的。当生产关系成为生产力发展的桎梏时，社会矛盾激化，推动制度变革。马克思强调阶级斗争在制度变迁中的关键作用，认为新的生产关系在旧社会中孕育，并在适当时机引发革命，导致资本主义被社会主义取代。恩格斯进一步发展了这一观点，指出生产力与生产关系之间的矛盾是社会发展的动力，经济基础的变化将导致上层建筑的相应调整。列宁分析了资本主义发展至帝国主义阶段的特征，认为这是资本主义内在矛盾的加剧，为社会主义革命提供了条件。毛泽东在中国革命背景下提出了"新民主主义革命"理论，主张中国应经历新民主主义阶段，逐步过渡至社会主义。邓小平强调经济体制改革的重要性，主张引入市场机制以激发经济活力。江泽民的"三个代表"重要思想支持经济制度的进一步改革，包括扩大私有经济。胡锦涛的"科学发展观"强调改革应注重公平正义，推动市场经济体制成熟。习近平提出全面深化改革，推动构建开放型世界经济，并提出"供给侧结构性改革"和"一带一路"倡议，体现了制度创新和变迁。

供给侧结构性改革旨在通过制度创新和变革，破除制约生产力发展的各种制度障碍。西方与马克思主义的制度变迁理论为此提供了重要的启示。第一，供给侧结构性改革应通过完善产权保护制度、优化资源配置，促进技术与管理创新，提高经济效率。同时，改革还需关注生产关系变革，改善劳动条件，提升生产率，并解决产能过剩问题，推动产业升级，提升劳动者技能。第二，供给侧结构性改革应重视正式与非正式制度的互动作用，重视国家在推进改革和营造有利环境上发挥的积极作用，同时应留足市场在资源配置中的主导地位；此外，培育共识和积极文化也将有助于降低改革的内生阻力，促进集体行动，最终实现制度性变革和经济增长。第三，供给侧结构性改革应重视技术进步与制度创新的互动，根据科技进步和产业升级对生产关系的影响，适时调整经济结构与相关制度安排，促进资源配置的优化和经济高质量发展。第四，供给侧结构性改革应全面考虑各阶层利益，平衡发展与环境保护，通过妥善处理不同利益主体关系，促进公平正义，支持绿色经济、循环经济的发展，确保改革成果长期可持续。第五，供给侧结构性改革应识别并致力于打破制度的惯性和路径依赖，这些因素可能导致资源配置效率下降和经济结构调整困难。第六，供给侧结构性改革应推动国家与市场的协调。实现市场和国家功能的最佳组合，如通过减税降费激发市场活力，同时加强对关键领域的国家投入和监管。

第三节 自贸试验区与供给侧结构性改革的研究综述

一、自贸试验区的经济效应

（一）国外相关研究

自贸试验区在现有的国外研究文献中通常被称为自由贸易园区，或者简称自贸区。国外研究者对自由贸易园区的经济效应进行了大量研究，得出了许多值得参考与借鉴的结论。国外的相关研究大致可以归纳为以下四类。

（1）自贸试验区对经济增长和福利的影响。这类研究主要探讨了自贸试验区对经济增长、福利提升以及资源配置效率的积极作用。现有研究普遍认为，自贸区是提升社会福利和促进经济增长的有效途径。宫际计行（Miyagiw）的研究指出，虽然自贸区的相对要素强度对经济增长及外国投资带来的福利变化具有至关重要的影响，但是无论区域产业的相对要素强度如何，自贸区的设立均能够提升整体福利水平。① 德罗萨和罗宁根（Derosa、Roningen）也发现，尽管自贸区可能会减少关税收入，但它们通过提高劳动和资源的使用效率，改善了消费者的经济福利。② 联合国的报告进一步指出，自贸区的建立可以为从传统进出口港口向物流中心港口过渡提供资金支持。③

（2）自贸试验区对企业吸引能力和投资成本的影响。这类研究集中分析自贸试验区如何增强企业对技术和资金的吸引能力，以及如何通过优惠政策降低投资成本。现有研究一般认为，自由贸易园区通过提供优惠政策和改善商业环境，增强了企业吸引外资和技术的能力。巴罗和马丁认为，自由贸易园区的建立有利于增强区域内企业对区域外先进国家技术和资金的吸引能力。④ 瓦尔（Warr）⑤、约翰逊（Johansson）⑥ 等的研究也表明，自由贸易园区的相关特殊政策，如进口产品的优惠，减少了在该区域内进行投资的成本，从而提高了投资的产出效应。

（3）自贸试验区对特定领域和产业的影响。这类研究关注自贸试验区对特定领域和产业的影响，如金融业、物流业、高新技术产业等。相关研究认为，自由贸易区在特定领域，尤其是金融和高新技术产业中，发挥了显著的推动作用。乔瓦尼和亚当（Giovanni，Adam）指出，上海自贸区的金融部门和服务自由化能够有效应对中国经济中出现的不平衡问题和推动结构性经济改革。⑦ 泰芬布伦（Teifenbrun）的研究则强调了美国自由贸易区在创造就业、促进贸易、提高产业竞争力和吸引外国直接投资方面的重要作用。⑧ 此外，阿克巴里等的研究也表明，自贸区内的企业可以通过体制支持、政治关系和合法性等体制因

---

① MIYAGIWA K F. A Reconsideration of the Welfare Economics of a Free-trade Zone ［J］. Journal of International Economics，1986，21（3-4）：337-350.

② DEROSA D A，RONINGEN V O. Rwanda as a Free Trade Zone：An Inquiry into the Economic Impacts ［R］. United States Agency for International Development，2002.

③ Nations U，ESCAP. Free Trade Zone and Port Hinterland Development ［R］. 2005：109-123.

④ 巴罗（Barro R），马丁（Martin S-i-X）. 经济增长 ［M］. 何晖，刘明兴，译. 北京：中国社会科学出版社，2000：81-112.

⑤ WARR P G. Export Processing Zones：The Economics of Enclave Manufacturing ［J］. The World Bank Research Observer，1989，4（1）：65-88.

⑥ JOHANSSON H. The Economics of Export Processing Zones Revisited ［J］. Development Policy Review，1994，12（4）：387-402.

⑦ GIOVANNI P，Adam H. Structural Economic Reform in China：the Role of the Shanghai Free Trade Zone ［J］. Trade Insights，2014（3）：1-13.

⑧ TEIFENBRUN S. U. S. A Comparative Analysis ［J］. Journal of International Business and Law，2015，14（2）：189-205.

素以及财政、人力和物力等资源，更有效地解决公司的业绩问题。①

（4）自贸试验区对区域发展和基础设施建设的影响。一些文献还关注了自贸试验区对区域发展和基础设施建设的影响，发现自贸试验区对促进区域经济发展和基础设施建设具有重要作用。利普（Leeper）、马兰丘克和雷格赫尔（Maranchuk，Regehr）等的研究显示，内陆自由贸易区的建立能够有效缓解沿海港口的货物仓储压力，推动区域经济的整体发展，并促进基础设施建设的提升；此外，它还具有吸引外资、推动离岸金融发展等显著作用。②

（二）国内相关研究

在国内研究中，自贸试验区通常简称为自贸区。国内研究者对中国自贸试验区的经济效应进行了广泛的研究，相关研究大致可以概括为四个方面。

（1）自贸试验区的经济增长效应。谭娜、王利辉和刘志红、殷华和高维和、赵亮、叶修群、白仲林、崔日明、王耀中、王鹏和岑聪等大量研究发现，自贸区建设带来的贸易与投资便利化、制度红利等能够显著促进区域内出口和整体经济增长。部分研究还表明，自贸区建设对周边地区具有辐射和带动作用，如韦颜秋和邱立成、张晗。③④ 然而，也有研究认为，自贸试验区的设立对非自贸试验区属地省份的经济增长具有负向影响，如王恕立和吴楚豪。⑤ 此外，苏振东和宫硕认为，自贸试验区的设立大幅提升了所在省份整体的市场化水平，显著缩小了城市间的经济发展差距。⑥

（2）自贸试验区的产业结构调整效应。周茂、刘贺等指出，贸易自由化通过引入进口竞争效应，显著促进了产业结构的优化，并推动了中国及其相关区域产业的升级。李新光等发现，自贸区金融规模和金融效率对本地区和邻近地

---

① AKBARI M, AZBARI M E, CHAIJANI M H. Performance of the Firms in a Free-Trade Zone: The Role of Institutional Factors and Resources [J]. European Management Review, 2019, 16 (2): 363-378.

② MARANCHUK K, REGEHR J D. Highway and Rail Network Planning and Design for Inland Ports [C]. Conference of the Transportation Association of Canada, 2015.

③ 韦颜秋，邱立成. 自贸区建设对母城及区域发展的辐射效应——以天津自贸区为例 [J]. 城市发展研究, 2015, 22 (9): 81-84, 90.

④ 张晗. 天津自贸区对河北港口与腹地产业协同发展的影响 [J]. 经济研究参考, 2016, 2737 (33): 19-22.

⑤ 王恕立，吴楚豪. 自贸试验区建设推动了区域经济协同发展吗 [J]. 国际贸易问题, 2021, 462 (6): 17-31.

⑥ 苏振东，宫硕. 自贸试验区能否缩小城市间经济差距？ [J]. 浙江学刊, 2022 (6): 115-124.

区制造业发展产生正向作用。① 李世杰和赵婷茹发现，上海自贸试验区先行试验的政策能够显著地促进产业结构的高级化，而对产业结构合理化的促进作用表现为前期作用显著，后期作用不明显。② 聂飞发现，自贸区建设通过贸易便利化的进口质量效应和投资便利化的专业化分工效应促进了制造业结构合理化。③ 聂飞还发现，闽粤自贸区建设总体上能够抑制地区制造业规模空心化和效率空心化。④ 白仲林等发现，自贸区设立政策对产业结构升级具有长期正向影响。⑤ 赵亮认为，自贸试验区能通过对内改革和对外开放双维驱动区域产业结构升级，通过倒逼、竞合、外溢作用以及周边区域的地利优势推动周边城市产业结构升级。⑥

（3）自贸试验区建设的资源配置效应。韩瑞栋和薄凡的研究表明，自贸区的设立有效地促进了国际资本"引进来"和国内资本"走出去"，国际资本双向流动效应明显；整体上，自贸区对ODI的影响效应大于FDI；具体而言，各自贸区改革的重点领域及区域经济发展水平不同，导致各自贸区对资本流动的影响效应存在差异⑦。魏蓉蓉和李天德指出，自贸区政策对经济高质量发展的积极作用主要通过创新、直接投资和资本配置来表现。⑧ 熊宇航和湛婧宁认为，自贸试验区的设立对制造业的劳动力、资本以及R&D人员、R&D资本四类生产要素的错配均有显著的缓解作用。⑨ 赵明亮等认为，自贸试验区的设立显著推

① 李新光，张永起，黄安民. 自贸区背景下金融发展与产业结构升级关系的实证 [J]. 统计与决策，2018（13）：155-159.
② 李世杰，赵婷茹. 自贸试验区促进产业结构升级了吗？——基于中国（上海）自贸试验区的实证分析 [J]. 中央财经大学学报，2019（8）：118-128.
③ 聂飞. 自贸区建设促进了制造业结构升级吗？[J]. 中南财经政法大学学报，2019，236（5）：145-156.
④ 聂飞. 自贸区建设抑制了地区制造业空心化吗——来自闽粤自贸区的经验证据 [J]. 国际经贸探索，2020，36（3）：60-78.
⑤ 白仲林，孙艳华，末哲. 自贸区设立政策的经济效应评价和区位选择研究 [J]. 国际经贸探索，2020，36（8）：4-22.
⑥ 赵亮. 自贸试验区驱动区域产业结构升级的机理探讨 [J]. 经济体制改革，2021，228（3）：122-127.
⑦ 韩瑞栋，薄凡. 自由贸易试验区对资本流动的影响效应研究——基于准自然实验的视角 [J]. 国际金融研究，2019（7）：36-45.
⑧ 魏蓉蓉，李天德. 自贸区设立与经济高质量发展——基于FTA建设的准自然实验证据 [J]. 商业经济与管理，2020（5）：77-87.
⑨ 熊宇航，湛婧宁. 自贸试验区的设立对制造业资源错配的改善效应研究 [J]. 软科学，2022，36（9）：57-64.

动了双向 FDI 协调发展。①

（4）自贸区建设的制度创新效应。姚大庆和约翰·沃雷认为，中国对资本管制的影响从上海自贸区设立后逐渐弱化，自贸区的一些政策变化将对改革发挥关键作用。② 陈亮等对深圳前海自贸区与上海自贸区从金融机构开拓创新、人民币跨境使用创新、金融交易平台创新、金融业务操作创新、金融科技融合创新以及金融政策机制创新六个方面进行比较。③ 黄启才从医疗、旅游、教育、文化等四个方面对福建自贸试验区在全面深化社会事业改革方面推出的试点创新进行了归总，认为福建自贸试验区推出的 34 项相关创新举措弥补了福建社会事业短板，促进了相关行业发展。④ 毛艳华认为，广东自贸区在投资管理制度、贸易监管制度、金融制度、综合监管制度和法治化环境建设等方面开展了一系列改革创新，搭建了基本的制度框架，营造了优良的营商环境。⑤ 程翔等系统整理了上海、天津、广东、福建四大自贸区近年来发布的 330 项金融创新案例，发现其具有数量多、涉及范围广、区域特色鲜明、复制性不强等特点和问题。梁明和夏融冰认为，自贸试验区未来应更加注重离岸贸易与在岸业务、数字技术、企业"走出去"和人民币国际化相结合，在顶层制度设计、外汇管理理念与方式变革、信息系统互联与资源共享、银行展业能力及服务水平提升、税收优惠政策制定和营商环境优化等方面加快离岸贸易创新发展步伐。⑥ 崔卫杰等认为，自贸试验区在投资领域的一系列改革探索对加快培育完整内需体系、推动形成强大国内市场、加快构建新发展格局等均具有重要意义。⑦

上述相关研究的研究对象主要集中在上海、天津、广东、福建四大先行设立的沿海自贸区，实证研究中使用的主要方法是双重差分法和合成控制法。部

---

① 赵明亮，高婕，杨昊达. 自由贸易试验区的设立对双向 FDI 协调发展的影响 [J]. 经济与管理评论，2023，39（2）：133-146.

② 姚大庆，约翰·沃雷. 上海自贸区的设立对中国资本管制的影响 [J]. 新金融，2015，318（8）：7-11.

③ 陈亮，王溪若，周睿. 前海自贸区与上海自贸区金融创新比较研究 [J]. 上海金融，2017（9）：83-86，78.

④ 黄启才. 福建自贸试验区社会事业试点创新与影响分析 [J]. 东南学术，2017（1）：214-223.

⑤ 毛艳华. 广东自贸试验区试点改革成效与制度创新方向 [J]. 国际贸易，2017，426（6）：24-28.

⑥ 梁明，夏融冰. 自贸试验区离岸贸易创新发展研究 [J]. 国际贸易，2022，485（5）：23-30，39.

⑦ 崔卫杰，马丁，山康宁. 中国自贸试验区促进投资的成效、问题与建议 [J]. 国际贸易，2023，493（1）：21-30.

分研究者对中国内陆自贸区建设及其经济影响进行了探讨，不过由于成立时间短、数据资料少的限制，现有研究主要集中在内陆地区建立自贸区的重要性、如何建立自贸区以及各地建立自贸区的比较优势等问题上。田毕飞和李伟以武汉为例的研究显示，政策因素及开放程度是建立内陆自贸区的决定性因素。① 高增安和陈娇娇认为，与其他内陆副省级城市相比，成都在建立内陆自由贸易区方面具有明显的比较优势。② 郑加伟和黄月恒以襄阳自贸区为例探讨了内陆自贸区与城市产业发展、城市空间发展以及区域整体发展的关系。③ 崔晓菊和周维思从对外定位、政策建设、产业指向三方面对我国内陆自贸区与沿海自贸区的发展进行了比较研究，并从内陆自贸区功能发展、政策创新、产业升级、空间优化四方面探寻我国内陆自贸区的发展新路径。④ 姚毅指出，成都应比较借鉴上海、天津、广东、福建等四大沿海自贸试验区的成功经验，立足自贸区框架下发展的改革红利、开放红利和创新红利，从构建自由贸易港、开放式创新体系、开放型现代产业体系等方面，积极探索内陆自贸试验区可供复制和推广的经验。⑤

（三）国内外研究评述

纵观国内外的研究文献，自贸试验区的经济效应一直都是国际经济学领域研究的一个重要问题。国内外大量研究表明，自贸试验区的建设和发展在改善资源配置效率、降低企业运营成本、促进结构优化与地区经济发展等方面发挥着积极的作用。这为本研究从供给侧结构性改革视角研究自贸试验区的功能提供了有力的理论和现实支撑。基于本研究的主要目标，现有研究仍存在一些不足，主要表现在以下三个方面：首先，由于沿海地区具有建立自贸试验区的先天优势，所以国内外现有文献的研究对象主要集中在沿海自贸区，对内陆、沿

---

① 田毕飞，李伟. 内陆自贸区的建立与评价研究——以武汉为例 [J]. 国际商务研究，2015，36（4）：47-55.

② 高增安，陈娇娇. 成都申创内陆自贸区的影响因素评价研究——基于内陆副省级城市的比较 [J]. 西南交通大学学报（社会科学版），2015（5）：115-119.

③ 郑加伟，黄月恒. 内陆自贸区与城市及区域发展关系研究——以襄阳市自贸区为例 [C] //中国城市规划学会，沈阳市人民政府. 规划 60 年：成就与挑战——2016 中国城市规划年会论文集（13 区域规划与城市经济）. 华中科技大学建筑与城市规划学院，2016：758-765.

④ 崔晓菊，周维思. "一带一路"背景下内陆自贸区发展路径研究 [C] //中国城市规划学会，沈阳市人民政府. 规划 60 年：成就与挑战——2016 中国城市规划年会论文集（13 区域规划与城市经济）. 华中科技大学建筑与城市规划学院，2016：736-746.

⑤ 姚毅. 中国（四川）自由贸易试验区建设的成都策略 [J]. 宏观经济管理，2018，411（3）：86-92.

边等其他地区的自贸试验区的研究相对较少。针对沿海自贸试验区的研究结论对于内陆、沿边等其他地区是否依然成立存在不确定性。其次，虽然部分学者针对内陆、沿边自贸试验区进行了研究，但是不论是国外还是国内，相关研究依然主要停留在对建设自贸试验区的重要意义及其可能路径的定性和理论分析层面，很少对其建设成效进行深入细致的分析，这可能会影响对内陆、沿边自贸试验区的实际功能的正确认识。最后，为了促进经济社会发展，一个国家往往会同时采用多种发展策略，各种发展策略之间的配合情况对于政策目标的实现具有重大的影响。因此，在研究自贸试验区功能时，必须结合其他重大发展策略进行综合考察。然而，现有的研究大多是相对独立地研究自贸试验区的功能，这可能会对结论的可靠性产生一定的影响。因此，本研究站在深化供给侧结构性改革的政策背景下，对沿海、沿边、内陆各种类型的自贸试验区建设的相关功能进行理论与案例研究，期望找出自贸试验区建设助力深化供给侧结构性改革的有效途径。

二、供给侧结构性改革的经济效应

（一）国外相关研究

国外研究者对如何通过供给侧结构性改革提高经济效率和潜在增长率给予了广泛的关注。现有的相关研究主要可以概括为以下三个维度。

（1）供给侧结构性改革与经济发展。国外关于供给侧结构性改革与经济发展的研究普遍强调，供给侧政策在推动经济增长、应对经济危机、促进产业转型和创新、优化经济结构等方面发挥了重要作用。奇梅林（Chimerine）指出，供给侧结构性改革对于推动经济奇迹至关重要，尤其是在促进长期经济增长时，供给侧政策能够有效提升资本存量、提高生产力并推动技术创新。[①] 巴斯德旺（Basdevant）通过分析俄罗斯危机中的过时资本存量，认为供给侧结构性改革能够通过重建资本存量，提高国际竞争力，解决俄罗斯的长期经济问题。[②] 明福德和米纳赫（Minford，Meenagh）运用开放经济 DSGE 模型分析了 1970 年至 2009 年间英国的供给侧结构性政策，结果表明，通过优化税收和监管环境等措

① CHIMERINE L. A Supply - side Miracle ［J］. Journal of Business & Economic Statistics，1985，3（2）：101-103.
② BASDEVANT O. An Econometric Model of the Russian Federation ［J］. Economic Modelling，2000，17（2），305-336.

施，供给侧结构性改革显著提高了英国企业的生产力，进而促进了经济的中期增长。① 另外，一些研究对供给侧政策的潜在负面效应表示关注。克莱因克内希特（Kleinknecht）指出，过度灵活的劳动力市场改革可能对依赖历史知识积累的中高技术行业产生消极影响，特别是在美国、日本和西欧等发达经济体，这些国家从 2005 年起经历了生产力危机。② 此外，优思明（Yasmin）等人的研究表明，匈牙利应通过加强教育和吸引外国直接投资来实现长期经济增长。③ 钱（Qian）则探讨了中国供给侧结构性改革在经济转型中的作用，强调了改革措施对特定行业升级的直接推动作用。④ 这些研究共同表明，供给侧结构性改革在不同经济体中发挥着多维度的作用，不仅促进了经济复苏与增长，也在特定行业和地区面临的挑战中展现了其政策效用。

（2）供给侧结构性改革与社会服务和劳动力市场。供给侧结构性改革在社会服务和劳动力市场中的应用同样受到了广泛关注，相关研究强调其在促进劳动力市场适应性、改善公共服务可及性以及优化社会资源配置方面的关键作用。荒井（Arai）等人的研究通过分析日本 1982 年至 2007 年间的劳动市场结构变化，揭示了供给侧结构性改革对技术劳动力需求的适应性影响，尤其是在新兴经济体和科技进步的背景下，职业教育的扩展帮助年轻人适应了快速变化的劳动力市场需求。⑤ 陈（Chen）等人通过对美国公共保险计划的扩展进行研究，发现这些计划显著提高了儿科医生从事专科的可能性，尤其是在农村地区，这反映了供给侧政策对医生职业选择和医疗资源配置产生的溢出效应。⑥ 纳格帕尔（Nagpal）等人对老挝的研究表明，供给侧结构性改革在免费孕产妇和儿童

① MINFORD L, MEENAGH D. Supply-side Policy and Economic Growth: A Case Study of the UK [J]. Open Economies Review, 2020, 31 (1): 159-193.

② KLEINKNECHT A. The Negative Impact of Supply-side Labour Market Reforms on Productivity: an Overview of the Evidence [J]. Cambridge Journal of Economics, 2020, 44 (2): 445-464.

③ YASMIN T, El REFACE GA, S. Sectoral Productivity in Hungarian Economy: an Input-output Linkages Approach [J]. Journal of Eastern European and Central Asian Research, 2019, 6 (2): 344-355.

④ QIAN J. Chinese Economy 2018: Transforming Economic Structures and Stabilising Growth [J]. East Asian Policy, 2019, 11 (1): 14-32.

⑤ ARAI Y, ICHIMURA H, KAWAGUCHI D. The Educational Upgrading of Japanese Youth, 1982—2007: Are all Japanese Youth Ready for Structural Reforms? [J]. Journal of the Japanese and International Economies, 2015, 36 (SI): 100-126.

⑥ CHEN A. LO SASSO, A T, RICHARDS M R. Supply-side Effects from Public Insurance Expansions: Evidence from Physician Labor Markets [J]. Health Economics, 2018, 27 (4): 690-708.

健康服务计划中的财政保护和公平性提升了服务的可及性。① 此外，皮尔瓦尔和尤塞菲（Pilvar, Yousefi）对伊朗剖宫产程序的改革进行评估，指出供给侧政策显著降低了剖宫产率，并且没有对母婴健康产生负面影响。② 这些研究表明，供给侧结构性改革在社会服务和劳动力市场中的应用，可以有效提升公共服务的质量，改善劳动力市场的适应性，促进社会公平。

（3）供给侧结构性改革与能源环境。在能源行业与环境可持续性方面，供给侧结构性改革的作用得到了广泛关注。研究普遍认为，供给侧政策在推动清洁能源转型和应对气候变化中具有核心作用。易（Yi）通过研究美国的清洁能源政策发现，RPS（可再生能源标准）和 EERS（能源效率资源标准）等供给侧政策能够显著降低电力行业的碳强度，但为了实现整体碳排放的有效减少，需要制定更加严格的政策。③ 门德列维奇（Mendelevitch）运用数值模型分析全球煤炭减排的政策效果，发现取消生产补贴对减排有积极作用，但相比之下，矿山禁令通过限制供应和提高价格更有效地减少了全球煤炭消费，尤其在缺乏全球碳定价机制时，供给侧政策显得尤为重要。④ 格林和丹尼斯（Green, Deniss）指出，供给侧政策在经济和政治上具有显著优势，尤其是在化石燃料的供应限制方面，其减排效果比需求侧政策更为确定，同时具有较低的实施成本和较广泛的社会支持。⑤ 拉撒路和范·阿塞尔特（Lazarus, Van Asselt）的研究强调了化石燃料供应与气候政策之间的紧密联系，提出了通过供给侧政策实现全球气候目标的潜在路径。⑥ 此外，科纳拉和托凯（Konara, Tokai）从多维度可持续性视角对斯里兰卡能源系统的研究表明，供给侧结构性改革是解决经济增长带

---

① NAGPAL S, MASAKI E, PAMBUDI E S, et al. Financial protection and equity of access to health services with the free maternal and child health initiative in Lao PDR ［J］. Health Policy and Planning, 2019, 34（SI）: 14-25.

② PILVAR H, YOUSEFI K. Changing physicians' incentives to control the c－section rate: Evidence from a major health care reform in Iran ［J］. Journal of Health Economics, 2021, 79, 102514.

③ YI H T. Clean－energy policies and electricity sector carbon emissions in the U. S. states ［J］. Utilities Policy, 2015, 34（6）, 19-29.

④ MENDELEVITCH R. Testing supply-side climate policies for the global steam coal market—can they curb coal consumption? ［J］. Clim Change, 2018, 150（1-2）: 57-72.

⑤ GREEN F, DENNISS R. Cutting with both arms of the scissors: the economic and political case for restrictive supply-side climate policies ［J］. Clim Change, 2018, 150（1-2）: 73-87.

⑥ LAZARUS M, VAN ASSELT H. Fossil fuel supply and climate policy: exploring the road less taken ［J］. Clim Change, 2018, 150（1-2）: 1-13.

来的能源需求增加和环境压力增大的关键途径。① 辛姆绍泽和吉尔摩
（Simshauser，Gilmore）则分析了澳大利亚电力市场在政策不连续性下的动荡，
强调了稳定的供给侧结构性能源政策对保障能源市场的长期安全性和可持续性
的重要性。② 这些研究共同表明，供给侧能源政策对减少碳排放、推动清洁能
源转型以及应对气候变化具有重要意义，政策的连续性和稳定性是成功实施这
些改革的关键。

（二）国内相关研究

供给侧结构性改革作为中国经济发展的重要战略，国内研究对供给侧结构
性改革的经济效应进行了大量和多维度的研究。现有研究显示，供给侧结构性
改革是一个系统性、多维度的复杂过程，涉及产业、财税、金融、区域发展、
公共服务、环境治理、农业、教育等多个方面。这里从经济增长和绿色发展、
产业升级和企业效率、宏观经济治理、创新驱动发展、区域经济发展五个维度
进行梳理和总结。

（1）供给侧结构性改革与经济增长和绿色发展

国内众多研究者对供给侧结构性改革与经济增长和绿色发展的关系进行了
深入探讨。相关研究认为供给侧结构性改革通过优化生产要素配置、激发市场
活力等方式，为经济增长注入新动力，同时推动经济向绿色发展转变。

在经济增长方面，刘霞辉提出供给侧结构性改革能创造个人、企业、政府
三者利益一致的经济环境，保持较高水平经济增长。③ 朱尔茜强调全要素生产
率的重要性，认为供给侧结构性改革应包括金融、财税、价格、国企、土地、
社保、科教、投资等关键领域改革，应优先推出有利于稳增长的结构性改革措
施。④ 祝宝良指出党的十八大以来的经济发展表明供给侧结构性改革对促进经
济增长有积极作用。⑤ 刘金全和张龙运用动态随机一般均衡模型与面板平滑转
移模型的研究表明，从全要素生产率视角来看，供给侧结构性改革具有一定经

---

① KONARA K，TOKAI A. Integrated Evaluation of Energy System in Sri Lanka：a
Multidimensional Sustainability Perspective ［J］. International Journal of Sustainable Energy，
2022，41（9）：1193-1214.

② Simshauser P，Gilmore J. Climate Change Policy Discontinuity & Australia's 2016—2021
Renewable Investment Supercycle ［J］. Energy Policy，2022，160，112648.

③ 刘霞辉. 供给侧结构性改革助推中国经济增长——2015 年宏观经济分析及思考［J］. 学
术月刊，2016，48（4）：54-62.

④ 朱尔茜. 供给侧结构性改革：动因、内容与次序 ［J］. 河北大学学报（哲学社会科学
版），2016，41（3）：75-80.

⑤ 祝宝良. 十八大以来的经济发展 ［J］. 中国金融，2017（19）：67-68.

济增长效应。① 李艳和杨汝岱发现，地方国企依赖与资源配置效率改善之间存在显著的负相关，如果能有效缓解地方国有企业过度依赖问题，提高国企资源使用效率，样本行业工业总产值和就业将显著增加。② 关阳与王开科认为，供给侧结构性改革有效减缓了我国资本回报率的下降趋势，但单纯的行政性去产能与去杠杆措施难以实现资本回报率的持续提升，因此，迫切需要进一步深化供给侧结构性改革。③ 朱方明和蔡彭真发现，供给侧结构性改革对提升制造业供给质量有显著正向影响。④ 冯明指出，畅通国民经济循环是持续推进供给侧结构性改革、提升新发展动能和促进高质量发展的关键，为此，应着重于供给侧结构性改革、完善收入分配、深化流通体制改革，以及全面落实扩大内需战略，从而助力中国在"十四五"期间实现经济高质量发展。⑤

在绿色发展方面，葛察忠等分析了环保推动供给侧结构性改革的路径，强调环境监管的作用。⑥ 周国梅提出环境保护支撑供给侧结构性改革的政策建议，强调绿色金融的重要性。⑦ 韩文科提出要强化环保约束推进能源供给侧结构性改革。⑧ 张新等从低碳交通体系角度探讨交通运输业改革策略。⑨ 洪银兴提出供给侧结构性改革升级版，强调绿色低碳经济在新动能培育中的作用。⑩ 侯晓辉和王博指出，绿色金融是深化供给侧结构性改革、推进金融更好服务实体经济、

---

① 刘金全，张龙. 全要素生产率视角下供给侧结构性改革的经济增长效应——基于 DSGE 模型与 PSTR 模型的分析 [J]. 西安交通大学学报（社会科学版），2018，38（3）：12-22.

② 李艳，杨汝岱. 地方国企依赖、资源配置效率改善与供给侧改革 [J]. 经济研究，2018，53（2）：80-94.

③ 关阳，王开科. 供给侧结构性改革下中国资本回报率变动：理论基础与现实证据 [J]. 经济学家，2021（9）：41-49.

④ 朱方明，蔡彭真. 供给侧结构性改革如何提升制造业供给质量？[J]. 上海经济研究，2022（3）：63-76.

⑤ 冯明."十四五"时期畅通国民经济循环的理论逻辑与战略取向 [J]. 经济体制改革，2022（1）：12-19.

⑥ 葛察忠，杜艳春，吴嗣骏. 加快环境成本内部化推动供给侧结构性改革 [J]. 环境保护，2016，44（18）：11-13.

⑦ 周国梅. 环境保护支撑供给侧改革的建议 [J]. 环境保护，2016，44（16）：29-32.

⑧ 韩文科. 强化环保约束推进能源供给侧结构性改革 [J]. 环境保护，2016，44（17）：9-11.

⑨ 张新，张毅，郑晓彬. 基于供给侧结构性改革的低碳交通体系研究 [J]. 北京联合大学学报（人文社会科学版），2016，14（2）：104-111.

⑩ 洪银兴. 培育新动能：供给侧结构性改革的升级版 [J]. 经济科学，2018（3）：5-13.

引导产业绿色升级的重要动力。①

（2）供给侧结构性改革与产业升级和企业效率

相关研究普遍认为，供给侧结构性改革对产业升级和企业效率有着重要影响，供给侧结构性改革可以通过多途径促进产业升级和提升企业效率。

在产业升级方面，刘学侠和崔笑李探讨了我国产业转型升级面临的挑战及对策，强调转型升级是推进供给侧结构性改革的重心，要加快培育战略性新兴产业。② 李佐军指出，全面提升区域经济发展质量是深化供给侧结构性改革的需要，需要推动更多产业向中高端跃升、大力培育和引进各种高级要素。③ 秦惠敏等指出，财政支出在促进产业结构调整上具有重要作用，制度创新及农业生产性财政支出和福利性财政支出，可以直接促进劳动力由农业部门转移至非农业部门，而非农业部门的生产性财政支出会直接提升劳动生产率，减少劳动力投入。④ 李全和陈扬发现，去产能政策帮助市场淘汰落后产能并调整市场结构，最终实现行业转型升级。⑤ 龚六堂强调，构建更加开放的现代产业体系，要以提升我国劳动生产率和核心技术产品自给率为核心任务，以推动产业升级、优化产业结构为目标。⑥ 马大来等对工业绿色全要素生产率的提升与产业结构的联系的研究发现，工业产业结构、产品结构、科技创新、人力资本和绿色能源对绿色全要素生产率有正向影响，工业产权结构则显著抑制其提升，而绿色资本要素影响不显著。⑦

在企业效率提升方面，戴翔与宋婕认为外贸领域改革有助于促进外贸出口企业转型升级。⑧ 邵志高和吴立源认为，制造业供给侧结构性改革重点要通过

① 侯晓辉，王博. 金融供给侧结构性改革背景下的绿色金融发展问题研究［J］. 求是学刊，2020，47（5）：13-20.

② 刘学侠，崔笑李. 我国产业转型升级面临的挑战及对策［J］. 中国党政干部论坛，2016（12）：56-58.

③ 李佐军. 推进中国区域经济发展质量的全面提升［J］. 区域经济评论，2018（1）：4-6，2.

④ 秦惠敏，徐卓顺，赵奚. 供给侧结构性改革背景下财政支出对产业结构调整的影响［J］. 社会科学战线，2019（10）：242-247.

⑤ 李全，陈扬. 供给侧结构性改革中"去产能"政策阶段性效果研究——基于上市公司视角［J］. 河南社会科学，2019，27（7）：70-75.

⑥ 龚六堂. 以深化供给侧结构性改革加快建设现代化产业体系［J］. 人民论坛·学术前沿，2023（6）：88-98.

⑦ 马大来，张凤太，肖粤东，等. 中国工业绿色全要素生产率的时空演化特征及影响因素研究——以供给侧结构性改革为视角［J］. 生态经济，2023，39（8）：59-69.

⑧ 戴翔，宋婕. 我国外贸转向高质量发展的内涵、路径及方略［J］. 宏观质量研究，2018，6（3）：22-31.

调整资产配置结构以提升企业价值，制造业上市公司轻资产转型能够降低企业业绩波动和提升企业价值。[①] 杨莎莉等利用税收调查数据的研究发现，税收优惠激励企业生产率，但过度优惠可能导致企业惰性，抑制研发和创新。[②] 卢露和杨文华对供给侧结构性改革与企业杠杆率调整关系的研究发现，改革总体促进企业杠杆率降低，但效果因年份和企业类型异质，非国有企业更明显。[③] 丁志国等认为，供给侧结构性改革实现了"去产能"的效果，同时也显著提升了企业绩效。[④]

（3）供给侧结构性改革与宏观经济治理

相关研究认为供给侧结构性改革为宏观经济治理提供新路径和方法，供给侧结构性改革可以通过财税金融政策支持、政府职能与制度转变、宏观调控政策协同等影响宏观经济治理。

在财税金融政策支持方面，杨春梅认为，企业是供给侧结构性改革的作用主体，税收政策应通过减少总税负和结构性税收政策营造公平竞争环境，激发投资和创新。[⑤] 闫坤和于树一研究了促进供给侧结构性改革效能提升的财税政策。[⑥] 何代欣探讨了结构性改革、扩大内需与财税政策的互动机制。[⑦] 刘昶指出，降低税负和推进市场化改革是供给侧结构性改革的题中之义，宏观税负对经济增长的作用会受到市场化程度的影响，宏观税负水平也会影响市场化作用的发挥。[⑧] 梁玉涛认为，税收政策对推进供给侧结构性改革具有独特优势，重点是要全面推开营改增试点助力供给侧结构性改革。[⑨] 刘振中和李志阳探讨了

---

① 邵志高，吴立源．供给侧结构性改革、轻资产转型与制造业业绩波动［J］．财经问题研究，2019（4）：103-112.

② 杨莎莉，张平竺，游家兴．税收优惠对企业全要素生产率的激励作用研究——基于供给侧结构性改革背景［J］．税务研究，2019（4）：104-109.

③ 卢露，杨文华．供给侧结构性改革与企业杠杆率调整——基于上市工业企业数据的实证研究［J］．当代财经，2020（7）：15-27.

④ 丁志国，张炎炎，任浩锋．供给侧结构性改革的"去产能"效应测度［J］．数量经济技术经济研究，2020，37（7）：3-25.

⑤ 杨春梅．供给侧结构性改革中的税收政策取向［J］．税务与经济，2016（6）：66-69.

⑥ 闫坤，于树一．促进我国供给侧结构性改革效能提升的财税政策研究［J］．国际税收，2016（12）：28-34.

⑦ 何代欣．结构性改革、扩大内需与财税政策的互动机制：一项由理论迈向实践的中国式探索［J］．中国社会科学院研究生院学报，2016（5）：68-75.

⑧ 刘昶．宏观税负、市场化与经济增长：基于供给侧结构性改革视角的分析［J］．宏观经济研究，2017（10）：41-53.

⑨ 梁玉涛．供给侧结构性改革的税收政策研究［J］．改革与战略，2017，33（7）：77-80，90.

新消费时代公共服务供给侧结构性改革的思路与路径。① 张斌指出，减税降费政策对中国中长期的政府职能、收入体系和税制结构具有重大影响。② 金成晓等探讨了结构性货币政策的理论辨析、政策特点与发展策略。③

在政府职能与制度转变方面，曾宪奎从马克思主义政治经济学角度分析了供给侧结构性改革内涵，提出政府职能转变和市场机制完善建议。④ 王广亮和辛本禄讨论了供给侧结构性改革下政府和市场关系重构。⑤ 胡家勇等讨论了政府职能转变与供给侧结构性改革的关系。⑥ 刘志彪提出了以政府改革推进供给侧结构性改革的逻辑框架。⑦ 罗小芳和卢现祥强调，增强国内大循环内生动力和可靠性的关键是以负债—投资的国内大循环为主转向以消费—投资的国内大循环为主，而政府占国民收入分配比重过高及国有企业作为投资主体的发展，是我国难以转变负债—投资的国内大循环的重要原因。⑧

在宏观调控方面，杜秦川探讨了供给侧结构性改革下创新宏观调控的方向。⑨ 肖巍分析了社会主要矛盾转化对供给侧结构性改革的影响。⑩ 温信祥强调了宏观调控、货币政策与供给侧结构性改革的协调配合。⑪ 李超等指出，在新发展格局下，要通过扩内需、促消费来稳经济，不能只注重需求侧管理，而必须把实施扩大内需战略同深化供给侧结构性改革有机结合起来，将增加供给侧

---

① 刘振中，李志阳 . 新消费时代公共服务供给侧结构性改革的思路与路径［J］. 经济纵横，2019（10）：84-92.
② 张斌 . 减税降费与中长期税制优化［J］. 国际税收，2019（9）：11-14.
③ 金成晓，姜旭 . 中国结构性货币政策：理论辨析、政策特点与发展策略［J］. 经济体制改革，2021（6）：127-134.
④ 曾宪奎 . 供给侧结构性改革中政府市场关系研究［J］. 经济研究参考，2016（58）：80-84.
⑤ 王广亮，辛本禄 . 供给侧结构性改革：政府与市场关系的重构［J］. 南京社会科学，2016（11）：25-30.
⑥ 胡家勇，李繁荣 . 政府职能转变与供给侧结构性改革［J］. 学习与探索，2017（7）：112-117.
⑦ 刘志彪 . 深化经济改革的一个逻辑框架——以"政府改革"推进供给侧结构性改革［J］. 探索与争鸣，2017（6）：99-104.
⑧ 罗小芳，卢现祥 . 增强国内大循环内生动力和可靠性的制度分析［J］. 社会科学战线，2024（1）：62-70.
⑨ 杜秦川 . 供给侧结构性改革下创新宏观调控的方向［J］. 宏观经济管理，2018（6）：22-28，35.
⑩ 肖巍 . 作为发展问题的我国社会主要矛盾及其解决思路［J］. 思想理论教育，2018（6）：11-16.
⑪ 温信祥 . 稳健的货币政策保持中性［J］. 中国金融，2018（8）：23-25.

收入作为促进消费的动力源。① 黄志钢对中国宏观经济治理现代化形成的历史逻辑进行了学理分析，并强调新发展阶段推进宏观经济治理现代化要注重顶层设计、增加跨周期政策设计和推动需求侧管理与供给侧结构性改革有效协同。② 权衡认为，宏观经济治理关键是要平衡好供需关系，统筹扩大内需和深化供给侧结构性改革、推动内需扩大与供给侧结构性改革协同，有利于降低外部冲击、确保经济和社会稳定和加快构建新发展格局。③ 霍春辉等研究发现，统一大市场建设通过供给侧结构性改革促进国内价值链后向需求循环，但未能通过扩大内需促进国内价值链前向供给循环。④

（4）供给侧结构性改革与创新驱动发展

相关研究认为，供给侧结构性改革对创新驱动发展产生深远影响，供给侧结构性改革可以通过优化创新环境和激励机制、培育新经济形态、优化制度环境、提升国有企业创新效率、金融改革创新等推动创新驱动发展。李方旺指出，中国要成功跨越"中等收入陷阱"，需坚持创新驱动、深化供给侧结构性改革、推进市场经济及提升政府治理能力。⑤ 湛军对高端服务业中小企业在供给侧结构性改革时期的创新能力与绩效的实证研究揭示了创新能力对绩效的促进作用。⑥ 李静和许家伟认为全球价值链重构要求我国必须在供给侧结构性改革指导下实施创新发展战略以突破价值"低端锁定"和实现价值链攀升。⑦ 崔艳新认为，技术转移、扩散与外溢，会优化科技创新资源配置、改善技术创新的外部条件、刺激贸易与科技进步、推动科技水平和产业结构升级。⑧ 孙早和许薛璐研究发现，提升高端（高技术）产业自主创新效应是推动总消费增长和消费

① 李超，张超，刘志忠．新发展格局下促进消费的机理与路径——以供给侧为主线 [J]．江海学刊，2023（4）：86-93.

② 黄志钢．中国宏观经济管理的演变和创新发展 [J]．上海经济研究，2023（12）：99-110.

③ 权衡．论统筹扩大内需和深化供给侧结构性改革 [J]．中共中央党校（国家行政学院）学报，2024，28（1）：27-32.

④ 霍春辉，卞圣凯，庞铭．统一大市场建设促进了国内价值链循环吗 [J]．财经科学，2024（4）：121-134.

⑤ 李方旺．加大供给侧结构性改革，促进创新驱动发展，成功跨越"中等收入陷阱" [J]．经济研究参考，2017（4）：18-31.

⑥ 湛军，王照杰．供给侧结构性改革背景下高端服务业创新能力与绩效——基于整合视角的实证研究 [J]．经济管理，2017，39（6）：53-68.

⑦ 李静，许家伟．全球价值链重构演变趋势与我国的对策——基于供给侧结构性改革的视角 [J]．江淮论坛，2017（5）：46-50，88.

⑧ 崔艳新．供给侧结构性改革视角下我国发展技术贸易的战略思考 [J]．国际贸易，2018（3）：61-66.

结构改善的关键因素，产业创新可以通过产出结构高级化促进消费结构升级。① 马大来和叶红研究发现，产业结构、金融结构、人力资本结构、经济发展水平、外商直接投资有效促进科技成果转化绩效提升，而产权结构和政府干预则对科技成果转化绩效表现出抑制作用。② 马大来等对影响中国工业绿色全要素生产率的时空演化特征的供给侧因素的研究发现，工业产业结构、工业产品结构、人力资本要素、科技创新要素、绿色能源要素对工业绿色全要素生产率提升具有明显促进作用，工业产权结构明显抑制了工业绿色全要素生产率的提升。③ 王冰冰指出，通过创新驱动促进技术进步和生产要素的优化组合，以长期提升我国全要素生产率和经济的潜在增长率，是供给侧结构性改革的基本逻辑；以供给侧结构性改革为主线实现内生性的创新驱动发展，需要政府、市场、企业等多元主体全方位、深层次引领创新发展，以制度创新、技术创新、模式创新推动我国向创新型国家迈进。④ 李云鹤等研究发现，海归高管显著提升重组公司专利创新。⑤ 刘惠好等发现，"去杠杆"政策提升了国有企业创新效率，政府补贴是"去杠杆"政策下提升国有企业创新效率的有效"开源"渠道，而融资约束机制、公司治理机制和债务期限错配机制是"去杠杆"政策倒逼企业创新效率提升的实现路径。⑥ 徐政和张姣玉指出，新质生产力涵盖科技驱动的新经济形态、生产关系的适应性改进及创新驱动的经济系统；在新发展格局下，需扩大内需和深化供给侧结构性改革，构建以创新为核心的教育体系，强化经济体间的多边合作与国际联合研发平台建设。⑦ 王长明和赵景峰基于内生技术进步模型的研究发现，自主创新对供给侧结构性改革具有显著的持续驱

① 孙早，许薛璐. 产业创新与消费升级：基于供给侧结构性改革视角的经验研究 ［J］. 中国工业经济，2018（7）：98-116.

② 马大来，叶红. 供给侧结构性改革视角下中国科技成果转化绩效研究——基于空间面板数据模型的实证分析 ［J］. 重庆大学学报（社会科学版），2020，26（1）：45-60.

③ 马大来，张凤太，肖粤东，等. 中国工业绿色全要素生产率的时空演化特征及影响因素研究——以供给侧结构性改革为视角 ［J］. 生态经济，2023，39（8）：59-69.

④ 王冰冰. 创新驱动视角下供给侧结构性改革的逻辑与政策选择 ［J］. 经济纵横，2019（9）：82-87.

⑤ 李云鹤，吴文锋. 供给侧结构性改革下海归高管与企业创新——来自公司并购的证据 ［J］. 系统管理学报，2021，30（6）：1088-1105.

⑥ 刘惠好，陈梦洁，焦文妞. "去杠杆"政策之于国有企业创新效率：抑制还是促进 ［J］. 经济管理，2023，45（11）：68-88.

⑦ 徐政，张姣玉. 新发展格局下大力发展新质生产力：价值指向与路径方向 ［J］. 四川师范大学学报（社会科学版），2024，51（4）：72-80，201-202.

动效应，而模仿创新则无显著影响。① 李云鹤和吴文锋发现，企业数字化转型能显著提升制造业创新质量与效率，尤其在采购、运营及科技高管主导的环境下更为显著；其通过赋能企业内、企业间合作创新和企业学习来驱动企业创新提质增效。② 韩彩霞和岳华研究发现，国家级金融综合改革试验区主要通过缓解融资约束和加剧行业竞争渠道促进企业实质性创新，特别是对于非国有、小规模、高依赖外部融资和高生产率企业，并且以金融创新与支持产业升级为导向的试验区对企业实质性创新的促进效应更显著。③

（5）供给侧结构性改革与区域经济发展

相关研究认为，供给侧结构性改革对区域经济发展具有多维度影响，供给侧结构性改革可以通过优化资源配置、推动产业升级、促进城乡融合、改善制度环境、实施差异化策略促进区域经济协调发展。牟秋菊指出，农村金融对弥补扶贫资金不足、发挥扶贫资金杠杆效应、促进农村扶贫事业的发展具有重要作用；中国金融扶贫供给侧结构性改革需加强金融机构的支农扶贫供给，完善福利性小额信贷模式，增加对公益性小额信贷企业的支持与监管，鼓励农村商业小额信贷机构创新信贷产品。④ 王海燕等指出，新时代西北地区的转型需紧扣历史区域定位，依托丝绸之路经济带发掘新价值，解决发展不平衡问题；聚焦供给侧结构性改革重构价值链，转化资源优势；强化国家创新驱动发展战略，支持中小企业创新，推动可持续发展与农村土地制度改革，提升农民发展能力，推进生态文明建设。⑤ 邓忠奇等认为，2016 年起南北全要素生产率差距的缩小得益于供给侧结构性改革，要继续推进供给侧结构性改革，重视企业尤其是创新型企业的集聚，以此为抓手促进创新型要素在北方的培育和高效利用。⑥ 李艺丹和孙万贵的研究表明，在供给侧结构性改革前，金融规模和结构促进了西部经济发展，而金融效率却成障碍；改革后，金融规模的扩大未能有效推动经

① 王长明，赵景峰. 创新模式选择、技术环境支持与供给侧结构性改革 [J]. 现代经济探讨，2022（8）：88-101.

② 李云鹤，吴文锋. 数字化转型能否助力我国制造业企业创新提质增效？[J]. 社会科学，2023（9）：107-122.

③ 韩彩霞，岳华. 国家级金融综合改革试验区设立与企业实质性创新 [J]. 产业经济研究，2024（2）：45-58.

④ 牟秋菊. 农村金融扶贫供给侧结构性改革初探——基于尤努斯的小额信贷扶贫实践反思 [J]. 新金融，2016（11）：28-31.

⑤ 王海燕，刘玉顺，闫磊. 新时代西北地区转型跨越的区域方位 [J]. 甘肃行政学院学报，2017（5）：108-113，128.

⑥ 邓忠奇，高廷帆，朱峰. 地区差距与供给侧结构性改革——"三期叠加"下的内生增长 [J]. 经济研究，2020，55（10）：22-37.

济，反而金融结构优化与效率提升显著促进区域发展；政府应重点关注金融规模的合理发展与效率提升，以推动西部经济增长。①

（三）国内外研究评述

国内外现有文献显示，供给侧结构性改革对经济社会发展具有深远的影响，同时也为宏观经济治理提供了新路径。国内外研究普遍肯定了供给侧结构性改革在推动经济增长、应对经济危机、促进产业转型与创新方面的重要性。供给侧结构性改革通过释放市场活力、优化投资结构、提升劳动力市场灵活性等手段，不仅提高了经济运行效率，也为经济增长提供了新的动力源泉，特别是在全要素生产率提升、经济结构转型、创新驱动以及绿色发展中，供给侧结构性改革发挥了关键作用。供给侧结构性改革还推动了特定行业和整个经济结构得以升级。然而，一些研究也警告，劳动力市场的过度灵活性可能对依赖深厚知识积累的中高技术行业产生不利影响。现有研究强调，要实现高质量增长，供给侧结构性改革应注重促进技术创新、产业升级和经济结构的优化，同时通过结构性改革改善金融与房地产市场的互动机制，以及解决住房危机和财富不平等问题。能源环境领域的研究凸显了供给侧政策在推动清洁能源转型和应对气候变化中的核心地位。政策稳定性与连续性被认为是改革成功的关键。已有研究指出，相较于需求侧管理，限制性供应侧政策（如针对化石燃料的改革）在降低碳排放、提高经济和政治效率方面更为有效。通过取消生产补贴、实行矿山禁令等措施，全球煤炭消费得到有效控制，证明了供给侧政策在无全球碳定价机制情况下尤为重要。供给侧结构性改革对宏观经济治理的正面影响体现在财税政策与金融支持的创新、政府职能转变、宏观调控政策协同等方面。减税降费、优化财政支出结构和结构性减税等财税政策，显著提升了企业活力，促进了经济结构优化。同时，金融体系改革通过发展多层次资本市场、优化信贷结构等措施，有效缓解了小微企业融资难题，提升了金融服务实体经济的能力。然而，也有研究指出，金融风险防控和化解仍需加强，以确保金融市场的稳定。

尽管现有研究为供给侧结构性改革的经济效应提供了丰富的理论与实证基础，指明了供给侧结构性改革在多个领域的积极作用，但仍存在一些不足。第一，多数研究侧重于政策效果的宏观分析，缺乏对微观主体行为和市场反应的深入探讨。第二，研究对改革的长期影响评估不足，尤其是对社会分层、就业结构变化以及区域差异的影响。第三，尽管改革对绿色发展的推动得到认可，

---

① 李艺丹，孙万贵. 金融规模、结构、效率影响区域经济发展的实证研究——基于供给侧结构性改革视角 [J]. 西部金融，2020（6）：18-25.

但对于如何平衡经济增长与环境保护的具体策略研究尚不够充分。未来研究应更加关注供给侧结构性改革的微观机理与长期效应,深入探讨政策执行中的挑战与应对策略,强化跨学科研究,如结合行为经济学、环境经济学等,以更全面地评估改革对经济、社会、环境的综合影响。第四,应加强对发展中国家和转型经济体的案例研究,比较不同国家和地区的改革经验,提炼普遍规律与特色路径,为全球范围内的供给侧结构性改革提供更丰富、多元的理论支撑与实践指导。第五,研究还应关注数字技术、人工智能等新兴技术给供给侧结构性改革带来的新机遇与挑战,探索技术进步如何重塑产业结构与经济模式,为经济高质量发展注入新动力。

三、自贸试验区与供给侧结构性改革的关系

(一)相关研究

国内外现有研究大多是分别对自贸试验区和供给侧结构性改革进行研究,对自贸试验区与供给侧结构性改革的关系讨论相对有限。然而,已有部分研究者从制度创新、金融改革、贸易便利化、创新驱动以及国际化等不同视角探讨了自贸试验区与供给侧结构性改革的关系。

(1)制度创新与深化改革视角的分析

大量研究者从制度创新视角论述了自贸试验区与供给侧结构性改革的紧密联系。自贸试验区被视为供给侧结构性改革的重要试验田,通过制度创新释放市场潜力,激发经济活力。曹全来和杨丹军指出,自贸试验区通过法治理念和法治精神,推动制度创新,释放制度红利和开放红利,特别是在转变政府职能、放开投资领域审批、贸易便利化、服务业市场准入和金融改革方面进行试点。[①] 张湧认为,自贸试验区的金融改革、投资和商事制度的改革,以及贸易便利化的推进,都是供给侧结构性改革的重要组成部分。[②] 杨枝煌强调,通过自贸试验区的先行先试,可以探索和积累供给侧结构性改革的经验和模式,进而推广至全国。[③] 周国平指出,自贸试验区作为改革开放的试验田,通过制度创新和改革探索,为供给侧结构性改革提供了可复制、可推广的经验,有助于

---

① 曹全来,杨丹军. 新常态下开发区的供给侧改革与自贸区的法律制度创新研究 [J]. 法制与经济, 2016 (8):6-9.

② 张湧. 系统集成与协同创新:上海自贸试验区改革应处理好的几组关系 [J]. 科学发展, 2017 (2):69-71.

③ 杨枝煌. 中国成为贸易强国的实现路径 [J]. 西部论坛, 2017, 27 (2):72-79.

破解发展难题、增强发展动力、促进可持续发展。① 肖林指出，上海自贸试验区通过制度创新，如负面清单管理模式、境外投资管理制度改革、服务业对外开放扩大等，已经在投资管理制度、贸易监管制度、金融开放制度、政府管理制度以及法治保障制度等方面取得了显著成效。② 肖林认为，自贸试验区通过在投资、贸易、金融等领域的制度创新，与国家战略协同联动，不仅提升了制度环境供给，还促进了市场配置资源效率，推动了经济转型升级。③ 蒋媛媛以上海自贸区为例，指出其通过简政放权和制度创新，有效降低了市场进入壁垒，增强了市场活力，对城市转型和全球城市建设产生了深远影响。④ 杜文洁和张晗的研究指出，自贸试验区通过制度创新管理机制，解决现有政策或制度安排无法满足社会获益的问题，激发经济活力，提高供给体系的质量和效率。⑤ 海关总署研究室与上海海关学院的联合课题组通过分析上海自贸试验区，展示了海关制度创新如何通过优化税收征管、降低企业成本等手段，助力供给侧结构性改革的实施。⑥ 张欣指出，通过自贸试验区的建设，辽宁省可以依托这一平台创新体制机制，深化混合所有制改革，持续推进供给侧结构性改革，先行探索国资监管体制改革等一系列途径，从而推动老工业基地实现更高水平的振兴。⑦ 张兴祥和王艺明的研究认为，供给侧结构性改革是自贸试验区进一步深化改革开放的主线，自贸试验区在推动供给侧结构性改革中需突出民生导向，围绕企业、要素、产业、市场和政府五个维度进行改革，通过"三去一降一补"推动新旧动能转换和产业结构优化升级。⑧ 雷曜强调，自贸试验区的建设可以在金融市场准入、跨境人民币业务、外汇管理改革、金融市场融资和完善金融管理等方面推进和深化改革创新，形成可复制、可推广的制度创新成果。⑨ 戴

① 周国平. 贯彻落实新发展理念的成效、问题与对策 [J]. 科学发展，2017（6）：55-57.

② 肖林. 在新起点上开启自贸试验区新征程 [N]. 文汇报，2017-01-09（05）.

③ 肖林. 自贸试验区建设与推动政府职能转变 [J]. 科学发展，2017（1）：59-67.

④ 蒋媛媛. 供给侧改革视角下的上海自贸区发展与全球城市建设 [J]. 上海经济，2017（2）：76-85.

⑤ 杜文洁，张晗. 基于供给侧改革的自贸试验区制度创新机制研究 [J]. 铜业工程，2016（2）：1-3.

⑥ 海关总署研究室—上海海关学院联合课题组，李魁文. 深化自贸试验区海关制度创新，推进上海供给侧结构性改革 [J]. 科学发展，2018（4）：66-72.

⑦ 张欣. 辽宁省推进国资国企改革的路径及建议——基于自贸试验区视角 [J]. 现代商贸工业，2018，39（15）：131-132.

⑧ 张兴祥，王艺明. "双循环"格局下的自贸试验区 [J]. 人民论坛，2020（27）：34-37.

⑨ 雷曜. 为改革开放新格局提供浙江自贸区金融方案 [J]. 浙江金融，2021（1）：6-9.

翔则强调自贸试验区应聚焦于制度集成创新，通过扩大内需、深化供给侧结构性改革等措施，增强全球要素吸引能力，为现代化强国建设贡献力量。① 赵爱英等强调，通过自贸试验区的建设，可以深化体制机制改革，推动贸易和投资的便利化，促进国家标准的国际化，以及完善与创新驱动发展模式相匹配的体制机制和营商环境。② 戴翔和邹小奕研究发现，自贸试验区制度创新主要通过知识产权保护、贸易便利化和产业优化升级等机制，促进高端要素流入，并且这种效应会因城市区位、设立批次、城市规模不同而存在差异。③

（2）金融改革视角的分析

部分研究从金融改革视角探讨了自贸试验区与供给侧结构性改革的关系。相关研究认为，自贸试验区的金融改革是供给侧结构性改革的重要组成部分，为中国深化金融供给侧结构性改革和提高金融服务实体经济效率提供了试验场。陈经伟指出，差异化金融供给侧结构性改革策略有助于解决海南经济社会发展中的金融瓶颈，构建多元化金融体系，促进实体经济发展。④ 雷曜强调，浙江自贸试验区的金融改革需与国家战略紧密结合，通过金融市场准入放宽等措施，为全国金融改革提供经验和示范。⑤ 巴曙松等研究发现，中国自贸区金融改革显著提高了金融服务实体经济的效率，并且随着改革措施的逐步落实，这种提升效果逐年增强，同时金融集聚、开放和结构优化效应在提升效率中发挥了重要作用，但由于传导机制的差异，改革效果在不同自贸区间存在明显的区位异质性。⑥ 由此可知，自贸试验区的建设不仅是金融供给侧结构性改革的重要内容，而且其成功的经验和模式可以复制和推广，为构建金融服务实体经济的体制机制提供了重要的政策参考。

（3）贸易便利化与产业结构优化视角的分析

部分研究者从贸易便利化与产业结构优化视角探讨了自贸试验区与供给侧

---

① 戴翔. 中国式现代化视阈下自贸试验区提升战略 [J]. 阅江学刊，2023，15（1）：106-115，173.

② 赵爱英，蒲瑶，陈莹. 开放型经济高质量发展：动能维度与制度型开放 [J]. 陕西行政学院学报，2022，36（1）：30-37.

③ 戴翔，邹小奕. 自贸试验区制度创新的高端要素流入效应 [J]. 国际商务（对外经济贸易大学学报），2024（3）：20-38.

④ 陈经伟. 差异化推进海南自由贸易区（港）金融结构性改革 [J]. 银行家，2019（10）：52-54.

⑤ 雷曜. 为改革开放新格局提供浙江自贸区金融方案 [J]. 浙江金融，2021（1）：6-9.

⑥ 巴曙松，柴宏蕊，方云龙，等. 自由贸易试验区设立提高了金融服务实体经济效率吗？——来自沪津粤闽四大自贸区的经验证据 [J]. 世界经济研究，2021（12）：3-21，132.

结构性改革的关系。相关研究普遍认为，自贸试验区通过贸易监管和服务创新，提高了贸易便利化水平，促进了产业结构优化升级。房伟和郭庆利的研究显示，自贸试验区通过放宽平行进口汽车业务的政策要求和提供多样化的金融服务，降低了贸易壁垒，提升了贸易效率，促进了汽车市场公平竞争，并推动了汽车行业的结构优化和升级。① 伊馨在研究福建自贸试验区时，强调了国际贸易"单一窗口"等创新举措对提升贸易便利化和产业结构调整的重要性。② 刘劼研究认为，上海自贸试验区通过制度创新，尤其是贸易监管制度的优化，已显著提高了贸易便利化水平，降低了企业成本，提高了通关效率，为供给侧结构性改革提供了实践经验。③ 倪方树则从上海、天津、广东、福建四大自贸试验区的实践中总结，自贸试验区通过一系列改革措施，有效推动了企业、要素、产业、市场、政府等多维度的结构性改革，为经济转型升级奠定了基础。④

（4）创新驱动与高质量发展视角的分析

部分研究者从创新驱动与高质量发展视角探讨了自贸试验区与供给侧结构性改革的关系。相关研究普遍认为，自贸试验区在创新驱动发展战略指引下，通过科技创新和制度创新"双轮驱动"，促进了供给质量和效率的提升。曹全来和杨丹军指出，自贸试验区的建设不仅促进了贸易和投资的便利化，而且通过创新驱动和开放创新，为中国经济的高质量发展提供了新的动力和活力。⑤ 元利兴指出，自由贸易港作为自贸试验区的升级版，是推动供给侧结构性改革、加快建设创新型国家、构建现代化经济体系、实现经济高质量发展的关键战略举措。⑥ 张兴祥和王艺明讨论了"双循环"格局下自贸试验区的定位，指出自贸试验区在推动供给侧结构性改革中应突出民生导向，通过科技创新解决"卡脖子"问题。⑦ 赵爱英等指出，自贸试验区的建设和发展有助于形成高标准的

① 房伟，郭庆利. 自贸试验区平行进口汽车业务前景分析——基于银行金融服务视角 [J]. 港口经济，2016（12）：24-27.
② 伊馨. 福建自贸区贸易便利化的制度创新 [J]. 开放导报，2017（2）：110-112.
③ 刘劼. 推动上海自贸试验区成为质量发展高地的思考 [J]. 中国质量与标准导报，2017（5）：30-31.
④ 倪方树. 论供给侧结构性改革——基于我国四大自贸试验区建设实践的研究 [J]. 产业创新研究，2017（2）：52-59.
⑤ 曹全来，杨丹军. 新常态下开发区的供给侧改革与自贸区的法律制度创新研究 [J]. 法制与经济，2016（8）：6-9.
⑥ 元利兴. 建设中国特色自由贸易港应关注的几个关键问题 [J]. 中国经贸导刊，2018（16）：39-41.
⑦ 张兴祥，王艺明."双循环"格局下的自贸试验区 [J]. 人民论坛，2020（27）：34-37.

市场经济体系，提升国内市场的供给体系对需求的适配性，构建国内外双循环的新发展格局，从而推动供给侧结构性改革的深入实施，实现经济结构的优化和升级，促进开放型经济的高质量发展。[1] 肖林强调，在新常态下，自贸试验区需要进一步发挥先行先试的效应，与国家战略协同联动，如"一带一路"和长江经济带等，形成相互支撑、相互促进的局面，为全国改革开放提供可复制、可推广的制度创新成果，从而在更大程度上推动供给侧结构性改革，实现经济的转型升级和高质量发展。[2]

（5）国际化与开放型经济体系建设视角的分析

部分研究者从国际化与开放型经济体系建设视角探讨了自贸试验区与供给侧结构性改革的关系。相关研究认为，自贸试验区在推进供给侧结构性改革的同时，致力于构建开放型经济新体制，增强国际竞争力。张湧指出，通过引入国际高标准的投资贸易规则，改进政府管理模式，促进贸易与金融、投资的更大开放，从而推动经济结构的优化和升级。自贸试验区的建设与国家战略相结合，服务于"一带一路"倡议等国家战略，实现更高水平的双向开放。[3] 杨枝煌认为，自贸试验区能为企业提供国际化、市场化的营商环境，激发市场活力和创新能力，从而培育中国外贸竞争新优势，推动中国由贸易大国向贸易强国转变。[4] 冯碧梅研究认为，供给侧结构性改革是推动福建自贸试验区发展的关键，特别是在"一带一路"倡议背景下，改革能够为自贸试验区企业拓展境外市场提供契机，解决供给侧结构性矛盾，重新建立比较优势，优化产品内分工价值链，并改善贸易环境。[5] 该研究还强调，自贸试验区应面向"一带一路"市场需求，促进产业转型升级，构建与共建国家贸易分工的综合成本优势，并建立贸易大数据共享体系，以提升自贸试验区的国际竞争力和推动加工贸易的供给侧结构性改革，实现可持续发展。元利兴指出，自由贸易港的建设应服务于国家战略总目标，通过引进资本、技术、高端设备，加强信息交流与沟通，借鉴国外优良制度经验，促进产品拓展国际市场，打造开放层次更高、营商环境更优、辐射作用更强的开放新高地。同时，自由贸易港应成为推动我国由贸

① 赵爱英，蒲璠，陈莹. 开放型经济高质量发展：动能维度与制度型开放 [J]. 陕西行政学院学报，2022，36（1）：30-37.

② 肖林. 在新起点上开启自贸试验区新征程 [N]. 文汇报，2017-01-09（005）.

③ 张湧. 系统集成与协同创新：上海自贸试验区改革应处理好的几组关系 [J]. 科学发展，2017（2）：69-71.

④ 杨枝煌. 中国成为贸易强国的实现路径 [J]. 西部论坛，2017，27（2）：72-79.

⑤ 冯碧梅. "一带一路"倡议下福建自贸试验区供给侧结构性改革研究 [J]. 发展研究，2017（1）：80-84.

易大国向贸易强国转变的重要平台，促进国家总体战略目标的顺利实现，从而在新一轮全球化中提升我国的国际竞争力。余川江等在分析川渝自贸试验区时指出，应加强环境侧和需求侧政策工具的使用，促进科技创新和经济发展。① 海关总署研究室与上海海关学院的联合课题组强调了自贸试验区海关制度创新与国际规则接轨，提升贸易便利化水平，为全国提供了宝贵的实践经验。

（二）研究评述

自贸试验区与供给侧结构性改革之间的关系已经成为学术界关注的重点领域之一。现有研究普遍认为自贸试验区是供给侧结构性改革的重要试验田，具体体现在制度创新、金融改革、贸易便利化、创新驱动以及国际化等多个维度上。制度创新视角下的研究显示，自贸试验区通过法治理念推动制度创新，释放制度红利和开放红利，尤其是在转变政府职能、放开投资领域审批、贸易便利化、服务业市场准入和金融改革等方面进行了一系列有益尝试，这些尝试不仅为供给侧结构性改革积累了宝贵经验，还为破解发展难题、增强发展动力、促进可持续发展提供了可复制、可推广的模式。金融改革视角下的研究认为，自贸试验区的金融改革是中国深化金融供给侧结构性改革的重要组成部分，通过金融市场准入放宽等措施，为全国金融改革提供了经验和示范，提升了金融服务实体经济的效率。贸易便利化与产业结构优化视角下的研究指出，自贸试验区通过贸易监管和服务创新提高了贸易便利化水平，促进了产业结构优化升级，例如平行进口汽车业务的支持政策降低了贸易壁垒，提高了贸易效率，促进了市场的公平竞争。创新驱动与高质量发展视角下的研究强调，自贸试验区在创新驱动发展战略指引下，通过科技创新和制度创新"双轮驱动"，推动了供给质量和效率的提升，为经济高质量发展提供了新动力。国际化与开放型经济体系建设视角下的研究认为，自贸试验区致力于构建开放型经济新体制，通过引入国际高标准的投资贸易规则，改进政府管理模式，促进贸易与金融、投资的更大开放，从而推动经济结构的优化和升级，服务于"一带一路"倡议等国家战略，实现更高水平的双向开放，培育中国外贸竞争新优势，推动中国由贸易大国向贸易强国转变。综上所述，自贸试验区通过上述多个方面的实践，为供给侧结构性改革提供了重要的试验场和支持，这些研究揭示了自贸试验区对于供给侧结构性改革的关键作用，也为未来相关政策的制定提供了理论依据和实证支持。

---

① 余川江，张华，罗悦，等 . 基于内容分析法的川渝自由贸易试验区科技创新政策研究 [J]. 电子科技大学学报（社会科学版），2023，25（5）：65-75.

　　现有研究为正确认识和把握自贸试验区在供给侧结构性改革中的关键作用奠定了理论和实践基础。从理论上看，自贸试验区作为制度创新的先行者，通过释放市场潜力和激发经济活力，为供给侧结构性改革提供了有益的理论支撑。同时，自贸试验区在金融改革、贸易便利化以及创新驱动等领域的实践探索，阐明了这些因素在推动供给侧结构性改革和经济高质量发展中的重要性。从实践层面来说，自贸试验区的改革实践不仅为其他地区提供了可借鉴的经验，还凸显了自贸试验区在全球化背景下增强国际竞争力、服务国家战略目标等方面的战略意义，为供给侧结构性改革的有效实施提供了有力支撑。

　　尽管现有研究取得了重要进展，但也存在一些需要改进之处。首先，大多数研究集中在单一自贸试验区或特定领域，对自贸试验区在供给侧结构性改革中的整体作用认识还有待进一步深化。其次，现有研究多从定性分析的角度探讨两者的关系，量化分析还有待加强，以更清晰地揭示自贸试验区政策对供给侧结构性改革成效的具体影响。再次，尽管现有研究从多个角度探讨了自贸试验区与供给侧结构性改革的关系，但在具体操作层面尚缺乏深入细致的分析。例如，如何在不同区域、不同发展阶段的具体情况下，将自贸试验区的经验有效转化为推动供给侧结构性改革的动力，还需要更多基于地方实际情况的实证研究。最后，关于自贸试验区在推动供给侧结构性改革过程中可能遇到的挑战和障碍，如制度供给方与需求方的错配问题、改革的时滞效应等问题，现有研究虽有所触及但并未给出系统性的解决方案。未来研究可以进一步拓展研究视角，综合运用定性分析和定量分析、理论探讨与案例分析等多种方法，更全面地评估自贸试验区在供给侧结构性改革中的作用，为相关政策的制定和实施提供更有价值的参考。同时，需要重点关注自贸试验区制度创新、金融改革、贸易便利化等具体措施与供给侧结构性改革成效之间的内在联系以及自贸试验区在不同区域和行业中作用发挥的异质性效应，为供给侧结构性改革的精准实施和精细化管理提供支持。从全球化背景下的开放型经济体系建设视角，深入探讨自贸试验区如何服务于国家战略目标，增强中国在全球竞争中的优势地位，也是未来值得关注的研究方向。此外，随着全球经济环境的变化和技术进步的加速，自贸试验区的角色也在不断演变，未来的研究需要紧跟时代步伐，关注新技术、新业态对自贸试验区功能的影响，以及如何通过持续的创新保持自贸试验区在供给侧结构性改革中的领先地位。

第三章

中国自贸试验区发展概况

第一节 自贸试验区建设与发展的基本历程

一、自贸试验区建设的背景

总体来看，建设自贸试验区是党中央、国务院在深刻分析国内外经济形势、统筹国内国际两大局势的基础上，顺应全球经济与贸易发展趋势，在新形势下推动改革开放的战略举措。这一政策体现了中国在全球化背景下积极应对挑战、优化经济结构、促进高水平开放和高质量发展的决心与行动。从国内看，建设自贸试验区主要是为了更好地贯彻落实党的十八届三中全会提出的全面深化改革和扩大开放任务，加快构建开放型经济新体制。从国际看，建设自贸试验区主要是为了更好地应对中美、中欧投资协定谈判和新一轮多边贸易谈判，先行试验国际投资贸易新规则新标准，积累新形势下参与双边、多边、区域合作的经验，为我国参与国际经贸规则的制定提供有力支撑。[①]

（一）自贸试验区建设的国内背景

（1）全面深化改革和扩大开放需要自贸试验区提供新平台

中国经济社会发展的经验表明，各项创新实践通常需要在小范围区域内进行先导试点，然后将成功经验扩散推广。这种渐进式改革模式通过逐步试验调整，可以降低全面实施的风险，保证改革措施的可行性和可持续性。在设立自贸试验区之前，中国采取的家庭联产承包责任制、经济特区、沿海开放城市以及国有企业改革，都依循了这一模式。例如，安徽小岗村首先实践家庭联产承包责任制，为安徽全省和全国推广奠定基础。深圳等经济特区成为改革开放的

---

① 陆燕. 自贸区建设成效、问题及发展方向 [J]. 人民论坛, 2020 (27): 16-19.

窗口，推动外贸外资发展。上海、深圳、辽宁等地区的国有企业改革也为其他地区企业结构调整、产权制度改革等提供了可借鉴的经验。党的十八大后，中国改革进入新阶段。党的十八届三中全会通过《中共中央关于全面深化改革若干重大问题的决定》，标志着改革由初步探索向系统整合和全面深化转变，面临着深化经济体制改革、推进政治体制改革、加快文化社会生态体制改革、提升对外开放水平等一系列任务。为顺利完成全面深化改革，中国迫切需要建立新平台探索经验。在此背景下，自贸试验区应运而生。

自贸试验区的设立为我国全面深化改革和扩大开放提供了新的平台和契机。首先，自贸试验区为政策创新提供了实验场地。在自贸试验区内，政府可以针对特定区域试行新政策新制度，从而降低全国范围内实施的风险。例如，自贸试验区内采用的负面清单管理模式推动了外资准入的开放，这为后续全国范围内的体制改革积累了宝贵经验。其次，自贸试验区促进了贸易便利化。通过简化通关程序和减少贸易壁垒，自贸试验区提高了货物和服务流通效率，吸引了更多国际企业及推动国内企业走向国际。以上海自贸试验区为例，上海港因此成长为全球吞吐量最大的港口。另外，自贸试验区通过优惠政策吸引高新技术产业及高端人才。相关政策不仅提升了区域经济水平，也为我国产业升级和经济转型提供了借鉴。与历史上经济特区相比，自贸试验区着眼于体制机制创新和政策试点，强调通过优化营商环境促进经济发展。自贸试验区不仅是一个经济增长引擎，更是一个体制改革试验田，可以为全国范围内的改革提供宝贵的经验。

（2）经济转型升级需要自贸试验区培育新动能

自1978年改革开放以来，中国经济经历了长达三十余年的快速增长，但自2010年达到10.6%的增长峰值后，GDP增长率逐年下降，至2019年降至6.0%，并在疫情冲击下进一步波动，2023年仅实现5.2%的增长（见图3-1）。这一趋势表明中国经济正从高速增长转向中高速增长阶段，经济发展进入高质量发展新阶段，同时传统增长动力减弱（见图3-2和图3-3）。图3-2显示，最终消费成为主要增长动力，而资本形成和净出口的贡献下降。图3-3则揭示了第二产业和第三产业对GDP的拉动作用减弱，第一产业保持稳定。面对经济增长动能的减弱，中国亟须通过包括设立自贸试验区在内的多项措施，培育经济转型升级的新动能。

自贸试验区作为改革开放的新高地，在培育经济转型升级新动能方面发挥了关键作用。制度创新，如负面清单管理，可以促进高端制造业和服务业的国际合作，加速新兴产业的发展。贸易便利化措施，如简化海关程序，可以降低运营成本，提升贸易效率。金融开放创新，如跨境人民币业务，能为实体经济提供高效服务。人才引进机制和培养模式创新有助于聚集大量高层次创新人才，进而为创新驱动发展提供智力支持。此外，自贸试验区的先行先试政策可以为全国改革提供可复制的经验，形成改革创新的示范效应，进而推动经济结构优化和产业升级。

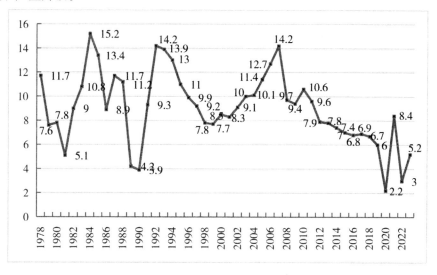

图 3-1 改革开放以来中国 GDP 年增长率（%）

数据来源：国家统计局。

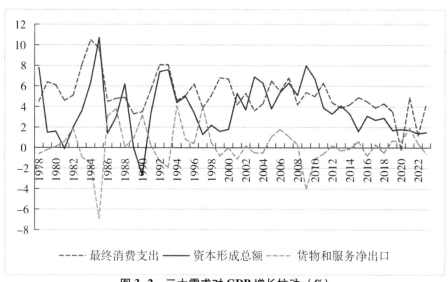

图 3-2 三大需求对 GDP 增长拉动（%）

数据来源：国家统计局。

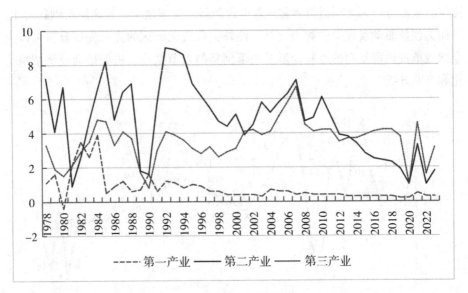

图 3-3　三次产业对 GDP 增长拉动（%）

数据来源：国家统计局。

（3）区域协调发展需要自贸试验区探索新模式

改革开放以来，中国社会主要矛盾已经逐渐从人民日益增长的物质文化需要同落后的社会生产之间的矛盾演变为人民日益增长的美好生活需要和不平衡不充分的发展之间的矛盾。区域发展不平衡和落后地区先进产业发展不足，已成为高质量发展的重要障碍。这里利用地区 GDP 和人均 GDP 数据计算相对极差（变量的极差除以其均值）以反映地区间经济规模和人均水平的差距。图 3-4 给出了中国 31 个省份（包括自治区、直辖市，下同）经济规模和人均水平的差距。自 2006 年起，经济规模最大与最小省份的差距波动中趋稳，但 2012 年后，这一差距仍超平均 GDP 的 3 倍。人均 GDP 差距虽总体下降，但近年来下降趋势停滞，最高与最低省份差距接近人均 GDP 的 2 倍。

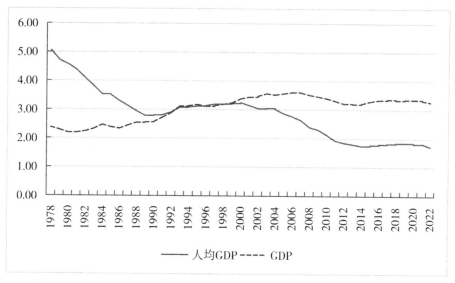

图 3-4 中国 31 个省份 GDP 和人均 GDP 的相对极差演变情况

数据来源：根据国家统计局数据计算。

中国区域经济发展不平衡不仅表现在经济总规模和人均水平上，还表现在对外开放水平、科技创新等其他多个方面。图 3-5 和图 3-6 给出了中国 31 个省份进出口总额、出口总额、进口总额、外商投资企业投资总额以及研发情况的相对极差的变化情况（由于存在数据缺失，对外贸易数据从 1987 年开始，而外商投资企业投资总额和研发情况数据从 1997 年开始）。由图 3-5 可知，1987 年以来，各省份进出口贸易的相对极差呈下降趋势，但 2012 年后，进出口总额和出口总额的相对极差仍超过 6，进口总额也大多高于 6，表明对外贸易发展不平衡。在外商投资方面，2008 年以来，投资总额的相对极差呈波动上升趋势，突显了不平衡问题。在科技创新方面，图 3-6 显示，各省份研发投入与产出的相对极差波动明显，无显著下降趋势，专利申请授权数和工业企业 R&D 人员的相对极差围绕 5 波动，揭示了研发差距的显著性。

中国经济发展步入新阶段后，区域协调发展成为关键任务。尽管实施了西部大开发、中部崛起、东北振兴等战略，但是区域不平衡问题依旧突出。自贸试验区作为制度创新与开放型经济建设的前沿阵地，其在探索新模式过程中的成功经验与实践，对推动区域协调发展具有不可替代的作用。第一，自贸试验区通过降低贸易壁垒、简化行政程序，能够促进外资吸引和内资流动，增强区域经济活力，缩小发展差距。第二，自贸试验区的开放环境和国际合作平台有助于区域经济融入全球价值链，提升区域竞争力，并通过跨区域合作机制加强区域间经济联系。第三，自贸试验区的创新政策和灵活机制为产业转移和升级提供了试验田，有助于推动产业链协同和产业结构优化。第四，自贸试验区创新的监管模式和服务体系，如负面清单管理、一站式服务，有助于缩小区域间行政效率和公共服务水平的差距。第五，自贸试验区在绿色发展、数字经济等新领域的探索，可以为区域协调发展提供新的增长点和动力源，推动各区域差异化、协同式发展。自贸试验区的各项创新实践，必然会使其成为推动区域协调发展的重要力量，进而为区域经济均衡增长和高质量发展奠定重要基础。

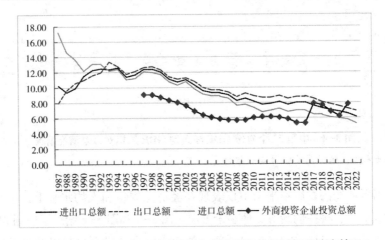

图 3-5　中国 31 个省份对外贸易与外商投资的相对极差演变情况

数据来源：根据国家统计局数据计算。

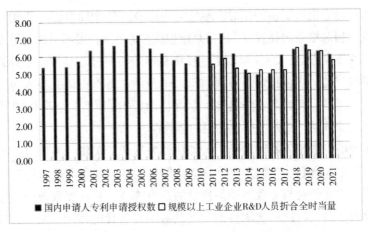

图 3-6　中国 31 个省份研发情况的相对极差演变情况

数据来源：根据 wind 资讯数据计算。

（4）扩大内需和消费升级需要自贸试验区拓展新渠道

前文的分析已经表明，内需（包括消费和投资）已经成为拉动中国经济增长的主导力量，并且消费对经济增长的相对重要性日益提高。2008 年全球金融危机以来，全球经济的不确定性显著增加。地缘政治冲突、贸易摩擦和贸易保护主义抬头等因素导致国际贸易遭受重大冲击。过度依赖出口的经济增长模式已经不适应当前复杂动荡的国际环境。

因此，中国将扩大内需作为维持经济中高速增长和构建新发展格局的关键战略。然而，单一的投资或消费驱动不足以实现可持续增长。从改革开放以来中国最终消费率和资本形成率的变化情况来看（见图 3-7），中国的最终消费率波动下降，而资本形成率波动上升。2010 年以来，两者分别在 55% 和 43% 左右波动，与发达国家相比，中国的最终消费率偏低，资本形成率偏高。表 3-1 数据表明，中国的资本形成率在全球主要经济体中排名第一，2021 年达到43.14%。这一现象既受中国发展阶段影响，也与其发展模式有关。

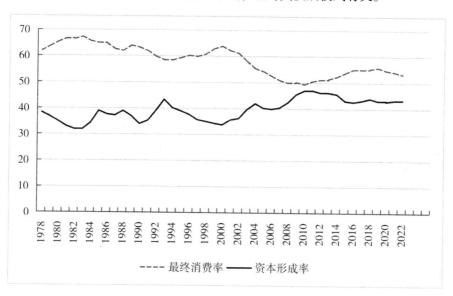

图 3-7　中国最终消费率和资本形成率演变情况（%）

数据来源：国家统计局。

表 3-1　中国与部分发达国家资本形成率和最终消费率的对比　（%）

国家	2001		2011		2021	
	资本形成率	最终消费率	资本形成率	最终消费率	资本形成率	最终消费率
中国	35.54	61.93	46.66	50.16	43.14	53.92
美国	22.18	81.38	19.03	84.68	21.63	82.87
英国	18.30	83.43	15.93	84.86	17.93	82.85
日本	27.75	71.65	23.54	77.11	25.72	74.80
德国	22.96	75.41	21.64	73.46	23.22	71.39
法国	22.16	72.26	23.22	78.73	24.90	76.98

数据来源：世界银行 WDI 数据库。

尽管中国自改革开放以来取得了显著发展，但在经济、社会、创新等方面与发达国家相比仍有差距，仍属于发展中国家。发展中国家需提高资本积累率以支持基础设施建设。中国经济增长长期依赖投资驱动，形成路径依赖，不利于可持续发展。该模式导致固定资产投资过高、行业依赖、研发不足、居民收入和消费增长缓慢、资源配置低效及环境问题。高质量发展要求中国结合投资与消费驱动，构建双轮驱动模式。图 3-8 显示，中国居民人均可支配收入基尼系数持续高于 0.4 的国际警戒线，而恩格尔系数接近富足标准 30%。因此，促进消费应聚焦于缩小收入差距、提升中等收入比重以及提高消费品质量和增加种类。

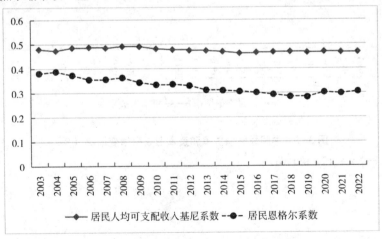

图 3-8　中国基尼系数和恩格尔系数演变情况

数据来源：国家统计局。

投资与消费双轮驱动的发展模式在强调规模增长的同时，更注重质量和效益的提升。投资质量受其领域和方向影响，应旨在增强未来生产与创新能力，满足新兴产业和社会发展需求。当前，中国新增投资应聚焦于关键基础设施、信息通信网络、创新支持设施、公共服务以及生态治理等领域。实现这些目标需在地区和行业间进行差异化探索，推动中国成为高质量投资的试验场。如何具体落实这些领域的新增投资，需要在不同的地区和行业进行不断的探索，这促使中国必须积极打造高质量投资的试验田。

自贸试验区作为推动经济高质量发展和高水平对外开放的关键平台，可以通过一系列创新举措促进高质量投资和消费升级。自贸试验区的政策优惠、法治建设、市场准入放宽等措施能降低投资风险，提高审批效率，营造稳定的投资环境。自贸试验区的金融制度创新和多层次资本市场建设能满足企业融资需求。自贸试验区的特色产业园区能促进产业集聚，吸引投资，并支持科技创新。自贸试验区可以通过推动跨境电商、降低进口壁垒、放宽服务业外资准入，增加高品质产品和服务供给，提升消费体验。自贸试验区的金融创新可以提供多样化信贷产品，刺激消费需求，形成区域消费中心，带动周边消费。自贸试验区还可以利用大数据、人工智能分析消费者行为，优化供应链，支持文化创意和高科技产业发展，提高文化消费水平和产品质量。此外，自贸试验区的国际化商业环境有助于提升消费水平，推动消费观念升级。综上，自贸试验区可以通过多渠道促进投资和消费双轮驱动，为经济高质量发展提供动力。

（二）自贸试验区建设的国际背景

（1）自贸试验区是有效应对全球经济增速和贸易增速放缓等不利冲击的重要举措

21 世纪以来，全球经济与贸易增长形势的不确定性日益增加。图 3-9 展示了 2001 年至今全球 GDP 和贸易增长率的年度变化趋势，揭示出 2008 年金融危机和 2020 年疫情大流行等重大事件对经济增长的显著冲击。总体而言，金融危机后全球经济与贸易增速持续放缓，削弱了中国外部需求，加剧出口压力和外资流入波动，不仅影响了增长动力，也阻碍了国际贸易在产业结构升级和经济转型中的作用。

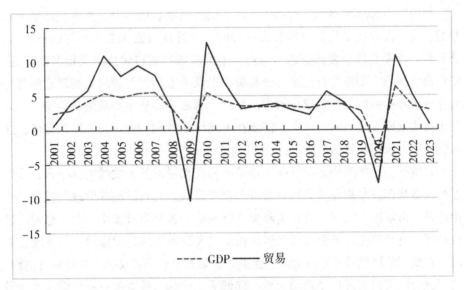

图 3-9　全球 GDP 和贸易增速（%）

数据来源：世界银行 WDI 数据库。

　　为缓解全球经济与贸易增速放缓带来的挑战，中国正积极探求新动能，自贸试验区作为关键策略之一，发挥着重要作用。首先，自贸试验区通过提升营商环境，实施负面清单管理，简化审批流程，降低投资成本，有效吸引外资和创新资源，增强经济活力。其次，自贸试验区推进贸易便利化，如改善港口和物流设施，简化通关程序，降低企业运营成本，提高国际贸易效率，从而对冲全球贸易增速下降的影响。再次，自贸试验区担当制度创新先行者，试点新政策，推动经济结构转型升级，提升经济抗压能力。最后，通过建立国际合作平台，如自由贸易港，自贸试验区加强对外开放，拓宽经济发展空间，促进与其他经济体的联动。综上，自贸试验区不仅为中国经济提供缓冲，增强对外部风险的抵御能力，也为全球经济增长和贸易复苏贡献了中国方案和智慧。

　　（2）自贸试验区是增强中国对全球经济增长引擎和经济重心转移适应能力的重要途径

　　近年来，全球经济增长引擎和经济重心向新兴和发展经济体转移的趋势日益明显。图 3-9 和图 3-10 给出了 2001 年以来，全球及其各类经济体 GDP 增速的变化情况。由图 3-9 和图 3-10 可知，新兴市场和发展中经济体的增速普遍超过发达国家，且内部增速差异显著，特别是亚洲的新兴市场和发展中经济体的增速显著高于欧洲，而 G7 等主要发达经济体的增速则相对较低。全球经济重心的转移对中国经济和政策调整产生深远影响。首先，随着亚洲和非洲等新兴经济体崛起，全球经济增长重心从发达经济体转向新兴市场，这为中国企业提供了广阔的海外市场机会。同时，由于新兴市场在劳动力成本和资源方面的优势，中国也面临来自这些国家的产业竞争。其次，全球经济重心向新兴市场转移促进了中国企业"走出去"的步伐，中国政府需要支持企业通过海外直接投资获取资源技术，并开拓海外市场。再次，新兴市场的崛起要求中国调整产业结构，加快向高附加值和技术密集型产业转型，政府需要提供政策支持和资金投入，培育新的增长点。最后，随着中国在全球经济中的地位不断提升，中国需要在推动全球经济治理体系改革和新秩序建设中发挥更大作用，积极推动形成更加开放、公平和可持续的全球经济秩序。

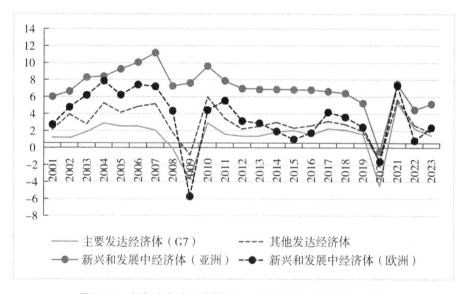

图 3-10　各部分发达经济体和新兴经济体的 GDP 增速（%）

数据来源：世界银行 WDI 数据库。

自贸试验区为增强中国对全球经济增长引擎和经济重心转移适应能力提供了一条重要的实现路径。首先，自贸试验区通过简化贸易程序和降低壁垒，促进市场多元化和出口增长，使中国企业能够更便捷地进入国际市场，提升竞争力，抢占新兴市场份额。其次，自贸试验区为中国企业的海外投资和国际化进程提供了便利条件，简化外汇管理，放宽投资准入，助力企业进行跨国并购和投资，获取新兴市场资源和技术，增强全球竞争力。再次，自贸试验区内的政策和制度创新，鼓励企业加大研发投入，发展高新技术产业，推动产业结构调整和创新能力提升，促进从传统制造业向高附加值产业转型。最后，自贸试验区作为对外开放的重要平台，增强了中国在国际经济治理中的话语权，通过参与制定国际规则和推动"一带一路"倡议等国际合作，提升国际经济合作能力。

（3）自贸试验区是应对贸易保护主义抬头和国际竞争加剧的必然选择

2008年的全球金融危机对全球经济特别是发达经济体造成了显著的负面影响，引发了贸易保护主义的抬头和经济全球化的挫折。全球产业链和价值链趋向短链化、本土化和区域化，国际竞争越发激烈。贸易保护措施如提高关税壁垒、实施反倾销、加强外资审查、货币贬值和限制技术转移等日益普遍。中美贸易战、英国脱欧、欧盟对中国光伏产品的反倾销调查、美国对钢铁和铝的关税征收以及印度提高进口关税等事件，体现了国家保护本国产业和就业的行动，也反映了全球经济竞争的加剧。数字经济时代的贸易保护主义新形势，如欧盟的GDPR和美国对华为的限制进一步显现。发达经济体反思发展模式，推动制造业回流，对中国等全球制造大国产生深远影响，可能导致出口需求减少、外资和资本外流、技术外溢、产能过剩、就业机会减少、全球供应链地位下降和贸易摩擦加剧等后果。

随着中国经济规模的扩大和国际影响力的提升，部分国家将此视为重大威胁，采取一系列"去中国化"措施以遏制中国发展。近年来，美国等国加征中国商品高额关税，制裁特定企业，限制对中国的关键技术出口，将企业和个人列入"实体清单"，加强对中国投资审查，鼓励转移产能。除此以外，这些国家亦试图通过加强同其他国家的经济、军事及安全合作以平衡地区格局，共同制定新的贸易、科技和数字规则来塑造未来全球秩序，同时部分限制中国的参与。例如，美国推动跨太平洋伙伴关系协定和跨大西洋自由贸易协定谈判，重启四方安全对话机制，欧盟与日本签署经济伙伴协定。此外，美国提出"印太战略"，在5G标准等领域限制中国企业参与，成立跨大西洋贸易与技术委员会推动全球数字规则。以上举措表明，这些国家正通过多方面合作试图平衡地区势力版图，同时在一定程度上限制中国在未来制定国际规则的影响。

为了应对贸易保护主义抬头以及部分欧美国家的"去中国化"策略，中国需坚定支持包容性经济全球化，并抵制单边主义和保护主义。近年来，世界贸易组织（WTO）多边规则的运行面临诸多挑战和困难。设立自贸试验区是中国主动在WTO规则以外探索推动经济全球化的有效途径的重要尝试。自贸试验区的建立与发展，不仅助力中国应对国际贸易挑战，也成为中国参与全球经济治理、推动经济全球化健康发展的关键。自贸试验区通过降低贸易壁垒、简化行政程序、税收优惠等措施，提升了市场吸引力，为外资和国际合作伙伴提供了稳定的商业环境，有效抵消了贸易保护主义的负面影响。同时，这些区域吸引了高端人才和研发机构，促进了科技创新和产业升级，增强了中国企业的国际竞争力，并支持中国产品和服务走向全球。在国际竞争和技术封锁的背景下，自贸试验区加速自主创新，提升了中国在全球价值链中的地位。作为对外开放的窗口，自贸试验区加强了国际市场合作，构建了多元化贸易伙伴关系，减少了对单一市场的依赖。自贸试验区还推动了区域经济一体化和协调发展，形成了跨区域经济合作网络，促进了国内区域经济均衡发展，加强了中国与周边国家的经济联系，提升了区域竞争力。自贸试验区还为中国参与制定国际经济规则提供了实践平台，展示了中国在全球经济治理中的贡献和影响力，推动了更加公正合理国际经济秩序的构建。

（4）自贸试验区是中国把握新一轮全球科技革命和产业变革机遇的重要实践平台

2010 年以来，以移动互联网、大数据、云计算、区块链、人工智能、物联网及 5G 通信等新兴信息技术为代表的科技进步，催生了新一轮全球科技革命和产业变革。新一轮全球科技革命和产业变革为全球经济及中国经济发展带来了重要机遇，同时也加剧了国家间科技与产业的竞争。首先，技术创新加速是推动这一变革的核心驱动力。人工智能在多个领域取得了突破性进展。例如，谷歌的 DeepMind 开发的 AlphaFold 在 2020 年成功预测了蛋白质结构，从而显著提高了医学与生物技术研究的效率。自动驾驶技术也在持续进步，特斯拉的自动驾驶系统显示，其车辆在自动驾驶模式下的事故率明显低于人类驾驶。此外，物联网技术在智能制造领域展现出巨大潜力。西门子的工业 4.0 工厂引入物联网技术后，生产效率提高了 20% 以上，故障率降低了 30%。其次，这场变革显著推动了产业结构的转型升级。新能源和生物技术领域的创新尤为突出。2020年，特斯拉 Model 3 成为全球最畅销电动汽车，中国的电动汽车销量达到全球总销量的 41%。在生物技术方面，美国的 CRISPR 技术公司通过基因编辑技术开发了抗病虫害作物，提高了农作物的产量和抗逆性。再次，全球科技革命还促使经济模式变革。共享经济和平台经济的快速发展改变了传统商业模式。Uber 和 Airbnb 在全球范围内拥有数千万用户，提升了资源利用效率。阿里巴巴在 2020 财年的商品交易总额（GMV）突破 1 万亿美元，利用大数据和人工智能显著提升了物流效率和用户体验。此外，技术进步也深刻改变了劳动力市场。根据世界经济论坛《2020 年未来就业报告》，未来五年内，自动化将取代 8500 万个工作岗位，但同时会创造 9700 万个新岗位，主要集中在数据分析、AI 开发和机器人维护等领域。在线教育平台如 Coursera 和 Udacity 提供了大量技术课程，帮助劳动者提升技能以适应新的岗位需求。最后，这场变革不断调整全球竞争格局，各国在科技研发上的投入显著增加。2020 年，美国的研发投入达到 5800

亿美元，中国在 5G 和量子计算等领域的投入和进展同样显著。欧盟的"地平线欧洲"计划则通过 950 亿欧元的预算，推动科研创新和技术发展，特别是在应对气候变化、健康和数字化转型等关键领域。

为把握新一轮全球科技革命和产业变革的机遇，中国需强化创新生态系统，加快数字基础设施建设，并促进科技成果转化。中国应支持科技园区、孵化器和创新中心的发展，构建从基础研究到商业化应用的全链条创新体系，并加强知识产权保护，以营造良好的创新环境。同时，中国需加快 5G 网络、人工智能计算中心和大数据平台等数字基础设施的建设，推动绿色科技发展，加大对清洁能源和绿色制造的支持，以实现可持续发展目标。中国还应推动高校和科研机构的成果迅速产业化，同时培养具有国际视野的科技和管理人才，加强国际化教育，提升中国在全球科技和产业中的竞争力。自贸试验区作为政策制度创新的试验田、国际交流与合作的桥梁、改革创新的示范区，以及人才培养和引进的平台，具备风险管理和应对的缓冲区等多重功能。自贸试验区的设立和发展将增强中国把握新一轮全球科技革命和产业变革机会的能力，有效避免在新的科技浪潮中落后。首先，自贸试验区通过政策创新与制度改革，提供了前所未有的宽松环境，使高科技企业和创新项目能够灵活运作，加速技术创新和产业升级。其次，自贸试验区通过引进全球先进技术和管理经验，区内企业可以更便捷地与国际科技公司、高校和科研机构合作，形成全球创新网络，进而增强企业的创新能力。再次，自贸试验区通过政策扶持和资源配置，形成从基础研究到技术开发再到产业化应用的全链条创新体系，能够有效促进科技与产业的融合，加速新技术和新产品的商业化进程。自贸试验区在数字基础设施和智能制造领域的投入，如 5G 网络、人工智能计算中心和大数据平台，为数字经济的发展奠定了坚实基础，并通过先进制造技术的应用，推动了制造业转型升级。最后，自贸试验区在知识产权保护方面建立了更完善的制度和机制，确保创新者的合法权益。这种保护措施营造了良好的创新环境，吸引更多高科技企业和科研机构入驻。同时，自贸试验区通过制定优惠的人才政策和建立国际化教育培训体系，具备吸引和培养高层次科技和管理人才的优势。

二、自贸试验区建设与发展历程

建设自由贸易试验区是党中央、国务院根据国内国际形势的最新变化，经过慎重思考、精心谋划后作出的新时代推进改革开放的重要战略举措。习近平总书记高度重视自贸试验区建设，亲自谋划、亲自部署、亲自推动，作出一系列重要指示批示。① 中国自贸试验区的建设正式启动于 2013 年。在此之前，上海、深圳等城市已经为筹建自由贸易园区进行了系列积极的探索。比如，早在 2005 年，深圳市就开始探索推动福田保税区向自由贸易区转型。党的十八大报告明确提出"形成引领国际经济合作和竞争的开放区域，培育带动区域发展的开放高地"，这加速了自贸试验区建设的探索实践。2013 年 3 月底，时任总理李克强在上海进行调研时提出，支持上海积极探索在现有综合保税区的基础上，建立一个自由贸易试验区。这一表态标志着中央政府正式明确了在中国建设自贸试验区的战略规划。2013 年 8 月，国务院正式批准设立中国（上海）自由贸易试验区。2013 年 9 月 18 日，国务院下达了《关于印发中国（上海）自由贸易试验区总体方案的通知》，2013 年 9 月 29 日，上海自贸试验区正式挂牌成立。中国第一个自贸试验区由此诞生，自贸试验区建设正式启动。随后，中国自贸试验区的建设和发展有序推进，并不断加速和扩容。图 3-11 给出了中国自贸试验区发展的时间线。中国先后分 7 批次共计设立 22 个自贸试验区，并且对部分自贸试验区进行了扩区升级。

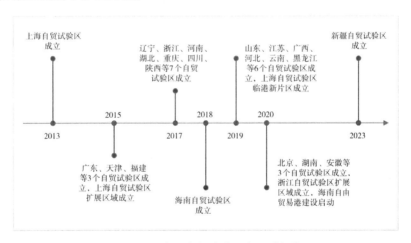

图 3-11　中国自贸试验区发展时间线

（1）第一批次设立的自贸试验区

上海自贸试验区是中国首批设立的唯一自贸试验区，于 2013 年 9 月 29 日正式挂牌成立。成立之初的上海自贸试验区范围仅涵盖上海外高桥保税区、上海外高桥保税物流园区、洋山保税港区和上海浦东机场综合保税区等 4 个海关特

---

① 王文涛. 努力建设更高水平自贸试验区［N］. 人民日报，2023-11-06（11）.

殊监管区域，面积为 28.78 平方公里。① 2015 年 4 月 27 日，上海自贸区扩展区域成立，上海自贸试验区完成了首次扩区，扩区的面积达到 120.72 平方公里。陆家嘴金融片区、金桥开发片区、张江高科技片区等三大片区正式被纳入上海自贸试验区。2019 年 7 月 27 日，国务院同意设立上海自贸试验区临港新片区，并印发《中国（上海）自由贸易试验区临港新片区总体方案》。2019 年 8 月 20 日，上海自贸试验区临港新片区正式成立，面积为 119.5 平方公里，上海自贸试验区再次扩区。截至 2023 年年底，上海自贸试验区共包括保税区、陆家嘴、张江、金桥、临港新片区五大片区，总面积达到 240.22 平方公里。

（2）第二批次设立的自贸试验区

中国第二批次设立的自贸试验区包括广东、天津、福建 3 个自贸试验区。2015 年 4 月 8 日，国务院批复同意设立广东、天津、福建 3 个自贸试验区，并印发这 3 个自贸试验区的总体方案。2015 年 4 月 21 日，广东、天津、福建等 3 个自贸试验区同日挂牌成立。广东自贸试验区包括广州南沙新区片区、深圳前海蛇口片区、珠海横琴新区片区 3 个片区，面积为 116.20 平方公里。天津自贸试验区包括天津机场片区、天津港东疆片区和滨海新区中心商务片区 3 个片区，面积为 119.90 平方公里。福建自贸试验区包括平潭片区、厦门片区、福州片区 3 个片区，面积为 118.04 平方公里。

（3）第三批次设立的自贸试验区

中国第三批次设立的自贸试验区包括辽宁、浙江、河南、湖北、重庆、四川、陕西 7 个自贸试验区。2017 年 3 月 15 日，国务院批复同意设立辽宁、浙江、河南、湖北、重庆、四川、陕西 7 个自贸试验区，并印发这 7 个自贸试验区的总体方案。2017 年 4 月 1 日，第三批次设立的 7 个自贸试验区同日正式挂牌成立。辽宁自贸试验区包括沈阳片区、大连片区和营口片区 3 个片区，面积为 119.89 平方公里。成立之初的浙江自贸试验区包括舟山离岛片区、舟山岛北部片区、舟山岛南部片区 3 个片区，面积为 119.95 平方公里。2020 年 8 月 30 日，国务院同意设立浙江自贸试验区扩展区域。浙江自贸试验区扩展区域包括宁波片区、杭州片区和金义片区 3 个片区，面积为 119.5 平方公里。扩区后的浙江自贸试验区包括舟山片区、宁波片区、杭州片区和金义片区四大片区，面积达到 239.45 平方公里。河南自贸试验区包括郑州片区、开封片区和洛阳片区 3

---

① 国务院关于印发中国（上海）自由贸易试验区总体方案的通知：国发〔2013〕38 号 [A/OL].［2013 - 09 - 27］. https：//www. gov. cn/gongbao/content/2013/content_ 2509 232. htm.

个片区，面积为 119.77 平方公里。湖北自贸试验区包括武汉片区、襄阳片区和宜昌片区 3 个片区，面积为 119.96 平方公里。重庆自贸试验区包括两江片区、西永片区和果园港片区 3 个片区，面积为 119.98 平方公里。四川自贸试验区包括成都天府新区片区、成都青白江铁路港片区和川南临港片区 3 个片区，面积为 119.99 平方公里。陕西自贸试验区包括中心片区、西安国际港务区片区和杨凌示范区片区 3 个片区，面积为 119.95 平方公里。

（4）第四批次设立的自贸试验区

中国第四批次设立的自贸试验区只有海南自贸试验区 1 个。2018 年 4 月 13 日，在庆祝海南建省并设立经济特区三十周年的大会上，习近平总书记明确指出，党中央全力支持海南全岛构建自由贸易试验区，并在此基础上逐步探索并稳步推进具有中国特色的自由贸易港的建设。2018 年 9 月 24 日，国务院批复同意设立中国（海南）自由贸易试验区，并印发《中国（海南）自由贸易试验区总体方案》。海南自贸试验区的实施范围为海南岛全岛，面积为 3.54 万平方公里。2020 年 6 月 1 日，中共中央、国务院印发《海南自由贸易港建设总体方案》，这意味着海南自贸试验区正式升级为自由贸易港。

（5）第五批次设立的自贸试验区

中国第五批次设立的自贸试验区包括山东、江苏、广西、河北、云南、黑龙江 6 个自贸试验区。2019 年 8 月 2 日，国务院批复同意设立山东、江苏、广西、河北、云南、黑龙江 6 个自贸试验区，并印发这 6 个自贸试验区的总体方案。2019 年 8 月 30 日，第五批次设立的 6 个自贸试验区同日正式挂牌成立。山东自贸试验区包括济南片区、青岛片区和烟台片区 3 个片区，面积为 119.98 平方公里。江苏自贸试验区包括南京片区、苏州片区和连云港片区 3 个片区，面积为 119.97 平方公里。广西自贸试验区包括南宁片区、钦州港片区和崇左片区 3 个片区，面积为 119.99 平方公里。河北自贸试验区包括雄安片区、正定片区、曹妃甸片区、大兴机场片区 4 个片区，面积为 119.97 平方公里。云南自贸试验区包括昆明片区、红河片区和德宏片区 3 个片区，面积为 119.86 平方公里。黑龙江自贸试验区包括哈尔滨片区、黑河片区和绥芬河片区 3 个片区，面积为 119.85 平方公里。

（6）第六批次设立的自贸试验区

中国第六批次设立的自贸试验区包括北京、湖南、安徽 3 个自贸试验区。2020 年 8 月 30 日，国务院批复同意设立北京、湖南、安徽 3 个自贸试验区，并印发这 3 个自贸试验区的总体方案。2020 年 9 月 24 日，第六批次设立的 3 个自贸试验区同日正式挂牌成立。北京自贸试验区包括科技创新片区、国际商务服务片区和高端产业片区 3 个片区，面积为 119.68 平方公里。湖南自贸试验区包括长沙片区、岳阳片区和郴州片区 3 个片区，面积为 119.76 平方公里。安徽自贸试验区包括合肥片区、芜湖片区和蚌埠片区 3 个片区，面积为 119.86 平方公里。

（7）第七批次设立的自贸试验区

中国第七批次设立的自贸试验区只有新疆自贸试验区 1 个。2023 年 10 月 21 日，国务院批复同意设立新疆自贸试验区，并印发《中国（新疆）自由贸易试验区总体方案》。2023 年 11 月 1 日，新疆自贸试验区正式挂牌成立。新疆自贸试验区包括乌鲁木齐、喀什、霍尔果斯 3 个片区，面积为 179.66 平方公里。

综上可知，中国自贸试验区的建设和发展历程具有以下两个方面的特点：一方面，自贸试验区的建设和发展是经过党中央、国务院精心谋划和周密部署的，体现了国家在制度创新、经济开放和国际化发展方面的战略意图。每个自贸试验区的设立都得到了国务院批复，并发布了自由贸易试验区总体方案，明确了自贸试验区建设的指导思想、总体目标、实施范围、主要任务和措施等。各个自贸试验区的片区数量和实施面积相对统一。除上海和海南自贸试验区外，其他 19 个自贸试验区在成立之初基本选择了 3 个片区，面积基本设定在 115～120 平方公里（新疆自贸试验区略大，面积为 179.66 平方公里）。上海自贸试验区第一次扩区后的面积达到 120.72 平方公里，上海自贸试验区临港新片区的面积为 119.5 平方公里。由此可以推测，政府总体是按照 120 平方公里左右的面积要求来规划自贸试验区建设的。另一方面，自贸试验区的建设和发展遵循渐进式推进模式，从最初的单一试点到多个区域的全面覆盖。自 2013 年开始，中国自贸试验区逐步扩容，构建了 "1+3+7+1+6+3+1" 的自贸试验区网络格局。从区域拓展的路径来看，自贸试验区首先在东南沿海省份试点，然后，逐步向中部、西南、东北地区扩展，最后，在西北地区设立自贸试验区。截至 2023 年年底，中国设立的 22 个自贸试验区基本已经覆盖了东南、西南、中部、东北和西北的所有区域。覆盖全国范围的自贸试验区网络为中国更高水平开放型经济新体制建设和区域经济协调发展提供了重要的实践平台。

第二节　自贸试验区的基本特征

一、区位分布特征

从区位分布角度来看，中国自贸试验区具有以下三个基本特征。

第一，自贸试验区的区位分布展现了中国均衡布局的战略意图。自贸试验区建设的主要目标是构建覆盖全国的自贸试验区网络，以支持中国更高水平开放型经济的新体制建设和经济社会的高质量发展。尽管中国自贸试验区的建设采取渐进式推进模式，但其发展过程具有明显的"沿海与内陆联动发展"和"发达地区与欠发达地区协同推进"的特征。前两批自贸试验区均设立在沿海发达地区（如上海、广东、天津和福建）。自第三批开始，中国自贸试验区不仅在沿海地区继续拓展，还逐步向中西部内陆和沿边欠发达地区发展，最终形成了一个东、中、西部全覆盖的自贸试验区网络。这一布局充分体现了国家均衡区域发展的战略意图。此外，大多数自贸试验区均选择设立三个片区，实施面积约为120平方公里，这种相对平衡的设置进一步反映了国家在布局上的均衡考虑。然而，从自贸试验区的发展现状来看，其区位分布尚未实现完全均衡。由表3-2可知，八大经济区域中，北部沿海、东部沿海和南部沿海地区的所有省份均设立了自贸试验区，而其他五大区域中仍有部分省份未设立自贸试验区，如东北地区的吉林、黄河中游的山西和内蒙古、长江中游的江西、西南地区的贵州，以及大西北地区的西藏、甘肃、青海和宁夏。从东、中、西部区域的角度看，东部地区的自贸试验区建设情况最好，其次是中部地区，西部地区相对滞后。这种现象与各地区的经济发展水平和开放程度基本一致。因此，为实现更为均衡的自贸试验区布局，未来政策应重点关注尚未设立自贸试验区的省份。

表3-2 中国八大经济区域自贸试验区设立情况

经济区域	省　份	是否设立自贸试验区	设立批次	自贸试验区面积（平方公里）
东北地区	辽宁省	是	3	119.89
	吉林省	否	—	—
	黑龙江省	是	5	119.85
北部沿海	北京市	是	6	119.68
	天津市	是	2	119.90
	河北省	是	5	119.97
	山东省	是	5	119.98
东部沿海	上海市	是	1	240.22
	江苏省	是	5	119.97
	浙江省	是	3	239.45

经济区域	省　份	是否设立自贸试验区	设立批次	自贸试验区面积（平方公里）
南部沿海	福建省	是	2	118.04
	广东省	是	2	116.20
	海南省	是	4	35400
黄河中游	山西省	否	—	—
	内蒙古自治区	否	—	—
	河南省	是	3	119.77
	陕西省	是	3	119.95
长江中游	安徽省	是	6	119.86
	江西省	否	—	—
	湖北省	是	3	119.96
	湖南省	是	6	119.76
西南地区	广西壮族自治区	是	5	119.99
	重庆市	是	3	119.98
	四川省	是	3	119.99
	贵州省	否	—	—
	云南省	是	5	119.86
大西北地区	西藏自治区	否	—	—
	甘肃省	否	—	—
	青海省	否	—	—
	宁夏回族自治区	否	—	—
	新疆维吾尔自治区	是	7	179.66

数据来源：作者整理。

　　第二，自贸试验区的区位分布充分考虑了各地区的比较优势，体现了差异化发展的策略。各试验区的选择基于区域经济水平、开放程度、产业基础和交通物流条件，旨在最大化地方特色和优势。上海作为首个自贸试验区，凭借其强大的经济实力、高开放度、优越的地理位置、国家政策支持、人才集聚和完善的基础设施，成为理想的先行者。上海港的高集装箱吞吐能力和国际化的城市管理水平，为自贸试验区的成功提供了坚实基础。其他自贸试验区也依托各自的比较优势而设立。例如，广东以现代制造业和服务业基地为特色，天津依托北方重要港口和先进制造业基础，福建作为对台和东南亚的重要窗口，辽宁凭借东北亚经济圈的核心位置和重工业基础，浙江则以其数字经济和民营经济的活力著称。河南、湖北、重庆、四川、陕西等内陆省份的自贸试验区，分别依靠地理中心、科教资源、现代服务业基础、电子信息产业和历史文化资源等优势，推动区域经济发展。海南、山东、江苏、广西等沿海和沿边省份，则利用旅游资源、海洋经济、制造业和边境贸易等特色，增强开放型经济。河北、云南、黑龙江、安徽、湖南等地的自贸试验区，分别发挥京津冀协同、民族文化、对俄贸易、科技创新和城市群等优势，促进地方经济融入全国发展大局。北京自贸试验区则凭借其作为国家多领域中心的地位，以及丰富的科技创新资源，展现出独特的优势。总之，自贸试验区的设立充分考虑了各地区的经济特性和发展潜力，形成了各有侧重、协同发展的全国自贸网络，为中国的开放型经济体制提供了有力支撑。

第三，自贸试验区的布局紧密契合国家发展战略，旨在构建全方位开放新体制。自2013年起，中国致力于建设更高水平的开放型经济新体制，自贸试验区作为改革开放的高地，其全国范围内的布局对于推动全面开放至关重要。首先，自贸试验区的布局有助于加速形成全国范围内的开放新格局。中国已实现自贸试验区在东中西部的全覆盖，这不仅促进了区域经济增长，也通过辐射效应提升了周边地区的开放水平。此外，自贸试验区作为"一带一路"倡议的重要支撑点，位于核心节点城市，如上海和西安，发挥着连接中国与共建国家的桥梁作用。其次，自贸试验区的布局促进了区域均衡发展。通过在西部、东北、中部等地区设立自贸试验区，中国旨在缩小区域发展差距。例如，西部大开发战略下的自贸试验区建设，如四川和重庆，推动了当地经济社会发展。同样，东北的辽宁和黑龙江自贸试验区，以及中部的河南、安徽、湖北、湖南等自贸试验区，均为区域经济发展注入新活力。最后，自贸试验区的布局推动了产业升级和经济结构优化。布局重点在于传统工业基地和现代制造业、服务业优势地区，如北京、上海、广东、浙江、江苏等。这些区域的自贸试验区通过吸引内外资企业，加速了现代新兴产业的发展，促进了产业转型升级。总之，自贸试验区的区位布局不仅是国家发展战略的重要体现，也是推动中国经济高质量发展的重要手段。通过优化布局，自贸试验区已成为促进开放、均衡发展和产业升级的关键平台。

二、功能定位特征

从功能定位来看，中国各自贸试验区既具有共同的功能定位，也具有自身独特的功能定位。自贸试验区的共同功能定位是中国建设自贸试验区的基本宗旨和国家战略导向的重要体现，而各自贸试验区的独特功能定位则是由其资源禀赋基础、区位条件等比较优势决定的。

（一）自贸试验区的共同功能定位

中国各个自贸试验区的共同功能定位体现了中国建设自贸试验区的基本宗旨和国家战略导向。概括来说，中国各自贸试验区的核心功能均在于深化改革和扩大开放，旨在通过局部先行先试，探索制度创新，促进贸易投资自由化便利化，聚焦产业升级，打造开放型经济新高地，推动经济高质量发展。具体来看，各自贸试验区的共同功能可以总结为制度创新的试验田、现代新兴产业的集聚地、高水平对外开放的窗口、服务国家战略的重要执行者。

（1）自贸试验区是制度创新的试验田

自贸试验区作为国家深化改革和扩大开放的试验田，致力于通过监管模式和服务机制的创新，为全国经济改革提供可复制、可推广的经验。各试验区围绕贸易投资便利化、金融开放、政府职能转变和法治环境优化，进行了多项制度创新。在贸易便利化方面，自贸试验区实施了如"单一窗口"制度、无纸化通关、"两步申报"改革等创新措施，显著降低了贸易成本，提升了自由化便利化水平。在投资便利化方面，试验区推行了外商投资准入前国民待遇和负面清单制度，简化了企业设立和变更流程，增强了投资环境的吸引力。在金融开放创新方面，自贸试验区放宽了外资金融机构准入，推动了金融产品和服务创新，简化了跨境资金流动审批，促进了人民币国际化和跨境金融服务的发展。在政府职能转变方面，试验区推动了"放管服"改革，实施了行政审批和"证照分离"改革，建立了政务一站式服务平台，提高了政府服务效率，优化了营商环境。在法治环境优化方面，自贸试验区建立了与国际标准对接的法律环境，设立了国际商事争端解决机制，强化了知识产权保护，提供了国际化的法律服务，为区内企业和居民创造了稳定、公平的法治环境。

（2）自贸试验区是现代新兴产业的集聚地

中国自贸试验区普遍位于产业基础坚实、交通便利、人才资源丰富的地区，并享有政策优惠，为现代新兴产业集聚创造了有利条件。自贸试验区的创新实践涵盖了政策支持、基础设施建设、金融服务、人才引进和国际合作等方面。在政策支持方面，自贸试验区的制度创新能够为新兴产业提供更加灵活的政策环境和更大的发展空间。例如，上海自贸试验区推出的自由贸易账户体系，促进了金融科技企业的集聚。在基础设施建设方面，自贸试验区的基础设施建设和配套服务为新兴产业的发展提供了坚实的基础。如天津自贸试验区的天津滨海高新区和专业产业园区，为高科技企业提供了先进的研发和生产设施，促进了产业集聚。在金融服务方面，自贸试验区的金融服务体系为新兴产业的融资和发展提供了强有力的支持。例如，广东自贸试验区通过建立多层次资本市场体系，为企业提供了多样化融资渠道，吸引了国际金融机构和投资基金，为新兴产业提供了全球化金融服务。在人才引进方面，自贸试验区凭借其良好的创新环境和政策支持，吸引了大量高素质人才，为新兴产业的发展提供了人力资源保障。例如，福建自贸试验区通过人才政策吸引了高层次人才，与高校和科研机构合作，为企业提供了人才和技术支持。在国际合作方面，自贸试验区通过积极推动国际合作与交流，促进新兴产业的国际化发展。例如，海南自贸港推动了国际贸易和投资合作，吸引了国际企业和投资，通过国际会议和展览促进了技术交流与合作，提升了新兴产业的国际化水平。

（3）自贸试验区是高水平对外开放的窗口

中国自贸试验区旨在打造区域对外开放新高地，作为国际贸易的重要平台，它们成为外资外企集聚地，是连接国内外市场的桥梁。自贸试验区全面对接国际高标准经贸规则，扩大制度型开放，已成为中国高水平对外开放的窗口。在政策开放方面，自贸试验区实施国民待遇加负面清单管理模式，逐步减少外商投资限制，提高政策开放度，便利国际企业和资本。在金融领域开放方面，自贸试验区放宽外资金融机构限制，推动跨境人民币结算和外汇管理改革，促进人民币国际化，增强资本流动性，提高配置效率。在贸易便利化方面，自贸试验区通过推广"单一窗口"制度、智能化海关监管、信用管理制度等措施，降低贸易成本，提升效率，促进国际贸易发展。在知识产权保护方面，自贸试验区设立专门保护中心和服务平台，建立激励保护机制，加强执法，提供全方位服务，降低企业维权成本，吸引国际高科技企业。在优化国际化服务环境方面，自贸试验区通过对接国际法律规则、发展跨境金融、建设国际物流枢纽、实施灵活的人才引进政策及建立国际合作平台，优化国际化服务环境和吸引全球人才，促进国际经贸和技术合作。

（4）自贸试验区是服务国家战略的重要执行者

中国经济社会高质量发展有赖于一系列重大国家战略的支撑。自贸试验区的建设与发展与这些战略紧密相连，肩负着服务国家战略的重要使命。作为制度创新的高地、产业集聚的枢纽和对外开放的先锋，自贸试验区在构建高水平开放型经济新体制、推动区域协调发展、促进产业升级、实施创新驱动和绿色发展、建设制造强国、参与全球治理体系改革等方面发挥着关键作用。鉴于前文已经对自贸试验区在服务建设更高水平开放型经济新体制战略、区域协调发展战略、促进产业升级和结构优化方面的作用进行了相应的论述，为避免重复，这里仅从服务创新驱动发展战略、绿色发展战略、制造强国战略以及有效参与全球治理体系的改革和完善角度进行适当的补充。在创新驱动发展方面，自贸试验区通过制度创新，激发科技创新活力；通过改革人才政策，建设人才高地，加强产学研合作，推动高端装备、先进制造和现代服务业集聚，发展科技金融，为创新驱动提供支撑。在绿色发展方面，自贸试验区健全生态环境管控体系，推动产业结构绿色转型，发展绿色金融，建立绿色项目评估机制，支持企业绿色生产，深化国际绿色合作，为可持续发展提供示范。在制造强国战略中，自贸试验区引导传统制造业升级，支持高端制造业发展，构建技术创新体系，打造优质营商环境，加强国际产能合作，提升中国制造业的全球竞争力。在参与全球治理体系改革方面，自贸试验区探索与国际规则对接，推动贸易投资自由化便利化，建设世界领先产业集群，推动人民币国际化，探索数字贸易规则，为全球治理体系改革贡献中国方案。

（二）各自贸试验区独特的功能定位

中国各个自贸试验区功能定位的差异是由地理位置、资源禀赋、经济发展水平、产业基础、政策支持、制度创新能力、国家战略需求、国际合作与交流水平等多种因素综合作用导致的。

（1）地理位置决定的独特功能

自贸试验区的地理位置在很大程度上决定了其在国际和国内市场中的独特角色，因而是影响其功能定位的重要因素。沿海、沿边或内陆等不同的地理位置对交通运输、国际贸易与投资具有重要的影响，进而导致位于不同地理位置的自贸试验区具有明显不同的功能定位。

沿海地区的自贸试验区依托海港优势，便于开展国际贸易和航运服务，因而打造全球或区域国际贸易中心和国际航运物流中心便成为沿海自贸试验区的独特功能。上海自贸试验区依托世界著名的大港上海港及其发达的海运网络优势，定位为国际航运中心、国际贸易中心和国际金融中心，重点发展航运物流、贸易服务、金融服务等产业。广东自贸试验区依托深圳的盐田港、广州的南沙港等重要的国际贸易港口以及靠近香港、澳门的区位优势，定位为国际商务服务、国际贸易、国际航运、区域金融中心等。天津自贸试验区依托北方重要的港口天津港及其良好的航运条件，定位为建设北方国际航运中心、国际贸易中心、国际物流中心。浙江自贸试验区依托宁波舟山港等港口资源，定位为建设国际航运和物流枢纽。

沿边地区的自贸试验区依托毗邻其他国家以及与邻国密切的文化交流的优势，便于开展跨境贸易和合作，因而打造跨境贸易和物流中心、开展边境贸易或面向特定区域全面合作是沿边自贸试验区的独特功能。广西自贸试验区依托与东盟国家交界的地理位置优势，定位为面向东盟的国际物流基地、商贸基地和文化交流中心，重点发展国际物流、商贸服务、跨境金融、旅游和文化交流等产业。云南自贸试验区依托靠近东南亚、南亚国家的地缘优势，定位为建设面向南亚、东南亚的辐射中心，重点发展跨境旅游、跨境物流、跨境金融等产业。黑龙江自贸试验区依托与俄罗斯接壤的地理优势，定位为建设对俄及东北亚开放合作的枢纽，重点发展跨境能源合作、木材加工、绿色食品等产业。新疆自贸试验区依托"五口通八国，一路连欧亚"的独特区位优势，定位为连接中亚、西亚乃至欧洲的重要门户，重点发展跨境物流、跨境旅游、金融服务、展览展示等产业。

内陆地区的自贸试验区虽然不具备沿海或沿边地区的直接海陆通道优势，但是具有广阔的经济腹地、发达的铁路公路和内河航运网、较低的土地人力成本等其他优势，便于开展货物的集散与转运、吸引国内外资金项目集聚以及承接国际国内的产业转移，因而打造内陆物流和多式联运中心、内陆开放高地和产业转移重要承接地是内陆自贸试验区的独特功能。河南自贸试验区依托"中原腹地、交通枢纽"的地理位置优势，定位为中国中部地区对外开放的重要窗口、内陆开放型经济高地以及内陆物流和多式联运中心，重点发展现代物流、高端制造、国际商贸和金融服务等产业。四川自贸试验区依托"承东启西、连接南北"的交通枢纽网络优势，定位为内陆开放型经济新高地、国际贸易与物流中心、创新驱动发展示范区以及区域协同开放的纽带，重点发展现代服务业、高新技术产业、现代物流业等产业。重庆自贸试验区依托"长江上游门户，西部开放前沿"的地理位置优势，定位为西部地区对外开放的桥头堡和长江经济带的重要战略支点，重点发展现代物流、国际贸易、高端制造、金融服务和跨境电子商务等产业。湖北自贸试验区依托"长江中游核心，九省通衢"的地理位置优势，定位为中国内陆重要的区域经济中心和长江经济带的战略节点，重点发展现代物流、高新技术、绿色制造等产业。

（2）资源与基础设施条件决定的独特功能

资源与基础设施条件是影响自贸试验区功能定位的重要因素。不同的资源与基础设施条件造就了自贸试验区各自不同的功能定位。自贸试验区的资源与基础设施条件直接关系到自贸试验区能够吸引何种类型的企业、发展何种特色产业、如何在全球贸易体系中扮演独特的角色。

上海自贸试验区拥有得天独厚的港口资源和完善的基础设施网络，有利于方便快捷地进行全球贸易，吸引大量外资企业入驻，促进国际经济合作。因此，上海自贸试验区致力于建设国际航运中心、国际贸易中心、国际金融中心以及全球科技创新中心。福建自贸试验区拥有丰富的海洋生态资源、优良的海港集群和发达的港口设施，为发展国际物流、航运服务、海洋经济奠定了重要的基础。因此，福建自贸试验区致力于打造国际航运中心、国际贸易门户、海洋经济创新高地。

广西自贸试验区拥有丰富的矿产资源、农业资源、生态资源、海洋资源，高效的多式联运系统，逐步完善的数字基础设施体系和面向东盟的陆海双通道优势，为现代服务业、先进制造业、跨境产业链合作和文化旅游业等产业发展提供了物质基础，为跨境贸易和人员往来提供了便利。因此，广西自贸试验区致力于成为西南中南地区重要的出海口和物流集散地、现代服务业与高技术产业集聚区。云南自贸试验区拥有丰富的自然资源（包括矿产、生物多样性以及水能资源）和多样的民族文化资源，以及逐步改善和增强的交通网络和能源供应，为清洁能源、生物医药、健康养生、文化旅游和文化创意等产业的发展提供了必要的物质条件。因此，云南自贸试验区致力于打造绿色能源基地、生物医药和健康产业中心以及文化旅游和文化创意产业集聚区。

陕西自贸试验区拥有丰富的科教资源和历史文化资源、发达的交通网络、先进的信息通信基础设施，为科技创新、文化旅游、现代物流等产业发展创造了良好的条件。因此，陕西自贸试验区致力于打造科技创新中心、"一带一路"国际文化旅游中心和现代物流中心。四川自贸试验区拥有丰富的科教资源、农业资源和旅游资源，发达的综合交通网和先进的数字基础设施、较为完善的金融服务体系，为自贸试验区的发展提供了良好的物质基础、便捷的物流通道和高效的国际贸易环境。因此，四川自贸试验区致力于成为西部地区国际贸易、航空物流、金融服务、科技创新服务的中心。

（3）市场和制度环境决定的独特功能

不同的市场和制度环境代表不同的发展空间与激励约束，进而导致各自贸试验区不同的功能定位。市场和制度环境主要通过影响资源配置方式与效率、决定企业行为的规则、影响贸易和投资的便利性以及塑造区域竞争力等途径影响自贸试验区的功能定位。资源配置方式与效率直接影响到资本、技术、人才等关键资源的流动和利用效率，进而塑造了自贸试验区的竞争优势和发展方向。

成熟的市场环境和开放的制度环境，有利于提高资源配置效率和优化资源配置方式。

　　上海自贸试验区依托其发达的市场经济和完善的制度环境，吸引了大量跨国企业入驻和优秀人才集聚，促进了跨境贸易和金融创新，形成了高效的资源配置方式，显著提升了贸易和金融服务效率。高效的资源配置方式使上海自贸试验区在金融服务、航运物流和跨境电商等领域具有显著优势，进一步明确了其作为金融创新和国际贸易中心的功能定位。广东自贸试验区依托粤港澳大湾区的地理优势和市场开放度、灵活开放的政策环境，通过吸引外资、促进国际贸易和推动产业升级以及实施与国际高标准经贸规则对接的政策措施，显著提升了其作为国际贸易中心、创新策源地和高端产业集聚区的功能定位。黑龙江自贸试验区具有沿边开放的地缘优势和广阔的跨境贸易潜力、优惠的政策支持等优势，而资金、技术和人才等高端要素的集聚能力相对较弱。这决定了黑龙江自贸试验区需要将市场机制的创新和优化作为其重要的功能定位。广西自贸试验区具有其独特的地理位置和沿边优势，在沿边贸易和区域合作方面具有较多的市场机会，在政策支持方面也有优势，但市场环境的竞争性和创新性相对较弱。这样的市场和制度环境决定了广西自贸试验区在促进国际贸易、加强区域合作和创新开放等方面的功能定位。重庆自贸试验区凭借其西部大开发的桥头堡地位和长江经济带的联结点角色，构建了辐射周边的广阔市场网络，促进了重庆自贸试验区与国内外的经济合作，吸引了更多的企业投资和创新资源，推动了产业升级和转型；通过创新陆上贸易规则、构建多式联运体系，提升了物流效率，降低了内陆地区参与国际贸易的成本。这样的市场和制度环境决定了重庆自贸试验区在推动内陆开放、发展物流和贸易、促进产业升级和创新等方面的功能定位。

　　（4）产业基础决定的独特功能

　　产业基础通过确定自贸试验区的核心竞争力、引导资源配置和技术创新方向、塑造区域经济特色以及影响国际市场定位等方式深刻影响自贸试验区的功能定位。产业基础的优势可以为自贸试验区吸引投资、促进产业升级和拓展国际合作提供支撑，而产业基础的不足则可能限制自贸试验区的发展潜力和多元化发展，进而影响其功能定位的战略选择和实施效果。总体来看，沿海自贸试验区通常依托其在金融、贸易和航运服务领域的产业基础，发展国际金融、航运物流等产业；沿边自贸试验区利用其在农业和资源型产业方面的产业基础，发展边境贸易和资源深加工产业；内陆自贸试验区则依靠其在高新技术产业和现代服务业方面的产业基础，发展科技创新和现代服务业。通过发挥各自的产业基础优势，各自贸试验区能够形成具有自身特色和竞争优势的功能定位，推动区域经济的高质量发展。

上海自贸试验区在金融服务、国际贸易、航运物流和高端制造等产业具有显著的优势。成熟且多元化的金融服务体系，为自贸试验区提供了充足的资金支持和高效的资本运作平台，促进了投资和贸易的自由化与便利化。国际贸易和航运物流业的繁荣，加强了上海自贸试验区与全球市场的联系，提升了区域的国际竞争力。高端制造业的发展则为自贸试验区的技术创新和产业升级提供了动力，增强了区域的核心竞争力。基于这些产业基础，上海自贸试验区聚焦于成为具有全球影响力的国际金融中心、国际贸易中心、航运物流中心和科创中心，服务于国家改革开放大局，推动形成全面开放新格局。

福建自贸试验区在电子信息、装备制造、纺织服装以及现代服务业等行业具有明显的优势。电子信息产业和装备制造业的发展，提升了自贸试验区的技术创新能力和工业制造水平，吸引了大量高端制造业投资，促进了产业的集群化和链条化发展。纺织服装业的传统优势，为自贸试验区提供了稳定的经济增长点和国际市场竞争力。现代服务业的兴起，增强了自贸试验区的服务功能，为产业的多元化和高附加值发展提供了平台。基于这些产业基础，福建自贸试验区聚焦于成为东南沿海地区的开放型经济新高地和具有国际竞争力的现代化产业集聚区。

云南自贸试验区在生物医药和大健康产业、旅游文化业、有色金属等矿产资源加工业以及现代农业等方面具有显著优势。这些产业基础对云南自贸试验区的发展产生了积极影响，为区域经济增长提供了稳定支撑，同时也吸引了国内外投资，促进了产业升级和经济结构的优化。云南自贸试验区聚焦于成为具有国际竞争力的开放型经济新高地、中国西部地区重要的经济增长点、绿色发展的示范区以及国际知名的旅游和健康养生目的地。

新疆自贸试验区在能源资源开发业、农业、旅游业以及物流运输业等具有明显优势。这样的产业基础对新疆自贸试验区的发展起到了推动作用，促进了能源资源开发业、农业、旅游业和物流运输业等的集聚，增强了区域经济的内生增长动力。新疆自贸试验区聚焦于进一步强化能源资源开发和转化能力，提升农业现代化水平和农产品深加工能力，发挥旅游资源的潜力，建设国际知名的旅游目的地，以及利用区位优势发展现代物流运输业。

湖北自贸试验区在光电子信息产业、生物医药与健康产业、汽车及零部件制造业以及航空航天等高端制造业领域具有明显的优势。光电子信息产业的发展为自贸试验区带来了先进的信息技术和创新能力，生物医药与健康产业为自贸试验区提供了新的经济增长点和国际合作机会。汽车及零部件制造业为自贸试验区的工业增长和出口贸易提供了稳定支撑，航空航天产业则增强了自贸试验区在高端制造领域的竞争力。因此，湖北自贸试验区聚焦于成为中部崛起的战略支点、长江经济带的重要增长极、全球光电子信息产业创新中心以及国际知名的生物医药产业基地。

陕西自贸试验区在航空航天、高端装备制造、电子信息以及现代农业等产业领域具有明显优势。航空航天产业的发展为自贸试验区带来了先进的技术和创新能力，高端装备制造业为自贸试验区的工业增长和出口贸易提供了稳定支撑，电子信息产业为自贸试验区的技术创新和产业升级提供了动力，现代农业则为自贸试验区提供了丰富的农产品资源和市场潜力。因此，陕西自贸试验区被定位为国家重要的航空航天产业基地、高端装备制造业基地、电子信息技术产业基地以及现代农业发展示范区。

（5）创新能力决定的独特功能

创新能力通过推动技术研发、产业升级、优化营商环境、加强国际合作和促进制度创新等途径对自贸试验区的功能定位具有深远的影响。创新能力强的自贸试验区能够吸引更多的投资和人才，快速形成高端产业集群，实现资源的优化配置和产业的互补发展，进而提升自贸试验区的国际竞争力。与沿边和内陆自贸试验区相比，沿海自贸试验区因其雄厚的经济基础、优越的地理位置、强大的政策支持、显著的人才优势和完备的基础设施而具备较强的创新能力。

上海自贸试验区在金融服务创新、高科技产业孵化以及国际贸易投资便利化领域展现出了领先优势。金融服务创新不仅提升了资金配置效率，促进了跨境资本流动，还为实体经济发展提供了强有力的支持，助力上海成为全球资产管理中心和金融科技中心。高科技产业的蓬勃发展，推动了产业升级和经济结构优化，使得上海自贸试验区成为创新驱动发展战略的重要实践区。此外，通过国际贸易单一窗口、海关监管创新等措施，极大地提高了贸易便利化水平，吸引了全球商品和要素资源在此汇聚流通。基于此，上海自贸试验区致力于建设具有全球影响力的科技创新中心与开放型经济新体制的先行区。

浙江自贸试验区在绿色石化、大宗商品贸易、海洋经济以及数字经济等产业领域的创新能力具有显著优势。绿色石化产业的创新能力提升了化工产品的附加值，增强了自贸试验区在全球化工市场中的竞争力。大宗商品贸易的创新能力则提高了贸易效率，降低了交易成本，吸引了更多的贸易企业和机构入驻。海洋经济的创新能力促进了海洋资源的可持续利用，推动了海洋产业的高质量发展。数字经济的创新能力则为自贸试验区的产业升级和经济结构优化提供了强有力的支撑。基于此,浙江自贸试验区被定位为建设绿色石化产业基地、大宗商品贸易中心、海洋经济示范区和数字经济创新高地。

虽然沿边和内陆自贸试验区在创新能力上明显落后于沿海自贸试验区,但是其创新资源基础以及提升创新能力意愿也对自贸试验区的功能定位产生了重要的影响。部分自贸试验区所在地具有丰富的科技教育资源、良好的创新环境和产业基础,促使这些自贸试验区积极打造区域的科技创新中心。四川自贸试验区拥有丰富的高等教育和科研机构(如电子科技大学和四川大学)、强大的电子信息和高新技术产业基础、政策支持(如"一带一路"倡议和成渝地区双城经济圈建设)、成都市作为国家中心城市的辐射带动效应等方面的创新基础。四川自贸试验区在高新技术产业、现代服务业及航空产业等方面具有明显的创新优势。高新技术产业的创新推动了产业结构的优化升级,增强了自贸试验区的核心竞争力。现代服务业的创新提升了自贸试验区的服务功能,吸引了更多的国内外企业和人才。航空产业的创新加强了自贸试验区的物流网络,提高了物流效率。基于此,四川自贸试验区致力于打造西部地区的高新技术产业集聚区、现代服务业发展示范区和航空产业创新基地。陕西自贸试验区拥有丰富的高等教育和科研机构(如西安交通大学、西北工业大学等)、强大的航空航天和装备制造产业基础、丰富的历史文化资源、先进的科技园区和孵化器等创新基础。陕西自贸试验区在航空航天、高端装备制造、现代农业、文化旅游和现代服务业等产业领域具有明显的创新优势。这些创新能力优势对陕西自贸试验区的发展产生了深远影响。它们不仅提升了自贸试验区的产业竞争力,还吸引了国内外投资,促进了技术进步和人才集聚,增强了区域经济的内生增长动力。基于此,陕西自贸试验区聚焦于建设国家重要的航空航天产业基地、高端装备制造业中心、现代农业示范区、文化旅游融合发展区和现代服务业发展高地。

(6)国家战略需求和政策支持决定的独特功能

符合政策导向并获得政策支持是自贸试验区各项创新、投资、贸易等活动有序开展的基本前提,而政策导向基本上是由国家的战略需求决定的。因此,国家战略需求和政策支持对自贸试验区的功能定位具有关键的影响。国家战略需求和政策支持通过设定发展目标、提供制度创新空间、引导资源投入和促进国际合作等途径影响着自贸试验区的功能定位。当前,与自贸试验区密切相关的重大国家战略需求主要包括全面深化改革、扩大对外开放、推动经济转型升级、落实科技创新驱动、促进区域协调发展、推动绿色可持续发展以及维护国家安全等。中国的自贸试验区分布在各个不同的地区,在满足国家战略需求上的角色和作用并不完全相同。各自贸试验区需要基于所在地区的资源禀赋、发展基础、战略定位等条件，确定自贸试验区的功能定位，以更好地服务国家战略需求和获得更多的政策支持。

上海自贸试验区作为中国首个自贸试验区，其功能定位深受国家战略需求和政策支持的影响。国家战略需求和政策支持对上海自贸试验区的功能定位产生了显著影响，为上海自贸试验区的建设和发展提供了战略指引和政策动力。首先，全面深化改革的战略需求推动上海自贸试验区在贸易投资自由化、便利化方面进行大胆探索，实施了"负面清单"管理模式，大幅放宽市场准入，为国内外投资者提供了更为开放和便利的投资环境。其次，扩大对外开放的战略需求促使上海自贸试验区加强与国际规则的对接，积极参与国际经济合作和竞争，提升了上海自贸试验区的国际影响力和竞争力。再次，推动经济转型升级的战略需求引导上海自贸试验区重点发展金融服务、高端制造、现代物流等产业，推动产业链向高端化、智能化发展，加快了新旧动能转换。最后，促进区域协调发展的战略需求使上海自贸试验区在长三角一体化发展中发挥龙头作用，通过加强与周边地区的基础设施互联互通、产业协同发展，带动了区域经济的整体提升。基于此，上海自贸试验区致力于建设全国深化改革和扩大开放的试验田和窗口、国际贸易和航运中心、国际金融中心和科创中心、高端产业集聚区和创新发展示范区以及区域经济发展的增长极和辐射源。

天津自贸试验区是中国第二批次设立的三个自贸试验区之一，是北方重要的自贸试验区。国家战略需求和政策支持也对天津自贸试验区的功能定位产生了深刻的影响，为天津自贸试验区的建设和发展指明了方向，提供了动力。第一，全面深化改革的战略需求促使天津自贸试验区在行政管理、市场准入、贸易监管等方面进行大胆创新，实施了一系列先行先试的改革措施，如"单一窗口"服务模式，有效提升了行政效率和贸易便利化水平。第二，扩大对外开放的战略需求推动天津自贸试验区进一步放宽外商投资准入限制，吸引了大量外资企业，尤其是在高端制造、现代物流等领域，提升了天津自贸试验区的国际竞争力。第三，推动经济转型升级的战略需求引导天津自贸试验区加快产业结构调整，重点发展现代服务业和战略性新兴产业，促进了经济结构的优化升级。第四，促进区域协调发展的战略需求使天津自贸试验区在京津冀协同发展中发挥了重要作用，通过加强与北京、河北等地的合作，推动了区域经济的一体化发展。第五，推动绿色可持续发展的战略需求引导天津自贸试验区注重生态文明建设，发展循环经济和绿色产业，构建了绿色低碳的产业体系。基于此，天津自贸试验区聚焦于建设北方地区改革开放的试验田和窗口、国际贸易和航运的重要枢纽、高端产业和现代服务业的集聚区、京津冀协同发展的重要平台以及绿色低碳发展的示范区。

四川自贸试验区是中国第三批次设立的 7 个自贸试验区之一，是西部内陆地区的重要自贸试验区。国家战略需求和政策支持通过促进内陆开放、推动科技创新与产业升级、加强区域经济联动、实施绿色发展战略等途径对四川自贸试验区的功能定位产生了深远的影响，为四川自贸试验区的建设和发展提供了明确的方向和坚实的基础。第一，全面深化改革的战略需求推动四川自贸试验区在行政管理体制、市场准入机制、贸易监管体系等方面进行创新，为内陆地区的改革开放探索新路径。第二，扩大对外开放的战略需求促使四川自贸试验区加强与"一带一路"合作伙伴和地区的经贸合作，提升内陆开放水平，打造西部地区对外开放的新高地。第三，推动经济转型升级的战略需求引导四川自贸试验区加快产业结构调整，重点发展现代服务业、高端制造业等产业，推动经济向高质量发展转变。第四，促进区域协调发展的战略需求使四川自贸试验区在西部大开发和长江经济带发展中发挥重要作用，通过加强与周边地区的经济联动，促进区域经济一体化发展。第五，推动绿色可持续发展的战略需求引导四川自贸试验区注重生态文明建设，发展循环经济和绿色产业，构建绿色低碳的产业体系。基于此，四川自贸试验区致力于打造内陆地区改革开放的试验田和窗口、西部地区对外开放的新高地、现代服务业和高端制造业的集聚区、区域经济一体化发展的重要平台以及绿色低碳发展的示范区。

海南自贸试验区是中国第四批次设立的唯一自贸试验区。国家战略需求和政策支持通过促进海南自贸试验区的制度创新、国际旅游消费中心建设、现代服务业发展、高端旅游产业集聚以及绿色生态岛建设等途径对其功能定位产生了深刻的影响，为海南自贸试验区打造具有国际竞争力的自由贸易港提供了战略指引和政策保障。第一，全面深化改革的战略需求推动海南自贸试验区在贸易、投资、金融等领域进行制度创新，实施了更为开放的"一线放开、二线管住"的监管模式，为海南自贸试验区的建设和发展提供了制度保障。第二，扩大对外开放的战略需求促使海南自贸试验区加强国际旅游消费中心建设，通过实施 59 国免签政策、发展离岛免税购物等措施，提升了海南的国际旅游吸引力。第三，推动经济转型升级的战略需求引导海南自贸试验区重点发展现代服务业，特别是医疗健康、教育文化、体育娱乐等产业，推动经济向高质量发展转变。第四，落实科技创新驱动的战略需求鼓励海南自贸试验区加强科技研发和成果转化，打造南繁科研育种基地等平台，促进科技创新与产业升级。第五，推动绿色可持续发展的战略需求引导海南自贸试验区注重生态文明建设，实施最严格的生态环境保护制度，打造国家生态文明试验区。基于此，海南自贸试验区致力于打造全面深化改革的试验田、国际旅游消费中心、现代服务业和高端旅游产业集聚区、科技创新和产业升级的重要基地以及绿色生态岛和国家生态文明试验区。

黑龙江自贸试验区是中国第五批次设立的6个自贸试验区之一，是东北地区的重要自贸试验区。国家战略需求和政策支持通过促进边境经济合作、推动东北振兴、加强与东北亚国家的交流合作、实施绿色生态发展策略等关键途径，对黑龙江自贸试验区的功能定位产生了显著的影响，为黑龙江自贸试验区的建设和发展提供了战略方向和政策动力。第一，全面深化改革的战略需求推动黑龙江自贸试验区在贸易投资自由化、便利化方面进行制度创新，如实行"负面清单"管理模式，提升行政效率和市场活力。第二，扩大对外开放的战略需求促使黑龙江自贸试验区加强与俄罗斯等东北亚国家的经贸合作，利用其独特的地缘优势，打造对外开放的新高地。第三，推动经济转型升级的战略需求引导黑龙江自贸试验区加快产业结构调整，重点发展现代农业、高端装备制造等产业，推动经济向高质量发展转变。第四，促进区域协调发展的战略需求使黑龙江自贸试验区在东北振兴中发挥关键作用，通过加强与周边地区的经济联动，促进区域经济一体化发展。第五，推动绿色可持续发展的战略需求引导黑龙江自贸试验区注重生态文明建设，发展生态旅游、绿色农业等产业，构建绿色低碳的产业体系。基于此，黑龙江自贸试验区被定位为建设东北地区改革开放的试验田和窗口、对俄及东北亚开放合作的高地、现代农业和高端装备制造业的集聚区、东北振兴和区域经济一体化发展的重要平台以及绿色生态和低碳发展的示范区。

北京自贸试验区是中国第六批次设立的3个自贸试验区之一，是国家服务业扩大开放综合示范区和中国（北京）自由贸易试验区双重政策叠加的特殊区域。国家战略需求和政策支持通过促进服务业扩大开放、推动科技创新与数字经济发展、强化国际交往中心功能、支持京津冀协同发展等关键途径对北京自贸试验区的功能定位产生了显著影响，为北京自贸试验区打造具有全球影响力的服务业开放先行区、数字经济试验区提供了战略指引和政策保障。首先，全面深化改革的战略需求推动北京自贸试验区在服务业领域进行更深层次的开放，通过放宽市场准入、优化营商环境等措施，吸引国际高端资源集聚，打造国家服务业扩大开放综合示范区。其次，落实科技创新驱动的战略需求促使北京自贸试验区加强科技创新能力，依托中关村等创新平台，推动科技成果转化，建设具有全球影响力的科技创新中心。再次，推动经济转型升级的战略需求引导北京自贸试验区加快发展数字经济，推动数字贸易发展，打造数字经济试验区，促进经济结构优化升级。最后，促进区域协调发展的战略需求使北京自贸试验区在京津冀协同发展中发挥引领作用，通过加强与天津、河北的产业对接和基础设施互联互通，推动区域经济一体化发展。基于此，北京自贸试验区被定位为打造服务业扩大开放的先行区、具有全球影响力的科技创新中心和数字经济试验区以及京津冀协同发展的重要引擎。

新疆自贸试验区是中国第七批次也是最新批次设立的唯一自贸试验区，也是目前西北地区唯一的自贸试验区。国家战略需求和政策支持通过促进新疆自贸试验区的边境经济合作、推动丝绸之路经济带核心区建设、加强与周边国家的互联互通、支持绿色生态保护和可持续发展等关键途径，对其功能定位产生了显著影响，为新疆自贸试验区打造具有国际竞争力的开放型经济新高地提供了战略指引和政策保障。第一，全面深化改革的战略需求推动新疆自贸试验区在贸易投资自由化、便利化方面进行制度创新，如实行"负面清单"管理模式，提升行政效率和市场活力。第二，扩大对外开放的战略需求促使新疆自贸试验区加强与丝绸之路经济带沿线国家的经贸合作，利用其独特的地缘优势，打造对外开放的新高地。第三，推动经济转型升级的战略需求引导新疆自贸试验区加快产业结构调整，重点发展现代物流、旅游、现代农业等产业，推动经济向高质量发展转变。第四，促进区域协调发展的战略需求使新疆自贸试验区在西部大开发和丝绸之路经济带建设中发挥关键作用，通过加强与周边地区的经济联动，促进区域经济一体化发展。第五，推动绿色可持续发展的战略需求引导新疆自贸试验区注重生态文明建设，发展生态旅游、绿色农业等产业，构建绿色低碳的产业体系。基于此，新疆自贸试验区致力于打造西北地区改革开放的试验田和窗口、丝绸之路经济带上的国际物流中心和商贸服务中心、推动经济转型升级与创新驱动发展的示范区、促进区域经济一体化和民族团结进步的社会稳定基地以及绿色生态和低碳发展的示范区。

综上可知，各自贸试验区基于满足国家战略需求而确定的相关功能具有较高的相似性，尤其是在深化改革、扩大对外开放以及推动绿色发展方面。然而，从服务的具体区域和战略需求以及发展的重点产业来看，各自贸试验区的功能定位仍存在显著的不同。

（7）国际交流与合作需求决定的独特功能

对外开放水平决定了国际交流与合作的深度和广度，其通过促进国际贸易和投资自由化便利化、深化国际规则对接与合作、推动制度创新与服务优化等路径对自贸试验区的功能定位也具有明显的影响。对外开放水平高的自贸试验区能够更有效地融入全球经济体系，吸引更多的国际投资和人才，促进本地产业与国际市场的深度融合，推动经济结构的优化升级，从而实现自贸试验区功能的多元化和国际化。

广东自贸试验区在对外开放水平上的显著优势主要体现在优越的地理位置、成熟的制造业基础和发达的服务业、较强的政策创新能力和国际要素聚集能力等方面。这样的对外开放水平优势促进了贸易和投资自由化和便利化，还吸引了大量外资企业，推动了产业升级和技术创新。基于此，广东自贸试验区致力于打造制度创新高地、高水平开放门户枢纽、粤港澳大湾区融合发展示范区。

海南自贸试验区在对外开放水平上的优势主要体现在自由贸易港建设、国际旅游消费、高水平开放政策、港口物流和国际合作等方面。区别于其他局部区域的自贸试验区，海南将全岛作为自贸试验区的试点范围，并明确了建设自由贸易港的目标，这为海南自贸试验区提供了更为广阔的空间布局与制度创新潜力。海南自贸试验区高水平对外开放，不仅吸引了大量的外资和国际人才，推动了产业升级和经济结构的优化，而且促进了海南自贸试验区与国际市场的深度融合，增强了其在全球经济中的竞争力。基于此，海南自贸试验区聚焦于建设国际旅游消费中心、国际贸易和物流枢纽、国际医疗健康产业基地、国际教育合作平台以及国际文化交流的重要窗口。

云南自贸试验区在对外开放水平上的优势主要体现在边境贸易和跨境合作、参与"一带一路"倡议、国际旅游资源开发、互联互通基础设施建设等方面。云南自贸试验区与南亚、东南亚国家保持紧密的经贸合作、人员往来和文化交流，搭建了多边、双边合作机制。开放的环境吸引了外资企业投资，带来了先进的技术和管理经验，推动了云南自贸试验区产业结构的优化升级和国际影响力的提升。基于此，云南自贸试验区致力于打造面向东南亚、南亚国家交流合作的桥头堡以及国际物流枢纽和国际旅游目的地。

新疆自贸试验区在对外开放水平上的独特优势主要体现在连接中国与中亚、西亚乃至欧洲的重要通道、与周边国家经济结构形成良好互补、跨境贸易繁荣、基础设施较为完善、外资吸引力较强等方面。这样的独特优势促进了贸易和投资自由化便利化，吸引了大量外资企业入驻，促进了高新技术、现代农业、文化旅游等特色产业的集聚。基于此，新疆自贸试验区聚焦于构建高水平开放型经济新体制的先行区、区域产业升级与经济合作的示范区、沿边开放与国际合作的新高地。

湖南自贸试验区在对外开放水平上的显著优势主要体现在便捷的国际物流通道、丰富的人才教育资源和先进的科技实力、不断增长的外贸总额外资企业数量和投资规模、本地企业较强的国际竞争力以及不断优化的营商环境等方面。

这样的优势促进了湖南自贸试验区与国际市场的深度融合，增强了其在全球经济中的竞争力。基于此，湖南自贸试验区致力于打造中部地区对外开放的重要窗口、高新技术产业的集聚地、国际物流和贸易中心、国际教育和人才培养基地。

第三节　自贸试验区建设的主要成就

截至 2023 年年底，中国的自贸试验区建设已历时十年。自贸试验区建设取得了显著成就，主要体现在自贸试验区网络建设、制度创新、外资与外贸发展以及产业集群打造四个方面。

一、自贸试验区网络建设成就

由于经济全球化遭遇波折、中国经济增速换挡等多种因素，中国经济增长动能减弱的风险显著增加。持续深化改革和扩大开放是当前中国经济持续快速增长的基本动力。自贸试验区是中国深化改革开放、推动经济高质量发展的重要举措。构建覆盖全国的自贸试验区网络对中国建立高水平开放型经济新体制和促进区域协调发展至关重要。建设高水平开放型经济新体制要求中国实现全国范围的开放，而非仅限于沿海发达地区。区域协调发展不仅要求缩小区域间及区域内经济规模和人均水平的差距，还需缩小各区域开放水平的差距。构建覆盖全国的自贸试验区网络为各区域参与国际经济合作与竞争提供了重要平台，有助于提升中国在全球经济治理中的话语权和影响力，并缩小区域间的开放水平差距。在沿海发达地区设立自贸试验区可以利用现有的对外开放基础，巩固并扩大对外开放成果，积极对接全球高标准经贸规则，参与规则制定，探索建设更高水平开放型经济新体制的新路径与模式。在沿边和内陆地区设立自贸试验区可显著提升这些地区的开放水平，缩小与沿海地区的差距，从而推动全国高水平开放格局的形成。各区域自贸试验区可以根据地理位置、资源禀赋和经济基础等条件进行差异化探索，找出最符合自身实际的开放型经济发展道路，提供更多模式选择，推动区域间的经验交流与合作，形成优势互补和共同发展的局面，为构建更高水平开放型经济新体制及区域协调发展提供重要支撑。此外，构建覆盖全国的自贸试验区网络，通过政策引导、资源配置和示范效应，能够促进内陆与沿海地区的经济联动，实现区域经济的均衡发展。

中国的自贸试验区建设始于 2013 年设立的上海自贸试验区，随后迅速扩展至全国多个省市。这一过程反映了中国政府在不同阶段对自贸试验区的功能定位和区域布局的精心规划。初期，自贸试验区主要集中在沿海发达地区，如上海、广东、天津和福建，这些地区具有良好的开放基础和较高的经济外向度。随着自贸试验区建设的深入，逐渐向内陆地区扩展，如四川、重庆和湖北，形成东中西协调发展的格局。在这一过程中，自贸试验区不断探索和实践新的管理模式和政策措施，如"负面清单"管理模式和"单一窗口"服务。这些创新经验被推广至全国其他地区，形成了可复制的制度创新成果。此外，自贸试验区积极参与国际合作，与"一带一路"合作伙伴建立合作关系，推动国际产能合作，增强了中国在全球经济中的影响力。截至2023年年底，中国已设立22个自贸试验区，覆盖了内地的东南、西南、东北、西北和中部区域。在中国31个省级行政区域中，只有9个区域未设立自贸试验区。这些区域正积极谋划设立自贸试验区，预计不久后将实现自贸试验区在省级行政区域的全面覆盖。在全国各自贸试验区试点更高水平的开放政策，有助于在更大范围内推广成功经验，加快中国建设高水平开放型经济新体制的步伐，提升整体经济竞争力和国际影响力。

二、自贸试验区建设的制度创新成果

制度创新是国家赋予自贸试验区的核心功能。中国22个自贸试验区都将探索可复制可推广的制度创新成果作为自贸试验区建设的核心任务。经过各级各地政府和市场主体的积极实践和探索，自贸试验区的制度创新取得了显著的成就，一系列制度创新成果在全国范围或区域范围内得到了复制推广，为各地、全国乃至全球经济发展提供了新思路和新经验。截至2023年，中国政府先后七批次在全国范围内和特定区域内复制推广自贸试验区改革试点经验共计170项（具体见表3-3），其中，六批次为国务院正式发文在全国范围内或特定区域内推广162个改革事项，一批为商务部总结形成的8个最佳实践案例。最近一批次（第七批）改革试点经验复制推广工作共有24项自贸试验区改革试点经验，其中22项在全国推广，2项在自贸试验区及沿海地区推广。另外，截至2024年1月底，商务部先后印发五批次自由贸易试验区"最佳实践案例"，总共遴选了84个成效突出的创新案例。其中，第一批8个案例，第二批4个案例，第三批31个案例，第四批18个案例，第五批23个案例。

表 3-3　国务院复制推广的自贸试验区改革试点经验

批　次	年　份	总项数	具体的改革事项
1	2014	34	全国复制推广（22 项）：外商投资广告企业项目备案制；涉税事项网上审批备案；税务登记号码网上自动赋码；网上自主办税；纳税信用管理的网上信用评级；组织机构代码实时赋码；企业标准备案管理制度创新；取消生产许可证委托加工备案；全球维修产业检验检疫监管；中转货物产地来源证管理；检验检疫通关无纸化；第三方检验结果采信；出入境生物材料制品风险管理；个人其他经常项下人民币结算业务；外商投资企业外汇资本金意愿结汇；银行办理大宗商品衍生品柜台交易涉及的结售汇业务；直接投资项下外汇登记及变更登记下放银行办理；允许融资租赁公司兼营与主营业务有关的商业保理业务；允许设立外商投资资信调查公司；允许设立股份制外资投资性公司；融资租赁公司设立子公司不设最低注册资本限制；允许内外资企业从事游戏游艺设备生产和销售，经文化部门内容审核后面向国内市场销售。 借鉴推广及特定区域复制推广（12 项）：从投资者条件、企业设立程序、业务规则、监督管理、违规处罚等方面明确扩大开放行业具体监管要求，完善专业监管制度；期货保税交割海关监管制度；境内外维修海关监管制度；融资租赁海关监管制度；进口货物预检验；分线监督管理制度；动植物及其产品检疫审批负面清单管理；企业设立实行"单一窗口"；社会信用体系；信息共享和综合执法制度；企业年度报告公示和经营异常名录制度；社会力量参与市场监督制度；完善专业监管制度
2	2015	8	8 个"最佳实践案例"：上海自贸试验区的国际贸易"单一窗口"、货物状态分类监管、市场主体信用信息公示系统、海关通关一体化改革；福建自贸试验区的国际贸易"单一窗口"；广东自贸试验区的企业准入"单一窗口"、企业名称登记制度改革；天津自贸试验区的企业设立"一址多照"登记制度

续表

批 次	年 份	总项数	具体的改革事项
3	2016	19	全国复制推广（12项）：负面清单以外领域外商投资企业设立及变更审批改革；税控发票领用网上申请；企业简易注销；依托电子口岸公共平台建设国际贸易单一窗口，推进单一窗口免费申报机制；国际海关经认证的经营者（AEO）互认制度；出境加工监管；企业协调员制度；原产地签证管理改革创新；国际航行船舶检疫监管新模式；免除低风险动植物检疫证书清单制度；引入中介机构开展保税核查、核销和企业稽查；海关企业进出口信用信息公示制度。 特定区域复制推广（7项）：入境维修产品监管新模式；一次备案，多次使用；委内加工监管；仓储货物按状态分类监管；大宗商品现货保税交易；保税展示交易货物分线监管、预检验和登记核销管理模式；海关特殊监管区域间保税货物流转监管模式
4	2018	30	全国复制推广（27项）：扩大内地与港澳合伙型联营律师事务所设立范围；国际船舶运输领域扩大开放；国际船舶管理领域扩大开放；国际船舶代理领域扩大开放；国际海运货物装卸、国际海运集装箱场站和堆场业务扩大开放；船舶证书"三合一"并联办理；国际船舶登记制度创新；对外贸易经营者备案和原产地企业备案"两证合一"；低风险生物医药特殊物品行政许可审批改革；一般纳税人登记网上办理；工业产品生产许可证"一企一证"改革；跨部门一次性联合检查；保税燃料油供应服务船舶准入管理新模式；先放行、后改单作业模式；铁路运输方式舱单归并新模式；海运进境集装箱空箱检验检疫便利化措施；入境大宗工业品联动检验检疫新模式；国际航行船舶供水"开放式申报+验证式监管"；进境保税金属矿产品检验监管制度；外锚地保税燃料油受油船舶"申报无疫放行"；企业送达信息共享机制；边检服务掌上直通车；简化外锚地保税燃料油加注船舶入出境手续；国内航行内河船舶进出港管理新模式；外锚地保税燃料油受油船舶便利化海事监管模式；保税燃料油供油企业信用监管新模式；海关企业注册及电子口岸入网全程无纸化。 特定区域复制推广（3项）：海关特殊监管区域"四自一简"监管创新；"保税混矿"监管创新；先出区、后报关

续表

批 次	年 份	总项数	具体的改革事项
5	2019	18	全国复制推广（17项）：公证"最多跑一次"；自然人"一人式"税收档案；网上办理跨区域涉税事项；优化涉税事项办理程序，压缩办理时限；企业名称自主申报制度；海运危险货物查验信息化，船舶载运危险货物及污染危害性货物合并申报；国际航行船舶进出境通关全流程"一单多报"；保税燃料油跨港区供应模式；海关业务预约平台；生产型出口企业出口退税服务前置；中欧班列集拼集运模式；审批告知承诺制；市场主体自我信用承诺及第三方信用评价三项信用信息公示；公共信用信息"三清单"（数据清单、行为清单、应用清单）编制；实施船舶安全检查智能选船机制；进境粮食检疫全流程监管；优化进口粮食江海联运检疫监管措施；优化进境保税油检验监管制度。 特定区域复制推广（1项）：推进合作制公证机构试点
6	2020	37	全国复制推广（31项）：出版物发行业务许可与网络发行备案联办制度；绿色船舶修理企业规范管理；电力工程审批绿色通道；以三维地籍为核心的土地立体化管理模式；不动产登记业务便民模式；增值税小规模纳税人智能辅助申报服务；证照"一口受理、并联办理"审批服务模式；企业"套餐式"注销服务模式；医疗器械注册人委托生产模式；"融资租赁＋汽车出口"业务创新；飞机行业内加工贸易保税货物便捷调拨监管模式；跨境电商零售进口退货中心仓模式；进出口商品智慧申报导航服务；冰鲜水产品两段准入监管模式；货物贸易"一保多用"管理模式；边检行政许可网上办理；保理公司接入央行企业征信系统；分布式共享模式实现"银政互通"；绿色债券融资工具创新；知识产权证券化；"委托公证＋政府询价＋异地处置"财产执行云处置模式；多领域实施包容免罚清单模式；海关公证电子送达系统；商事主体信用修复制度；融资租赁公司风险防控大数据平台；大型机场运行协调新机制；领事业务"一网通办"；直接采认台湾地区部分技能人员职业资格；航空维修产业职称评审；船员远程计算机终端考试；出入境人员综合服务"一站式"平台。 特定区域复制推广（6项）：建设项目水、电、气、暖现场一次联办模式；股权转让登记远程确认服务；野生动植物进出口行政许可审批事项改革；二手车出口业务新模式；保税航煤出口质量流量计计量新模式；空铁联运一单制货物运输模式

续表

批　次	年　份	总项数	具体的改革事项
7	2023	24	全国复制推广（22项）：工程建设项目审批统一化、标准化、信息化；出口货物检验检疫证单"云签发"平台；航空货运电子信息化；水路运输危险货物"谎报匿报四步稽查法"；海事政务闭环管理；国际航行船舶"模块化"检查机制；应用电子劳动合同信息便捷办理人力资源和社会保障业务；医药招采价格调控机制；跨境人民币全程电子缴税；对外承包工程类优质诚信企业跨境人民币结算业务便利化；证券、期货、基金境外金融职业资格认可机制；动产质押融资业务模式；科创企业票据融资新模式；知识产权质押融资模式创新；制造业智能化转型市场化升级新模式；健康医疗大数据转化应用；专利导航助力产业创新协同联动新模式；专利开放许可新模式；深化知识产权服务业集聚发展改革；知识产权纠纷调解优先机制；知识产权类案件"简案快办"；专利侵权纠纷"先行裁驳、另行请求"裁决模式。 特定区域复制推广（2项）：推广知识产权海外侵权责任险；入海排污口规范化"分级分类管理"新模式

资料来源：作者根据相关政策文件整理得到。

　　由表3-3可知，自贸试验区的制度创新成果广泛覆盖投资贸易便利化自由化、金融服务业开放、政府职能转变与管理创新、人力资源优化、产业升级与绿色发展、法治环境建设等多个领域。在投资贸易便利化方面，自贸试验区实施了外商投资准入负面清单、国际贸易"单一窗口"、海关通关一体化等措施，有效降低了市场准入门槛，简化了通关流程，优化了企业退出机制，增强了国际互信合作，提升了贸易和投资自由化便利化水平，降低了企业运营成本，增强了市场活力和国际竞争力。在金融服务业开放方面，自贸试验区采取了外汇资本金意愿结汇、设立股份制外资投资性公司等措施，促进了资本跨境流动和金融服务业开放，推动了人民币国际化进程，为实体经济提供了更多金融服务。在政府职能转变与管理创新方面，自贸试验区探索了"单一窗口"服务模式、"证照分离"改革等，简化了行政程序，强化了信用体系和市场监管，促进了资本自由流动，加快了政府职能转变和管理方式现代化，为实体经济提供了丰富的金融支持，推动了经济全面开放和高质量发展。在人力资源配置方面，自贸试验区实施了自然人"一人式"税收档案、电子劳动合同等创新举措，提升了人力资源管理效率和服务质量，促进了人才自由流动和优化配置，增强了自贸试验区对人才的吸引力和竞争力，为区域经济社会发展提供了人才和智力支持。在产业升级和绿色发展方面，自贸试验区探索了全球维修产业检验检疫监管、国际航运业扩大开放、制造业智能化转型市场化升级新模式、入海排污口规范化"分级分类管理"新模式、绿色债务融资工具创新等创新实践，促进了产业技术创新，提升了服务业开放水平，强化了环境保护管理，推动了绿色金融发展，激发了产业升级新动能，加快了向绿色、智能、高效经济转型，为可持续发展提供了政策支持和市场动力。在法治环境建设方面，自贸试验区实施了知识产权纠纷调解优先机制、知识产权类案件"简案快办"等创新举措，强化了知识产权保护，优化了案件处理流程，提升了信用体系透明度和市场监管效能，提高了法治环境的公正性、效率和可预测性，为企业提供了稳定公平的经营环境，增强了市场主体信心和国际竞争力，为自贸试验区的长远发展和经济全面繁荣奠定了法治基础。这些制度创新成果不仅推动了地方经济发展，也为全国乃至全球经济发展提供了新思路和经验。

三、自贸试验区建设对外资外贸发展的促进作用

自贸试验区作为对外开放的前沿阵地，是国际经贸合作重要的平台和窗口，在稳定外资外贸基本盘方面起到了关键的推动作用。自贸试验区的建设和发展主要通过制度创新、政策优惠、服务优化和监管透明化，营造国际化、市场化、法治化的营商环境，吸引外资进入，促进外贸增长。第一，自贸试验区实施外资准入前国民待遇加负面清单管理制度，持续缩减负面清单，降低市场准入门槛，为外商投资提供透明和可预期的市场环境，简化外资准入程序，减少审批时间，促进外资快速进入。第二，通过简化行政程序和优化海关通关流程，如"一照一码""单一窗口"、海关通关一体化等，提升行政效率和通关效率，降低企业运营成本。第三，推动金融创新与开放，如跨境人民币结算、自由贸易账户体系等，提升金融服务开放水平，为外资外贸活动提供便捷的金融服务和资本流动渠道。第四，自贸试验区聚焦高技术产业和现代服务业引资，推动产业链高端化，加强与"一带一路"合作伙伴及 RCEP 成员国的经贸合作，拓宽国际市场空间，注入外资外贸发展新动力。第五，通过加强知识产权保护和运行机制、提供国际法律服务及争议解决机制创新，提升知识产权保护水平和法律服务国际化水平，促进创新和技术引进，为外资企业提供完善的法治环境和法律支持，增强其在华投资信心和安全感。

中国的自贸试验区在促进外资和外贸发展中发挥了重要作用。根据商务部数据，2022 年，21 家自贸试验区的进出口总额达到 7.5 万亿元，实际使用外资

为 2225.2 亿元，以不到千分之四的国土面积，贡献了全国 18.1% 的外商投资和 17.9% 的进出口贸易，2023 年上半年分别提升至 18.4% 和 18.6%。① 各个自贸试验区对地区外资和外贸的发展具有关键作用。由于新疆自贸试验区设立时间较短，这里仅从前六批次设立的自贸试验区中选择一家进行简要说明。上海自贸试验区自 2013 年设立，进出口总额从 0.7 万亿元增长至 2022 年的 2.1 万亿元，增长了近两倍，且累计吸引外资 586 亿美元，约占上海同期外资的 30%。② 广东自贸试验区的进出口总额从 2015 年成立时的 1047.1 亿元激增至 2022 年的 5350.8 亿元，增长了近四倍，实际利用外资近 500 亿美元，约占全省利用外资的四分之一。四川自贸试验区挂牌六年以来，以不足全省 1/4000 的面积，贡献了全省近四分之一的外商投资企业和十分之一的进出口，实际使用外资占全省的比例从挂牌初的 4.3% 上升至 31.2%。③ 海南自贸试验区（自贸港）的货物进出口总额从 2018 年设立时的 848.2 亿元增长至 2023 年的 2312.8 亿元，增加了近两倍；实际利用外资金额也从 2018 年的 7.3 亿美元增长至 2022 年的 37.1 亿美元，增加了超过四倍。河北自贸试验区自挂牌设立至 2022 年年底，以全省千分之六的面积，创造了同期全省 26.4% 的新设外资企业、12.6% 的实际使用外资和 11.8% 的外贸进出口。④ 湖南自贸试验区的货物进出口总额从设立之初的 1460 亿元增长至 2022 年的 2135.88 亿元，增长了近一倍，货物进出口及实际利用外资约占同期全省总额的三成。

中国自贸试验区不仅促进了外资外贸规模的扩大，还优化了外资外贸结构，提升了质量。自贸试验区通过制度创新、政策激励和环境优化，推动贸易和投资自由化便利化，吸引高质量外资，促进外贸向高附加值发展。上海自贸试验区，作为沿海自贸试验区的典范，自 2013 年设立以来，通过自由贸易账户和负面清单管理模式，吸引了众多跨国公司区域总部和研发中心。2022 年，上海服务贸易占全市外贸总额的比重超 40%，高新技术产品进出口额同比增长 20%。

---

① 商务部：今年上半年 21 家自贸试验区贡献全国外商投资和进出口贸易均超 18% ［EB/OL］.［2023 - 09 - 27］. https：//news. cnr. cn/native/gd/20230927/t20230927_ 526434 740. shtml.

② 朱贝尔. 上海自贸区十周年丨开放："更高水平"的深意［EB/OL］.［2023 - 09 - 30］. https：//j. eastday. com/p/1696027398034891.

③ 四川自贸试验区 6 周年丨以不足全省 1/4000 的面积，贡献了全省近 1/4 的外商投资企业 ［EB/OL］.［2023 - 04 - 01］. https：//www. thecover. cn/news/7moN6ZV9J6iH90qSd q8Jkw = =.

④ 四年来，河北自贸试验区开放型经济发展实现新突破 ［EB/OL］.［2023 - 09 - 03］. https：//www. thepaper. cn/newsDetail_ forward_ 24473734.

广西自贸试验区，作为沿边自贸试验区的代表，自 2019 年设立以来，致力于推动中国—东盟自由贸易区建设。通过跨境电商、物流和金融创新，2022 年广西跨境电商交易额达 50 亿美元，同比增长 25%，显著增强了与东盟国家的贸易和投资合作。四川自贸试验区，作为内陆自贸试验区的代表，自 2017 年设立以来，实施通关便利化、物流一体化和产业升级措施。2022 年，四川进出口总额达 100 亿美元，高新技术产品和机电产品占主导，贸易伙伴多元化，东盟成为最大贸易伙伴，对俄罗斯、非洲等新兴市场的进出口增长迅速。四川自贸试验区吸引了高端制造业、现代服务业、高新技术产业、临空经济、口岸服务等领域的外资项目。

四、自贸试验区建设对产业集群发展的促进作用

自贸试验区作为现代新兴产业的集聚地，通过制度创新、政策优惠、基础设施完善和创新支持等多种途径，吸引高端要素聚集，促进产业链上下游整合，形成具有鲜明特色和竞争力的产业集群。首先，自贸试验区实施负面清单管理制度，大幅放宽外资准入限制并简化行政审批程序，为企业创造开放便利的经营环境，吸引了外资企业和高新技术企业入驻，为产业集群注入国际资源与技术。其次，各自贸试验区依据区域资源禀赋、产业基础和市场需求，明确重点发展产业方向，并制定相应的优惠政策，包括税收优惠、金融支持和人才引进等。这些措施为产业集群的发展提供了必要的资金、技术和人才支持，使国内外投资者能够准确把握政策导向，促进符合区域发展战略的投资决策，进而吸引相关企业和资本向特定产业集聚。再次，自贸试验区加快推进传统基础设施（如交通和能源）及数字基础设施（如数字货运与物流系统、跨境电商综合服务平台）的建设，为产业集群的发展提供了良好的基础条件。这些基础设施的完善不仅提升了物流效率，也为企业提供了更为便捷的运营环境。最后，自贸试验区鼓励产业创新，致力于构建创新服务体系，以吸引和培育一批创新型企业。通过引导产业向高端化和智能化发展，自贸试验区增强了产业集群的创新能力和核心竞争力，推动其向更高层次发展。此外，通过加强国际合作，引进国际先进技术和管理经验，自贸试验区促进产业集群与国际市场的对接，拓展发展空间，提升国际竞争力。

中国自贸试验区的建设有效促进了产业集群的形成与发展，显著提升了产业的竞争力和创新能力。中国已设立的 22 个自贸试验区，凭借各自的比较优势，积极吸引资源要素聚集，努力打造具有特色的产业集群（各自贸试验区发展较好的产业集群见表 3-4）。例如，上海自贸试验区通过制度创新，成功吸引

了金融、贸易、航运等企业，形成了以金融服务、国际贸易和航运物流为主导的产业集群。广东自贸试验区则依托珠三角地区的制造业基础，促进了高端制造、电子信息和生物医药等产业集群的发展。海南自贸试验区则通过开放政策和国际合作，推动了旅游业和现代服务业等产业集群的成长。具体而言，上海自贸试验区的金融服务产业集群、广东自贸试验区的高端制造产业集群、天津自贸试验区的融资租赁集群、浙江自贸试验区的油气全产业链产业集群、安徽自贸试验区的新能源汽车和智能网联汽车产业集群、湖南自贸试验区的先进制造产业集群、湖北自贸试验区的光电子信息产业集群、江苏自贸试验区的生物医药产业集群、山东自贸试验区的现代海洋产业集群。以上海自贸试验区的金融服务产业集群为例，该区依托其全国经济、金融和贸易中心的地位，打造了一个以金融服务为核心的产业集群。该集群涵盖银行、证券和保险等多个领域，吸引了众多国内外金融机构。例如，国际金融机构如花旗银行、星展银行、贝莱德、富达利泰、瑞银等均在此设立了分支机构。此外，国内银行如工商银行、农业银行、中国银行等，以及海通证券、国泰君安等证券公司也在此落户。截至 2023 年 6 月底，上海自贸试验区的银行机构数量达到 588 家，保险机构数量为 135 家。上海自贸试验区的金融服务产业集群，通过制度创新和市场开放，促进了金融改革、跨境资金流动自由化、金融资源配置优化和实体经济服务能力的提升，为上海乃至全国的金融发展和经济开放提供了强大的推动力和宝贵的经验。

表 3-4　中国 22 个自贸试验区具有代表性的优势产业集群

序　号	自贸试验区	产业集群
1	上海自由贸易试验区	金融服务产业集群
2	广东自由贸易试验区	高端制造产业集群
3	天津自由贸易试验区	融资租赁产业集群
4	福建自由贸易试验区	高端制造产业集群
5	辽宁自由贸易试验区	汽车零部件制造产业集群
6	浙江自由贸易试验区	油气全产业链产业集群
7	河南自由贸易试验区	多式联运国际物流产业集群
8	湖北自由贸易试验区	光电子信息产业集群
9	重庆自由贸易试验区	电子信息制造产业集群
10	四川自由贸易试验区	现代服务产业集群

序 号	自贸试验区	产业集群
11	陕西自由贸易试验区	服务型制造产业集群
12	海南自由贸易试验区	旅游产业集群
13	山东自由贸易试验区	现代海洋产业集群
14	江苏自由贸易试验区	生物医药产业集群
15	广西自由贸易试验区	跨境电子信息产业链产业集群
16	河北自由贸易试验区	高端装备制造与再制造产业集群
17	云南自由贸易试验区	生物医药产业集群
18	黑龙江自由贸易试验区	跨境能源资源综合加工利用产业集群
19	北京自由贸易试验区	生物医药产业集群
20	湖南自由贸易试验区	先进制造产业集群
21	安徽自由贸易试验区	新能源汽车和智能网联汽车产业集群
22	新疆自由贸易试验区	先进装备制造产业集群

资料来源：作者根据各自贸试验区的总体方案整理。

第四章

中国供给侧结构性改革概况

第一节 供给侧结构性改革的基本历程

一、供给侧结构性改革的背景

供给侧结构性改革是中国为适应新形势和新常态而制定的重大战略举措。它通过实施"三去一降一补"等措施，旨在优化经济结构，提高供给质量和效率，激发市场活力，释放新动能，促进经济持续健康发展。供给侧结构性改革面临着诸多与自贸试验区建设相似的国际国内环境，比如全球经济和贸易增长放缓、贸易保护主义抬头，国内经济增速换挡、传统增长动能减弱、产业转型升级任务艰巨、消费升级等。这样的国际国内环境要求中国必须全面深化改革和扩大开放，而供给侧结构性改革正是全面深化改革的重要组成部分，其对培育经济增长新动能、促进产业转型升级以及促进外贸外资发展都具有积极的作用。为避免重复，这里不再讨论与自贸试验区建设和发展相似的背景，仅仅结合供给侧结构性改革的重点任务分析供给侧结构性改革面临的独特背景。总体来看，推进供给侧结构性改革是有效应对中国经济面临的结构性供需失衡、市场活力不足、增长动能缺乏、国际竞争日益激烈、金融风险不断积累以及发展短板日益突出等系列挑战的重要途径。

（1）供需结构性失衡现象普遍存在

党的十八大以来，在全球经济复苏乏力与国内经济进入新常态的背景下，中国经济面临日益突出的供需失衡问题。这一问题表现为多个领域广泛存在，包括传统制造业的产能过剩、房地产市场的失衡、劳动力市场的结构性矛盾以及金融资源的错配等。总体来看，中国经济的供需失衡不仅体现在总量层面，更主要是结构性失衡，产能过剩与供给不足并存的现象普遍存在。具体表现为以下几点：传统制造业的产能过剩与先进制造业的发展滞后，一线城市的高房价与三、四线城市的库存压力并存，高技术工人短缺与低技能劳动力过剩并存，流动性过剩与中小企业融资困难并存。供需失衡不仅导致资源浪费、配置效率低下和经济增长放缓，还加剧市场竞争、增加企业经营困难，并推高银行的不良贷款率，从而提升金融系统的风险。此外，就业市场的结构性矛盾加剧了失业和社会不平等，进一步导致社会矛盾与不稳定因素的增加。供需失衡反映了中国经济结构性问题的深层次矛盾，其解决对中国经济的持续健康发展至关重要。分析供需失衡的成因，虽然需求方面的因素（如国际需求下降和国内消费结构变化）不可忽视，但主要问题源于供给端。由于经济发展阶段和政策导向的影响，中国经济在供给方面存在诸多问题，如产业结构不合理、资源配置不当以及过度依赖投资驱动等。这些问题显著降低了供给体系的质量与效率，导致部分行业面临产能过剩，而另一些行业则供给不足。

在产业结构方面，中国传统重工业和制造业比重相对较大，这些行业产品的供给弹性较低，难以适应市场需求的变化，容易出现产能过剩的问题。制造业比重过高，还显著增加了对能源资源的需求，导致相关产品进口依赖性较高。近年来，中国铁矿石进口依存度持续超过 70%，石油进口依存度也持续上升至 70% 以上。

在资源配置方面，所有制歧视和规模歧视普遍存在，导致资源配置效率低下。土地、信贷和能源等要素资源的配置通常偏向于国有企业和大型项目，而中小企业和新兴行业虽具备更高的资源使用效率，却难以获得必要的发展资源。中小企业和新兴行业是满足企业与家庭个性化、多样化和高级化需求的重要渠道，缺乏足够的发展资源将导致相关产品与服务供给不足，从而无法有效满足这些需求。"以化妆品行业为例，中国化妆品进口额持续增长，从 2014 年的 134.9 亿元增长至 2021 年的 1613.0 亿元，尽管随后有所下降，但 2023 年仍达到 1260.2 亿元。"① 这表明，国内企业在满足居民消费升级方面的能力亟待提高。此外，中国科技研发投入结构不合理和研发人才培养机制不灵活，导致高技术产品供给相对不足。例如，据海关总署的数据，中国芯片的进口依存度在 2021 年超过 80%，即使在美国对中国实施芯片出口管制的情况下，2022 年和 2023 年中国芯片进口额分别为 4156 亿美元和 3490 亿美元。这显示出中国芯片制造能力未能有效满足国内巨大需求。同时，中国高端医疗设备的供给能力也有限，近

① 2014—2023 年我国化妆品及护肤品进出口、进出口地区分布统计分析 [EB/OL].
[2024-04-22]. https://www.leadingir.com/hotspot/view/4024.html.

年来 CT、核磁、血管造影机、超声心电图一类等部分高端医疗器械的进口依存度持续超过90%"。①

　　过度依赖投资驱动的增长模式，可能导致产业结构升级滞后、抑制创新能力的提升、加剧环境问题和资源约束以及收入分配不均，从而加剧结构性供需失衡矛盾。投资驱动模式需要持续进行大规模投资，以促进经济增长。这使得地方政府和企业倾向于资本密集型的大型项目，以在短期内实现地方经济的发展和企业规模的扩大。然而，大型投资项目从规划到产生经济效益通常需要较长的周期，地方政府和企业在追求短期利益的过程中，可能会进行低水平的重复建设，导致产能迅速扩张至过剩状态；并且，这种资本密集型投资具有明显的路径和技术依赖性，一旦启动，转变方向的难度较大。因此，过度依赖投资驱动增长模式下的产业结构升级通常相对滞后。在资金有限的情况下，大量资金流向大型基础设施和重型工业项目，而知识密集型和技术密集型的新兴产业投资相对不足。这不仅导致相关产品供给不足和创新能力提升缓慢，也制约了整体经济结构的优化。中国固定资产投资的发展状况在一定程度上反映了投资驱动模式对投资结构的影响。图4-1显示，2005年至2012年，中国固定资产投资增速保持在20%以上，但随后增速逐渐下降。这表明中国经济在较长时期内对投资的依赖性较高。中国固定资产投资主要集中在制造业、房地产业、交通运输业等领域，尤其是制造业和房地产业的占比较高，而信息传输、软件服务、科学研究等领域的投资占比则相对较低。例如，2016年，制造业和房地产业的投资占比分别超过30%和20%，而信息传输、软件和信息技术服务、科学研究和技术服务投资占比都仅为1%左右。这表明中国固定资产投资结构不够合理，重资本密集型产业的投资占比过高，而科技研发和教育等领域的投资不足。

---

　　① 为何我国90%的高端医疗设备仍然依赖于进口 [EB/OL]. [2023-02-02]. http：//ylqxexpo. com/beijing/m/show/? m=115&d=858.

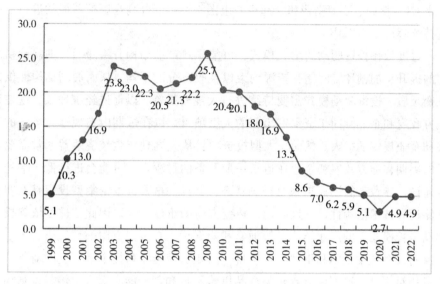

图 4-1　中国全社会固定资产投资增速（%）

数据来源：国家统计局。

过度依赖投资驱动的增长模式还会造成严重的环境污染和资源消耗问题，不利于经济的长期可持续发展。在高污染、高耗能的行业，如化工和冶金等领域的大规模投资导致了产能无序扩张，加剧了对环境的破坏和对资源的依赖。这不仅威胁了可持续发展，也限制了绿色环保新兴产业的发展，导致这些领域的供给能力不足。随着社会对环境保护和可持续发展的重视增加，环境和资源约束已成为制约经济结构调整的重要因素，从而加剧了结构性供需失衡。此外，大量投资集中在少数行业，使得这些行业的从业者获得较高的收入，而广大普通劳动者的收入增长相对缓慢。这种收入分配不均导致消费需求不足，特别是在教育、医疗和文化等服务业领域，由于普通民众的消费能力受限，有效需求难以释放，从而影响了这些领域的供给能力。收入分配不均不仅影响了社会稳定与和谐，也制约了经济结构的优化与升级，加剧了结构性供需失衡。

（2）市场活力不足问题日渐突出

虽然改革开放以来中国经济社会发展取得巨大的成就，但是伴随国际国内环境的剧烈变化，中国市场活力不足问题日渐突出。各类市场主体的成本偏高是影响中国市场活力的一个重要因素。融资成本高、税费负担重、劳动力成本上升、能源和原材料成本上升、土地成本高、物流成本较高以及制度性交易成本高等是成本偏高的主要表现。

从融资成本角度来看，自 2008 年以来，中国的贷款利率显著高于美国和日本等发达经济体（见图4-2）。此外，中国融资市场对以银行贷款为主的间接融资方式依赖程度较高，而银行贷款又偏向于国有企业和大型企业。例如，2015年，中国间接融资占社会融资总额的76.0%，其中人民币贷款的占比达到75.92%；而同期美国的间接融资比重仅为40%左右。① 这些因素共同导致中国市场主体面临较高的融资成本，尤其是中小企业融资难、融资贵的问题更为突出。

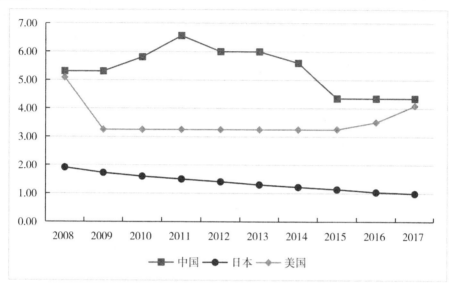

图4-2　2008—2017年中国、美国和日本贷款利率（%）
数据来源：世界银行WDI数据库。

从税费负担的角度来看，中国市场主体需缴纳多种税费，包括增值税、企业所得税、城市维护建设税、教育费附加、地方教育附加和社会保险等，且税率相对较高。例如，根据2017年第一次修改后的《中华人民共和国企业所得税法》，中国企业所得税的标准税率为25%，在国际上属于中等偏上的水平。2013年，财政部经济建设司的报告指出，我国企业税费负担约为40%，高于经济合作与发展组织（OECD）国家的平均水平。② 此外，世界银行和普华永道会计师事务所发布关于全球企业税负情况的报告显示，2016年全球所有国家（地区）的平均总税率为40.6%，而中国的总税率为68%，显著高于全球平均水平，位

---

① 胡海峰. 深化金融体制改革，以金融高质量发展助力中国式现代化［J］. 中州学刊，2024（10）：21-28+2.

② 财政部报告：企业综合税负达40%［EB/OL］.［2013-07-25］. https：//stock. cnstock. com/stock/smk_ gszbs/201307/2672214. htm.

列世界第十二。由此可知，中国企业的税费负担整体来看相对偏重。

从劳动力成本、能源和原材料成本来看，中国市场主体面临不断上涨的成本压力。伴随人口红利的逐渐消失以及国际国内能源原材料价格的上涨，中国劳动力、能源和原材料成本不断上升，显著增大了企业的成本压力（见图4-3和图4-4）。由图4-3可知，全国农民工人均月收入和城镇单位就业人员月平均工资从2012年2090元和3897元增长至2023年的4780元和10058元。近年来，中国原材料成本也呈现出不断上升的走势。由图4-4可知，以工业生产者购进价格指数为例，2008年以来中国工业生产者购进价格指数总体呈现波动上涨的走势，其中，燃料、动力类工业生产者购进价格指数和建材类工业生产者购进价格指数以及农副产品类工业生产者购进价格指数上涨的趋势更为明显。与2007年相比，2022年工业生产者购进价格上涨超过35.5%，其中，燃料、动力类工业生产者购进价格和建材类工业生产者购进价格以及农副产品类工业生产者购进价格分别上涨76.4%、56.5%和58.3%。

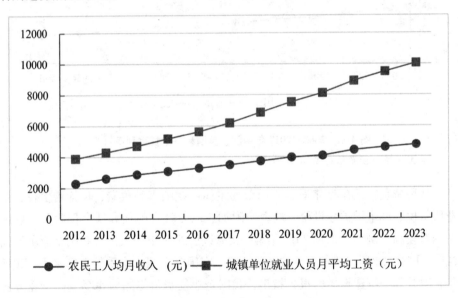

图4-3 农民工和城镇单位就业人员收入变化情况

数据来源：国家统计局。

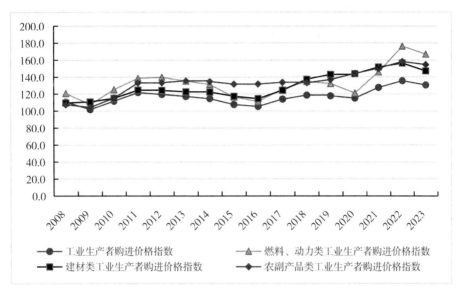

图 4-4 工业生产者购进价格指数及部分分项指数（2007 年＝100）

数据来源：国家统计局。

从物流成本看，中国总体的物流成本明显高于发达国家。虽然近年来中国物流成本占 GDP 的比重在逐年下降，但是同欧美等发达国家相比仍相对偏高。中国全社会物流总费用占 GDP 比重由 2003 年的 21.4%下降到 2023 年的 14.4%，而欧美等发达国家这一比重为 8%～10%。①

从制度性交易成本来看，中国市场主体受体制机制束缚的现象仍较为普遍。虽然中国一直都在持续推进"放管服"改革以简化行政程序和提高行政效率，但是由于行政体制复杂、市场准入限制、信息不对称、地方保护主义、官僚主义和腐败、法规政策不完善以及法律执行力度不足，中国企业仍面临较高的制度性交易成本，比如行政审批时间长、合规成本高、部分行业市场准入门槛高、中小企业融资成本高、知识产权保护不力、合同执行难和合同纠纷解决时间长等。

（3）经济增长的创新驱动能力不足

自 2010 年以来，中国经济增长速度逐年下降，国内生产总值（GDP）年增长率从 2010 年的 11.6%下降至 2019 年的 6.0%，2023 年进一步下降至 5.2%。经济增长速度的下降表明，中国经济增长动能逐渐减弱，尤其是传统的投资和出

---

① 尚尔斌. 高质量发展视角全面降低社会物流成本的思考［EB/OL］.［2024-04-24］. http：//www. eeo. com. cn/2024/0424/654849. shtml.

口对经济的拉动作用减弱。在这一背景下，要维持中高速增长，中国必须培育新动能，充分发挥科技创新的驱动力。然而，创新能力不足明显影响了中国经济新动能的积蓄。

中国的研究经费投入总量不低，但在研发投入结构、创新体制、环境、人才培养及科技成果转化等方面仍存在不足。自2013年以来，中国成为全球第二大研发经费投入国，仅次于美国，研发强度（研发经费与GDP之比）达到中等发达国家水平。2015年，全国研发经费投入总量为1.4万亿元，研发经费投入强度为2.10%。① 到2022年，这一数字增加至接近3.1万亿元，研发经费投入强度提高至2.54%。② 中国的研发经费主要用于试验发展，而基础研究和应用研究的投入相对较少。2015年，试验发展经费占比为84.1%，基础研究占比仅为5.1%，应用研究占比为10.8%。尽管2022年基础和应用研究经费的占比有所提高，但试验发展经费占比仍超过80%。与其他主要经济体相比，中国的基础研究和应用研究经费占比明显偏低。例如，2015年，美国基础研究、应用研究和试验发展经费占比分别为11.8%、19.77%和63.5%；日本为11.9%、19.9%和63.7%；韩国为17.2%、20.8%和61.9%。③ 基础研究和应用研究经费占比低可能产生一系列不利影响，包括创新能力受限、技术进步缓慢、产业升级困难、经济增长潜力受限、国际竞争力下降、人才培养和吸引困难、科研成果转化率低、社会需求响应不足，以及长期投资回报减少。

此外，中国科技成果的转化效率较低也是造成创新能力不足的重要原因。中国专利数量的快速增长并未能有效转化为创新能力的提升。根据国家知识产权局的数据，2010年至2022年，中国有效专利数从221.6万件激增至1788.9万件，其中发明专利、实用新型专利和外观设计专利分别为421.2万件、1083.5万件和283.2万件。然而，国家知识产权局发布的《2022年中国专利调查报告》显示，与欧美60%~70%的科技成果转化率相比，中国总体有效发明专利实施率仅为48.0%，高校更是低至16.9%。这一现象可能源于科技成果与市场需求的脱节、知识产权保护不足以及复杂的政策法规限制。这些因素不仅削弱了科研人员和企业转化科技成果的动力，也降低了对科技研发的投入意愿，从而影响

① 科技创新加力提速 创新驱动作用显著——十八大以来我国科技创新状况 ［EB/OL］. ［2016-03-09］. https：//www. stats. gov. cn/sj/sjjd/202302/t20230202_ 1896997. html.
② 2022年全国科技经费投入统计公报 ［EB/OL］. ［2023-09-18］. https：//www. stats. gov. cn/sj/zxfb/202309/t20230918_ 1942920. html.
③ 方陵生，梁偲. 美国《2018科学与工程指标》：全球发展趋势 ［J］. 世界科学，2018 （3）：31-36.

了国家的创新能力。

（4）绿色转型日益迫切

改革开放以来，中国在经济快速增长的过程中也积累了一些影响经济可持续发展的因素。过度依赖投资和出口拉动的经济增长模式，以及制造业占比高的产业结构，不仅会造成对能源资源和国际市场的过高依赖，同时也会在较长的时期内通过高投入和高消耗促进经济增长，从而导致较严重的环境问题。随着中国经济规模不断扩大，面临的资源环境约束也日益明显。为应对这一挑战，中国必须通过"绿色转型"来改变过去仅重经济增长的发展模式，实现经济、社会和环境三者的协调。绿色转型需要通过技术创新、制度变革和消费行为的转变，减少资源消耗和环境污染，实现经济活动与生态环境的和谐共生。绿色转型不仅包括产业的绿色化、能源的清洁化，还涉及生活方式的绿色化。

中国经济绿色转型的重要性主要体现在以下几个方面。首先，绿色转型有助于缓解资源环境压力，实现资源的可持续利用。中国长期以来工业化发展快速，消耗大量能源资源，导致能源短缺和环境问题日益突出。近 20 年我国能源消费总量保持年均 5% 的增速，煤炭和石油等化石能源占能源消费总量的比重虽有所下降，但目前仍占较大的比重（见图 4-5）。2023 年，煤炭和石油占比分别超过 50% 和 18%，电力占比不足 20%。这样高依赖度化石能源的能源消费结构，不仅影响能源供给，也导致严重环境污染，例如 2022 年我国石油进口依存度超 70%，二氧化碳排放量超 10 亿吨。此外，中国作为工业产品和农产品的最大生产国和消费国，大规模的工业产品和农产品的生产和消费消耗了大量的能源和资源，对环境形成了巨大的压力。2015 年数据显示，超三分之二城市空气质量超标，近一半地下水水质差或极差。上述数据表明，我国正面临严重的资源短缺和环境压力问题，必须通过绿色转型提升清洁能源比重和减少能耗强度，以实现资源的可持续利用。其次，绿色转型有利于履行中国在国际气候变化问题上的责任。作为主要碳排放国之一，我国明确提出 2030 年实现碳达峰和 2060 年实现碳中和的目标，充分展示了我国作为负责任大国的自觉担当。只有通过实实在在推进经济绿色低碳转型，才能兑现国际承诺。再次，绿色转型为传统产业提供升级改造机会，同时为新兴产业发展创造条件。一方面，通过新技术和新工艺升级高污染行业如钢铁、化工等，减少能耗和污染；另一方面，政府通过各种政策支持如财政补贴和征收环境税，鼓励企业开展绿色转型与改造。同时，新政策也有利于新能源和环保产业发展。此外，符合国际环保标准的绿色产品有利于企业打开国际市场，通过自主研发提升自身竞争力。最后，绿色转型能够提升人民生活质量和福祉。绿色转型不仅保护生态，还可促进经济向可持续发展。更重要的是，通过公平的政策减轻低收入群体的环境负担，有助于提高整体社会福祉和公平性。只有实现可持续发展与公平共享，人民对美好生活的向往才能得到长期满足。总之，深化绿色转型不仅有利于解决资源环境瓶颈问题，助力中国实现国际承诺，还可以通过多种渠道促进传统产业升级、新产业发展以及社会整体福祉提升。

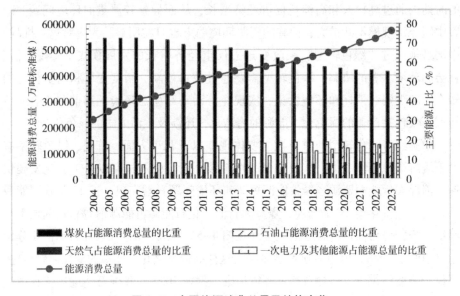

图 4-5　中国能源消费总量及结构变化

数据来源：wind 资讯。

（5）国际竞争日益激烈

在较长的时期内，中国产品在国际市场的竞争优势集中体现在低价格优势上。然而，伴随着经济社会的发展，中国国内企业的劳动力、原材料等生产成本显著提高，通过简单的低价格优势来维持中国产品的国际竞争力变得越来越困难。比如，中国的传统制造业（如纺织制造业）的低成本优势越来越多地受到东南亚、南亚国家的挑战。东南亚平均劳动力成本是中国国内的五分之一①。另外，部分欧美国家为遏制中国崛起和加速制造业回流，对中国产品多次发起反倾销调查，并加征高额关税，这进一步削弱了中国产品的价格优势。2010 年以来，欧盟多次对中国商品进行反补贴调查，涉及铜版纸、数据卡、热轧卷材、电动自行车、轮胎等多种商品。其中除 2010 年华为收购 Option 子公司、2013 年

---

① 范保群，郑世林，黄晴. 中国制造业外迁：现状和启示 [J]. 浙江工商大学学报，2022（6）：85-99.

自行车等少数几次调查外，多数都以加征反补贴关税结束。① 2010 年美国开始对中国新能源领域发起"301 调查"。2017 年特朗普政府对中国包括技术转让、知识产权、创新等多个领域展开调查，并在 2018 年 4 月 4 日宣布了基于"301 调查"建议对华加征 25% 关税的 1300 余种产品的清单。随后美国主要分三批对中国产品加征关税，涉及商品金额 5500 亿美元。

面对竞争形势不断增强，维持和提升中国产品在国际市场的竞争力已成为当务之急。中国政府和企业需要同时通过降本增效和提升产品质量与品牌影响力两个方面来应对日益激烈的国际竞争。在降本增效方面，中国需要通过改革创新来降低企业的制度性交易成本，并着力提高生产效率。与此同时，完善供应链管理也可有效降低成本。在提高产品质量与品牌影响力方面，中国需重点加强科技研发与创新能力，建立严格的质量控制体系，强化品牌战略与营销能力。同时，积极参与国际标准制定，提高产品在国际市场的认可度。此外，中国还需加强对外交流合作，全面研究新市场，利用数字贸易平台开拓销售渠道，以此来减少贸易摩擦和依赖单一市场。只有通过全面提高产品竞争力和多渠道拓展国际市场，中国产品才能在日益激烈的国际竞争中持续获得成功。

（6）债务水平持续上升

自 2008 年全球金融危机以来，中国政府、企业和家庭的债务水平不断上升，显著地增大了中国的系统性金融风险。中国的宏观杠杆率②从 2008 年的 141.3% 增加到 2023 年的 287.8%。

中国政府债务规模不断扩大，政府债务占 GDP 的比重总体上呈现上升走势（见图 4-6）。2008 年到 2023 年，中国中央政府债务余额从 5.33 万亿人民币增加至 30.03 万亿人民币，中央政府债务占 GDP 的比重也从 17% 上升至近 24%。同期，地方政府债务规模更为可观，地方债务余额从 2014 年的 15.41 万亿人民币扩大至 2023 年的 40.47 万亿人民币，地方政府债务占 GDP 的比重从 24% 攀升至超过 32%。地方政府债务迅速增长，带来了短期偿债压力过大的问题。③ 中国政府总债务规模（中央政府债务余额加上地方债务余额）占 GDP 的比重也由

---

① 熊园，刘安林. 欧盟拟对中国电动汽车反补贴调查，影响几何？［EB/OL］.［2023-09-19］. https://baijiahao.baidu.com/s? id=1777443260758849300&wfr=spider&for=pc.

② 宏观杠杆率是衡量一个国家或地区总债务与经济规模（通常用国内生产总值 GDP 来表示）之间关系的指标。计算宏观杠杆率的基本公式：宏观杠杆率=（总债务/GDP）×100%。总债务指的是一个国家或地区内所有经济主体（包括政府、企业、家庭等）的债务总和。

③ 徐建国，张勋. 中国政府债务的状况、投向和风险分析［J］. 南方经济，2013（1）：14-34.

2014 年 38%上升至 2023 年的 56%。中国政府面临的债务压力日益增大，尤其是地方政府隐性债务问题尤为突出。尽管中央和地方政府采取了一系列措施来控制债务规模，如出台《关于加强地方政府性债务管理的意见》等政策，但地方政府债务问题仍然存在，尤其是隐性债务的问题。如果市场对政府债务可持续性产生怀疑，那么可能会引发金融风险，影响经济稳定。因此，中国政府应进一步完善财政体制，加强对地方债务的监管，以减轻地方政府债务负担，为经济运行提供更宽裕的财政环境。

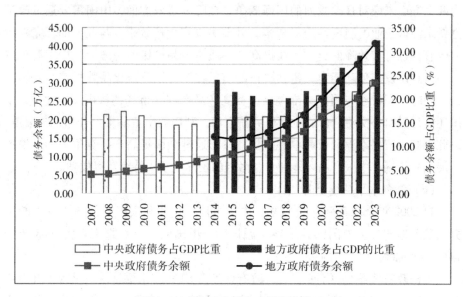

图 4-6 中国政府债务水平变化情况

数据来源：CEIC 数据库。

中国家庭债务水平在近年来显著上升，给居民带来较大还本付息压力（见图 4-7）。2008 年至 2023 年，中国家庭债务从 0.8 万亿美元增长至 11.3 万亿美元，家庭债务占 GDP 的比重从 18%上升至超过 63%。以 2021 年为例，中国居民还本付息规模达 14 万亿元，偿债比率和债务收入比分别为 28.2%和 124.4%。[1] 这表明居民面临的还债压力不容忽视。中国居民债务水平快速上升主要受到住房贷款增加、收入不平等、金融政策宽松等因素的影响。住房贷款的迅速增长是推动居民债务快速增长的主要因素之一。[2] 同时，收入不平等的

[1] 林采宜. 中国居民的债务压力有多大? [EB/OL]. [2022-03-22]. https：//www. yicai. com/news/101356018. html.

[2] 崔云，温娇月. 透视我国居民杠杆率问题 [J]. 中国金融，2018 (20)：61-62.

扩大也对家庭消费产生了抑制作用，而适度增加家庭杠杆可以在一定程度上促进家庭消费。① 此外，长期宽松的货币政策和信用卡泛滥发行等因素也加剧了居民家庭负债率的上升。② 中国家庭债务水平的上升一方面会提高居民的财务脆弱性，一旦经济出现波动或收入下降，可能导致违约率上升，增加银行和金融机构的不良贷款，从而影响金融系统的稳定性。另一方面可能限制居民的消费能力，影响经济增长和金融资产价格，进而可能触发或加剧金融市场的波动，增加整个金融体系的系统性风险。

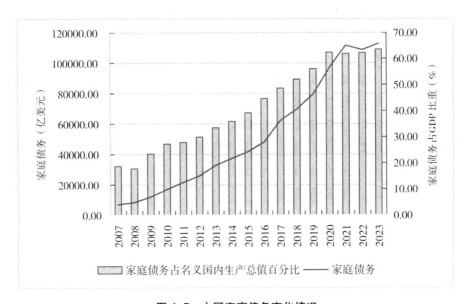

图 4-7　中国家庭债务变化情况

数据来源：CEIC 数据库。

（7）发展不平衡问题突出

中国社会的主要矛盾已经从人民日益增长的物质文化需要同落后的社会生产之间的矛盾转化为人民日益增长的美好生活需要和不平衡不充分的发展之间的矛盾。解决生产力发展不充分问题是一项长期艰巨的任务，需要以持续科技创新为支撑。当前中国面临更为紧迫的任务是解决发展不平衡问题。中国发展不平衡问题主要表现在区域发展不平衡、城乡发展不平衡、产业发展不平衡、收入分配不均、社会事业与经济发展不平衡以及生态环境保护与经济发展不平

---

① SHEN Z L, FAN W, HU J. Income Inequality, Consumption, and the Debt Ratio of Chinese Households [J]. PLoS One, 2022, 17 (5)：e0265851.
② 朱高林. 中国居民家庭债务率攀升及原因分析 [J]. 经济体制改革, 2012 (4)：27-31.

衡等方面。

第一，中国区域发展不平衡不仅体现在各地区经济发展水平的显著差距，更重要的是它造成的公共服务水平差异。由表4-1可知，东部地区的人均GDP、医疗技术人员配备以及图书馆资源水平均远高于中西部地区。这意味着中国东中西部的经济发展水平、教育、医疗和文化服务水平存在显著的差距。受历史、地理和政策等因素影响，东部沿海地区的经济发展和公共服务水平显著高于中西部地区。

第二，中国城乡的经济发展水平和公共服务水平差距也十分明显（见表4-2）。近年来，城乡收入消费和公共服务差距不断缩小，但城市仍远高于农村。2020年城镇居民人均可支配收入为农村的2.56倍，城镇居民人均消费性支出为农村的近2倍，城镇居民人均医疗、教育文化和娱乐支出分别超过农村153%和198%。由此可知，虽然近年来政府加大了对农村公共服务设施建设的投入，中国城乡公共服务水平差距有所缩小，但是农村的医疗、教育和文化等公共服务设施明显落后于城市，并且农村公共服务设施建设在"往村覆盖、向户延伸、为民服务"方面仍然存在薄弱环节，完善公共服务体系、消弭城乡二元格局仍需要长期的政策支持和实践探索。

表4-1 中国东中西部地区经济发展水平和公共服务水平的对比

年份	人均GDP（元）			初中生师比			每千人口卫生技术人员（人）			单位人口拥有公共图书馆藏量（册/人）		
	东部	中部	西部	东部	中部	西部	东部	中部	西部	东部	中部	西部
2010	47086.45	23708.96	21626.06	13.32	14.54	15.84	6.26	4.19	4.00	0.86*	0.38*	0.45*
2015	69858.52	39390.33	37573.15	11.40	11.72	12.90	6.47	5.46	5.76	0.98	0.44	0.54
2020	97447.38	56804.91	55337.41	11.92	12.25	12.68	8.08	7.40	7.71	1.27	0.66	0.68

数据来源：根据中经网统计数据库数据计算。

注：表中数据为各区域各指标的平均数；*表示2010年数据缺失，用2011年数据替代。

115

表 4-2   中国城乡居民收入消费以及卫生条件对比

年份	居民人均可支配收入			居民人均消费性支出			每千人口卫生技术人员		
	城镇（元）	农村（元）	城镇/农村	城镇（元）	农村（元）	城镇/农村	城镇（人）	农村（人）	城镇/农村
2010	18779.07	6272.44	2.99	13820.71	4944.83	2.79	7.62	3.04	2.51
2015	31194.83	11421.71	2.73	21392.36	9222.59	2.32	10.21	3.90	2.62
2020	43833.76	17131.47	2.56	27007.45	13713.38	1.97	11.46	5.18	2.21

数据来源：《中国统计年鉴 2023》。

第三，中国居民收入差距较大，基尼系数长期高于 0.4 的国际警戒线。中国居民人均可支配收入基尼系数虽然总体呈现不断下降的走势，从 2008 年最高的 0.49 下降至 2015 年的 0.46，随后保持在 0.46 至 0.47 之间（见图 4-8）。中国基尼系数长期超过国际警戒线的原因主要在于以下几个方面。一是区域和城乡发展不平衡导致不同地区居民收入差距大。发达地区和城市居民收入远高于中西部地区和农村居民。二是不同行业工资水平悬殊，以 2020 年为例，信息技

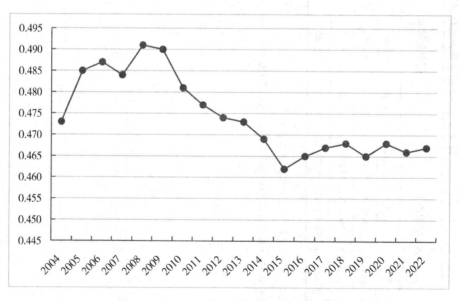

图 4-8   中国居民人均可支配收入基尼系数

数据来源：国家统计局。

术等新兴行业年均工资可达 17.50 万元，而餐饮住宿行业年均工资仅有 4.68 万元，差距巨大。此外，劳动报酬占比相对较低也拉大了居民收入差距。过大的收入差距不利于社会稳定和经济发展，中国需要促进区域、城乡和行业协调发展，促进收入分配公平有序，以缩小居民收入差距。

第四，中国传统制造业占据较高比重，而高技术产业和现代服务业的发展仍显不足。自 2010 年以来，中国高技术产业持续增长，其营业收入 2020 年已达 17.5 万亿元，占制造业的比重达到 18.2%。[1] 然而，近年来，其增速逐渐放缓，传统制造业的比重依然超过 80%。与此同时，自 2015 年以来，服务业增加值在中国 GDP 中已超过 50%，但现代服务业在服务业中所占比重相对较低。2021 年，信息传输业、软件和信息技术服务业、金融业，以及租赁和商务服务业的增加值占服务业增加值的比重分别为 7.2%、15.0% 和 5.8%。[2] 长期以来，中国依赖低成本劳动力和资源密集型产业的发展模式，导致形成了庞大的传统制造业体系，这给制造业的转型升级带来了显著阻力。此外，研发投入不足、科技创新能力薄弱以及金融支持力度不够等多重因素，进一步延缓了制造业和服务业结构的优化调整进程。

第五，中国社会事业的发展明显落后于经济的发展。中国经济的快速增长有力地支持和促进了教育、医疗卫生、文化、体育及社会保障等领域的发展。然而，当前社会事业发展的水平仍无法满足人民日益增长的需求。与经济发展相比，社会事业发展更加关注公平，然而公共服务分配不均的现象仍然普遍存在。优质的教育、医疗和文化体育等公共服务资源主要集中在城市，尤其是大城市。基层和农村的公共服务资源不仅数量有限，而且质量较低。中国各地区的教育资源存在显著差距。以固定资产总值为例，根据教育部 2020 年教育统计数据，2020 年中国 31 个省份高等教育（学校产权）生均固定资产总值，最高为北京的 35.04 万元，最低为河南的 4.88 万元。普通高中生均固定资产总值，最高为北京 20.75 万元，最低为河南 2.32 万元；初中生均固定资产总值，最高为上海 5.83 万元，最低为江西 1.33 万元；小学生均固定资产总值，最高为西藏 4.55 万元，最低为河南 0.80 万元。医疗资源分布区域不平衡问题也较为突出。以三甲医院数量为例，根据《2021 中国卫生健康统计年鉴》，2020 年全国 31 个

---

[1] 2020 年我国高技术产业发展状况统计分析 [EB/OL]. [2022-09-20]. https：//www. most. gov. cn/xxgk/xinxifenlei/fdzdgknr/kjtjbg/kjtj2022/202209/P020220920383014297387. pdf.

[2] 服务业释放主动力 新动能打造新引擎——党的十八大以来经济社会发展成就系列报告之五 [EB/OL]. [2022-09-20]. https：//www. stats. gov. cn/xxgk/jd/sjjd2020/202209/t20220920_ 1888502. html.

省份中，广东省最多有 122 家，宁夏最少有 6 家。四川省则有 105 家三甲医院，其中成都市就占到全省近 50%。城乡社会保障方面的差距更为显著。大部分农民每月只能领取约 100 元的养老金。《中国劳动统计年鉴 2022》显示，2022 年全国机关事业单位和企业退休人员的月均养老金分别为 6099.8 元和 3148.6 元，而城乡居民养老金仅为 205 元，前者约是后者的 30 倍。中国社会事业发展相对滞后的原因可能在于社会事业领域的资源投入相对较少且分布不均、相关制度和政策体系不够完善、区域城乡经济发展差距较大以及人口年龄结构的变化等多个方面。社会事业发展滞后不仅不利于满足城乡居民日益增长的教育、医疗和文化等公共服务需求，还对人力资本的积累和发展产生负面影响，进而影响中国的长期可持续发展和创新能力提升。

第六，中国生态文明建设无法充分满足人民对优美生态环境的需要。尽管自 2007 年党的十七大提出建设生态文明以来，中国在节约能源资源、保护环境等方面取得了显著成效，如能源消费与经济增长脱钩、可再生能源快速发展、生态环境质量改善等，但这些成就仍不足以满足人民对优美生态环境的日益增长的需求。根据国家统计局、国家发展改革委以及《中国应对气候变化的政策与行动 2024 年度报告》的数据，2013 年至 2023 年中国能耗强度累计下降 26.4%；截至 2023 年底，中国森林覆盖率提升至 24.02%，可再生能源装机量稳居世界第一。然而，空气污染、水污染、噪声污染和极端天气等问题依然困扰着民众的生活。现实中，部分群体环保意识不足，导致资源浪费和生态环境破坏行为屡禁不止，如过度包装、一次性用品滥用、非法捕捞等。这些问题的存在，不仅威胁生态安全和社会稳定，还可能影响经济的持续发展和民众的生活质量。因此，中国生态文明建设需进一步深化，以有效回应人民对更高生态环境质量的需求。

二、供给侧结构性改革的过程

中国的供给侧结构性改革是一项长期的系统工程，自 2015 年正式提出以来，大致可以分为筹备启动、深化拓展、巩固提升和供需协同等四个主要阶段。

（1）筹备启动阶段（2015—2016 年）

中国的供给侧结构性改革概念正式提出于 2015 年。2015 年 11 月 10 日，习近平总书记在中央财经领导小组第十一次会议上首次提出推进"供给侧结构性改革"。随后，习近平总书记在 12 月召开的中央经济工作会议上全面阐述了供给侧结构性改革的理论与实践，并明确部署了供给侧结构性改革的去产能、去库存、去杠杆、降成本、补短板五大任务。这标志着中国正式启动了供给侧结构性改革的进程。

2016 年是中国供给侧结构性改革的攻坚之年，中国政府围绕"三去一降一补"的五大重点任务采取了一系列的政策措施。2016 年 1 月，中央财经领导小组第十二次会议研究讨论供给侧结构性改革方案的制定。习近平总书记在讲话中指出，制定好方案是做好供给侧结构性改革的基础，要把思想认识统一到党中央关于推进供给侧结构性改革的决策部署上来。随后，国务院先后发布了多个文件对推进供给侧结构性改革进行指导，比如《关于钢铁行业化解过剩产能实现脱困发展的意见》《关于煤炭行业化解过剩产能实现脱困发展的意见》《降低实体经济企业成本工作方案》《关于积极稳妥降低企业杠杆率的意见》等。

相关部门为落实国务院文件也陆续出台了系列配套文件和具体措施。为支持房地产去库存，央行、银监会共同下发通知，调整个人住房贷款有关政策，下调首套房和改善型住房首付比例。国家发展改革委发布《关于 2016 年深化经济体制改革重点工作的意见》，全面落实供给侧结构性改革的主要任务。各地方政府也陆续出台了推进供给侧结构性改革的文件，比如上海市发布《关于上海市推进供给侧结构性改革的意见》、山东省发布《关于深入推进供给侧结构性改革的实施意见》、四川省发布《促进经济稳定增长和提质增效推进供给侧结构性改革政策措施》。

中央与地方政府通过一系列密集的政策部署，形成了上下联动和多点突破的改革格局。习近平总书记的高屋建瓴为改革奠定了坚实的思想基础。国务院及相关部门发布的政策文件，针对钢铁和煤炭去产能，以及降成本和去杠杆，提供了具体意见。这些政策直接指导了关键行业的结构调整与优化升级。与此同时，金融政策的调整助力了房地产去库存，发改委的工作部署确保了改革的全面渗透。地方政策的积极响应与细化实施进一步将改革举措落到实处，促进了区域经济的转型升级和质量提升。这些政策的合力有效推进了"三去一降一补"，实现了产能合理化、企业负担减轻、经济结构优化和新增长点培育，为经济发展注入了新活力和更强韧性。

（2）深化拓展阶段（2017—2018 年）

自 2017 年起，中国的供给侧结构性改革进入深化拓展阶段，政策重点转向深化"三去一降一补"，并提出"破、立、降"的新要求。2016 年 12 月的中央经济工作会议强调，需持续深化供给侧结构性改革，依据新情况和新问题完善政策措施，推动五大任务取得实质性进展。2017 年 12 月的中央经济工作会议进一步部署深化供给侧结构性改革，强调要深化要素市场化配置改革，重点在于"破除无效供给""培育新动能""降低实体经济成本"。这一阶段的特征在于政策更加注重结构优化和动力转换，强调通过减税降费等措施减轻企业负担，同时推动新兴产业发展，促进经济转型升级。

2017—2018 年，中国政府各部门陆续出台了一系列深化落实"三去一降一补"重大任务的工作要点和指导意见，推动供给侧结构性改革逐步深入并扩展到各个行业领域。2017 年，中央政府出台了多项政策文件，推动农业发展，如《中共中央、国务院关于深入推进农业供给侧结构性改革 加快培育农业农村发展新动能的若干意见》《关于加快推进农业供给侧结构性改革 大力发展粮食产业经济的意见》《农业部关于推进农业供给侧结构性改革的实施意见》等。这些政策旨在通过供给侧结构性改革加速农业现代化，提升农业生产效率。

2018 年，中央政府发布了大量政策文件，以推动供给侧结构性改革的进一步深化。这些文件涵盖了多个领域，包括基础设施、医药、农业机械化和农机装备产业转型等，主要包括《国务院办公厅关于保持基础设施领域补短板力度的指导意见》《国务院办公厅关于完善国家基本药物制度的意见》《国务院关于加快推进农业机械化和农机装备产业转型升级的指导意见》等。此外，还有《关于进一步做好"僵尸企业"及去产能企业债务处置工作的通知》《关于去产能和调结构房产税、城镇土地使用税政策的通知》《关于做好 2018 年降成本重点工作的通知》等，均为支持供给侧结构性改革的关键措施。这些政策文件不仅强调了解决过剩产能、债务重组与成本削减，还对资源配置的优化与经济转型升级提供了重要支持。在此期间，各地方政府积极响应国家政策，并出台了系列配套文件。例如，2017 年，安徽、江西、宁夏等地发布了《关于深入推进农业供给侧结构性改革加快培育农业农村发展新动能的实施意见》。2018 年，四川、山东等省份发布了《关于加快推进农业供给侧结构性改革大力发展粮食产业经济的实施意见》。此外，北京市也发布了《北京市加快供给侧结构性改革扩大旅游消费行动计划（2018—2020 年）》等，推动本地经济转型和升级。上述政策文件涵盖了农业、基础设施、邮政业、教育等多个领域，不仅加速了过剩产能的有效化解、企业债务重组与成本削减，还通过优化资源配置、增强经济活力，为中国经济的转型升级与高质量发展提供了强有力的支持。

（3）巩固提升阶段（2019—2022 年党的二十大之前）

2018 年年底的中央经济工作会议对供给侧结构性改革提出了"巩固、增强、提升、畅通"的新要求，自 2019 年起，中国的供给侧结构性改革进入了巩固提升阶段。该阶段的政策重点包括推进制造业高质量发展、加快服务业发展及加强创新驱动发展。基本特点是改革更加注重质量和效益，依靠技术创新和制度创新推动经济结构优化升级，同时兼顾环境保护和绿色发展，实现经济与环境的协调发展。

在 2019 年至 2022 年期间，中国政府出台的一系列深化供给侧结构性改革的政策文件，充分体现了深化改革的坚定决心和明确方向。这些政策涉及产业升级与创新驱动、农村农业发展、政府职能转变、降低企业成本、基础设施完善、社会事业与民生改善、金融服务实体经济、绿色发展与环境保护等多个方面。政策的综合实施有助于提高供给体系的质量和效率，促进经济结构优化升级，实现经济的高质量发展。

促进产业升级与创新驱动的政策文件包括《"十四五"数字经济发展规划》《关于进一步提高上市公司质量的意见》《关于盘活存量资产扩大有效投资的意见》《制造业设计能力提升专项行动计划（2019—2022 年）》《工业和信息化部关于促进制造业产品和服务质量提升的实施意见》等。这些政策涵盖了数字经济、制造业设计能力、产品质量、共享制造及服务业高质量发展等领域，旨在巩固"去产能、去库存、去杠杆、降成本、补短板"的成果，增强微观主体活力，提升产业链水平，畅通国民经济循环。

农村农业发展的政策文件主要包括《国务院关于促进乡村产业振兴的指导意见》《关于加快推进农业机械化转型升级的通知》《关于推动农商互联完善农产品供应链的通知》等。这些政策聚焦于乡村产业振兴、农业机械化升级和农产品供应链的完善，旨在提升农业综合竞争力，畅通农产品流通渠道，促进农业与二、三产业的深度融合，推动农村经济发展。

推动政府职能转变的政策文件涵盖了预算管理制度改革、数字政府建设、政务服务标准化、营商环境优化等多个方面。这些政策通过简化行政办事流程、提高行政效率，促进了政府职能的转变和行政效能的提升。

降低企业成本的政策文件如《关于深入推进宽带网络提速降费支撑经济高质量发展的专项行动的通知》等，旨在降低企业的运营成本和税费负担，增强企业市场竞争力和创新能力。这些措施不仅减轻了企业财务负担，还激发了微观主体的活力，促进了企业投资和扩大再生产。

完善基础设施的政策文件包括《"十四五"现代综合交通运输体系发展规划》《关于促进枢纽机场联通轨道交通的意见》等。这些政策旨在提升公共服务水平，促进区域协调发展，通过优化交通、教育和农业等领域的基础设施建设，为经济高质量发展提供坚实的物质基础。

推动社会事业与民生改善的政策文件包括《全民科学素质行动规划纲要（2021—2035 年）》及《国家老龄事业发展和养老服务体系规划》等。通过提高国民教育和健康水平，改善养老服务和社区服务，这些政策有助于推动消费升级，促进社会公平和包容性增长。

推动金融服务实体经济的政策文件如《关于有效发挥政府性融资担保基金作用的指导意见》等，旨在解决小微企业和"三农"领域的融资难题，强化金融机构对实体经济的支持力度。

绿色发展与环境保护的政策文件包括《"十四五"节能减排综合工作方案》《2030年前碳达峰行动方案》等，旨在通过节能减排、无废城市建设等措施，优化资源配置，推动绿色技术创新，促进产业升级和技术创新。

（4）供需协同阶段（2022年党的二十大至今）

2022年党的二十大报告提出，"把实施扩大内需战略同深化供给侧结构性改革有机结合起来"。2022年的中央经济工作会议进一步强调"必须坚持深化供给侧结构性改革和着力扩大有效需求协同发力"。这标志着中国的供给侧结构性改革进入了供需协同阶段。该阶段的政策重点是有机结合扩大内需战略，以实现供需两端的动态平衡和经济的高质量发展。这一改革策略着重于促进科技创新，推动产业结构向高端化、智能化、绿色化转型，特别是加快战略性新兴产业的发展，如人工智能、量子信息、集成电路、生物医药等前沿领域。同时，政策也着眼于优化投资结构，提高投资效率，加强基础设施建设，推动区域协调发展，实现资源优化配置和产业合理布局。此外，改革还包括深化市场化改革，完善产权保护，激发市场主体活力，强化国内市场的统一性和公平竞争，促进商品和要素自由流动。在保障安全发展方面，政策强调提升粮食、能源资源和产业链供应链的安全保障能力，确保国家经济安全和社会稳定。通过这些综合性措施，中国旨在构建一个更加开放、竞争、有序的市场环境，以满足人民日益增长的美好生活需要，推动形成强大国内市场，实现经济的可持续发展。

党的二十大以来，为有效统筹扩大内需和深化供给侧结构性改革，中国政府相继出台系列政策文件。政策文件如《国务院关于推进普惠金融高质量发展的实施意见》《"十四五"现代物流发展规划》《关于加快推进现代航运服务业高质量发展的指导意见》《关于恢复和扩大消费的措施》等，通过发展普惠金融和加快物流及航运服务业现代化，提升了居民生活质量，增强了消费能力和意愿，从而刺激内需增长。同时，政策如《关于推动能源电子产业发展的指导意见》《关于促进炼油行业绿色创新高质量发展的指导意见》《关于加快推动知识产权服务业高质量发展的意见》等，促进了产业结构的优化和升级，提高了供给体系的质量和效率。此外，政策如《关于加快推进现代职业教育体系建设改革重点任务的通知》《关于实施人力资源服务业创新发展行动计划（2023—2025年）的通知》等，提升了劳动力素质和创新能力，为供给侧结构性改革提供了人才支撑。金融支持政策，如《关于金融支持横琴粤澳深度合作区建设的意见》《关于进一步做好联合授信试点工作的通知》《关于进一步推进基础设施领域不动产投资信托基金（REITs）常态化发行相关工作的通知》等，增强了金融服务实体经济的能力，为供给侧结构性改革提供了资金保障。这些政策文件的实施，有助于形成需求牵引供给、供给创造需求的更高水平动态平衡，推动经济高质量发展。

第二节 供给侧结构性改革的基本特征

一、发展历程的特征

中国的供给侧结构性改革是一项长期复杂的系统工程，自提出以来一直处于持续深化的过程中。中国供给侧结构性改革的发展历程主要具有问题导向性、阶段性、系统性和长期性、政策连续性和创新性相统一、风险防控与稳定发展相统一等方面的特征。

（一）问题导向性特征

中国的供给侧结构性改革具有明显的问题导向性特征。中国推行供给侧结构性改革的根本目的就是解决中国经济发展的结构性失衡问题。2008—2015年这段时期，由于全球经济增速放缓和国内结构性改革迟缓等因素，中国经济结构性失衡的主要原因在于供给侧，传统产品产能过剩和高端产品供给不足并存。中国政府在深入分析经济结构性失衡的主要表现、形成原因及其可能影响的基础上，明确了供给侧结构性改革"三去一降一补"（即去产能、去库存、去杠杆、降成本、补短板）的五大任务，致力于解决钢铁、水泥、煤炭、电解铝、平板玻璃等传统重化工业的产能过剩问题、房地产市场库存高企问题、企业高负债问题、企业高成本问题、创新能力不足以及社会事业发展不足等问题。因此，中国的供给侧结构性改革自提出开始就是为了解决经济发展的现实问题的。

随着国内外形势的演变，中国经济社会发展面临的主要问题亦在变化。供给侧结构性改革的核心任务"三去一降一补"虽未根本改变，但其内涵、侧重点及重点行业领域正在不断演进。首先，在"去产能"方面，重点行业已从传统重化工业转向制造业。随着改革的深入，钢铁、煤炭等行业的产能过剩问题逐步缓解，但制造业领域，包括新兴制造业如光伏、电子等，亦面临产能过剩难题。因此，改革需同时解决传统与新兴制造业的产能过剩问题。其次，"去库存"的内涵扩展，不再局限于房地产市场，工业企业去库存问题日益凸显。房地产市场需求虽受房价上涨刺激，但部分城市仍面临去库存压力。产能过剩亦导致家电、家具等产品的去库存压力增大，供给侧结构性改革需扩展至工业企业。再次，"去杠杆"的关注点从企业扩展至政府和家庭。2008年以来的基础设施投资和财政刺激计划导致政府债务增加，家庭债务水平提高则与信贷消费观念和房价上涨有关。改革需同时解决企业、政府和家庭的高债务问题。此外，"降成本"的重点从降低税费负担转向降低隐性成本，如消除进入壁垒、简化流程、提高行政效率等。初期政策着重于减税降费，后期则更重视降低融资成本、制度性交易成本和物流成本，引导企业加强成本管控和提升管理水平。最后，"补短板"的重点从基础设施和公共服务转向提升科技创新能力、推动产业结构优化、促进区域协调发展等。改革旨在通过多领域协同，促进经济高质量发展。综上，中国供给侧结构性改革正适应新形势，通过调整五大任务的内涵和侧重点，以适应经济发展的新需求，推动经济结构的优化和升级，实现经济的可持续发展。

（二）阶段性特征

中国的供给侧结构性改革具有明显的阶段性特征。前文将中国供给侧结构性改革的历程划分为筹备启动、深化拓展、巩固提升和供需协同四个阶段。中国的供给侧结构性改革是一个分阶段推进的系统工程，其发展历程明显展现出阶段性特征。供给侧结构性改革的阶段性特征主要体现在政策重点的逐步深化、政策覆盖面的不断拓展，以及改革目标与方法的持续升级上。

首先，中国的供给侧结构性改革的政策重点呈现不断演化和深化的阶段性特征。在筹备启动阶段，政策侧重于通过行政手段消除过剩产能和减轻企业负担。在深化拓展阶段，政策重点转向市场机制，以破除无效供给、培育新动能。在巩固提升阶段，政策着重于技术创新和制度创新，以优化经济结构和提升发展质量。供需协同阶段则聚焦于科技创新、产业升级、区域协调发展、市场化改革、安全发展、内需扩大、数字化转型、金融支持及环境与社会建设，旨在实现供需两端的动态平衡，推动经济的高质量发展。

其次，中国的供给侧结构性改革政策的制定和发布具有明显的渐进性，政策覆盖面不断拓宽，政策间的协同效应逐渐增强。在筹备启动阶段，政策集中于关键行业的去产能，如钢铁和煤炭行业。随着改革的深化，政策逐渐扩展到农业、基础设施、邮政业、教育等多个领域，体现了改革深度和广度的增加。到了巩固提升阶段，政策不仅深入产业内部，还涉及政府职能转变、降低企业成本、完善基础设施、社会事业与民生改善等多方面，形成了多领域、多层次的政策协同。供需协同阶段的政策更加注重系统性和协同性，通过综合性政策推动供给侧结构性改革，同时通过消费促进、投资优化、城乡区域协调发展、市场和流通体系完善等措施扩大内需，旨在实现供需两端的动态平衡和经济的高质量发展。

再次，中国供给侧结构性改革的目标和方法不断迭代升级。改革初期，目标集中于解决短期经济问题，如产能过剩和高库存，政策多以行政手段为主，快速应对经济下行压力。随着改革的深化，目标转向优化供给结构和提升供给质量，更加注重创新驱动和产业升级。到了巩固提升阶段，改革目标进一步升级为追求经济的高质量发展和可持续发展，强调增长的质量和效益，同时关注生态环保和社会公平。改革方法也逐步从行政指令转向市场机制与政府引导相结合，重视制度创新和市场活力的释放，如通过优化营商环境和提升政务服务效能来降低企业成本，为企业发展创造良好条件。

最后，中国供给侧结构性改革效果评估标准也具有明显的阶段性特征。在筹备启动阶段，评估侧重于数量指标，如产能削减和库存降低。深化拓展阶段开始关注质量指标，包括产业结构优化和企业盈利能力。到了巩固提升和供需协同阶段，评估转向综合指标，涵盖经济增长质量、创新能力、环境保护和社会公平，以全面反映高质量发展的多维要求。

上述这些阶段性特征共同推动了中国经济从高速增长向高质量发展的转变。每个阶段的政策部署都反映了对当时经济形势的精准把握和对改革路径的深刻思考。通过持续的政策推进，逐步构建了适应新发展阶段的供给体系，为中国经济的持续健康发展奠定了坚实基础。

（三）系统性和长期性的特征

中国供给侧结构性改革是一项全面而深远的经济战略，旨在通过跨领域政策协同解决深层次结构问题，并在经济环境演变中持续优化，以实现经济的持续健康发展。自2015年起，供给侧结构性改革已成为中国经济发展的重要战略，显著特征之一是其系统性和长期性。

供给侧结构性改革的系统性特征主要体现在其广泛的行业覆盖和政策之间的相互作用及协同效应。改革覆盖了多个国民经济领域，包括工业、农业、服务业和金融业，其目标是通过提升制造业水平、提高农业生产效率，以及促进服务业和金融业的高质量发展，来优化经济结构。政策体系复杂，各政策之间高度关联。例如，去产能政策需要环保、安全和金融政策的支持，而去库存政策则涉及房地产市场调控及金融、税收政策的配合。政府部门之间需要协调合作，如工业和信息化部、财政部和发改委等。通过联席会议和联合政策发布，政府确保政策的落地执行。此外，改革还考虑到中国各地区经济发展水平和产业结构的差异。因此，改革实施了因地制宜的政策。政策通过多层次的实施，从国家到地方各级政府，确保改革的全面推进。这些措施共同确保了改革的整体效应和长远影响。这些特征体现了供给侧结构性改革的高度系统性。

供给侧结构性改革的长期性特征体现在其目标的复杂性和实施过程的渐进性。改革目标包括经济、社会和生态等多个领域，要求持续努力和长期推进。去产能等任务涉及关闭落后产能、职工安置和环境治理等复杂问题，需逐步解决。随着经济形势变化，改革重点逐渐从解决过剩产能转向提升供给质量和推动高质量发展。这表明了目标任务的动态调整。改革还着重于制度建设，尤其是市场化改革和产权制度的完善，以构建稳定的经济发展基础。此外，改革强调创新驱动，通过技术创新提升供给质量和效率，这需要持续投入和政策支持。改革还关注社会和生态效应，促进就业和提高环境质量。这些效益的实现同样需要长期努力。

供给侧结构性改革的系统性和长期性特征是相互作用、相辅相成的。系统性特征要求改革具有全局视野和长远规划，确保改革措施的全面性和协调性。通过多领域、多层次的协同推进，各项政策能够持续有效地解决深层次的结构性问题。长期性特征强调改革的持续性和动态性。这要求在系统性框架下不断审视和更新政策，以应对长期发展中的新挑战，从而确保了改革目标的实现和巩固。通过不断努力和动态调整，逐步实现改革的预期效果。系统性和长期性的结合，使供给侧结构性改革在应对短期经济波动的同时，着眼于长远发展，促进经济的高质量和可持续发展。系统性为长期性的实现提供全面保障，而长期性则为系统性的发挥提供时间和空间支持。两者共同构成了供给侧结构性改革的重要特征和内在逻辑。

（四）政策连续性和创新性相统一特征

中国的供给侧结构性改革在实施过程中，展现出政策连续性和创新性相统一的特征。其原因主要在于，改革旨在通过持续的政策迭代与适应性创新，确保经济转型与升级在稳定性与动态性之间实现平衡，以应对不断变化的国内外经济环境，推动经济实现持续的高质量发展。

政策连续性在中国供给侧结构性改革中表现为政策的前后关联、相互衔接，以及实践中的迭代升级。从2015年的中央经济工作会议首次提出供给侧结构性改革，到2016年出台的《去产能工作方案》，再到后续每年的中央经济工作会议和政府工作报告，供给侧结构性改革的政策方向和重点任务都在不断细化和深化。各阶段政策目标具有明确的衔接关系。政策目标依次包括去产能、去库存、去杠杆、降成本、补短板，以及创新驱动和高质量发展，形成了递进的改革路径。在实施过程中，政策措施会根据实际情况进行调整和完善。例如，去产能政策从行政手段转向市场和法律手段，而去杠杆政策则从直接调控转向金融市场改革，这样确保了改革措施的可持续性和有效性。中央与地方政府的联动执行，如各地对"三去一降一补"方针的具体实施方案，推动了政策的实施。持续完善的政策评价和反馈机制，如中央经济工作会议的年度总结，确保政策的科学性和有效性，并推动政策的持续改进。中国供给侧结构性改革的政策连续性确保了改革的稳定性和有效性。通过不断的实践迭代和上下联动，形成了一个动态调整、持续完善的政策体系，以适应经济发展的新要求，实现经济结构的优化和质量的提升。

供给侧结构性改革的政策创新性体现在其对经济形势变化的适应性调整，以及在理念、目标、手段和机制上的创新。供给侧结构性改革以创新驱动和高质量发展为核心理念，引导政策全方位创新，满足新时代经济发展需求。目标设定展现出前瞻性和灵活性，如从去产能、去库存到提升供给质量，再到可持续发展和绿色发展，体现了政策的动态调整能力。实施手段从行政命令向市场化和法律手段转变，如通过市场化手段去产能，金融市场改革去杠杆，提高了政策执行力和市场化水平。机制改革方面，通过国有企业改革、要素市场化改革和产权制度完善，为改革提供制度保障。同时，改革还强调国际合作，如通过"一带一路"倡议推动企业国际化，提升中国在全球经济治理中的影响力。供给侧结构性改革的政策创新性确保了改革能够灵活应对经济变化，通过理念更新、目标调整、手段创新和机制改革，为经济高质量发展提供了持续动力和制度支撑。

供给侧结构性改革的政策连续性与创新性相互强化，共同推动改革进程。政策连续性保障了改革措施的稳定性和可持续性，确保改革分阶段有序推进并逐步显现成效。政策创新性则赋予改革适应性，使其能灵活应对经济环境的演变和实际问题的复杂性。中国供给侧结构性改革政策的这种结合，既维护了改革的连贯性，又确保了其对新挑战的适应能力，从而提升了经济的竞争力和供给质量，促进了经济的高质量发展和可持续性。

（五）风险防控与稳定发展相统一特征

在新常态下，中国经济的内外部环境变得复杂多变。在全球化背景下，经济紧密融合，导致国内外风险因素交织。供给侧结构性改革必须在发展中防范风险，并在风险防控中促进发展。因此，坚持风险防控与稳定发展相统一是中国供给侧结构性改革的重要特征。

　　风险防控是供给侧结构性改革的核心要求。去杠杆和去产能可能引发金融风险，尤其是企业债务问题，这要求政府采取严格措施，例如控制金融机构贷款、推进债务重组和加强金融监管。这些措施旨在降低系统性风险并确保金融稳定。同时，去产能和产业结构调整可能引发经济波动，需要通过稳增长政策来应对，例如扩大财政支出和降低企业税负。此外，这些调整可能导致失业率上升和社会不稳定，政府需要提供职业培训、社保兜底政策，并加大对失业人员的援助。环境保护也是风险防控的重要方面，政府通过制定严格的环保标准和政策，推动绿色发展与循环经济，以协调经济增长和环境保护。

　　供给侧结构性改革通过多种政策促进经济发展，实现高质量和可持续发展。《"十四五"数字经济发展规划》等政策支持产业升级，旨在通过技术创新和产业融合增强传统产业竞争力，推动新兴产业发展。政府通过《关于推进国家技术创新中心建设的总体方案（暂行）》等政策，支持科技创新和企业自主创新，促进科技成果转化和产业技术进步。市场机制通过深化市场化改革和优化资源配置以实现，如《要素市场化配置综合改革试点总体方案》等政策，旨在减少行政干预，激发市场活力。扩大开放和加强国际合作也是推动发展的途径，例如通过"一带一路"倡议和参与全球经济治理，提升国际竞争力和开放水平。

　　风险防控与促进发展在供给侧结构性改革中相互依存、相辅相成，风险防控为发展提供安全保障，发展为风险防控提供经济基础和动力。统筹发展与安全确保改革平衡宏观经济稳定与推进，为改革创造良好的外部环境，促进改革措施落实和效果显现，推动经济高质量发展。同时，这增强社会对改革的信心与支持，为进一步改革提供良好的社会氛围。总之，供给侧结构性改革坚持统筹发展与安全，是应对复杂经济环境、深化改革与实现长期发展的重要策略。

二、改革内容的特征

　　去产能、去库存、去杠杆、降成本和补短板是中国政府赋予供给侧结构性改革的五大任务。供给侧结构性改革的重点任务决定了改革内容的领域和具体措施。这些内容是实现改革任务的具体手段和路径。总体而言，中国供给侧结构性改革的重点内容包括优化资源配置、推动产业结构升级与创新驱动、完善市场机制、提升政府治理能力、加强环境保护及促进区域城乡协调发展。每个方面的改革措施相互关联，共同构成一个系统性、全方位的改革路径，旨在通过提升供给质量和效率，解决经济发展中的结构性问题，实现经济的长期健康发展。

（一）资源配置优化方面的特征

在供给侧结构性改革的过程中，中国政府采取了多种综合措施来优化土地、劳动力、资本以及环境等资源的配置效率，并且不同资源的优化配置方式显现出不同的特征。

在土地资源优化配置方面，供给侧结构性改革具有明显的市场化与集约化特征。自 2016 年起，中国通过政策推动土地资源市场化配置，提高土地利用集约度。例如，《关于推进土地节约集约利用的指导意见》提出全面实施土地用途管制，推动土地利用方式转变。具体措施包括城乡建设用地增减挂钩、土地整治和闲置土地再利用，以提高土地资源利用效率。另外，土地使用权流转改革和土地招拍挂制度的推广，增强了土地资源配置的公平性和透明度。政府严格控制新增建设用地，优先利用存量土地，促进了土地利用结构的优化调整，为新型城镇化和现代农业发展提供了土地资源保障。

在劳动力资源优化配置方面，供给侧结构性改革具有明显的灵活性特征。政府通过职称制度改革、灵活就业支持、技能提升和再培训以及人才引进政策，提高了劳动力市场的灵活性和配置效率。例如，《关于深化职称制度改革的意见》简化职称评审程序，促进人才流动。《国务院关于做好当前和今后一段时期就业创业工作的意见》支持灵活就业和新就业形态，降低失业率。《职业技能提升行动方案（2019—2021 年）》通过大规模职业培训提升劳动力市场素质。海南省的"百万人才进海南"行动计划吸引高素质人才，为地方经济发展提供人才保障。

在资本资源优化配置方面，供给侧结构性改革具有显著的服务实体经济特征。金融领域的供给侧结构性改革通过利率市场化改革、债券市场规范化、普惠金融发展和绿色金融推广，提升了金融资源配置的市场化和规范化水平。例如，《中国人民银行关于进一步推进利率市场化改革的通知》加快利率市场化进程，释放利率在资金配置中的决定性作用。《关于推动公司信用类债券市场改革开放高质量发展的指导意见》整合和规范公司信用类债券市场，提升金融资源配置的有效性。普惠金融发展优化了金融资源配置，服务实体经济发展。

在环境资源优化配置方面，供给侧结构性改革具有显著的绿色可持续特征。改革通过污染治理和环境保护、生态补偿机制、绿色发展和环境监测与监管，提升了环境资源配置的科学性和有效性。例如，《打赢蓝天保卫战三年行动计划》通过调整产业结构和优化能源结构，实现空气质量持续改善。《国务院办公厅关于健全生态保护补偿机制的意见》通过财政转移支付和生态补偿资金，激励各地保护和修复生态环境。《国家发展改革委 科技部关于构建市场导向的绿色技术创新体系的指导意见》推动绿色技术创新和产业发展，提升资源利用效率。《生态环境监测网络建设方案》构建覆盖全国的生态环境监测网络，提升环境监测能力和水平。

（二）产业升级方面的特征

中国供给侧结构性改革通过创新驱动发展、产业政策支持、协同创新机制、市场化改革和绿色转型等多种措施促进了产业结构的优化升级和技术创新。这推动了经济高质量发展，为实现全面建成小康社会和现代化经济体系奠定了坚实基础。中国供给侧结构性改革在推动产业升级方面具有显著的创新性、协同性、政策支持性和市场导向性特征。

中国供给侧结构性改革在推动产业升级方面具有显著的创新性特征。为了积极落实创新驱动发展战略，供给侧结构性改革采取了多种措施。这些措施包括强化基础研究和科技创新、培育创新主体、优化创新生态、创新人才培养与激励、深化科技体制改革。这些措施不断提升企业和国家的创新能力，为产业升级提供了重要动力。第一，强调通过强化基础研究和科技创新来提升产业技术水平和竞争力。《国家创新驱动发展战略纲要》提出要增加基础研究投入，支持前沿科技研究，以推动技术进步。在此政策支持下，中国科学院的"战略性先导科技专项"在量子通信、脑科学和人工智能等领域取得了突破。第二，积极培育创新主体，以激发企业的创新活力。政策不断强化企业在创新中的主体地位，鼓励企业增加研发投入，支持建设技术中心和创新平台，以促进科技成果转化。比如，在政策支持下，华为持续增加研发投入，推动5G技术的突破，成功推出多款具有自主知识产权的5G设备和芯片，显著提升了中国通信产业的国际竞争力。第三，通过不断优化创新生态来提升产业的创新能力。《国务院办公厅关于深化产教融合的若干意见》提出构建产教融合机制，并推进校企合作，以提升技术创新能力和人才培养质量。第四，不断完善创新人才培养和激励政策，以激发人才的创新活力。《深化科技体制改革实施方案》提出改革人才评价机制，完善激励政策，以提升科技人员的积极性和创造力。第五，持续深化科技体制改革，以优化科技创新环境。《国家科技创新基地优化整合方案》提出优化整合国家科技创新基地，以提升科技资源配置效率，从而推动科技创新和产业升级。

中国供给侧结构性改革通过多维协同措施促进产业结构优化升级，展现了明显的协同性特征。第一，强调政策协同，以形成推动产业升级的合力。例如，《中国制造2025》和《国家创新驱动发展战略纲要》相互配合，采用财政、税收和金融政策的综合施策，推动先进制造业和高技术产业的发展。第二，强调供需协同，以促进科技成果向产业应用的高效转化。例如，《国务院办公厅关于深化产教融合的若干意见》强调，要加强供需对接，促进科研成果的市场化应用。第三，强调产业协同，以促进传统产业与新兴产业的融合发展。例如，《国务院办公厅关于推进农村一二三产业融合发展的指导意见》和《国务院关于深化制造业与互联网融合发展的指导意见》强调，通过推动传统制造业与新兴产业的融合，提升产业链整体水平和竞争力。第四，强调区域协同，以促进区域经济的均衡发展和产业升级。例如，《粤港澳大湾区发展规划纲要》提出通过加强区域协作，促进产业协同创新和区域经济一体化。第五，强调国际与国内协同，以推动产业升级和技术创新的国际化进程。例如，《"一带一路"科技创新合作行动计划》提出通过国际合作，推动科技创新与产业升级，支持企业和科研机构在共建国家的合作。

中国供给侧结构性改革通过采取多项政策措施为促进产业升级提供了支持，展现出明显的政策支持特征。政府在财政、金融、产业、土地和环保等方面为产业升级提供了坚实的支持。在财政政策方面，政府通过财政支持增强产业升级的资金保障，减轻企业的税费负担。例如，《国务院办公厅关于积极推进供应链创新与应用的指导意见》提出，通过财政补贴、税收优惠和专项资金支持，促进传统产业改造升级和新兴产业发展。在金融政策方面，政府通过政策引导提升产业升级的融资能力。例如，《关于构建绿色金融体系的指导意见》和《银行业金融机构绿色金融评价方案》提出，通过多层次资本市场建设和绿色金融发展，优化金融资源配置，支持实体经济与产业升级。在绿色金融政策的支持下，大量环保企业获得了发展所需资金，推动了节能环保产业的技术进步和规模扩大，体现了金融政策在推动产业升级中的重要作用。在产业政策方面，政府通过引导政策推动重点领域的产业升级。例如，《中国制造2025》明确提出通过产业政策引导，支持智能制造、先进材料和生物医药等重点领域的技术突破与产业升级。在土地政策方面，政府通过提供土地使用优惠和简化审批程序，降低了企业的用地成本。例如，《国务院关于深化"互联网+先进制造业"发展工业互联网的指导意见》提出通过优化土地使用政策，支持新兴产业与高技术产业的发展。在环保政策方面，政府通过政策引导促进绿色产业发展和传统产业的绿色转型。例如，《中共中央、国务院关于全面加强生态环境保护、坚决打好污染防治攻坚战的意见》通过严格环保标准和政策支持，推动传统产业的绿色改造与环保产业发展。

中国供给侧结构性改革在推动产业升级方面具有显著的市场导向性特征。供给侧结构性改革坚持以市场为导向，通过优化供给结构和提升产品质量，强化企业市场主体地位，发挥市场机制作用，推动市场开放和加强市场竞争，有效促进了产业的转型升级。首先，改革通过精准对接市场需求，优化供给结构，提升产品质量，增强市场活力和竞争力。例如，2019年《工业和信息化部关于促进制造业产品和服务质量提升的实施意见》明确要求各行业提高产品质量，并推动高新技术产业、现代服务业和绿色产业的发展。其次，改革强化了企业的市场主体地位，提升了资源配置效率和市场竞争力。政府出台的《国务院办公厅关于进一步盘活存量资产扩大有效投资的意见》等政策，降低了企业的税费负担，放宽了市场准入，从而增强了企业的经营活力和创新动力。再次，改革推动了市场开放，吸引外资进入高新技术产业，提升了企业的竞争力和创新能力。政府发布的《国务院关于促进综合保税区高水平开放高质量发展的若干意见》等文件，鼓励外资企业参与中国市场，推动国内企业共同进步，增强产业竞争力。最后，政府出台了多项政策文件，如《中共中央 国务院关于深化投融资体制改革的意见》，促进投融资渠道的多元化，增强市场竞争力，推动企业不断创新并提高效率。

（三）政府治理能力提升方面的特征

推动政府治理能力提升既是中国供给侧结构性改革的重要内容，也是供给侧结构性改革目标任务实现的重要保障。在供给侧结构性改革过程中，中国政府通过转变政府职能、加强法治环境建设和市场监管、完善公共服务与社会保障体系、增强财税政策透明度等措施，有效提升了政府的治理效率和服务质量，为经济社会发展提供了坚实的制度保障。中国供给侧结构性改革在推动政府治理能力提升方面具有几个重要特征，包括"放管服""系统化和规范化""均衡普惠性""公平性和可预测性"。

供给侧结构性改革通过简政放权、加强监管和服务优化，不仅提升了行政效率，还提高了政府公信力和服务水平，提高了公民与企业的满意度，展现出了显著的"放管服"特征。首先，政府通过下放行政权力、简化审批事项和流程等简政放权策略，减轻企业和公民的行政负担。例如，《国务院办公厅关于加快推进"一件事一次办"打造政务服务升级版的指导意见》提出，通过流程优化和服务事项整合，实现"一次提交、一次受理、一次办结"，大幅提升行政效率。此外，《国务院办公厅关于进一步优化营商环境降低市场主体制度性交易成本的意见》指出，简化企业开办和注销流程，降低制度性交易成本，激发市场主体活力。其次，政府不断加强监管措施确保市场秩序和社会公平。如《国务院关于加强数字政府建设的指导意见》指出，运用数字化手段提高监管能力，建立统一的市场监管信息平台，实现监管信息共享与协同监管。借助大数据、人工智能等技术，监管部门能更有效地监控市场，维护公平竞争。最后，政府通过持续优化服务，提升政府的公共服务水平和行政效能。《国务院关于加快推进政务服务标准化规范化便利化的指导意见》强调，推动政务服务标准化、规范化，提升服务质量。通过"一网通办"平台，实现信息共享和业务协同，降低公民和企业办事成本。《国务院办公厅关于加快推进电子证照扩大应用领域和全国互通互认的意见》则通过推广电子证照，简化办理流程，提高行政效率和便民服务水平。

中国供给侧结构性改革在法治环境建设和市场监管方面，通过构建系统完整的法治体系和市场监管体系，以及规范监管执法，显著提升了市场监管的系统化和规范化水平，展现出了显著的"系统化和规范化"特征。首先，改革通过完善法治体系，确保市场规则的公开、公正和透明，为市场主体提供稳定的法治环境，增强市场主体信心，促进市场经济健康发展。例如，《中共中央 国务院关于新时代加快完善社会主义市场经济体制的意见》强调，加强市场经济法律体系建设，提高法律法规的系统性和协调性。同时，通过完善知识产权保护、合同法、竞争法等法律制度，为市场创新和公平竞争提供法律保障。其次，改革通过加强制度建设和机制创新，构建系统完整的市场监管体系，提高市场监管的有效性和科学性。《"十四五"市场监管现代化规划》提出，构建统一、开放、竞争、有序的市场体系，完善市场监管体制机制，提升市场监管效能。政府建立市场监管综合执法体系，实现跨部门、跨领域的协同监管，提高市场监管效率和效果，引入大数据、人工智能等技术，建立市场监管信息平台，增强市场监管的实时性和精准性。最后，改革通过规范监管执法，提升市场监管的公正性和透明度。《国务院办公厅关于进一步规范行政裁量权基准制定和管理工作的意见》提出，制定行政裁量权基准，规范行政执法行为，防止执法随意性和权力滥用。政府在市场监管执法中，严格执行"双随机、一公开"监管机制，公开检查结果，确保执法公正性和透明度。政府还加强了对市场监管执法人员培训和管理，提升执法业务素质和能力，确保执法规范和高效。这些措施增强了市场主体对政府执法的信任，促进市场稳定和发展。

中国供给侧结构性改革在公共服务与社会保障体系方面，采取了推动基本公共服务均等化、优化公共服务供给方式、加强公共服务设施建设以及推动社会保障全覆盖等多种措施，展现出了显著的"均衡普惠性"特征。首先，改革通过教育、医疗和养老等基本公共服务的均等化，确保了资源在城乡区域间的公平配置，提升了全社会福祉。例如，《关于统筹推进县域内城乡义务教育一体化改革发展的若干意见》强调，缩小城乡教育差距，通过增加农村教育投入，提升了农村教育质量，促进了教育均衡发展。《国务院关于实施健康中国行动的意见》提出，加强基层医疗卫生服务体系建设，提升了农村和贫困地区医疗服务能力，实现了医疗服务均衡。其次，改革通过"互联网+政务服务"等创新方式，提高了公共服务的质量和效率。全国一体化政务服务平台的建设，提供了在线办理服务，方便了公民和企业，提高了公共服务效率。《基本公共服务标准体系建设工程工作方案》提出，建立和完善公共服务标准体系，提升了公共服务规范化水平，确保了服务质量和公平性。再次，改革通过加强公共服务设施建设，提升了服务的可及性和质量。《国家基本公共服务标准》明确了教育、医疗、养老等公共服务设施的建设标准，通过加大投入，改善了硬件条件，提升了服务质量。最后，改革推动养老保险、医疗保险、失业保险等社会保障全覆盖，提升了社会保障体系的普惠性和均衡性。全民参保计划的推进，确保了所有公民享受基本社会保障，增强了社会保障公平性和普惠性。《关于加快培育和发展住房租赁市场的若干意见》《关于加快发展保障性租赁住房的意见》等政策文件强调，建立健全住房保障体系，通过建设公租房、保障房，解决了低收入家庭住房问题，提升了生活质量，促进了社会和谐稳定。这些措施确保了社会保障的全覆盖，增强了社会保障的均衡性和普惠性。

中国供给侧结构性改革在增强财税政策透明度方面，采取了通过税收制度改革、政府预算与债务管理制度改革、财政转移支付制度改革、财政政策与信息公开、反避税措施和参与国际税收合作等多种措施，为市场主体提供了明确、透明的政策预期，展现了显著的"公平性和可预测性"特征。第一，税收制度改革提高了税收政策的透明度。如《退税减税降费政策操作指南》简化了税制，降低了税率，减轻了企业和个人的税收负担。增值税改革通过营业税改增值税，简化了税制，减少了重复征税，降低了企业税负，促进了公平竞争。税收征管体制改革通过电子税务局建设，提高了税收征管的透明度和效率。第二，政府预算与债务管理制度改革提升了预算透明度和科学性。《国务院关于进一步深化预算管理制度改革的意见》指出，实行全面预算绩效管理，提高了财政资金使用的透明度和效益。《国务院关于加强地方政府性债务管理的意见》规范了地方政府债务的举借和使用，确保了债务风险可控，增强了地方政府债务管理的透明度。第三，财政转移支付制度改革强调了公平性和可预测性。《中央对地方专项转移支付管理办法》和《中央对地方均衡性转移支付办法》规范了财政转移支付的标准和程序，确保资金分配的公平性和透明度。均衡性转移支付缩小了地区间财力差距，专项转移支付改革提高了资金使用的透明度和效率。第四，信息公开提升了财税政策的透明性和公信力。《中华人民共和国政府信息公开条例》要求政府依法公开财政预算、决算和执行情况，增强了政策透明度。政府通过新闻发布会、媒体宣传等渠道，及时解读和宣传财税政策，增加了政策的透明性和可理解性。第五，反避税措施和国际税收合作也体现了公平性和可预测性。《一般反避税管理办法（试行）》明确了反避税工作的重点和措施，打击避税行为，维护税收公平。政府加强了对关联交易的审查，严格执行转让定价规则，防止企业逃避纳税义务。政府积极参与国际税收合作，通过签订双边税收协定和加入国际税收合作组织，加强了税收信息交换和合作执法，提高了反避税工作的透明度和规范性，促进了国际税收环境的公平竞争。

（四）区域城乡协调发展方面的特征

区域城乡协调发展与供给侧结构性改革有着密切的关系，是经济高质量发展的重要途径和必然要求。供给侧结构性改革旨在优化供给结构，提升经济发展的质量和效益，而区域城乡协调发展则是实现这一目标的关键环节。在供给侧结构性改革过程中，中国政府通过实施区域发展战略、加强基础设施建设、产业转移与升级、户籍制度与土地制度改革等一系列政策和措施，推动了区域间和城乡间互联互通，为劳动力、资本等生产要素的自由流动和产业转移创造了良好的基础条件，进而促进了区域和城乡的协调发展。

中国供给侧结构性改革在实施区域发展战略时展现了明显的"因地制宜"特征。政府通过精准施策，实现了资源的有效利用和产业的合理布局，为区域经济的高质量发展提供了坚实基础。第一，供给侧结构性改革因地制宜地利用各地资源禀赋，推动了区域经济的协调发展。在农业资源丰富地区，如安徽和江西，政府通过农业供给侧结构性改革政策提升生产效率和农产品附加值。在矿产资源丰富的山西和内蒙古，改革侧重于煤炭行业的去产能和结构调整，以优化资源配置和提升行业效率。第二，供给侧结构性改革考虑了各地区经济发展的不同阶段和水平，采取了有针对性的政策措施。在经济发达的东部沿海地区，如上海和广东，改革重点在于技术创新和产业升级，以推动经济高质量发展。而在中西部欠发达地区，改革侧重于基础设施建设和产业基础夯实，改善经济发展的硬件条件，促进区域间经济的均衡发展。第三，供给侧结构性改革根据不同区域的产业特点制定政策，促进产业结构的优化和升级。在制造业集中地区，如江苏和浙江，政策推动制造业的智能化和绿色化发展。在服务业发达的城市，如北京和上海，政策注重提升服务业的质量和国际竞争力。第四，供给侧结构性改革充分考虑各地人口和社会结构的特点，实现政策因地制宜。在人口老龄化严重的地区，如东北三省，政策注重提升养老服务和健康产业的发展。在年轻人口较多且流动性强的沿海城市，政策重点提升教育和技能培训，以适应劳动力市场的需求。第五，供给侧结构性改革通过加强区域间的合作与联动，实现资源的优化配置和经济的协同发展。粤港澳大湾区和长三角地区的区域合作是供给侧结构性改革的典型案例。这些地区通过金融政策和交通基础设施的提升，推动资源整合和产业联动，增强区域经济的活力和竞争力。

中国供给侧结构性改革在基础设施建设领域展现了显著的"互联互通性"特征。政府通过全面加强交通、信息、能源及水利基础设施建设，并推进跨区域重大项目，增强了全国范围内的互联互通性，推动了区域经济均衡发展和城乡深度融合。首先，供给侧结构性改革着力构建高效、广泛、互联的综合运输体系，以促进区域间人流和物流的流动。2016年以来，中国加大了对高速铁路、高速公路、航空和港口的投资。多条高铁线路的开通缩短了区域间的距离，加速了沿线城市的经济发展，促进了区域经济均衡增长和城乡经济互动。《"十三五"现代综合交通运输体系发展规划》和《"十四五"现代综合交通运输体系发展规划》的实施提升了交通网络的密度和质量，推动了区域经济一体化。其次，在信息基础设施方面，供给侧结构性改革聚焦于提升互联网普及率和宽带速度。此举推动了数字化转型，缩小了城乡数字鸿沟。《关于加快高速宽带网络建设推进网络提速降费的指导意见》等政策实施后，中国加速了光纤宽带和4G/5G网络的覆盖，特别是在农村和偏远地区。这一措施提升了全社会的信息通信能力，促进了电子商务、远程教育和智慧医疗等新兴业态的发展，为农村经济社会发展提供了信息支撑，增强了城乡经济和社会活动的互联互通。再次，在能源和水利基础设施建设上，供给侧结构性改革强调绿色、安全和高效的能源供应体系及水资源配置机制，推动了跨区域能源和水资源的互联互通。《关于进一步推进电力体制改革的若干意见》等政策促进了智能电网和清洁能源基地的建设，如西电东送等能源输送工程。这些措施优化了能源结构，提高了能源供应的稳定性，实现了能源资源区域间的高效调配。同时，南水北调等水利工程有效缓解了北方的水资源紧张，提升了水资源利用的均衡性和效率，增强了区域间水利基础设施的互联互通性。最后，供给侧结构性改革推动了跨区域重大基础设施项目的建设。这些项目旨在打造一体化区域经济圈，促进区域协同发展。《长江经济带发展规划纲要》和《粤港澳大湾区发展规划纲要》的发布，旨在通过构建综合立体交通走廊、信息网络、能源通道和水利网络，实现区域内基础设施的无缝对接。这些措施强化了经济联系和互补性，促进了区域经济一体化发展。这些项目增强了区域间的经济互动，推动了资源的优化配置和生产力布局的合理化，彰显了供给侧结构性改革下基础设施建设的"互联互通性"。

中国供给侧结构性改革在促进产业均衡发展方面展现了显著的"均衡性和流动性"特征,有效推动了产业合理布局和资源优化配置,助力区域经济与城乡经济协调发展。首先,供给侧结构性改革通过合理的产业区位布局和跨区域转移,缓解了东部资源环境的压力,促进了中西部的经济发展和就业增长,实现了区域经济的均衡。例如,《京津冀协同发展规划纲要》明确提出,通过加强区域合作与联动,优化产业布局,促进区域经济的协调发展。《关于促进制造业有序转移的指导意见》也强调,通过优化产业区位布局,推动产业合理转移和升级,促进区域经济的协调发展。其次,供给侧结构性改革通过传统产业的升级和新兴产业的培育,促进了产业结构的优化,增强了经济的创新力和竞争力。《关于加快推动制造业高质量发展的指导意见》要求通过推动制造业智能化和绿色化发展,提高传统产业的附加值和竞争力。国务院发布的《"十四五"数字经济发展规划》要求通过推动数字经济的发展,培育一批新兴产业,为经济高质量发展注入新的动能。再次,供给侧结构性改革促进资源要素在区域间和城乡间流动,优化资源配置,推动经济的协调发展。《关于促进城乡资源要素合理流动的指导意见》要求通过推动土地、资金、劳动力等资源要素的合理流动,促进城乡经济的协调发展。《关于完善财政转移支付制度的指导意见》要求通过加大对中西部欠发达地区的财政支持力度,促进区域间的均衡发展。最后,供给侧结构性改革通过政策支持和机制创新,推动城乡融合发展,改善农村的生产生活条件,促进资源流动和经济互动,实现城乡一体化。《关于建立健全城乡融合发展体制机制和政策体系的意见》要求加强城乡基础设施建设和公共服务的供给,促进协调发展。政府还通过支持农村电商和乡村旅游等新兴产业的发展,促进城乡经济的互动与融合。《关于促进农村电子商务加快发展的指导意见》和《关于推动农村电商高质量发展的实施意见》等政策文件大力支持农村电商的发展,促进农村经济和城乡之间的资源流动。

中国供给侧结构性改革在户籍和土地制度改革方面体现了"权利均衡化"的特征。其目的是实现城乡居民基本公共服务的均等化,保障农民的土地权益,促进农业转移人口的市民化,以及实现工业用地的高效利用。这为区域和城乡协调发展提供了坚实的基础。首先,户籍制度改革通过放宽落户限制、推广居住证制度和积分落户政策,保障城乡居民在教育、医疗和住房等基本公共服务上的平等权利。《2019年新型城镇化建设重点任务》明确要求大城市调整积分落户政策,以增加落户规模,允许租赁房屋的常住人口落户。这降低了进城务工人员获得城市居民身份的门槛,确保他们在教育和医疗保障等方面享有与城市居民同等的权利。居住证制度为未落户的外来人口提供部分公共服务,进而实现权利的均衡化。北京市和上海市的居住证政策为外来人口提供子女入学和社会保障等服务，从而增强他们的社会融入感和归属感。其次，土地制度改革通过"三权分置"、农村集体经营性建设用地入市、宅基地管理创新以及城乡建设用地增减挂钩政策，促进土地资源的市场化配置。同时，保护农民的财产权益。2018年修订的《中华人民共和国农村土地承包法》明确了土地承包关系的长期稳定性，保障了农民的土地承包权。同时，该法鼓励土地流转，激活了土地经营权市场，使农民能够通过流转土地获得租金收入或参与分红，从而增加财产性收入。农村集体经营性建设用地入市试点赋予农村集体经济组织直接交易土地的权利，增加了农民的财产收益，实现了土地使用权价值的均衡分配。城乡建设用地增减挂钩政策促进了土地资源在城乡之间的合理流动与优化配置，保障了城市发展的用地需求，促进了农村土地的复垦和生态修复，实现了土地资源利用与环境保护的均衡发展。工业用地供应方式改革通过长期租赁、先租后让以及弹性年期出让等措施，降低了企业的用地成本，提高了土地使用效率。这满足了企业的用地需求，促进了工业用地的市场化配置，支撑了实体经济的稳定增长。

第三节　供给侧结构性改革的主要成效

中国供给侧结构性改革成效显著，主要体现在"三去一降一补"五大任务的落实上。通过去产能、去库存、去杠杆、降成本和补短板，供给侧结构性改革优化了产业结构，平衡了市场供需，降低了企业成本，防控了金融风险，增强了创新及公共服务能力，提升了经济效率，推动了高质量发展，增强了经济的韧性和活力。

一、供给侧结构性改革的"去产能"成效

中国供给侧结构性改革的"去产能"重点行业随着改革深化和国内外形势变化而不断调整。初期，钢铁和煤炭等高能耗、高排放行业成为关注焦点。供给侧结构性改革为这些行业设定了明确的去产能目标：在"十三五"时期，钢铁产能压减1亿至1.5亿吨，煤炭化解过剩产能5亿吨。到2018年年底，钢铁去产能目标提前两年超额完成；到2020年年底，累计退出煤矿约5500处，退出产能超过10亿吨/年，超额完成目标。通过严禁新增产能、淘汰落后产能和企业兼并重组等措施，钢铁和煤炭的产能利用率已回归合理区间（如图4-9所

示）。水泥、纺织和有色金属等传统制造业也是早期改革的重点。在供给侧结构性改革的综合作用下，水泥行业的产能集中度提升，有色金属的产能利用率逐渐稳定，而纺织行业的产能过剩问题依然严峻。截至 2020 年年底，全国前十家大企业集团的水泥熟料产能占全国总产能的 57%，较 2015 年提升了 3 个百分点，较"十二五"初提高了 10 个百分点。有色金属冶炼及压延加工业的产能利用率逐渐回归到 80% 左右，而纺织行业的产能利用率仍低于 80%。尽管如此，面对需求下降，传统制造业的产能过剩问题仍未得到根本解决，提升产能利用率的难度加大。

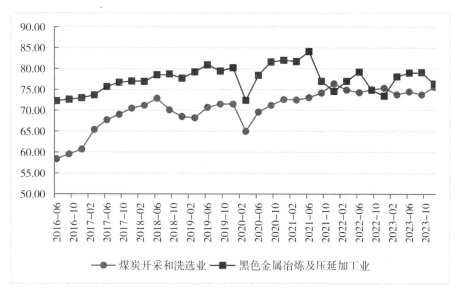

图 4-9 中国黑色金属冶炼及压延加工业、煤炭开采和洗选业的产能利用率（%）
数据来源：wind 资讯。

先进制造和新兴产业，如电子信息、汽车制造和新能源领域，的产能过剩问题日益突出，逐渐成为供给侧结构性改革的新焦点。2016 年以来，中国电子信息制造业和汽车制造业的产能利用率呈下降趋势，反映出产能过剩的加剧（如图 4-10 所示）。光伏产业的快速发展使中国成为全球最大的光伏产品生产国。到 2023 年，中国光伏组件的产能和产量在全球市场中分别占比超过 80%，达到 83.4% 和 84.6%。然而，光伏产品的阶段性产能过剩问题也随之显现，光伏组件的产能利用率长期徘徊在 50%~60%。为应对这些问题，中国采取了多项措施，包括鼓励技术创新和产业升级以提升产品价值，推动企业兼并重组以整合资源，完善企业退出机制以促进市场出清，以及严格控制新增整车产能。同时，挖掘内需潜力和开拓国际市场也成为重点。这些政策的综合效应使得电子信息、汽车制造和新能源产业的产能利用率近年来保持相对稳定。

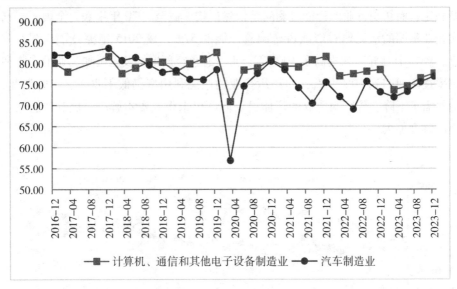

图4-10 计算机、通信和其他电子设备制造业以及汽车制造业的产能利用率（%）
数据来源：wind 资讯。

综上，中国供给侧结构性改革在钢铁、煤炭、水泥和有色金属行业的去产能行动中取得了成效，但纺织行业的产能过剩问题依然严峻。面对国内外需求下降，传统制造业的产能过剩问题尚未根本解决，导致提升产能利用率变得更为困难。此外，新兴行业如电子信息、汽车制造和新能源也面临产能过剩挑战。因此，去产能仍然是中国供给侧结构性改革的一项长期任务。我们需要在传统行业与新兴行业之间寻求平衡，以实现产能的合理化和产业结构的优化升级。

二、供给侧结构性改革的"去库存"成效

2008年以来，中国房地产市场库存经历了周期性变化（如图4-11所示）。2008年至2016年，库存规模持续上升。在供给侧结构性改革提出前，中国房地产市场，尤其是三、四线城市的住宅市场，面临较大的库存积压问题。以2015年12月为例，商品房待售面积近7.2亿平方米，其中住宅待售面积约占63%。2016年至2019年，在供给侧结构性改革推动下，库存规模显著下降。商品房待售面积从2016年2月的约7.4亿平方米降至2019年12月的约5.0亿平方米，降幅超30%。其中，住宅待售面积从2016年2月的约4.7亿平方米降至2019年

12月的约2.2亿平方米，降幅超过50%。然而，2020年以来，受疫情和复杂国际国内形势影响，库存规模再次上升。2023年12月，商品房待售面积增至6.7亿平方米，住宅待售面积增至3.3亿平方米，分别比2019年12月上涨35%和47%。这表明，尽管中国在房地产去库存方面取得了阶段性成果，但库存反弹显示去库存任务需持续进行，政策应根据市场变化不断调整，以实现房地产市场的稳定发展。

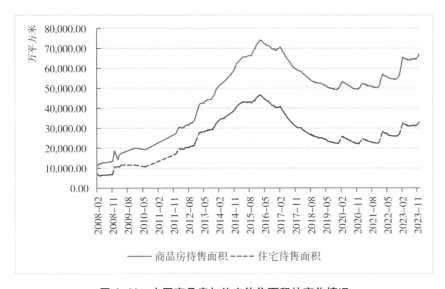

图4-11　中国商品房与住宅待售面积的变化情况

数据来源：wind资讯。

从具体城市来看，在供给侧结构性改革过程中，大部分城市的库存规模走势与全国趋势基本一致。中国主要城市的房地产库存规模呈现阶段性变化趋势（如图4-12所示）。2016年之前，十大城市的库存规模波动上升；2016年至2018年，库存规模下降；2019年至2023年，库存规模再次波动上升。二线城市的库存走势与十大城市相似，而一线城市的波动较小，表明其去库存压力相对较轻。三、四线城市的去库存效果差异显著，部分城市效果明显，而其他城市效果较差。图4-13展示了合肥和泰州商品房待售面积的变化情况。合肥的库存规模未显著下降，2019年后快速上升，显示去库存效果不佳；而泰州则呈现先升后降的趋势，2017年至2023年未见反弹，表明去库存效果持续显著。这些数据揭示了不同城市去库存政策效果的异质性，强调了政策调整的必要性。

图4-12　中国部分城市商品房可售面积

数据来源：wind资讯。

图4-13　合肥和泰州商品房待售面积

数据来源：wind资讯。

综上，中国供给侧结构性改革在房地产市场去库存方面取得了阶段性成果，全国商品房待售面积一度显著下降。然而，近年来库存出现反弹，且城市间去库存效果差异显著。因此，针对不同城市特点制定差异化去库存策略，对于持续推进供给侧结构性改革至关重要。

三、供给侧结构性改革的"去杠杆"成效

2015 年，中国总体杠杆率为 254%，其中企业杠杆率高达 170.8%，远超其他国家，如日本（101%）、英国（74%）、美国（67%）。在供给侧结构性改革初期，降低企业债务水平成为去杠杆的核心。如图 4-14 所示，2008—2016 年，中国非金融企业部门杠杆率总体上升。去杠杆措施实施后，2017—2019 年杠杆率出现回落，但随后又呈现上升趋势。这表明供给侧结构性改革在短期内有效遏制了杠杆率上升，但受国际国内环境影响，企业杠杆率的反弹显示中国仍面临持续的企业去杠杆挑战，供给侧结构性改革去杠杆任务任重而道远。

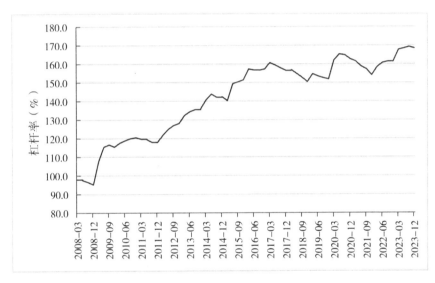

图 4-14　中国非金融企业部门杠杆率

数据来源：国家金融与发展实验室、国家资产负债表研究中心。

供给侧结构性改革在金融部门去杠杆方面成效也较为显著。如图 4-15 所示，金融部门资产方和负债方的杠杆率在供给侧结构性去杠杆以前基本上呈现不断上升的走势，而供给侧结构性改革以来，上升的态势基本得到遏制，特别是金融部门资产方的杠杆率持续回落。这表明金融部门去杠杆效果不仅明显，而且相较于非金融企业部门，更具持续性。

随着政府债务水平的增长，控制地方政府债务已成为去杠杆的重要任务。从图 4-16 可以看出，2008 年至 2019 年，中国中央政府的杠杆率保持在 20% 以下，相对稳定。地方政府杠杆率在 2015 年至 2019 年间也相对稳定，维持在 20% 左右。这表明，供给侧结构性改革在维持政府杠杆率稳定方面发挥了积极作用。

然而,自 2020 年以来,受到国际和国内形势的影响,中央及地方政府的杠杆率均显著上升。这反映出中国政府部门的债务水平持续攀升,去杠杆策略需要扩展至政府部门,以应对不断增长的债务风险。

图 4-15　中国金融部门资产方和负债方杠杆率

数据来源:国家金融与发展实验室、国家资产负债表研究中心。

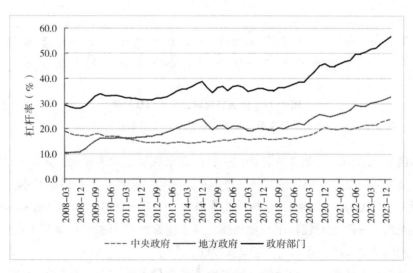

图 4-16　中国政府部门杠杆率

数据来源:国家金融与发展实验室、国家资产负债表研究中心。

综上,中国的供给侧结构性改革的各种去杠杆措施取得了明显效果,主要表现为非金融部门杠杆率出现阶段性下降，金融部门杠杆率持续下降，政府部门杠杆率在一定时期内维持相对稳定。然而，近年来非金融企业部门和政府部门的杠杆率出现上升趋势，供给侧结构性改革去杠杆的压力重新增大。因此，供给侧结构性改革必须同时兼顾企业部门和政府部门的去杠杆，以实现更全面的债务风险管理。

四、供给侧结构性改革的"降成本"成效

供给侧结构性改革将降低成本作为核心任务，以提升企业竞争力，促进经济高质量发展。中国供给侧结构性改革通过减税降费、降低交易成本、金融改革、能源价格市场化和物流枢纽建设等措施，全面降低了企业成本。

（一）企业的税费负担持续降低

供给侧结构性改革过程中，中国政府实施了大规模的减税降费政策，包括营业税改增值税、提高增值税起征点、扩大税收优惠范围及降低税率等。根据国家税务总局的数据，2016 年，营业税改增值税全国推广，减税 5736 亿元。2017 年，增值税税率从 13%降至 11%，减税 9186 亿元。2019 年，16%的增值税率降至 13%，10%降至 9%，减税 8609 亿元。小微企业税收优惠力度持续加大，增值税起征点从月销售额 2 万元增至 15 万元。此外，税收优惠范围扩大，包括小型微利企业所得税减半征收政策、小微企业免征"两税"政策等。新冠疫情期间，政府出台减免社保费、降低电价等纾困政策。全国新增减税降费规模，2016—2020 年超 7.6 万亿元①，2021 年约 1.1 万亿元②，2022 年超 4.2 万亿元③，2023 年超 2.2 万亿元④。这些政策有效减轻了企业税费负担，尤其是小微企业。

（二）企业的制度性交易成本明显降低

供给侧结构性改革通过优化政府服务、放宽市场准入和强化知识产权保护等措施，有效降低了企业的制度性交易成本，构建了高效、公平、透明的营商

① 汪文正. 2016—2020 年中国新增减税降费超 7.6 万亿元［N］. 人民日报海外版，2021- 11-24（003）.
② 张思楠. 去年我国新增减税降费约 1.1 万亿元［N］. 中国财经报，2022-01-27（001）.
③ 王观. 2022 年新增减税降费及退税缓税缓费超 4.2 万亿元［N］. 人民日报，2023-02- 01（001）.
④ 王观. 2023 年新增减税降费及退税缓费超 2.2 万亿元［N］. 人民日报，2024-01-19（001）.

环境。政府通过"一网通办"和一站式服务简化了政务流程，并利用大数据和人工智能提升服务智能化水平。此外，政府持续取消和下放行政审批事项，简化行政程序，降低企业成本，激发市场活力。在2016年至2020年间，取消了近300项国务院及中央指定地方实施的审批事项，并下放了多项行政许可的审批层级。在知识产权保护方面，中国修订了《中华人民共和国专利法》等法律，提高了侵权成本，建立了专业审判体系和快速维权机制。同时，通过积极参与全球知识产权治理，增强了国际合作的深度和广度，提高了在全球知识产权领域的话语权。此外，《知识产权强国建设纲要（2021—2035年）》等政策文件明确了长期发展目标，推动了知识产权服务业的高质量发展，为创新主体提供了全面的支持。这些措施促进了知识产权的全面保护，激发了创新活力，提升了中国在国际上保护知识产权的形象。随着改革深入，企业的制度性交易成本将进一步降低，市场活力将得到释放，为中国经济的高质量发展注入新动能。

（三）企业的融资成本显著降低

在供给侧结构性改革过程中，中国通过实施货币政策调整、资本市场改革和金融产品创新等一系列创新措施，显著降低了企业融资成本，激发了市场活力，促进了经济的高质量发展。

在货币政策调整方面，政府通过降低存款准备金率和贷款基准利率、实施

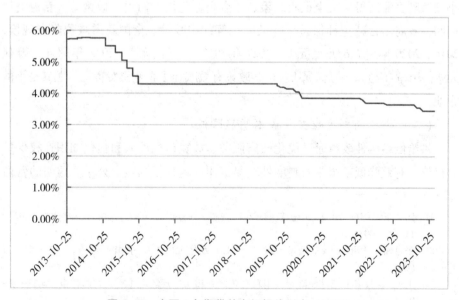

图4-17 中国1年期贷款市场报价利率（LPR）

数据来源：wind资讯。

再贷款和再贴现政策，释放流动性，有效减轻了企业的贷款成本。自 2015 年起，中国人民银行多次降息降准，增加了银行体系流动性，从而降低了贷款市场利率。贷款市场报价利率（LPR）的改革提高了利率市场化水平，进一步降低了企业融资成本。例如，1 年期 LPR 自改革以来持续下降，显示出政策的积极效果（见图 4-17）。定向降准政策则引导资金更加精准地流向实体经济，尤其是小微企业。自 2015 年以来，中国多次实施定向降准，通过降低了特定金融机构的存款准备金率，释放流动性，降低小微企业和"三农"领域的融资成本。例如，2018 年 4 月和 7 月的两次降准共释放资金约 2 万亿元，旨在缓解小微企业融资难的问题。到 2020 年，针对受疫情影响的行业和小微企业，中国实施了定向降准，释放了约 9000 亿元，支持了约 7 万亿元的信贷投放。此外，在疫情防控期间，中国人民银行还通过实施专项再贷款、增加再贷款再贴现额度等措施，为企业提供了低成本资金支持，有效缓解了企业资金压力。

在资本市场改革方面，政府通过优化市场结构、提高直接融资比重，降低了企业融资成本。债券市场的发展为企业提供了多元化的融资渠道。自 2020 年 3 月 1 日起，公司债券公开发行实行注册制，简化了发行审批程序，提升了市场效率，激发了市场活力，保护了投资者权益，并防范了金融风险。同时，科创板的设立为科技创新企业提供了直接融资的新平台，截至 2023 年 6 月末，超过 540 家科创板公司上市，累计融资额超过 8400 亿元，显著降低了这些企业的融资成本。

在金融产品创新方面，融资担保体系的完善和供应链金融的推广有效降低了中小企业的融资成本。政府发布了一系列政策文件，如《融资担保公司监督管理条例》《融资担保业务经营许可证管理办法》等，推动了融资担保体系的完善，明确了促进小微企业和普惠金融的使命。此外，政府还发布了有关积极推进供应链金融的指导意见，通过降低融资成本、简化融资流程、扩大融资渠道和增强风险管理，显著提升了小微企业的融资效率和可获得性，有效支持了它们的稳定发展和经济创新活力。

（四）企业的能源成本显著降低

供给侧结构性改革过程中，中国采取了一系列政策措施，包括电力市场化改革、能源消费"双控"行动、优化能源结构、财政补贴与税收优惠、差别化电价政策推广绿色制造体系，努力降低企业的能源成本。

中国政府持续推动电力市场化改革，显著降低了一般工商业电价，减轻了企业的电费负担。2015 年，中央经济工作会议明确降低电力价格为降低企业成本的重要措施，推进电价市场化改革并完善煤电价格联动机制。2015 年年底，国家发改委完善了煤电价格联动机制，并在 2016 年启动了所有省级电网的输配电价改革，显著降低了企业用电支出。改革实施后，企业电费支出在 2016 年减少超过 1000 亿元，2017 年又降低约 1000 亿元。2018 年，中国超额完成了国务院设定的一般工商业电价平均降低 10% 的目标，降低社会用电成本 1257.91 亿元。2019 年，企业用电成本再次缩减 530 亿元，平均销售电价从 2014 年的647.05 元/千千瓦时降至 2018 年的 599.31 元/千千瓦时。2020 年 1 月 1 日起，取消煤电价格联动机制，转为"基准价+浮动"市场化机制。2021 年，政府推动燃煤发电电量的有序放开，鼓励地方对小微企业和个体工商户实施阶段性优惠政策。2022 年发布的《关于加快建设全国统一电力市场体系的指导意见》明确提出到 2025 年初步建成全国统一电力市场体系。2023 年发布的《关于建立煤电容量电价机制的通知》决定自 2024 年 1 月 1 日起建立煤电容量电价机制。通过持续推进电力市场化改革和阶段性电价优惠政策，中国显著降低了企业的用电成本，为经济的稳定发展提供了有力支持。

　　中国实施的能源消费"双控"行动和能源结构优化措施有效降低了企业能源成本。2015 年，党的十八届五中全会提出了能源消耗总量和强度的"双控"目标。《"十三五"节能减排综合工作方案》设定到 2020 年单位 GDP 能耗较2015 年降低 15%，且能源消费总量控制在 50 亿吨标准煤以内。为实现这些目标，中国政府采取了能耗限额监测、推广高效节能技术、产业结构调整等措施。这些综合措施促进了"十三五"目标的基本完成。2020 年，中国单位 GDP 能耗较 2015 年下降约 13%，能源消费总量为 49.8 亿吨标准煤，非化石能源消费比重达到 15.9%。截至 2023 年，非化石能源消费比重进一步提升至 17.9%。如图4-18 所示，能源消费总量持续增长，单位 GDP 能耗持续下降。这表明能源利用效率显著提升，企业的能源成本大幅降低。

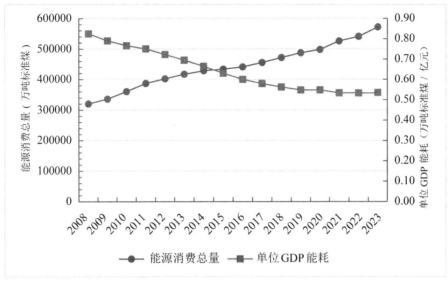

图 4-18 中国能源消费总量及单位 GDP 能耗的变化情况

数据来源：国家统计局。

中国政府通过政策激励与监管并举，有效提升了能源利用效率，降低了能源消耗与成本。一方面，政府实施了财政补贴、税收优惠及差别电价政策，鼓励企业研发节能技术和应用清洁能源。例如，新能源汽车、光伏和风电项目获得了直接资金支持，2009 年至 2020 年间新能源汽车补贴累计超过 1000 亿元人民币。同时，对节能节水项目实施所得税减免政策，并对高耗能行业实施更高电价，促进了技术升级和节能减排。政府还积极推广绿色制造体系，以提高资源循环利用率。《绿色制造工程实施指南（2016—2020 年）》提出建设绿色工厂、园区和供应链的目标，显著降低了钢铁、水泥与电力等行业的能源消耗。2012 年至 2022 年，规模以上工业单位增加值能耗累计下降超过 36%。另一方面，政府通过强化法律法规和监管，确保企业遵守节能减排要求。中国修订或制定《中华人民共和国节约能源法》《中华人民共和国环境保护税法》等法律法规，进一步完善了节能减排的法律框架。

（五）企业的物流成本显著降低

在供给侧结构性改革过程中，中国政府采取了一系列措施以降低物流成本、提升行业效率，进而促进实体经济的健康发展。这些措施包括简化行政审批、实施税收减免、放宽企业登记条件、推动物流标准化与信息化、优化物流网络、加强基础设施建设以及深化产业融合等。

首先，政府通过简化行政审批流程、放宽企业登记条件和实施税收减免，减轻了物流企业的税费负担。例如,2019 年《国务院关于取消和下放一批行政许可事项的决定》取消了多项物流相关行政许可,转为备案制,降低了市场准入门槛。同时,多个省份放宽了物流企业住所和经营场所的登记条件,如河北省允许同一地址登记多家企业,支持集群注册,简化了登记手续。在税收政策方面,自 2019 年起,交通运输业增值税税率从 10% 下调至 9%。2023 年起,对物流企业自有或承租的大宗商品仓储设施用地减按 50% 计征城镇土地使用税。这些政策有效降低了物流企业的经营成本,助力全社会物流成本的降低。

其次,中国致力于构建高效、智能、绿色的现代物流体系,通过多方位措施显著提升物流效率并降低成本。在物流网络优化和多式联运方面,国家级物流枢纽和骨干通道的建设整合了区域物流资源,减少了重复装卸和等待时间。《关于推进供给侧结构性改革促进物流业"降本增效"的若干意见》设定到 2020 年铁路货运集装箱运输比例达到 15% 的目标。在标准化与信息化建设方面,中国推广统一的物流设备标准和技术,实现了物流装备和信息系统的高度兼容,降低了额外处理成本。《物流标准化中长期发展规划(2015—2020 年)》提出了完善物流标准体系的任务。现代信息技术的应用,如物联网、大数据和云计算,构建了全面覆盖的物流信息平台,实现了物流全程可视化和智能化管理,提升了整体运作效率。在通关便利化方面,中国实施了无纸化作业、国际贸易"单一窗口"和"提前申报"等措施,减少了审批环节,优化了通关流程,显著缩短了货物通关时间。进口和出口的整体通关时间分别从 2017 年的 97.39 小时和 12.29 小时,下降至 2022 年的 32.02 小时和 1.03 小时。在深化产业融合方面,《推动物流业制造业深度融合创新发展实施方案》和《"十四五"现代物流发展规划》强调了物流业与制造业的深度融合。这促使物流服务向制造业上游延伸,帮助制造企业优化供应链管理,减少库存与物流成本,从而降低中国整体物流费用。

再次,中国还加强了物流基础设施建设,合理布局国家物流枢纽,提高物流网络效率。《"十三五"现代综合交通运输体系发展规划》提出构建"十纵十横"综合运输大通道,并加快重点通道连通工程的实施。到了"十四五"期间,中国聚焦打造"通道+枢纽+网络"的现代物流运行体系,推进国家物流枢纽和国家骨干冷链物流基地的建设。截至 2023 年年底,125 个国家物流枢纽和 66 个国家骨干冷链物流基地已覆盖全国,新增的冷藏保鲜设施库容超过 1800 万吨,1400 多个县建立了电子商务服务中心,近 20 万个村庄拥有快递网点。

最后,中国相继出台了《交通运输部关于推进供给侧结构性改革 促进物流业"降本增效"的若干意见》《关于进一步降低物流成本的实施意见》等多个政策文件，加强物流行业监管，规范降低物流收费。例如，逐步有序取消政府还贷二级公路收费，全面清理铁路、机场经营性收费项目，进一步规范车辆超限处罚标准和港口相关费用的征收管理，引导取消不合理涉铁收费。这些措施加强了物流领域收费行为监管，降低了物流信息成本。

在多种措施的综合作用下，中国物流企业的经营成本和社会物流总费用显著降低，物流系统运行效率明显提升。由图 4-19 可知，从 2012 年起，中国全社会物流总费用占 GDP 的比重从 17.5% 下降至 2023 年的 14.4%。尽管如此，与发达国家的 8% 左右的水平相比，中国的社会物流成本仍然偏高。

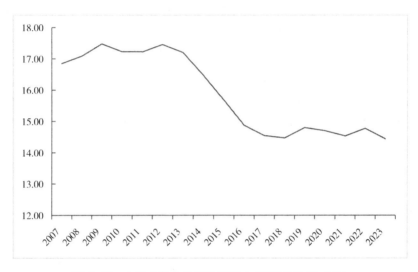

图 4-19　中国全社会物流总费用占 GDP 的比重（%）

数据来源：国家统计局。

五、供给侧结构性改革的"补短板"成效

改革开放以来，虽然中国经济社会取得长足发展，但发展不平衡不充分问题依旧普遍，涉及经济、社会和生态等多个领域。供给侧结构性改革采取了多种措施来弥补发展短板，并取得了显著成效。这里从基础设施建设、创新能力提升、城乡区域协调发展、生态环境改善和社会治理水平提升五个方面概述供给侧结构性改革在补齐短板方面的成效。

（一）基础设施持续改善

在供给侧结构性改革过程中，中国的基础设施建设取得了显著进展，尤其在交通、水利、能源、信息通信技术、城市和科技基础设施等领域。这些提升不仅增强了整体基础设施水平，也显著改善了中西部和农村地区的基础设施条件。

在交通基础设施方面，中国大力推进高速铁路、高速公路、水运、航空和城市轨道交通的现代化。《中长期铁路网规划》中提出的"八纵八横"高速铁路主通道已建成约80%，极大地提升了区域间的互联互通水平。① 同时，高速公路网络的扩展，特别是"71118"国家高速公路网的建设，进一步促进了区域经济一体化。截至2023年年底，全国公路总里程达到544.1万公里，其中高速公路里程突破18万公里。②

在水利工程方面，《水利改革发展"十三五"规划》指出，水利基础设施薄弱是国家基础设施的一大短板，需加快完善水利基础设施网络。在此指导下，中国加大了水利基础设施的投资与建设，"十三五"期间累计投资3.58万亿元，显著提升了水利保障能力和防洪减灾能力，改善了农村生活条件与人居环境。进入"十四五"时期，国家水网建设成为核心，重点推进防洪、水资源配置和河湖健康三大工程，并实施智能化改造。2021年至2023年，水利建设投资持续增长，从7576亿元增至11996亿元，推动了国家水网的发展与水安全保障能力的增强。

在能源基础设施方面，"十三五"期间，中国致力于强化能源基础设施建设，包括扩展电网、油气管网、煤炭供应体系和新能源发电设施，满足能源消费的增长和结构转型。进入"十四五"时期，中国加速新能源基础设施建设，发展多能互补的清洁能源基地，构建新型电力系统，以提高清洁能源的利用率。截至2023年，清洁能源装机容量占全国总装机的一半以上，发电量占比达45%，显示出在能源安全和绿色低碳转型方面的实质性进展。

在信息通信技术基础设施方面，《"十三五"国家信息化规划》设定信息基础设施达到全球领先水平的发展目标。在"十三五"期间，中国的信息基础设施建设取得显著成就，建成全球规模最大的通信网络。光纤接入用户数达4.54亿户，4G用户总数增至12.89亿户，占全球4G基站的一半以上。5G网络规模全球领先，基站超71.8万个，终端连接数突破2亿。互联网基础资源快速增长，国家顶级域名".CN"达1897万个，IPv6规模部署加快，地址数达57634块/32，活跃用户数4.62亿。③ 提供算力服务的在用机架数达到810万标准机

---

① 高铁里程达4.5万公里 [EB/OL]. [2024-01-10]. http://www.ce.cn/cysc/newmain/yc/jsxw/202401/10/t20240110_ 38860903. shtml.

② 数据来源于《2023年交通运输行业发展统计公报》。

③ 基础设施建设全覆盖，为互联网腾飞筑根基 [EB/OL]. [2021-02-03]. https://www.cac.gov.cn/2021-02/01/c_ 1613751827093040. htm.

架，算力总规模居全球第二位。这标志着中国在信息基础设施建设方面取得了显著进展，为数字经济的发展奠定了坚实基础。

在城市基础设施建设方面，中国通过《全国城市市政基础设施规划建设"十三五"规划》和《"十四五"规划和 2035 年远景目标纲要》，强调提升城市建设水平和加快新型城市基础设施建设的重要性。这些政策促进了城市智能化、绿色化和人性化的发展。自供给侧结构性改革实施以来，中国在城市轨道交通、智慧城市、智能交通系统等方面取得显著成就。城市轨道交通运营城市数量从 2015 年的 22 个增加到 2023 年的 55 个，线路和运营里程分别增长至 306 条和 10165.7 公里。[1] 此外，中国建成全球最大的电动汽车充电网络，累计建成充电基础设施 859.6 万台，显著提升了城市服务效能和居民生活质量。[2]

在科技基础设施方面，中国主要通过加强国家实验室建设、实施科技创新重大项目等措施，全面加强了科技基础设施建设。截至 2023 年底，中国已建成并运行 34 个国家重大科技基础设施，如 500 米口径球面射电望远镜（FAST）和"神威·太湖之光"超级计算机等，部分达到国际先进水平。[3] 同时，中国积极参与国际大科学计划（如 ITER 和 SKA 项目）、中欧空间科学合作（如 SMILE 和 CFOSAT 项目）、中欧量子通信合作及中美生物技术和人工智能研究等国际合作项目，提升了技术水平和环境监测能力，推动了创新发展。这些措施为国家科技进步和国际科研合作奠定了坚实基础。

（二）创新能力不断提升

在供给侧结构性改革过程中，中国通过建设国家级科技创新平台、加强基础研究、优化创新生态系统及建设综合性国家科学中心和区域创新高地等多项措施，逐步弥补了创新能力的不足，提升了整体科技创新水平和产业竞争力。

在国家级科技创新平台建设方面，中国出台了一系列政策文件，包括《"十三五"国家科技创新规划》《国家科技创新基地优化整合方案》《关于推进国家技术创新中心建设的总体方案》，以推动国家实验室、国家重点实验室、国家工程研究中心等创新平台的高质量建设。国家重点实验室的数量从 2016 年的 254 个增至 2022 年的 533 个。科技部截至 2022 年已批准建设国家技术创新中心 19 家，其中综合类 3 家、领域类 16 家。2021 年，国家发改委对 350 多家国家工程

---

① 我国城市轨道交通运营里程突破 1 万公里 [EB/OL]. 新华网，2024-01-12，https：//www.xinhuanet.com/politics/20240112/f3730ab503924a3ab99b81a8250f3da3/c.html.

② 王政. 我国累计建成充电基础设施 859.6 万台 [N]. 人民日报，2024-03-18 (001).

③ 我国重大科技基础设施建设助力科技强国 [EB/OL]. [2023-02-06]. https://m.yangtse.com/wap/news/2705886.html.

研究中心进行了优化整合，最终191家获准纳入新序列。① 截至2022年，中国已建成50家国家临床医学中心。②

在加强基础研究方面，中国针对基础科学研究的短板，发布了包括《国家创新驱动发展战略纲要》和《新时代加强基础研究的若干重点举措》等政策。这些政策明确了基础科学研究的重要性和发展目标，并提出了具体实施方案和重点举措。基础研究的投入和支持力度显著提升，推动了基础科学领域的重大突破和创新。2008年至2023年，中国基础研究经费支出持续快速增长（如图4-20所示），2023年达到2212亿元，是2015年的三倍。供给侧结构性改革以来，中国在量子通信、航天探测和天文观测等领域取得了一系列重要突破，如量子通信实验卫星"墨子号"的千公里级量子纠缠分发、嫦娥四号的月球背面软着陆等，这些成就显著提升了中国在基础研究领域的国际影响力。

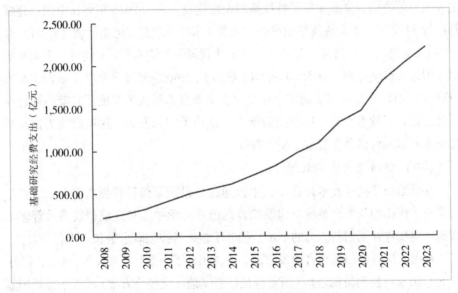

图4-20　中国基础研究经费支出

数据来源：国家统计局。

在优化创新生态系统方面，中国通过培育创新主体、促进合作、培养和激励创新人才以及推广和保护创新成果等措施，提升了科技创新能力和经济竞争

---

① 周锐波，丁焕峰. 加快构建协同高效的国家创新体系［EB/OL］.［2023-07-27］. https：//www. cssn. cn/skgz/202307/t20230727_ 5670720. shtml.

② 我国建成50家国家临床医学研究中心［EB/OL］.［2022-08-25］. https：//www. news. cn/2022-08-25/c_ 1128946807. htm.

力。国家设立了多个国家级创新平台，支持高新技术企业发展，推动高校与科研机构与企业共建研发中心。到 2023 年，全国建设了 30 个国家级制造业创新中心，高新技术企业数量达 46.3 万家。① 此外，通过人才工程引进和培养高层次创新人才，国家研发人员全时当量从 2015 年的 375.9 万人年提高到 2022 年的 635.4 万人年。为了促进创新成果的推广和保护，中国加强了知识产权保护，修订了《中华人民共和国专利法》《中华人民共和国著作权法》《中华人民共和国商标法》，提高了知识产权保护标准，加大了侵权处罚力度。2023 年，全国技术合同成交额超过 6 万亿元，比 2015 年增长超过 5 倍，发明专利授权量为 92.1 万件，较 2015 年的 35.9 万件增长超过 150%。截至 2023 年年底，我国发明专利有效量为 499.1 万件，每万人口高价值发明专利拥有量达 11.8 件。②

在建设综合性国家科学中心和区域创新高地方面，中国通过集中资源建设国家级科研平台，推动重大科技项目实施，致力于增强国家科技创新能力和核心竞争力。《"十三五"国家科技创新规划》和《"十四五"规划纲要》明确了综合性国家科学中心的布局和建设目标。截至 2023 年，上海张江、合肥、北京怀柔等综合性国家科学中心相继获批建设，集中资源建设了一批高水平科研平台。③ 中国还通过设立国家自主创新示范区和高新技术产业开发区，促进区域创新高地建设。截至 2023 年，中国已建成 178 家国家高新技术产业开发区和 23 家国家自主创新示范区，形成了强大的区域创新集群。④

（三）城乡和区域发展日益均衡

在供给侧结构性改革过程中，中国通过一系列措施，如户籍制度改革、产业优化升级、基础设施和公共服务均衡配置、加强人力资本投资以及实施区域协调发展战略，积极推动城乡和区域的均衡发展，旨在缩小发展差距，实现共同富裕。综合这些措施，中国农业转移人口的市民化进程加速，农业竞争力显著提升，城乡一体化基础设施和公共服务体系不断完善，区域经济协同发展趋势愈加显著。

① 高端化智能化绿色化步伐加快，产业科技创新能力持续提升——新型工业化取得新进展新成效［EB/OL］.［2024 - 09 - 07］. https：//www. gov. cn/lianbo/bumen/202407/content_ 6962039. htm.

② 国新办举行 2023 年知识产权工作新闻发布会［EB/OL］.［2024 - 01 - 16］. http：//www. scio. gov. cn/live/2024/33181/index. html.

③ 黎秋玲，宋金峪，钟振彬，等. 探秘中国五大综合性国家科学中心［N］. 羊城晚报，2025-03-07（A06）.

④ 工信部：截至 2023 年 11 月国家高新区总数达 178［EB/OL］.［2023-12-12］. http：//finance. people. com. cn/n1/2023/1212/c1004-40137118. html.

第一，户籍制度改革为城乡人口的自由流动和均衡发展创造了条件。中国实施了一系列户籍制度改革政策，包括全面推广居住证制度、推动非户籍人口在城市落户、差异化户口迁移政策及积分落户制度等。这些政策旨在消除城乡间的户籍壁垒，允许农业转移人口在城市落户并享受平等的公共服务。2016 年实施的《居住证暂行条例》标志着"居住证"全面取代了"暂住证"，为常住人口提供了更广泛的权益保障。国务院发布的《推动 1 亿非户籍人口在城市落户方案》强调，要加快落实户籍制度改革，拓宽落户通道。随着多项政策的落实，农业转移人口的城市落户得到显著增加，促进了城乡人口的融合与均衡发展。根据国家统计局的数据，中国常住人口城镇化率从 2015 年的 56.1% 提高至2023 年的 66.2%，全国户籍人口城镇化率也从 39.9% 提升至 48.3%。在 2019 年至 2023 年间，约有 5000 万农业转移人口在城市落户，户籍制度改革有效促进了城乡人力资源的优化配置，提高了城镇化质量，缩小了城乡差距。①

第二，农村产业的优化升级和结构调整促进了农业现代化和农村经济多元化，提升了农业竞争力并增加了农民收入。政策文件如《全国种植业结构调整规划（2016—2020 年）》和《全国农业现代化规划（2016—2020 年）》等，强调了调整和优化种植结构的重要性，依托乡村特色资源，推动农业全产业链的发展。这些政策促进了农村一、二、三产业的融合，增强了农村经济的多元化和可持续发展能力，有效推动了城乡经济的均衡发展。根据农业农村部的数据，供给侧结构性改革以来，中国农产品加工业取得了显著进展，猪牛羊禽肉产量从 2015 年的 8625 万吨增长至 2022 年的 9227 万吨，粮食产量从 62144 万吨增至 68653 万吨。2022 年，中国规模以上农产品加工企业达 9 万家，营业收入超 19万亿元，农产品加工业成为乡村产业发展的关键支点。

第三，农村基础设施建设和公共服务体系的优化显著提升了农村地区的基础设施水平和公共服务质量，促进了城乡一体化发展。政策文件如《关于建立健全城乡融合发展体制机制的意见》和《"十四五"公共服务规划》强调统筹城乡发展，提升农村基础设施建设和公共服务水平。根据交通运输部的数据，中国农村公路总里程从 2015 年的 398 万公里增长至 2023 年的 460 万公里，所有具备条件的乡镇和建制村均已通硬化路。根据水利部和工业和信息化部的数据，2023 年，农村自来水普及率达到 90%，比 2015 年提升 14 个百分点，农村宽带网络覆盖率也显著提高，互联网普及率达到 66.5%。在教育、医疗和社会保障等关

---

① 我国 2019 年以来 5000 万农业转移人口进城落户 [EB/OL]. [2024-05-27]. http://www.news.cn/20240527/121f429b1e8f4f3eb4907a874dfbef11/c.html.

键领域，农村公共服务水平也得到了显著提升。政策文件如《关于深化教育体制机制改革的意见》强调了农村教育和城乡教育一体化发展的重要性，提升了农村教育质量和机会均等性，县域义务教育基本均衡发展取得显著进展。通过分级诊疗制度建设和城乡医保一体化等措施，农村医疗服务能力得到提升，医保参保率稳定在 99.9% 以上。

第四，通过加强人力资本投资和鼓励优秀人才回流，农村劳动力素质得到了提升，为城乡均衡发展提供了人才支撑。《关于实施乡村振兴战略的意见》等政策文件强调加大对农村人力资本的投资，提升农民技能和文化素质。通过加大农村教育投资，推动技能培训，农村地区的教育质量和技能水平显著提升，辍学率显著下降，高中阶段教育毛入学率从 2015 年的 87.0% 提升至 2023 年的 91.8%。同时，通过财政补贴和创业支持等措施，促进了优秀人才回流乡村。中央一号文件提出要建立人才回流机制，鼓励大学生和外出务工人员返乡创业，目前返乡入乡创业人员超过 1200 万人，乡村人才结构持续优化。[1] 通过本土人才培养与人才引进综合施策，中国乡村人才队伍建设取得了显著成效，主要体现在农村实用人才和高素质农民数量的大幅增长，以及乡村人才结构的持续优化等方面。截止 2023 年底，全国农村实用人才总数已超过 2300 万人，其中，高素质农民累计培育达到 800 万人。[2]

第五，持续推进京津冀协同发展、西部大开发、东北振兴和中部崛起等区域发展战略，促进了区域间经济结构优化和产业协同发展，推动区域均衡发展。多项政策文件为实施国家重大区域发展战略进行了部署，旨在促进区域间的优势互补与良性互动。根据中国社会科学院发布的区域协调发展指数，区域发展指数从 2015 年的 105.45 上升至 2020 年的 118.59。京津冀地区通过疏解非首都功能，推动产业向河北等地转移，有效缓解了北京的城市压力。西部地区在中央投资和政策支持下，固定资产投资持续增长，基础设施建设得到显著改善。以四川为例，2016—2023 年四川全社会固定资产投资平均增速为 4.5%，大约是全国平均增速的 2 倍。[3] 东北地区通过创新驱动和产业结构调整实现了振兴。2021 年东北三省高新技术企业数量达到 1.4 万家左右，高新技术企业总收入达

---

① 中央财办：全国各类返乡入乡创业人员超 1200 万人 ［EB/OL］.［2025-02-24］. http：// finance. people. com. cn/n1/2025/0224/c1004-40425092. html.

② 我国农村实用型人才超 2300 万 ［EB/OL］.［2024-01-20］. http：//finance. people. com. cn/n1/2024/0120/c1004-40163045. html.

③ 根据国家统计局和四川省统计局数据计算得到。

到 2.4 万亿元。① 中部地区则快速承接东部工业转移，成为区域经济增长的重要引擎。以安徽省为例，2016—2023 年安徽规模以上工业增加值年均增速为 7.86%，大幅高于全国平均水平 5.62%。②

（四）生态环境质量持续改善

在供给侧结构性改革过程中，中国采取了产业结构优化、能源结构调整、污染防治强化以及生态保护与修复等多项措施，以多角度推动生态环境质量的提升。这些努力显著改善了生态环境，导致空气、水体和土壤污染大幅减少，同时提高了绿色发展和可持续发展的水平。

首先，中国通过淘汰落后产能、推进产业转型升级和鼓励绿色制造等措施，推动产业结构优化。这些措施有效减少了污染排放和资源浪费，改善了空气和水体质量。例如，在"十三五"期间，中国化解了 1.7 亿吨钢铁和 10 亿吨煤炭的过剩产能，并关停了 3 亿吨水泥产能和 1.5 亿重量箱平板玻璃。地条钢实现了全面出清。《"十四五"节能减排综合工作方案》要求到 2025 年完成 5.3 亿吨钢铁产能的超低排放改造。此外，中国通过政策引导高新技术和高附加值产业的发展，使高新技术产业占比逐步提升。2023 年，高技术产业投资增长 10.3%，高技术制造业投资增长 9.9%，技术服务业投资增长 11.4%，增速均高于固定资产投资的整体水平，高技术制造业占规模以上工业增加值的比重达 15.7%。③ 在绿色制造方面，截至 2023 年年底，中国已创建 5095 家绿色工厂，其产值占制造业总产值的比重超过 17%。

其次，中国通过大力发展清洁能源、节约能源和提升能源利用效率，推动能源结构调整，显著减少了煤炭和石油等化石能源的消费，降低了二氧化碳及其他污染物的排放。供给侧结构性改革以来，中国持续增加清洁能源投资，加快了风能、太阳能、水电和核电等清洁能源的开发利用。至 2023 年年底，全国发电装机容量达 29.2 亿千瓦，其中，水电 4.2 亿千瓦，占 14.4%；火电 13.9 亿千瓦，占 47.6%；核电 5691 万千瓦，占 1.9%；风电 4.4 亿千瓦，占 15.1%；太

---

① 国家发展改革委：2021 年东北三省高新技术企业数量约 1.4 万家 较上年增长 9.5% [EB/OL]．[2022-09-20]．https://news. cnstock. com/news, bwkx - 202209 - 49591 88. htm.

② 根据国家统计局和安徽省统计局数据计算得到。

③ 2023 年我国高技术产业投资占比稳步提高 [EB/OL].[2024-02-15]. https：//m. gmw. cn/2024-02/15/content_ 1303660751. htm.

阳能 6.1 亿千瓦，占 20.9%。① 同时，中国通过电力体制改革、推广分布式能源系统、提升能源储存与智能电网建设，以及新能源汽车发展与充电基础设施建设，全面推广清洁能源的使用。到 2023 年，中国新能源汽车保有量已达 2041 万辆，是 2016 年 109 万辆的近 19 倍，充电基础设施累计达 859.6 万台。相关政策文件如《"十三五"节能减排综合工作方案》等，旨在推动经济社会的绿色低碳转型，确保实现节能减排目标，促进生态环境质量的持续改善。数据显示，2022 年单位 GDP 能耗下降到 0.45 亿吨标准煤/亿元人民币，比 2011 年下降43.04%。主要城市的空气质量显著改善，2013 年至 2022 年间，二氧化硫和氮氧化物排放量分别下降 85% 和 60%，碳排放强度下降 34.4%。②

再次，中国通过实施大气、水体和土壤污染防治行动计划及加强环保执法，显著改善生态环境质量。先后出台的《水污染防治行动计划》《中华人民共和国大气污染防治法》等政策文件，全面加大对污染的防治力度。根据生态环境部的数据，2020 年全国地级及以上城市优良天数比例和 PM2.5 未达标城市平均浓度分别达到了 87% 和每立方米 37 微克，分别比 2015 年增长 5.8 个百分点和下降28.8%；全国地表水优良水体比例提升至 83.4%。到 2023 年，地级及以上城市PM2.5 平均浓度降至每立方米 30 微克，地表水优良水体比例上升至 89.4%。此外，中国加大了环保执法力度，2016 年至 2020 年间查处环境违法案件超过 10万起，罚款总额超过 200 亿元，显著震慑了环境违法行为。根据国务院的报告，2018 年至 2023 年 6 月，全国公安机关共立案侦办破坏环境及资源保护类犯罪案件 26 万起，抓获犯罪嫌疑人 33 万名，显现出环境执法力度的增强。

最后，中国通过推进国土绿化、保护生态系统和加强自然保护区建设等措施，统筹推进山水林田湖草沙一体化保护，提升生态系统的稳定性和抗逆性，改善生物多样性。《"十三五"生态环境保护规划》等政策文件为完善生态保护与修复制度提供了依据。在国土绿化方面，中国实施退耕还林还草、天然林保护等工程，显著增加了森林和草原覆盖率。"十三五"期间，中国累计完成造林5.45 亿亩，森林覆盖率和草原综合植被盖度分别提高至 23.04% 和 56.10%。城市绿化覆盖率也从 40.10% 提升至 42.69%。在生态系统保护方面，通过实施湿地保护与恢复和河湖生态治理等工程，维护了生态系统的完整性和功能。根据生

---

① 国家能源局发布 2023 年全国电力工业统计数据 [EB/OL]. [2024-01-26]. https：//www. nea. gov. cn/2024-01/26/c_ 1310762246. htm.

② 生态环境部召开 1 月例行新闻发布会 [EB/OL]. [2024-01-31]. https：//www. mee. gov. cn/ywdt/xwfb/202401/t20240131_ 1065354. shtml.

态环境部的数据，至 2023 年底，全国各级自然保护地总面积约占陆域国土面积的 18%，显示出生态保护成效的显著提升。

（五）社会治理水平不断提升

在供给侧结构性改革过程中，中国通过深化行政体制改革、加强法治政府建设、推进数字政府建设以及强化政府责任与问责制度等一系列重要措施，显著提升了社会治理水平。这些综合措施有效增强了政府的治理效能、公信力与执行力，为经济社会发展营造了更加稳定、公平和透明的环境。

首先，中国通过推进简政放权、加强监管创新和优化服务流程等措施，持续深化行政体制改革，从而激发市场活力与社会创造力，显著提升了政府的监管效能和服务效率。在简政放权方面，中国不断放宽市场准入，全面实施市场准入负面清单制度。2016 年以来，国务院取消和下放了大量行政审批事项，覆盖企业投资和生产经营等多个领域，有效优化了营商环境。例如，为推动"证照分离"改革，2018 年国务院取消了 106 项行政审批事项，进一步为企业减轻了负担。在监管创新方面，中国全面推行"双随机、一公开"的监管模式，加强对取消下放事项的后续监管，并建立健全信用监管体系，从而有效提升了政府的监管公平性与有效性。在优化服务流程方面，通过"互联网+政务服务"和"最多跑一次"改革等措施，政府服务效率得到了显著提升。截至 2022 年，90%以上的政务服务实现了网上办理，企业开办时间从一个月以上缩短至平均 4 个工作日以内。

其次，中国通过规范法规规章的制定审查和发布流程、清理不适应经济发展需求的规范性文件、加强行政执法监督、推动行政决策法治化及完善行政诉讼制度等措施，推动法治政府建设，有效规范了政府行为，提高了法治化和规范化水平。供给侧结构性改革以来，国务院修订并实施了《行政法规制定程序条例》和《规章制定程序条例》，规范法规规章的制定与发布流程，提升了立法质量，确保了法规的合法性与合理性。《法治政府建设实施纲要（2015—2020年）》要求自 2015 年起对国务院文件进行全面清理。2017 年发布的通知明确坚持"谁制定、谁清理"的原则，各地区和部门需依据国务院的"放管服"改革措施，及时清理并向社会公开结果。通过这一系列措施，大量不适应的规范性文件被废止。同时，2017 年《中华人民共和国行政诉讼法》进行了第二次修改，扩大了受案范围，简化了诉讼程序，提升了诉讼效率。2018 年，政府发布了《国务院办公厅关于全面推行行政执法公示制度的指导意见》，旨在强化行政执法的监督管理，确保执法过程的透明性与公正性，提升行政诉讼效率。据最高人民法院数据，2023 年全国法院结案率达 99.33%；截至 2023 年年底，全国各地三年以上未结诉讼案件为 422 件，比上年同期减少 1093 件，下降 72.15%。

再次，中国通过推进"互联网+政务服务"、推动数据共享与业务协同、加强网络安全与数据保护等多种措施，显著提高了政务服务的数字化、网络化和智能化水平，提高了政府服务的效率和透明度，提高了企业和公众的满意度。这些措施还增强了政府决策的科学性与精准性，为经济社会发展提供了有力支撑。中国政府推进政务服务数字化转型，构建了统一的政务服务平台。2016 年，国务院印发《关于加快推进"互联网+政务服务"工作的指导意见》，明确了数字化目标与路径。截至 2023 年，全国政务服务事项网上可办率超过 90%，极大地方便了企业与公众事务办理。为打破信息孤岛，中国政府推动跨部门、跨地区、跨层级的数据共享与业务协同。2017 年发布的《政务信息系统整合共享实施方案》推动了政务信息系统的整合，提升了政府服务的协同性与一致性。例如，国家发改委发布的《中国营商环境报告 2020》显示，信用信息共享平台已联通 46 个部门，归集信息超过 500 亿条，为新型监管制度提供了支撑。同时，中国加强了网络安全法律法规的制定，确保数字政府的安全运行。《中华人民共和国网络安全法》和《中华人民共和国个人信息保护法》的实施，规范了网络安全及个人信息处理，为保障数字政府的可持续发展提供了法律基础。

最后，中国通过完善决策程序和责任追溯制度、强化行政问责和监督机制、推进政务公开等措施，强化了决策制度和问责制度，提高了政府决策的科学性、公开性和透明度，有效控制了决策失误，确保政策的有效执行。供给侧结构性改革以来，中国政府优化了决策咨询体系，引入第三方评估机制，确保决策过程的透明与决策后的跟踪评估。截至 2023 年，全国大多数省级政府都建立了法律顾问和专家咨询制度，显著降低了决策失误率，提高了政策执行的效率。《中国共产党问责条例》《关于统筹规范督查检查考核工作的通知》《国务院关于加强和规范事中事后监管的指导意见》等政策文件的出台，全面增强了行政问责和监督机制，通过问责不履行职责的领导干部，提高了政府工作的规范性和有效性。同时，系列政策文件如《关于全面推进政务公开工作的意见》《国务院关于加快推进"互联网+政务服务"工作的指导意见》《国务院办公厅关于推进重大建设项目批准和实施领域政府信息公开的意见》等，提高了政府决策的透明度，提升了社会公众的参与感与信任度。

第五章

中国自贸试验区的供给侧结构性改革效应的理论分析

　　建设自贸试验区与推进供给侧结构性改革是新时代促进中国高质量发展的两大战略举措。自贸试验区通过高水平对外开放推动高质量发展，而供给侧结构性改革则通过解决供需结构性失衡问题来推动发展。显然，高水平对外开放在理论与实践上都对化解供需结构性失衡具有重要作用。深入剖析自贸试验区助力供给侧结构性改革的理论逻辑、现实逻辑以及实现路径对于准确全面认识自贸试验区与供给侧结构性改革的内在联系和充分发挥自贸试验区对供给侧结构性改革的促进作用具有重要的理论和现实意义。

第一节　自贸试验区助力供给侧结构性改革的理论逻辑

　　供需结构性失衡问题在中国表现为产能过剩与供给不足的共存。解决此问题不能依靠简单的总需求或总供给管理，而需针对不同商品的供需状况采取差异化策略。对产能过剩商品，需通过淘汰落后产能和市场规模扩张。对供给不足商品，需通过增加投入、扩大生产和技术创新。自贸试验区在促进贸易投资自由化、转化过剩产能、扩大市场规模、增加有效投资和推动技术创新方面的积极作用，为供给侧结构性改革提供重要支撑。

一、自贸试验区助力供给侧结构性改革的理论基础

　　西方经济学理论对自贸试验区建设和供给侧结构性改革具有启发性，但不能完全适用于中国特色社会主义市场经济。社会主义市场经济与资本主义市场经济在基本经济制度、宏观调控、发展目标和分配原则上存在本质差异。中国的基本经济制度以公有制为主体，收入分配制度以按劳分配为主，旨在实现全体人民共同富裕。中国强调市场在资源配置中的决定性作用，同时重视政府职

能。因此，自贸试验区建设和供给侧结构性改革的理论基础应基于马克思主义政治经济学和中国特色社会主义政治经济学。马克思主义的制度经济理论、供给需求理论、经济循环理论、扩大再生产理论以及社会主义市场经济理论是推进自贸试验区建设和供给侧结构性改革共同的理论支撑。

马克思主义制度经济理论的核心问题是生产力与生产关系、经济基础与上层建筑的矛盾运动关系。马克思主义认为，生产力决定生产关系，而经济基础（生产关系的总和）决定上层建筑。生产力的发展是生产关系演变（制度变迁）的根本动力。经济制度可能促进或阻碍社会生产力的发展。评价经济制度绩效和合理性的基本标准是其是否适应社会生产力发展的要求。生产资料所有制是社会经济制度的基础。中国经济进入新发展阶段后，国内国际环境日益复杂严峻。社会生产力的发展面临越来越多的制约因素。推进制度创新、增加有效制度供给以及调整不合理的生产关系是破除各种体制机制因素的关键举措。这些措施也是自贸试验区建设和供给侧结构性改革的重要任务。自贸试验区作为制度创新的试验田，其制度创新经验和成果的复制推广将对供给侧结构性改革产生巨大的推动作用。

马克思主义的供给需求理论以劳动价值论为基础，并以价值规律为前提。马克思主义的供给需求理论认为，市场价值决定供给和需求。供给与需求对市场价格、生产和流通起着重要的调节作用。单个商品的供需平衡条件是商品生产旨在满足社会需要，且商品的个别价值应与其社会价值一致。社会总产品的供需平衡要求社会劳动需在各个部门和不同商品之间合理分配，并且各个部类的社会总产品应按比例协调发展。解决供给需求失衡的关键在于调整生产关系，以满足生产力发展的现实需要。① 供给侧结构性改革旨在从供给侧寻找解决供需失衡的有效方法。通过降低成本、调整结构等方式，增加有效供给和清除冗余供给，这是供给侧结构性改革解决供需失衡的重要手段。自贸试验区的贸易投资便利化改革创新及现代新兴产业的发展，将有力支持供给侧结构性改革实现解决供需失衡的目标。

马克思主义经济循环理论认为经济循环包括个别资本循环和社会资本循环。其中，个别资本循环包括货币资本—商品资本—生产资本—商品资本—货币资本的转化过程，社会资本循环既包括个别资本循环的过程，又包括生产—分配—交换—消费四大环节。经济循环顺利实现需要与之相适应的经济关系（如

---

① 任红梅. 马克思经济学与西方经济学供给需求理论的比较研究 [J]. 西安财经学院学报，2016，29（6）：10-15.

生产关系、分配关系、交换关系等)。经济循环不畅通或中断表现为供给与需求关系失衡，但从根本上来讲是由背后的经济机制存在问题和经济关系不平衡不合理造成的，这时需要通过体制机制改革调整各种经济关系。① 当前中国产能过剩和有效供给不足并存的现象较为明显，这是经济循环不畅通、供给结构和需求结构不匹配的表现。畅通经济循环、提高供给体系对需求变化的适应性是供给侧结构性改革的重要内容之一。自贸试验区在畅通经济循环，特别是在国际经济循环方面具有重要的枢纽作用，对供给侧结构性改革畅通经济循环目标的实现具有重要的推动作用。

马克思从社会资本再生产的视角研究经济增长问题，形成了以扩大再生产理论为核心内容的经济增长理论。扩大再生产理论认为，资本积累、技术进步、资源要素配置效率和结构、经济制度等是经济增长的重要影响因素。经济制度可以通过技术进步、收入分配、资源配置等作用于经济增长。扩大再生产有序进行的条件是，社会生产两大部类(生产资料和消费资料)及其内部关系保持合理的比例，生产、分配、交换和消费四大环节循环畅通。② 促进经济高质量增长是供给侧结构性改革的重要目标。自贸试验区建设对资本积累、技术进步、资源配置效率和经济制度等经济增长因素都具有积极的作用，从而有利于支撑供给侧结构性改革经济增长目标的实现。

中国特色社会主义政治经济学是马克思主义政治经济学的基本原理与中国特色社会主义的发展实践相结合的产物，是马克思主义政治经济学创新发展的重要理论成果，对当代中国完善社会主义市场经济体制、促进经济高质量发展具有重要的指导价值。邓小平明确指出，社会主义的本质是"解放生产力、发展生产力"，社会主义的根本目标是"共同富裕"；计划和市场都是经济手段。社会主义市场经济既注重效率，又兼顾公平，这是社会主义制度的优越性③。社会主义市场经济是与社会主义制度相结合的市场经济，以公有制为主体的多种所有制为基础，受社会主义基本矛盾、基本经济规律和生产目的制约，在资源配置中发挥市场决定性作用的同时更好地发挥政府的重要作用，目的是要促

---

① 乔榛. 马克思经济循环理论及当代意义 [J]. 当代经济研究，2022 (1)：34-42.
② 邱辰禧. 马克思经济增长理论的新拓展——评《马克思经济学——价值与增长的双重理论》[J]. 当代财经，2022 (3)：2, 149.
③ 张嘉昕，田佳琪. 中国社会主义市场经济理论与西方市场社会主义思潮之比较 [J]. 学术交流，2013 (5)：108-112.

进社会主义经济持续稳定协调高质量高效益发展和走向共同富裕。① 供给侧结构性改革是新阶段和新形势下解放和发展生产力的重要战略举措，涉及全国不同地区、行业和领域，需要正确处理政府和市场的关系，根据各自实际探索差异化、针对性的具体措施。自贸试验区作为深化改革开放的试验田，应成为供给侧结构性改革重要的实践平台和创新基地。自贸试验区在贸易投资便利化、政府职能转变、现代新兴产业发展等方面的制度创新与实践可以有效解除制约贸易投资发展的制度障碍，释放贸易和投资潜力，是解放和发展生产力的重要手段。

二、"双循环"视角下自贸试验区助力供给侧结构性改革的作用机理

中国当前正处于加快构建以国内大循环为主体、国内国际双循环相互促进的新发展格局的关键历史时期。为了使分析更贴合现实背景，这里以马克思主义政治经济学的基本原理和中国特色社会主义政治经济学为理论指导，同时参考借鉴西方经济学的有益成果，在"双循环"视角下探讨自贸试验区助力供给侧结构性改革的理论机理。马克思主义经济循环理论认为，国民经济循环主要包括生产、分配、交换、消费四个环节，经济循环不畅通是造成供需结构性失衡的重要原因。在经济全球化的背景下，国民经济循环各个环节涉及的部门或主体很可能不再局限于一个国家内部。不同国家的不同部门和不同主体在各个环节中的相互作用和相互关系对经济循环是否畅通具有深刻的影响。以下分别从生产、分配、交换和消费四个环节探讨自贸试验区对畅通经济循环、化解供需结构性失衡问题的作用。

（一）自贸试验区在生产环节的作用

生产环节是将生产要素转化为最终产品和服务的关键环节。生产效率低下和产品结构不合理可能导致经济循环受阻和供需失衡。商品种类和产量的决策对供需平衡至关重要，而国家的生产能力则取决于其掌握的生产要素种类和数量。在封闭经济中，内部资源禀赋和发展水平决定商品产量和结构；而在开放经济中，理论上国家可在全球范围内配置资源以优化生产。国家配置全球资源的能力差异导致生产效率和商品结构的显著差别。配置能力越强，生产效率越高，商品结构越优，经济循环越顺畅，供需失衡越少。因此，提升全球资源配置能力是提高生产效率和优化商品结构的关键。自贸试验区作为对外开放的重

---

① 简新华，程杨洋. 中国共产党的社会主义市场经济理论创新——庆祝中国共产党成立100周年 [J]. 财经科学，2021（5）：39-48.

要平台,其高质量建设和发展有助于增强全球资源配置能力,促进生产要素跨境自由流动,减少供需不匹配,从而优化经济循环。

(1) 自贸试验区建设和发展有助于促进劳动力的自由流动和高效配置

自贸试验区作为深化改革和扩大开放的关键平台,旨在通过制度型开放集聚全球优质生产要素,为产业高质量发展提供支持。高素质劳动力是生产要素中最具活力和决定性的一环,对生产效率和产品结构优化尤为关键。自贸试验区通过制度创新,消除跨国、跨区域和跨部门的劳动力流动障碍,吸引国内外高技能劳动力,提升劳动力配置效率,并促进国际人才交流与合作。自贸试验区通过简化签证程序和提供税收优惠,增强劳动力市场活力,引入多样化技能,促进知识与技术的外溢,提高生产效率。定制化人才培训体系提升了劳动力技能,增强了企业核心竞争力。劳动力流动的增加缓解了市场结构性失衡,推动了产业结构和商品结构的优化升级。自贸试验区的竞争环境还促使企业优化人力资源管理,通过合理配置劳动力提升生产效率。

(2) 自贸试验区建设和发展有助于促进资本形成和资本流动

自贸试验区的建设和发展依赖于大规模投资,需要在全球范围内寻求低成本、优质的资金。通过宽松的投资管理制度和金融开放政策,自贸试验区为资本自由流动提供了平台,加速了资本形成,提高了资本流动的便利性。自贸试验区通过税收优惠、简化审批流程和开放金融市场吸引国内外投资,促进了产业集群形成和技术创新,加速了产业升级。外资优惠政策吸引了外资流入,在提供资本支持的同时引入了先进技术和管理经验,提升了生产效率。金融创新政策如跨境人民币融资和外资金融机构准入,降低了融资成本,提高了资本使用效率。资本市场的开放和风险投资、私募股权基金的发展,增强了企业融资渠道的多样性,提高了资本配置的灵活性,有助于企业根据市场需求调整生产规模和结构,进而促进产业升级和商品结构优化。

(3) 自贸试验区的建设和发展有助于降低原材料和中间产品的进口成本

中国作为全球制造业的第一大国,对外部原材料和中间产品的依赖性较高,其配置效率对最终产品的品质与成本具有重要影响。自贸试验区通过贸易自由化和便利化措施,有效降低了原材料和中间产品的进口成本。一方面,自贸试验区通过降低关税壁垒和简化通关程序,使得企业能够在全球范围内寻找成本最低、质量最优的原材料和中间产品供应商,提高了原材料和中间产品的配置效率,降低了企业的生产成本,有助于提高最终产品的竞争力;另一方面,自贸试验区的政策环境鼓励企业采用全球化和多元化采购策略,这不仅提高了原材料和中间产品的可获得性,也促进了供应链的多元化和稳定性,使得企业能够更加有效地管控原材料和中间产品的价格风险和供应渠道风险。自贸试验区鼓励企业通过参与国际产业链合作、共享资源和信息等方式建立高效的供应链体系，通过优化原材料和中间产品的采购、运输和存储环节，提高了原材料和中间产品的使用效率，降低了资源浪费。另外，自贸试验区提供了较为完善的物流和仓储设施，为原材料和中间产品的储存和运输提供了便利，进一步降低了物流成本，提高了供应链的效率。

（二）自贸试验区在分配环节的作用

分配环节涉及资源和收入等社会成果在劳动者、企业和政府之间的分配。分配比例会显著影响社会成员的投资和消费行为。分配环节的问题可能导致经济循环不畅和供需结构性失衡。例如，收入和财富过度集中于少数人手中，会限制中低收入群体的消费能力，导致产能过剩和产品供大于求。过高的税收会限制企业投资能力，影响其扩张和创新意愿。劳动者收入占比过低会限制其消费能力，降低人力资本投资，甚至影响社会稳定。资源被少数人和部门掌控，容易导致垄断和寻租，不利于资源优化配置。

（1）自贸试验区的建设和发展有助于降低市场准入门槛和打破垄断

市场竞争不足是资源和收入分配不均的主要原因，而市场和行业准入限制正是竞争不足的根源。消除这些准入限制是促进资源和收入合理分配的重要途径。自贸试验区的贸易与投资自由化措施打破了市场和行业壁垒，促进了市场竞争，提高了资源配置效率，从而避免了资源和收入分配的严重不平等。自贸试验区放宽了外资和民营资本的准入限制，让更多中小企业和外资企业进入市场，打破大型和国有企业的垄断，增加了竞争主体。根据竞争性市场理论，这种竞争促进了资源在不同规模企业间的合理分配，减少资源集中，推动收入分配均衡。打破垄断还有助于降低产品和服务价格，提高消费者福利，促进资源和收入在消费者层面的公平分配。此外，自贸试验区通过反垄断措施保障公平竞争，使企业在公平环境中获取资源，提高资源配置效率，缓解收入分配不平等。

（2）自贸试验区的建设和发展有助于提高政策透明度和规范性

政策透明度和规范性对资源和收入分配的公平与效率至关重要。透明度指政策制定与执行的公开性和可预测性，防止腐败与特权，促进公平分配，减少信息不对称，提升市场竞争与经济效率。规范性指政策遵循明确规则，确保分配符合标准，减少随意性和人为干预，提供稳定的制度环境，降低不确定性，增强市场信心。自贸试验区通过法治化与国际化建设提升政策透明度和规范性，为资源和收入公平高效分配提供坚实基础。自贸试验区通过立法实践确保政策制定公开透明，强化政策执行规范。例如，自贸试验区通过引入行政审批立法技术，暂时调整或停止部分法律规定，为改革提供法律空间。通过条例公布，推动行政审批制度改革，简化流程，减少干预，实现政策执行法治化。监督和问责机制增强政府与公众信任，提高政策执行的规范性与有效性。自贸试验区通过吸收国际政策理念、与国际组织和其他国家合作，优化了政策内容，提升了国际竞争力和透明度。自贸试验区的政策执行遵循国际规则，确保有效对接国际市场，减少偏差。自贸试验区还鼓励国际组织和外国投资者监督政策，通过国际视角改进政策，提高透明度和适应性。

（3）自贸试验区的建设和发展有助于推动技术创新和产业升级

技术创新和产业升级是改善收入分配不均的重要途径。自贸试验区通过政策创新、制度改革、资源整合以及技术应用推广，积极推动技术创新和产业升级。首先，自贸试验区的政策创新为技术创新和产业升级提供了重要动力。例如，税收优惠减轻了企业的税负，增加了研发投入。金融支持政策则降低了融资成本，促进了技术升级和产业转型。此外，专项基金和研发补贴鼓励企业在关键领域进行创新。创业指导和市场推广服务则帮助中小企业克服发展中的难题。其次，自贸试验区的制度改革与优化为技术创新和产业升级提供了必要的制度保障。深化行政审批制度改革减少了行政干预，同时优化土地资源配置以促进产业集群发展。此外，金融创新试验区和多层次资本市场提供了多元化的融资渠道。再次，自贸试验区的资源整合和协同创新措施为技术创新和产业升级提供了强大的动力。建立创新平台和合作联盟可以整合国内外的创新资源，促进技术交流和知识共享，提高创新效率，进而推动产业高端化和智能化发展。跨界合作项目和联合研发计划促进了不同领域和企业之间的合作，推动了技术融合和产业联动。最后，自贸试验区的技术应用和推广为技术创新和产业升级提供了市场空间。技术示范项目和推广应用计划提高了企业的技术水平和产品竞争力，支持技术在不同区域和新兴产业的应用，推动了区域经济的均衡发展和新兴产业的成长，促进了资源的合理流动与配置。

（4）自贸试验区的建设和发展有助于推动资源的全球化配置

资源全球化配置对提升国家产业竞争力和经济增长具有显著作用。在全球范围内优化劳动力、资本、技术和管理经验等资源要素配置，既可以增强国内产业的竞争力和生产效率，又可以创造高质量的就业机会，实现社会各阶层对经济发展成果的公平分享。自贸试验区作为高水平对外开放的重要平台，在进行资源全球化配置中承担着重要的桥梁和纽带作用。首先，自贸试验区通过引进外资和国际先进的生产技术及管理经验，提升了本土企业的生产效率和产品质量。自贸试验区还通过建立高效的物流体系和优化供应链，降低了生产成本，提高了企业的竞争力和盈利能力。这些也增加了就业机会，提高了劳动者的收入。其次，自贸试验区通过降低贸易壁垒和优化贸易环境，促进了产品和服务的全球化流动。通过降低关税和非关税壁垒、推动服务贸易自由化，以及发展电子商务和数字贸易等措施，降低了企业的贸易成本，加快了产品和服务的流通速度。这吸引了优质国际产品和服务进入中国市场，同时也助力国内企业开拓国际市场。这些措施不仅提高了资源配置效率，还有助于平衡国内外供需关系，减少结构性失衡，促进就业和收入水平的提升。最后，自贸试验区通过全球化人才招募和聚集优质国际教育资源，推动了人力资源的全球化配置。自贸试验区的发展需要多元化、专业化且具备国际视野的人才。这包括国际化经营管理人才、国际贸易实务人才和高层次技术型人才等。通过实施人才引进计划和优惠政策，自贸试验区吸引了全球人才，为本地企业和产业的发展提供了智力支持。同时，引进国际优质教育资源，加强与国际教育机构和企业的合作。这为劳动者提供了职业技能培训和继续教育机会，增强了他们的就业竞争力和职业发展潜力。此外，实施灵活的就业政策和社会保障制度，提高了劳动者的就业率，增强了他们的流动性。

（三）自贸试验区在交换环节的作用

交换环节连接生产与消费，其效率决定了产品和服务能否及时有效地满足消费者需求。高效的交换环节能够迅速传递供需信息。生产者可以根据市场需求调整生产计划，消费者也能及时获得所需的产品和服务。这确保了经济循环的顺畅。相反，低效的交换环节会导致供需不匹配，造成生产过剩或短缺，从而阻碍经济循环。自贸试验区可以通过贸易便利化、市场机制创新和物流服务优化等多方面措施提升交换环节的效率，确保生产与消费的顺畅连接。

（1）自贸试验区的贸易自由化便利化措施有助于提升交换效率

贸易自由化便利化旨在通过降低国际贸易壁垒和简化程序，促进货物与服务的跨境流动，提升交换效率。自贸试验区的各种贸易自由化措施有助于提升交换环节的效率和促进产品和服务的快速流通。首先，自贸试验区通过降低关税和非关税壁垒等贸易自由化政策，减少进出口商品的贸易成本，加速货物流通。其次，自贸试验区实施"单一窗口"服务和电子数据交换系统等贸易便利化措施，简化贸易流程，缩短通关时间。这提高了贸易效率，降低了企业的贸易成本。再次，自贸试验区通过引入国际先进的贸易规则和管理经验，提升了贸易管理的透明度和规范性。最后，自贸试验区通过放宽服务业市场准入和提供税收优惠等措施，促进服务贸易的发展，特别是在金融业和数字服务领域。

这有助于吸引国际服务提供商，增加服务多样性与质量，提高服务交换效率。这些措施共同作用，使自贸试验区成为提升贸易效率和促进经济发展的重要平台。

（2）自贸试验区的市场机制创新有助于提升交换效率

市场机制创新是通过改革和创新，优化资源配置、提升市场效率和活力的过程。这一过程包括降低信息不对称、减少交易成本、建立灵活的价格和激励机制，以及构建透明公平的竞争环境。这些措施旨在激发市场主体的活力和创新能力。自贸试验区作为制度创新的前沿，为市场机制创新提供了动力和支持。首先，自贸试验区利用大数据、云计算和区块链等技术，提高了市场透明度和交易效率。自贸试验区的"单一窗口"服务整合了多部门的数据，简化了报关流程，降低了跨境贸易成本。信息技术的应用实现了市场动态的实时监控与分析，提升了政策制定和市场监管的科学性。其次，自贸试验区在优化交易流程和简化手续方面发挥了示范作用，降低了企业交易成本，提升了市场活力。自贸试验区通过削减行政审批事项和简化审批流程，推行电子化和网络化的政务服务，提升了行政效率和市场主体的获得感。电子化申报和无纸化通关简化了进出口货物的报关手续，显著提高了通关效率。再次，自贸试验区利用政策优势，探索价格形成和激励机制的创新，促进资源有效配置和市场健康发展。市场化定价机制允许价格根据供需波动而变化，反映产品和服务的价值，引导资源流动。多层次的激励机制，包括税收优惠、财政补贴和知识产权保护，激励企业加大研发投入，提高产品质量和服务水平，增强核心竞争力。出口退税和出口信用保险等政策支持企业开拓国际市场，扩大市场份额。最后，自贸试验区推动公平竞争环境的构建，为提高市场交换效率奠定了基础。自贸试验区严格执行公平竞争审查制度，禁止地方保护和行政垄断，确保市场主体的平等。统一开放的市场监管体系加强了对不正当竞争行为的监管与惩处，维护了市场秩序，保障了市场交换的公正性和有效性。

（3）物流服务优化是自贸试验区提升交换效率的重要支撑

物流服务优化是提升交换效率的关键环节，涉及提高物流系统效率、降低成本和提升服务质量。自贸试验区通过基础设施建设、资源整合、技术应用和服务模式创新，优化了物流服务，降低了物流成本，提升了物流效率，为提升交换效率提供了重要支撑。

首先，自贸试验区通过加强物流基础设施建设，如现代化港口、物流园区、仓储设施和多式联运中心，增强物流吞吐能力和处理效率，降低物流成本。例如，通过建设高效集装箱码头和自动化仓储系统，实现快速装卸和转运，提升物流自动化和智能化。自贸试验区还不断优化交通网络布局，加强与国内外物流节点的连接，促进区域物流一体化，提高整体物流效率。

其次，自贸试验区通过整合物流资源，推动物流服务规模化和集约化。例如，通过建立统一物流信息平台，实现信息共享和资源优化配置，提高资源利用效率，降低成本；通过推动多式联运发展，实现货物运输无缝对接，缩短在途时间；通过引入供应链管理理念，整合上下游物流需求，实现供应链协同优化，提升运作效率。

再次，自贸试验区通过应用先进技术和管理方法提升物流智能化水平。例如，推广物联网技术，通过传感器、射频识别等设备收集数据，实现实时监控和追踪，提高作业精确度；采用大数据分析技术，深入挖掘物流数据，预测需求，优化路线规划，减少成本；鼓励企业运用人工智能技术，如机器人自动化、无人驾驶车辆等，实现仓库管理和货物配送自动化，提高响应速度。

最后，自贸试验区创新物流服务模式，提升灵活性和适应性。例如，鼓励发展跨境电商物流，支持企业搭建平台，提供便捷跨境购物体验，为中小企业提供国际市场渠道；推广绿色物流理念，采用环保包装材料，实施低碳运输，减少环境污染；探索供应链金融等新型服务模式，为物流企业提供融资支持，解决资金周转难题，促进行业健康发展。

（四）自贸试验区在消费环节的作用

消费环节是国民经济循环的终点，直接影响到经济循环的畅通与否。一方面，消费是生产的终极目标，也是其动力源泉，对投资和生产方向具有指导作用。缺乏消费需求会导致生产过剩和企业资金周转困难。相反，旺盛的消费需求能激励企业增加生产，推动经济增长。消费者的需求偏好和消费趋势决定了企业的生产方向和产品创新。企业根据市场反馈调整生产策略，从而实现生产与投资的良性循环。另一方面，消费环节还可以通过收入分配影响到其他经济环节的运作。不均衡的收入分配会抑制整体消费，阻碍经济循环。政府消费及公共服务消费对经济循环也非常重要。通过增加基础设施、教育和医疗等领域的支出，政府提升社会总需求，促进经济增长。在经济衰退时期，政府消费可以发挥逆周期调节作用。自贸试验区可以通过提升消费能力、调整消费结构等多种途径促进国民经济循环畅通。

（1）自贸试验区的建设和发展能够提升居民的消费能力

居民消费能力受收入水平、分配结构、价格水平和消费信心等多种因素影响。自贸试验区通过提升收入水平、优化收入分配、稳定价格和增强消费者信心，为居民消费能力的提升提供了良好的基础和环境。

首先，自贸试验区可以通过吸引外资和推动高新技术产业的发展来提升居民的收入水平。自贸试验区的优惠政策和便利措施吸引了大批国内外优质企业入驻，创造大量高薪就业机会，尤其是在高附加值产业和现代服务业中，显著提升了居民收入水平。技术创新与产业升级有助于提高生产效率和企业利润，从而为工资增长创造条件。自贸试验区的开放政策和国际化环境使企业更容易参与全球竞争，扩大业务规模和收入来源，有助于增加员工的工资收入，增强消费能力。

其次，自贸试验区具有优化收入分配结构的作用，可以通过缩小贫富差距，提高中低收入群体的消费能力，促进整体消费水平的提升。自贸试验区的税收优惠和社会保障政策有助于减轻中低收入群体的经济负担，增加他们的可支配收入。自贸试验区促进中小企业发展可增加就业机会，提高中低收入群体的收入水平。

再次，自贸试验区通过稳定价格水平，减轻消费负担，提升消费能力。自贸试验区内实施的自由贸易政策，能够降低进口商品的关税和非关税壁垒，使得国际商品更容易进入国内市场，有助于丰富商品种类、增加市场竞争，进而降低商品价格。自贸试验区的跨境电商平台通过减少中间环节成本，进一步降低商品价格。自贸试验区通过优化供应链管理，提高物流效率，降低物流成本，从而稳定商品价格。自贸试验区还可以通过引入先进的市场监管机制，防止价格垄断和不正当竞争，确保市场价格的合理性和稳定性。

最后，自贸试验区通过增强企业和消费者信心，推动形成积极合理的市场预期，促进消费持续增长。自贸试验区内的经济活动活跃，有助于吸引大量企业投资设厂，创造大量就业机会，尤其是在高附加值产业和现代服务业领域，提供更多高薪职位。就业的增加直接提高了居民的收入水平，增强了消费能力。自贸试验区内完善的社会保障体系和福利政策，能够增加居民的安全感和经济保障，提升消费者信心。政府通过提供优质的医疗、教育和养老服务，能够减轻居民的生活压力，使得他们能够有更多的可支配收入用于消费。

（2）自贸试验区的建设和发展能够满足消费者多元化和高品质的需求

消费者多元化和高品质的需求既可以通过从国外市场进口满足，也可以通过国内产业升级满足。自贸试验区在引进国际优质商品和推动国内产业升级方面都具有积极的作用。

首先，自贸试验区通过引进国际优质商品，丰富市场供给，以满足消费者的多元化和高品质需求。自贸试验区的低关税政策使国外优质商品以更低的价格进入中国市场，从而为消费者提供更多选择。自贸试验区通过简化进口手续和提高通关效率，缩短国际商品进入中国市场的时间，满足消费者对新鲜、高品质商品的需求。自贸试验区还可吸引大量国际知名品牌入驻，为消费者提供丰富多样的商品，满足他们对品牌和品质的追求。

其次，自贸试验区通过促进国内市场竞争和产业升级，提高产品质量，以满足消费者的多元化和高品质需求。自贸试验区的设立使国内市场与国际市场联系更加紧密，迫使企业提升产品质量和丰富产品种类，以进一步满足消费者的需求。自贸试验区通过引进国际先进技术，提高生产效率和产品质量。自贸试验区通过政策引导，推动产业向高端、绿色和智能化方向发展，进而为消费者提供高品质商品。自贸试验区积极发展生物医药、新能源和新材料等战略性新兴产业，以满足消费者对高品质和创新型商品的需求。此外，自贸试验区为企业提供良好的创新环境，鼓励增加研发投入，提高产品附加值，以满足消费者对高品质商品的需求。

最后，自贸试验区通过创新监管模式，保障消费安全，提升消费者满意度。消费者对高品质产品和服务的需求在很大程度上体现在对消费安全的关注上。自贸试验区通过加强进口商品的质量监管，确保消费者购买的商品符合国家标准。自贸试验区对进口商品实施全程追溯，当发现质量问题时可迅速采取措施，保障消费者权益。自贸试验区积极构建企业诚信体系，对失信企业进行惩戒，促使其诚信经营，为消费者提供放心的购物环境，从而提升消费者满意度。

（3）自贸试验区的建设和发展能够增加政府消费

政府消费是消费的重要组成部分，政府消费的增加，有助于促进国民经济循环的畅通。自贸试验区对政府消费的增加也具有重要的推动作用。

首先，自贸试验区可以通过加强基础设施建设增加政府消费和公共服务消费。自贸试验区通常伴随大规模的基础设施投资，这不仅直接提升政府在基础设施领域的消费，同时也间接提升公共服务的质量与效率。现代贸易和投资需要高效的物流和运输系统，因而交通运输网络的建设是自贸试验区基础设施建设投资的核心。政府需要在公路、铁路、港口和机场等领域进行大量投资。这些基础设施项目不仅耗费巨额资金，还需要长期的维护与运营，进一步增加了政府消费。现代贸易和投资还高度依赖信息的快速传递，因而通信和信息技术基础设施同样是自贸试验区的重要投资领域。先进的通信网络和数据处理中心的建设和维护需要巨额资金投入，并涉及大量技术支持和管理服务。此外，自贸试验区还需对城市配套设施进行升级，如供水、供电和环保设施，这些都需要政府的持续投入。

其次，自贸试验区可以通过优化公共服务体系增加政府消费。自贸试验区的发展要求政府提供更加高效和优质的公共服务，这包括教育、医疗、法律服务等各个方面。这些公共服务的提供不仅需要政府大量的财政投入，也需要对现有服务体系进行全面的优化和升级。为了吸引高端人才和国际企业，自贸试验区需要提供优质的教育资源，包括国际学校和职业培训中心。为满足居民对高质量医疗服务的需求，政府需在医疗基础设施、设备采购和人才引进等方面进行大规模投资，同时提升医疗服务水平。此外，优化法律服务以营造公平、公正的营商环境也是自贸试验区的重要任务。这需要政府投入法律基础设施和人才，并完善现有法律体系。

最后，自贸试验区可以通过创新公共服务模式增加政府消费。自贸试验区作为改革的试验田，需要探索高效便捷的公共服务模式。这些创新不仅涉及技术和设施的投入，也包括管理和服务方式的改革。数字化公共服务是创新公共服务模式的关键方向。借助新一代信息技术，数字化公共服务提高了服务效率和质量，通过简化行政流程和推行电子政务，节约了资源与成本。公共服务的市场化改革也是自贸试验区创新的一个重要方面。引入社会资本和专业机构，通过政府购买服务、PPP 模式等方式，提高公共服务质量与效率。同时，公共服务的国际化也是自贸试验区的重要方向，通过引进国际先进理念和模式，提升服务水平与国际竞争力。这些措施需要政府在国际合作、人才引进、服务标准制定等方面进行投入。

第二节　自贸试验区助力供给侧结构性改革的现实逻辑

一、自贸试验区建设与供给侧结构性改革的关系

自贸试验区建设与供给侧结构性改革是新时期推进中国经济社会高质量发展的两大战略举措。两者在目标任务、重点工作、实施范围和领域等方面存在较为紧密的联系，既具有内在的一致性，也存在各自不同的侧重点。

（一）目标任务的关系

设立自贸试验区的主要目的是为全面深化改革和扩大开放探索新途径、积累新经验。自贸试验区建设主要通过制度创新推动贸易与投资的便利化，从而提高中国的对外开放水平以及经济发展质量。推进供给侧结构性改革的主要目的是从供给和生产端探索解决新常态下中国经济发展面临的结构性矛盾的有效路径。新常态下制约经济高质量发展的主导因素是供给侧的结构性因素和体制

机制因素。因此，供给侧结构性改革成为全面深化改革的"重头戏""主战场""深水区""攻坚区"。① 供给侧结构性改革主要通过政府职能转变和体制机制改革降低企业成本，提高企业创新能力，提升产品供给体系质量，从而推动经济结构的优化与生产力的提升。

自贸试验区建设与供给侧结构性改革的最终目标具有内在的一致性，而两者在中介目标和重点任务方面，既有相似性，又有差异性。培育经济发展新动能、实现经济高质量发展是自贸试验区建设与供给侧结构性改革共同追求的最终目标。自贸试验区建设将推动贸易和投资便利化作为中介目标，而供给侧结构性改革将解决结构性矛盾作为中介目标。贸易和投资便利化是化解经济发展面临的结构性问题的重要途径之一。通过制度创新降低制度性交易成本是自贸试验区建设与供给侧结构性改革的共同任务。探索可复制可推广的制度创新成果是自贸试验区建设的核心任务。破除制约资源要素合理配置的体制机制因素、正确处理政府与市场的关系是供给侧结构性改革的核心任务。自贸试验区肩负着为构建开放型经济新体制探索新途径、积累新经验的重要使命。而供给侧结构性改革的重要使命是激发市场主体活力、提高供给体系的质量和效率。

（二）重点工作的关系

自贸试验区建设的重点工作可以概括为两个方面：打造改革开放新高地和培育经济新增长极。自贸试验区借助先行先试的政策优势，基于自身的区位条件、产业基础与发展优势，通过制度创新与实践推动特定行业和整个区域的开放水平的提升。如上海自贸试验区利用位于全国金融中心的优势积极开展金融开放创新，北京自贸试验区利用位于数字经济发展引领区的条件聚焦数字经济和数字贸易的制度创新，四川自贸试验区基于深处内陆的区位特点积极探索内陆开放高地建设路径。自贸试验区重点围绕现代服务业、先进制造业以及战略性新兴产业进行产业布局。自贸试验区的集聚效应和辐射效应将推动自贸试验区及其周边区域成为新的经济增长极。

供给侧结构性改革的重点工作可以概括为"三去一降一补"，即去产能、去库存、去杠杆、降成本以及补短板。通过淘汰落后产能、兼并重组、破产清算等方式"去产能"，不仅可以将闲置的资源要素从产能严重过剩的行业和"僵尸企业"中释放出来用于满足产能不足、高增长行业的需求，进而提高资源要素的配置效率和使用效率，而且可以提高全要素生产率、优化产业和产品结构。通过减少供给、刺激需求等方式"去库存"，能够清除冗余供给，促进供求关系

---

① 冯志峰. 供给侧结构性改革的理论逻辑与实践路径［J］. 经济问题，2016（2）：12-17.

趋向平衡。通过加强金融监管、债务重组、政府职能转变、优化政府投资项目与资金管理等方式"去杠杆"，能够有效降低企业和政府债务负担，提高企业和政府抗风险的能力，进而保证供给体系的稳定与安全，有助于防范和化解系统性金融风险。企业经营成本既包括税收、劳动力、原材料等显性成本，也包括沟通成本、制度性成本、信用成本等隐性成本。"降成本"不仅要通过减税降费、完善生育户籍政策和教育培训体系、加强基础原材料保障能力等方式降低显性成本，而且要通过制度创新、体制机制改革降低隐性成本。有效降低企业经营成本可以显著提高企业的盈利能力，支撑企业更多地进行产品和技术创新，从而提高企业的竞争力。中国在取得经济发展巨大成就的同时，也积累了一些发展短板，如市场机制不完善、政府经济调控能力和服务水平不高、城乡区域发展不平衡、技术创新能力偏弱、部分关键产品和核心零部件供给保障能力有限、要素和产品供给质量不高与有效供给不足等。通过体制机制改革、乡村振兴、落后区域发展支持政策、加强自主创新与教育培训、发展新兴产业等方式"补短板"，可以改善供给的数量和质量，保障供给安全，促进经济平衡可持续发展。

自贸试验区建设与供给侧结构性改革的重点工作虽各有侧重，但具有明显的相互交融性。自贸试验区作为新阶段改革开放的试验田，重点围绕构建制度型开放的环境、促进现代新兴产业发展开展创新与实践。供给侧结构性改革则重点围绕优化供给结构、清除冗余供给、提高供给能力、保障供给安全、扩大有效供给等方面开展工作。自贸试验区建设与供给侧结构性改革在完善市场机制、转变政府职能、降低企业成本、鼓励技术创新、支持现代新兴产业发展等方面具有显著的共同性。提高要素和产品有效供给数量和质量，促进区域经济协调发展也是两者共同的工作内容。

（三）范围领域的关系

自贸试验区建设覆盖的地理范围和涉及的行业领域相对比较有限。我国先后分7批次设立了22个自贸试验区，基本覆盖东中西部，但是自贸试验区各片区的面积规模并不大，并且各片区主要分布于各省份重要的航空、陆运和水运交通物流枢纽或商务中心。自贸试验区建设项目基本分布在自贸试验区的各片区之内，涉及的行业领域多数与外资外贸存在较为密切的联系。供给侧结构性改革是一项深层次、系统性的改革，没有明显的地理范围和行业领域的限定。由此可以认为，供给侧结构性改革覆盖全国的所有地理范围和所有行业领域，只是不同地理范围和行业领域供给侧结构性改革的具体内容存在差异。综上可知，从覆盖范围和涉及领域的角度来看，供给侧结构性改革与自贸试验区建设是包含与被包含的关系，自贸试验区建设是供给侧结构性改革的重要组成部分。

二、自贸试验区在供给侧结构性改革中的实践价值

从功能定位角度来看，自贸试验区是制度创新的试验田，是现代新兴产业的集聚地，是高水平对外开放的窗口，是服务国家战略的重要执行者。而供给侧结构性改革则以提高供给体系的质量和效率为主要目标，涉及优化资源配置、促进产业升级、提升社会治理能力、促进城乡区域协调发展等方面的内容。显然，自贸试验区的功能定位决定了其对供给侧结构性改革具有重要的推动作用。自贸试验区在进行制度创新、集聚发展现代新兴产业、高水平对外开放、服务国家战略的过程中必然带来优化资源配置、促进产业升级、提升社会治理能力、促进城乡区域协调发展等积极影响。

（一）自贸试验区的优化资源配置功能

优化资源配置是提高供给体系质量与效率、化解供需结构性失衡的重要途径。在推进供给侧结构性改革过程中，中国面临着产能过剩与供给不足并存、要素市场发育不完善、创新资源配置效率低下、区域资源配置差距显著、金融资源配置不合理以及资源配置国际化水平较低等问题。这些因素对供给体系的质量与效率产生了明显的负面影响。中国提升资源配置效率需要从优化市场机制、推动政策和法规改革、促进技术创新和产业升级、深化金融市场改革、推动数字化和信息化、提升教育和人力资源开发、扩大国际合作与开放、加强环境保护与可持续发展、推动区域协调发展、提升公共服务和社会保障水平，要从多个方面综合施策。显然，中国的自贸试验区在其中很多方面都可以发挥积极作用。因此，自贸试验区在提升资源配置效率方面发挥着至关重要的作用。

（1）自贸试验区通过制度创新提升资源配置效率

中国的自贸试验区作为制度创新的试验田，在简政放权和优化审批流程方面进行系列的制度创新，显著提升了资源配置效率。自贸试验区通过简政放权和优化审批流程，大幅缩短了企业注册和审批时间，提高了资源配置效率。自贸试验区通过"一口受理、一网通办"等方式明显简化企业注册流程，将多部门审批转变为一个窗口集中受理，帮助企业在最短时间内完成注册，迅速投入运营，减少等待审批造成的时间浪费，提高资金和人力资源的使用效率。例如，上海自贸试验区通过优化企业注册流程，将注册时间从一个月缩短到几天，甚至当天即可完成。自贸试验区还借助互联网和信息技术推行电子政务和"最多跑一次"改革，减少企业办理手续的时间和成本。此外，自贸试验区改革商事登记制度，实行"先照后证"，企业在获得营业执照后即可开展一般经营活动，

许可事项则需后续审批。此项制度创新不仅加快了企业市场准入速度，还促进了市场资源的快速流动和高效配置。

自贸试验区通过简政放权和优化审批流程，减少行政干预和成本，显著提升资源配置效率。自贸试验区获得了多项行政审批权下放，简化审批层级，减少行政环节，显著缩短审批链条，提高审批效率。例如，2017年重庆市政府向重庆自贸试验区下放33项市级行政审批事项。2022年河北省政府向河北自贸试验区各片区下放25项省级行政许可事项。① 此外，自贸试验区通过清理规范行政收费和优化收费标准，降低企业运营成本，使企业能将更多资金投入生产和研发，提高资本资源利用效率。

自贸试验区通过简政放权和优化审批流程，推动行政透明化与效率化，提升资源配置效率。自贸试验区通过建立和完善信息公开制度，提高了行政审批透明度，帮助企业更好地了解和利用政策资源。例如，天津自贸试验区建立了行政审批信息公开平台，公开审批流程和结果，增强了企业对政策的预期与信心，促进资源合理流动。自贸试验区通过推行"互联网+政务服务"，利用信息技术手段，提高行政审批效率和便捷度。例如，江苏自贸试验区推行"互联网+政务服务"，深化"不见面审批"改革。此外，自贸试验区通过加强事中和事后监管，减少事前审批，优化监管资源配置。自贸试验区引入大数据和人工智能技术，实现对企业经营活动的精准监管，减少监管盲点和漏洞，提高监管的科学性与有效性。例如，上海自贸试验区通过海关智能化卡口全覆盖，实现对进出区车辆和货物的自动识别、比对与验放，智能化验放车辆的平均通过时间大幅压缩96%。②

（2）自贸试验区通过鼓励市场竞争优化资源配置

自贸试验区通过放宽市场准入，有效促进了市场竞争，提升了资源配置效率。自贸试验区实施的负面清单管理模式，大幅放宽市场准入，允许更多国内外企业参与竞争。该政策打破了原有的行业壁垒，为各类市场主体提供了平等的竞争机会。例如，金融、教育、医疗等传统封闭领域在自贸试验区内逐步向外资和民营企业开放，增加市场供给，提高服务多样性和质量。这种开放激发了市场活力，促进了资源有效配置。自贸试验区放宽市场准入，吸引大量外资

---

① 关于向中国（河北）自由贸易试验区下放省级行政许可事项的通知：冀政办字〔2022〕64号[A/OL].[2022-05-10].https：//www.hebei.gov.cn/columns/d0db9d27-e88c-4c1c-a82f-07570eebbb04/202308/22/b0c3124b-5a24-4150-9c9c-7b27c53e3f17.html.

② 上海海关：全方位实现"智慧监管"[EB/OL].[2019-04-25].https：//www.sohu.com/a/310267999_ 120132490.

企业进入中国市场。外资企业通常拥有先进技术和管理经验，其进入不仅提升市场竞争力，也推动本土企业技术升级和管理创新。本土企业通过与外资企业竞争，能够学习先进的经营模式和市场策略，从而提升自身竞争力。

自贸试验区通过创新监管模式和强化竞争政策，构建公平且透明的市场环境，提升了资源配置的效率。创新的监管模式有助于规范市场秩序，并保护市场主体的合法权益。自贸试验区实施"放管服"改革，加强事中事后监管，并严厉打击市场不正当竞争行为，以营造公平竞争的市场环境。强化竞争政策有助于优化资源配置，并提高市场效率。自贸试验区将竞争政策纳入政府宏观调控体系，引导和调整资源配置，确保市场在资源配置中发挥决定性作用。

自贸试验区通过简化通关手续、优化物流和供应链管理、加强与国际市场的对接等措施，推动了贸易自由化便利化，促进了市场竞争，并提高了资源配置效率。自贸试验区通过简化通关手续、引入电子通关系统和设立海关快速通道等措施，显著提升了贸易效率，吸引了更多国内外企业参与市场竞争，推动了市场的公平与开放，有效促进了市场竞争。例如，上海自贸试验区实施"一次申报、一次查验、一次放行"的通关模式，使货物的通关时间缩短了50%以上。自贸试验区通过建设现代化港口、机场和物流园区等基础设施，推动供应链一体化管理，发展跨境电商，优化了物流和供应链管理，提高了资源流动效率，促进了市场竞争。例如，广东自贸试验区创新"MCC前海"物流模式，降低了企业成本并提高了通关效率；陕西自贸试验区搭建全流程供应链管理平台，利用大数据孪生分析和数字化管理，提升了企业在选品、备货和销售上的效率；福建自贸试验区加快完善跨境电商的仓储物流中心和集中监管场所，构建了包括贸易、仓储、配送、售后在内的完善体系。自贸试验区还通过积极服务自贸区发展和参与"一带一路"建设等方式，促进了与国际市场的互联互通。这不仅为企业拓展了更广阔的市场空间，也为全球资源配置提供了更多可能性，增强了中国企业的国际竞争力。此外，自贸试验区的贸易自由化和便利化措施有助于优化进出口结构，促使企业加速提升产品质量和竞争力，进而提高资源配置效率。

（3）自贸试验区通过金融改革优化资本配置

自贸试验区在金融领域的一系列制度创新为资本的自由流动、市场的高效运作以及资源的合理配置提供了制度保障，推动了资本配置的优化。自贸试验区放宽了金融机构的准入限制，允许更多外资金融机构进入中国市场。这不仅提高了市场竞争力，也为资本市场注入了更多活力。外资银行和金融机构的进入带来了先进的管理经验和金融技术，提升了金融服务的质量和效率。外资机构的参与还促进了资本市场的多元化和国际化，使资本能够更加高效地流动和配置。自贸试验区通过推进人民币跨境使用和贸易结算，扩大人民币资本项目下的可兑换范围，有效提升了人民币的国际地位。这不仅便利了跨境贸易和投资，也为资本在全球范围内的自由流动提供了条件。人民币国际化使更多国际资本愿意进入中国市场，同时也为国内资本走向国际提供了便利。自贸试验区还简化了跨境投融资手续，推出跨境双向人民币资金池业务，使企业更加便捷地进行境外融资和投资，提高资金使用效率和资本配置效率。企业可以根据市场需求和投资机会，自由选择资金流动方向，最大限度地实现资本的有效配置。此外，自贸区的金融监管改革也为资本配置的优化提供了重要保障。自贸试验区在金融监管方面进行了灵活高效的改革试点，探索与国际接轨的金融监管机制。这不仅增强了金融风险防控能力，也鼓励了金融创新的发展。通过实施更加灵活的监管措施，金融机构能够根据市场需求调整资本配置，提高资本市场的效率和活力。

自贸试验区的金融改革措施优化了资本配置，促进了新兴产业的发展。自贸试验区积极鼓励金融机构开发和推广金融创新产品和服务，如供应链金融、金融租赁和跨境电子商务支付等。这些创新产品和服务为新兴产业开辟了多样化的融资渠道，提供了有力的金融支持，有效促进了资本的高效配置。自贸试验区还积极推动区块链技术和其他金融科技的应用，提升金融服务的效率和安全性。例如，通过区块链技术实现贸易融资的数字化和智能化，提高跨境支付和结算的效率。金融科技的应用不仅降低了金融服务成本，还提高了服务的透明度和安全性，为资本的高效配置提供了保障。此外，自贸试验区的跨境投融资便利化措施，使企业能够更加便捷地进行境外融资和投资。这些措施使新兴产业能够更加灵活地利用国际资本市场资源，优化资本配置。例如，跨境双向人民币资金池业务使企业在境内外自由划转资金，提高资金使用效率。这不仅有助于企业抓住国际市场的投资机会，也促进了新兴产业的快速发展。

自贸试验区的一系列金融改革措施，有力支持了金融业高质量开放、人民币国际化和绿色发展等国家战略的实施。通过放宽外资金融机构的准入限制，自贸试验区引入了更多国际金融机构，带来了先进的管理经验和金融产品，提升了金融市场的服务质量，增强了市场的活力和多元化。在人民币国际化方面，自贸试验区的探索提升了人民币在全球资本市场中的地位和影响力。通过推进人民币跨境使用和扩大资本项目可兑换范围，自贸试验区增强了人民币的国际吸引力，便利了国内外资本的流动与配置。此外，自贸试验区在绿色金融方面也进行了积极探索，支持绿色项目融资和绿色债券发行。绿色金融的发展不仅促进了可持续发展，也为资本配置提供了新的方向。例如，企业通过绿色债券融资，可以获得低成本的资金支持，用于环保项目和绿色产业的发展，这不仅有助于优化资本配置，也促进了绿色经济的发展。

（4）自贸试验区通过灵活的人才政策提升人力资源配置效率

中国的自贸试验区为吸引和留住国际国内优秀人才采取了灵活多样的人才引进、税收优惠、创新激励和服务措施。这些举措不仅推动了人才的合理流动和高效配置，还促进了人才与产业、国家战略的深度融合，为中国经济的高质量发展提供了有力的人才支持和智力支撑。

在人才政策方面，自贸试验区进行了一系列政策和机制创新，提升了人力资源配置效率。自贸试验区实行更加开放和灵活的人才引进政策，如"一事一议"的支持方式，为顶尖创新人才提供定制化政策支持，吸引了大量高水平人才，推动了人力资源的高端化和专业化。自贸试验区推行人才评价机制改革，建立市场导向的人才评价体系，使其更加贴近市场用人需求，促进了人才的合理流动与配置。同时，实施税收优惠和科研经费支持等激励措施，提高了人才的积极性和创新能力，增强了人才资本的活力。此外，自贸试验区还通过建立快速审查、确权和维权的"绿色通道"，加强知识产权保护与运用，为人才的创新成果提供有效保护，鼓励更多人才投身于创新和研发活动，进一步促进人力资源向创新驱动型产业集聚。

自贸试验区作为现代新兴产业的集聚地，为人才集聚和创新创业活动提供了重要的实践场所。通过支持数字经济、生物医药、新能源等战略性新兴产业的发展，自贸试验区为相关领域的专业人才提供了广阔的发展空间，促进了人才的专业化和产业的高端化。自贸试验区还建设了一批高水平的科研平台和创新基地，如国家实验室和企业研发中心，为科研人员提供优质的研究条件和环境，吸引国内外优秀科研人才，提升了人力资源的创新能力和竞争力。同时，自贸试验区推动产学研用的深度融合，通过与高校和科研机构的合作，促进人才培养和科研成果转化，加强人才与产业的对接，提高了人力资源的利用效率和产业的创新能力。

自贸试验区作为高水平对外开放的窗口，通过开放合作优化了人力资源配置。通过深化与国际市场的交流合作，自贸试验区吸引了大量国际人才和专业服务机构，丰富了人才结构，提升了人才的国际化水平。自贸试验区推动服务贸易发展，如金融服务和专业服务，为相关领域的人才提供了更多就业机会和职业发展路径，促进了人才的多元化发展。同时，自贸试验区优化外商投资环境，提供简化审批流程和税收优惠等便利化措施，吸引更多外资企业入驻，为各类人才提供了更广泛的就业选择和职业发展空间。

自贸试验区作为服务国家战略的重要执行者，通过支持"一带一路"建设、长江经济带发展、西部大开发、东北振兴等国家战略，引导人才向关键领域和重点区域流动，促进了人才与国家战略的紧密结合，优化了人力资源配置。通过政策倾斜和项目支持，自贸试验区促进中西部和东北地区等人才相对匮乏地区的发展，推动人才的均衡分布和区域协调发展。同时，自贸试验区实施人才优先发展战略，将人才发展纳入经济社会发展规划，通过提供住房、医疗保障和子女教育等综合服务，解决人才的后顾之忧，提高了他们的满意度和忠诚度，为国家战略的实施提供了坚实的人才支撑。

（二）自贸试验区的产业升级功能

产业升级是提高供给体系质量和效率、缓解供需结构性失衡的关键。在供给侧结构性改革的背景下，中国的产业升级面临诸多挑战，包括过度依赖传统制造业、部分行业产能过剩、企业技术创新不足、管理水平偏低、区域发展不均和国际贸易摩擦增加等。面对剧烈的国际国内形势变化，中国的三次产业结构及其内部结构需适时调整，以更好地满足需求变化。目前，中国需进一步提高第三产业占比，降低第二产业占比，同时推动各产业的现代化和智能化，逐步减少传统产业的比重。自贸试验区在中国产业结构调整和升级过程中发挥着重要作用，通过推动创新、吸引投资和促进国际合作，为产业转型提供支持，帮助提升整体产业水平和竞争力。

（1）自贸试验区的改革创新为产业结构调整和升级提供了强劲动力和有力支撑

自贸试验区在市场准入和监管改革方面的创新，为产业结构调整和升级提供了重要保障。自贸试验区实施的负面清单管理制度大幅放宽了市场准入限制，降低了企业进入门槛，使更多领域对外资和民间资本开放。这促进了资本的自由流动和产业多元化发展，特别是吸引了大量新兴和高科技企业，加速了产业结构的优化与升级。自贸试验区推行的"放管服"改革优化了政府服务，简化了审批流程，提高了行政效率。这缩短了企业从设立到运营的周期，加快了新产业的培育和传统产业的转型升级。自贸试验区在监管方面进行了创新，实施了以信用为基础的监管体系，并加强了事中事后监管。这有助于形成公平竞争的市场环境，促进产业健康有序发展。此外，自贸试验区探索了"互联网+监管"模式，利用大数据等现代信息技术提高监管效能，为新兴产业的成长提供了良好的市场秩序。

自贸试验区在科研管理体制改革和知识产权保护方面的制度创新，为科技创新和成果转化提供了强大动力，推动了产业结构向更高端迈进。自贸试验区通过改革科研管理体制，赋予科研机构和人员更大自主权，显著激发了科研人员的创新活力，并有效促进了科技成果的转化与产出。自贸试验区支持科研人员通过股权和期权参与成果转化，提高了科研成果的转化效率和产业技术含量。自贸试验区建立了知识产权保护和运用体制，为创新成果提供法律保障，鼓励企业加大研发投入，推动技术进步和产业升级。自贸试验区设立了知识产权法院和快速维权中心，加快了知识产权纠纷的解决，保护了企业的创新成果，促进了高新技术产业的发展。此外，自贸试验区推动产学研用的深度融合，通过与高校和科研机构的合作，促进了人才培养和科技成果转化，加强了产业链与创新链的对接，加速了产业结构的高端化和现代化。

自贸试验区的金融创新为实体经济，尤其是产业升级，提供了有力支持。自贸试验区开展的金融开放试点，如设立外资银行和保险公司，引入了国际先进的金融服务和管理经验，提高了金融服务实体经济的能力。自贸试验区推动了跨境人民币业务和自由贸易账户等金融创新，为企业提供了多元化的融资渠道和风险管理工具，降低了企业的融资成本和汇率风险，加速了技术改造和产业升级。此外，自贸试验区通过金融创新支持新兴产业发展，如设立产业投资基金和发展绿色金融，引导资本向战略性新兴产业集聚，推动产业结构的优化和升级。

自贸试验区的人才政策创新优化了人才发展环境，为产业结构调整和升级提供了人才支持。自贸试验区实施更开放的人才政策，例如提供税收优惠、住房支持和科研经费，吸引了一批高层次人才和团队，为产业发展提供了智力支撑。自贸试验区加强了人才培养和引进的国际化，通过与国际知名高校和科研机构合作，培养和引进了一批具有国际视野的高端人才，推动了产业的国际化发展和升级。

（2）自贸试验区现代新兴产业的集聚发展有力地推动了产业结构的调整和升级

自贸试验区通过吸引和培育战略性新兴产业，推动产业结构向高附加值方向发展。自贸试验区提供优惠政策和良好的营商环境，吸引了大量企业入驻，包括新一代信息技术、高端装备制造、生物医药、新能源和新材料等。这些产业的发展不仅带动了就业和创新，还促进了传统产业的技术改造与产品升级。此外，自贸试验区通过举办专业论坛和展览，加强了国内外产业交流与合作，引入了国际先进技术和管理经验，推动了本地产业的国际化进程，加速了产业结构的高端化。战略性新兴产业的集聚产生了显著的产业链效应，促进了上下游企业的技术进步和产业升级，进一步优化了整个产业结构。

自贸试验区通过构建创新生态体系，强化了创新驱动发展战略，加速了新兴产业的成长和传统产业的转型。自贸试验区设立了研发中心和创新创业平台，加强了产学研合作，提供了技术研发和成果转化的便利条件，有效激发了各类创新主体的创新活力。这些措施直接促进了新兴产业的发展，特别是在人工智能和大数据等领域。此外，自贸试验区通过建立创新激励机制，如税收优惠和资金扶持，鼓励企业加大研发投入，推动产业技术创新和升级。同时，创新生态体系的构建吸引了大量创新资源，包括风险投资和创业团队等，这些资源的集聚进一步加速了新兴产业的成长和传统产业的转型。例如，深圳前海自贸片区通过打造创新生态，培育了一大批创新型企业，推动了产业结构向高技术、高附加值方向调整。

自贸试验区通过促进产业链整合与创新，提升了产业链的整体竞争力，加速了产业结构的优化。通过产业链招商，自贸试验区吸引了关键环节的企业入驻，形成了完整的产业链闭环，提高了产业链的稳定性和抗风险能力。产业链上下游企业的集聚有效促进了信息、技术和人才等资源的共享，显著降低了交易成本，并提升了生产效率。这种资源的集中和优化不仅增强了产业链的协同合作，还推动了技术创新和生产流程的优化，从而提升了整体生产力和经济效益。产业链的协同发展催生了新的产业业态，如产业链金融和产业链服务等，为产业结构调整和升级提供了新的增长点。例如，浙江自贸试验区通过推动石油产业链的集聚发展，形成了从原油储运到精细化工的完整产业链，提升了产业附加值。此外，自贸试验区还通过优化供应链管理，降低了企业运营成本，提高了产业链效率。例如，通过建立物流信息平台，实现了供应链的透明化和实时监控，提升了物流效率。

自贸试验区通过积极与国际市场对接，构建开放型产业体系，推动了产业结构的国际化和现代化。一方面，自贸试验区降低了外资准入门槛，吸引了国际知名企业和高端产业项目，促进了国际先进技术和管理经验的本土化，加速了产业结构的国际化；另一方面，自贸试验区为国内企业提供了与国际市场接轨的平台，帮助它们获取国际订单，拓展国际市场，进而推动产业结构向国际标准靠拢。国内企业借助自贸试验区积极参与国际产业分工，推动本地企业融入全球价值链，提升了当地产业的国际竞争力。通过与国际市场对接，国内企业不仅能够学习和引进国际先进技术与管理经验，还能够更快地掌握国际市场动态和技术发展趋势，从而促进产业的优化升级。此外，自贸试验区还通过建立国际合作园区，促进国际产业合作和技术交流，为本地产业提供更多合作机会和发展空间，推动产业结构的多元化和高端化。

自贸试验区作为区域经济发展的引擎，通过带动周边地区产业发展，实现了区域产业结构的优化和升级。自贸试验区的产业集聚效应能够辐射至周边地区，与之形成产业联动，构建区域性的产业集聚区。自贸试验区通过产业链的延伸和拓展，增强了与周边地区的产业合作，实现了资源共享和优势互补，推动了区域产业链的整合和优化。自贸试验区还建立了区域合作机制，如产业联盟和创新共同体，加强了区域间的信息交流与技术合作，促进了区域产业的协同创新和升级。例如，四川自贸试验区通过加强与成都、重庆等城市的产业协作，推动了成渝地区双城经济圈的产业结构调整与升级。

（3）自贸试验区在服务国家战略中推动产业结构的战略性调整和升级

自贸试验区通过加强与"一带一路"合作伙伴的产能与技术合作，促进了产业结构的国际化和高端化。作为"一带一路"倡议的重要载体，自贸试验区一方面通过贸易和投资自由化便利化措施，降低了国内企业参与国际分工的成本，使其更便捷地进入"一带一路"合作伙伴的市场，推动了国际产能合作，促进了国内产业的全球化布局。另一方面，自贸试验区内设立的国际合作园区引入了国外先进企业、技术和管理经验，显著提升了国内产业的技术水平和国际竞争力。此外，自贸试验区的金融创新和服务为国内企业与"一带一路"合作伙伴的经贸合作提供了资金支持和风险管理工具，降低了企业的国际化经营成本，加速了产业结构的优化和升级。

自贸试验区通过促进区域间产业协同，推动了各区域产业结构的均衡调整。在服务国家战略中，自贸试验区充分发挥区域比较优势，促进了东中西部地区的产业差异化和协同发展。为了支持长江经济带发展战略，自贸试验区推动了沿江省市的产业升级，优化产业布局，引导资源向高新技术产业和现代服务业集聚，促进了产业结构的战略性调整。为支持京津冀协同发展战略，自贸试验区推动京津冀地区的产业协同，促进区域内科技创新和人才流动，优化了区域产业布局，推动产业集群化发展和结构升级。在服务粤港澳大湾区建设方面，自贸试验区通过深化与港澳的合作，吸引了大量港澳资本和国际企业，推动了大湾区产业的国际化发展。此外，自贸试验区还通过推动区域经济一体化，加强了不同地区间的经济联系和产业协同，为产业结构的优化提供了广阔空间。例如，自贸试验区在长三角、珠三角等地区的发展，促进了区域内产业链的整合和价值链的提升，加速了区域产业的高端化和智能化转型。

自贸试验区通过探索新型开放经济模式，推动产业结构的高端化和国际化。作为改革开放的前沿阵地，自贸试验区在构建开放型经济新体制的过程中，对产业结构的战略性调整和升级发挥了引领作用。自贸试验区实施负面清单管理模式以及贸易和投资自由化便利化等措施，吸引了大量外资企业入驻，促进了新兴产业的发展和产业结构的国际化、高端化。同时，自贸试验区还打造了法治化、国际化、便利化的营商环境，为国内企业参与国际竞争提供了有力支持。此外，自贸试验区推动服务贸易的创新发展，提升了服务业在产业结构中的比重，促进了产业结构向服务业导向转变。自贸试验区还通过发展跨境电商、市场采购贸易等新业态，为产业结构调整提供了新的增长点，推动产业结构向更加开放和灵活的方向发展。例如，广东自贸试验区通过发展跨境电商，推动了当地产业结构与国际市场的深度融合。

自贸试验区通过促进国内外循环的畅通，有效推动了产业的内外联动和优化升级。作为国内外循环的重要枢纽，自贸试验区在构建双循环新发展格局中发挥了关键作用，促进了产业结构的战略性调整和升级。一方面，自贸试验区通过优化国内市场环境，增强了国内消费市场的吸引力，推动产业结构向消费导向转型；另一方面，自贸试验区通过加强与国际市场的交流合作，促进了国内产业与国际市场的对接，为国内企业拓展了更广阔的市场空间，并实现了更高效的资源配置，从而实现了产业的内外联动和产业结构的优化。

（4）自贸试验区在应对国际贸易摩擦中推动产业升级

在世界百年未有之大变局下，中国面临的国际贸易摩擦不断，显著增加了中国产业发展（特别是出口导向型产业）的不确定性。国际贸易摩擦可能倒逼中国加快产业结构调整，通过跨区域的产业转移优化产业空间布局。中国可以借国际市场压力推动劳动密集型产业向中西部地区转移，并在东部沿海地区发展更多高技术和高附加值的产业。国际贸易摩擦还可能加速中国在全球供应链中的多元化布局，以此减少对单一市场的依赖。国际贸易摩擦也可以促使中国企业加强技术创新和产品升级，以此来应对外部挑战，推动产业向更高端、更具技术含量的方向发展，从而实现产业的转型升级。应对国际贸易摩擦的各种措施有助于推动中国产业的转型升级，而中国的自贸试验区在应对国际贸易摩擦方面具有独特而重要的作用。

自贸试验区的各项贸易便利化措施有效降低了贸易壁垒，显著改善了中国与其他国家之间的贸易环境，从而减少了因烦琐程序和不透明政策引发的贸易摩擦。自贸试验区内采用的简化报关手续、实施"一次申报、一次查验、一次放行"等通关便利化举措，以及缩短货物通关时间的"智慧海关"系统，显著减少了企业在跨境贸易中的时间和成本，使企业能够以更高效率参与国际贸易，降低了因关税和通关问题导致的摩擦。此外，自贸试验区通过完善法律法规，提升政策透明度，有效减轻了国际贸易中的信息不对称问题，从而减少了因法律制度差异、政策理解差异或执行不一致等因素引发的贸易摩擦。同时，自贸试验区在跨境电商和数字贸易方面的创新实践，也显著减少了与国际贸易伙伴之间的摩擦。通过建立跨境电商综合服务平台，自贸试验区简化了跨境电子商务的运营流程，降低了贸易中的摩擦点。这一系列创新举措使得中小企业能够更加顺畅地参与全球贸易，减少了传统贸易方式中因物流和支付瓶颈带来的国际贸易摩擦。

自贸试验区的政策扶持和制度创新显著增强了中国企业在全球市场中的竞争力，从而有效减少了与其他国家的贸易摩擦。自贸试验区实施的负面清单管理模式和外资准入前国民待遇原则，为国内外企业提供了更加自由和开放的市场环境，提高了企业的创新能力和竞争力。企业竞争力的提升不仅减少了中国企业在国际市场上的劣势，也降低了其他国家因担忧市场份额被侵蚀而采取的保护主义措施，从而减少了国际贸易摩擦。以广东自贸试验区南沙片区为例，该区通过引入先进制造业和现代服务业，推动了产业转型升级，提升了区域内企业的技术水平和国际竞争力。自贸试验区通过制度创新和政策支持，推动高端制造业和现代服务业的发展，帮助中国企业从全球价值链的低端环节向高端环节转移，增强了企业的国际竞争力。在此过程中，企业不仅提升了产品和服务的附加值，还减少了与国际竞争对手之间的低层次竞争，进而降低了因竞争力不对等带来的贸易摩擦。

自贸试验区通过优化供应链管理、推进供应链数字化和加强国际合作，有效推动了供应链的重塑，减少了因供应链中断或不稳定性引发的国际贸易摩擦。自贸试验区通过优化供应链布局和促进区域间的产业分工与合作，增强了供应链的韧性和抗风险能力，从而降低了因供应链中断或失衡导致的贸易摩擦。以中国—东盟自贸区为例，广西自贸试验区通过加强与东盟国家的物流合作，构建了跨境供应链的快速反应机制。该机制不仅提升了区域内供应链的稳定性，还为中国与东盟国家的贸易伙伴关系提供了保障，减少了因供应链断裂或延误引发的摩擦。自贸试验区在供应链数字化和智能化方面进行了大量创新，提高了供应链管理的精细化和实时化水平，增强了物流效率和供应链的透明度与可追溯性，减少了管理中的摩擦点。例如，上海自贸区在供应链金融和跨境电商领域的创新实践，显著提高了供应链的运作效率，减少了因信息延误或不准确导致的国际贸易摩擦。此外，自贸试验区通过加强与全球供应链网络的对接，推动了供应链的多元化布局，降低了因供应链区域化导致的摩擦风险。自贸试验区不仅致力于国内供应链的优化，还积极推动与"一带一路"合作伙伴及其他主要经济体的供应链对接。例如，福建自贸区在推动"海上丝绸之路"合作伙伴的供应链建设中发挥了重要作用，通过强化与其的港口、物流和产业合作，减少了因地缘政治风险或经济波动导致的摩擦。

自贸试验区通过对接国际规则，显著减少了因规则差异而导致的国际贸易摩擦。自贸试验区引入国际先进的贸易和投资规则，降低了市场准入障碍，从而减轻了贸易摩擦。例如，海南自贸港在建设过程中，积极对标《全面与进步跨太平洋伙伴关系协定》（CPTPP）、《区域全面经济伙伴关系协定》（RCEP）及经济合作与发展组织（OECD）的全球最低税率和数字经济政策原则，推进贸易和投资自由化便利化。这些努力不仅为国际投资者创造了更加公平和透明的市场环境，还减少了因规则不一致而引发的投资和贸易摩擦。自贸试验区在知识产权保护、环境标准和劳动标准等领域积极对接国际规则，从而减少因标准差异引发的贸易摩擦。知识产权保护是国际贸易中的敏感领域，许多国家对此向中国提出了较高要求。自贸试验区通过加强知识产权保护、提升执法水平以及引入国际仲裁机制等措施，降低了因知识产权保护不足而引发的贸易摩擦。例如，广东自贸试验区通过与国际知名知识产权机构的合作，提升了区域内知识产权保护水平，从而减少了与发达国家在这一领域的摩擦。此外，自贸试验区通过参与国际经贸规则的制定，增强了中国在全球治理中的话语权，减少了因规则制定过程中的利益不均衡引发的贸易摩擦。中国通过自贸试验区的实践经验，积极参与并推动国际贸易和投资规则的制定，为全球贸易规则的公平性和包容性做出了贡献。这不仅提升了中国在国际规则制定中的影响力，也减少了因规则制定过程中的利益分歧而引发的贸易摩擦。

（三）自贸试验区的激发企业创新活力功能

企业作为市场主体、创新主体和投资主体，是产业转型升级的核心力量。企业的创新能力不仅关系到自身的生存和发展，还直接影响产业转型升级的顺利与成功。中国的自贸试验区可以通过金融创新、新兴产业集聚和高水平对外开放等多种途径，激发企业的创新活力。

自贸试验区通过金融创新和优质金融服务，为企业创新活动的提升提供了强大的金融支持。自贸试验区积极鼓励金融机构开发满足企业需求的创新性金融产品和服务。例如，上海自贸试验区的供应链金融和跨境电子商务支付等创新型金融服务，为中小企业提供了多样化的融资渠道和支付工具。这些金融创新不仅解决了企业融资难的问题，还为企业的创新活动提供了所需资金。同时，金融机构专门设计的创新产品更好地契合企业的实际需求，提高了资金利用效率，促进了企业的技术创新和管理创新。自贸试验区还通过建立科技金融服务平台，提供知识产权质押和科技成果转化等金融服务，进一步提升了企业的创新能力和管理水平。此外，自贸试验区在跨境投融资便利化方面的改革，为企业拓展国际市场和获取先进资源创造了条件。例如，自贸试验区推出的跨境双向人民币资金池业务，使企业能够更便捷地进行境内外资金调配，提高了资金使用效率。这不仅增强了企业的资金管理能力，也为企业获取国际先进技术和管理经验提供了渠道，使其更好地学习和吸收国际先进的创新理念与方法，从而提升自身的创新能力。

自贸试验区通过培育创新型企业集群、提供优质创新资源、推动产业链深度融合以及建设高水平创新平台等措施，有效提升了入驻企业的创新活力和能力。自贸试验区通过放宽准入限制和简化审批流程，积极引进和发展新兴产业，为创新型企业提供了广阔的发展空间。许多科技型企业和初创企业入驻自贸试验区，推动了产品和服务的升级创新，带动了整个产业链的创新发展。例如，广东自贸试验区通过一系列政策支持5G、超高清视频、新型显示、虚拟现实与增强现实、生物医药等关键技术和产业链的发展。自贸试验区为创新型企业提供了丰富的创新资源和支持服务。区内设有众多高校、科研院所和孵化器，提供丰富的人才、技术和创新资源。同时，建立了专业服务平台，为入驻企业提供融资、法律、知识产权等全方位支持。这种高质量的创新生态环境不仅帮助企业降低了创新成本，还提升了其吸引优秀人才和技术的能力，从而增强了企业的创新动力与实力。例如，浙江自贸试验区构建了集科技研发、成果转化和企业孵化于一体的创新服务体系，为入驻企业的创新发展提供了重要支撑。此外，自贸试验区通过政策引导，推动创新型企业与大企业的深度合作，实现资源共享和优势互补。自贸区鼓励大型企业与中小创新型企业开展联合研发、委托加工等合作模式，使中小企业获得更多的技术支持和管理经验，大企业也借助中小企业的灵活性和创新性，提升自身的研发和产品创新能力。这种产业链上下游的深度融合，不仅增强了中小企业的创新实力和管理水平，也提高了大企业的整体创新活力。自贸试验区还积极引进国内外优质创新资源，建设了一批具有国际影响力的创新中心，为企业的创新发展注入了新动能。例如，多个自贸试验区建立了众创空间、孵化器等创新载体，为初创企业提供办公场地、融资渠道和专业培训等全方位服务。这些创新平台不仅增强了企业的创新能力，也提升了管理水平，助力其快速成长。

自贸试验区通过引进外资金融机构、推进人民币国际化、简化跨境投融资手续及金融监管改革等一系列措施，为企业创新发展和管理水平的提升创造了良好环境。自贸试验区鼓励外资金融机构入驻，为企业的创新发展提供了多元化的金融支持。外资金融机构不仅带来了先进的金融产品和服务，还提供了丰富的管理经验和技术支持。例如，在上海自贸试验区，外资银行的进驻为本地企业带来了更便利的跨境融资渠道以及更专业的风险管理和投资顾问服务。通过推进人民币国际化，自贸试验区为企业拓展国际市场创造了有利条件，使其能够更便捷地获取国际先进技术和管理经验，从而提升自身的创新和管理水平。此外，自贸试验区通过简化跨境投融资手续，进一步为企业开拓国际市场和获取创新资源创造了便利。例如，天津自贸试验区通过优化外汇管理，使企业能够更灵活地进行跨境投融资，提高了资金使用效率。这不仅增强了企业的国际化经营能力，也为其获取海外先进技术和管理经验提供了渠道。企业能够通过海外并购、合资合作等方式，主动学习和吸收国际领先的创新理念与方法，从而提升自身的创新水平和管理能力。

（四）自贸试验区的提升社会治理能力功能

社会治理能力的提升能够通过优化政策制定与执行流程、改善市场环境、加强社会治理与公共服务、推动科技创新与可持续发展战略等多条路径提高供给体系的质量与效率。在供给侧结构性改革的背景下，中国在提升社会治理能力方面面临诸多挑战，包括制度创新不足、监管体系需优化、公共服务供给需加强、风险管理与应对机制待完善、宏观调控需精准、国际合作与开放需深化、央地关系需合理界定、数字治理能力需提升、政策执行与评估体系需强化等问题。自贸试验区作为制度创新的试验田，对于提升社会治理能力具有独特作用。

（1）自贸试验区推动了政府职能转变

在供给侧结构性改革背景下，中国政府职能转变的重要方向是推动政府从"管理型"向"服务型"转变，主要措施包括持续推进"放管服"改革和不断优化营商环境。通过转变政府职能，不仅能够直接激发各类市场主体的活力，提高资源配置效率，还可以间接提升供给体系的质量和效率，有效缓解供需结构性失衡的问题。中国的自贸试验区凭借先行先试和开放高地的优势，在推动政府职能转变过程中发挥着重要的示范引领作用。

自贸试验区利用"先行先试"机制，率先实施和探索各类改革举措，成为推动政府职能转变的重要试验平台，能够为其他地区提供成功经验和可复制的模式。自贸试验区通过简政放权，促使政府从"管理型"向"服务型"转变，使政府专注于提升公共服务的质量和效率，从而让市场在资源配置中发挥决定性作用。各级政府在自贸试验区内率先实施了大幅简化行政审批的改革，减少了对微观经济活动的干预，释放了市场主体的活力。例如，上海自贸试验区在设立之初，就大幅削减了行政审批事项，并通过"负面清单"管理模式，将市场准入规则透明化和标准化，使企业在进入市场时面临的行政障碍大幅降低。自贸试验区优化营商环境的各项措施也推动了政府职能向服务型转变，使市场主体在自贸试验区内感受到了更高效、更贴心的服务，激发了市场活力，推动了地区经济的高质量发展。例如，海南自贸港在推动营商环境改革时，特别强调"服务企业、服务项目"的理念，推出了"一网通办"和不见面审批等改革举措，通过数字化手段提升行政效率和透明度。此外，自贸试验区在推进"放管服"改革中扮演了先锋角色，探索出了一系列可复制、可推广的改革经验，为全国范围内的"放管服"改革提供了实践依据，加速了政府职能的转变。例如，自贸试验区通过"证照分离"改革，大幅减少了对企业日常经营的行政干预，更多依靠事中事后监管来维护市场秩序。

自贸试验区凭借开放高地的优势，通过与国际高标准接轨，促进政府职能转变，以更好地适应全球化背景下的经济治理需求。作为对外开放的高地，自贸试验区在实施对外开放政策时，要求政府在政策制定和实施过程中更加注重国际规则的对接与协调，从而推动政府职能向更加国际化和开放化的模式转变。在实施外资准入前国民待遇加负面清单管理模式的过程中，自贸试验区大幅减少了外资进入中国市场的壁垒，推动了政策的透明化和规范化。例如，海南自贸港在对标国际高标准自由贸易港的过程中，大幅放宽了外资准入限制，并在金融、旅游、现代服务业等领域实施了更加开放的政策。作为对外开放的"桥头堡"，自贸试验区是中国政府参与制定全球贸易规则的重要窗口。自贸试验区推动的制度型开放创新实践，使中国政府在制定全球贸易和投资规则过程中拥有了更多的话语权，推动了中国从规则的接受者转变为规则的制定者。例如，上海自贸试验区在推动人民币国际化、跨境电商和金融创新等方面积累了丰富的经验，为中国参与国际经济治理提供了有力支持。

自贸试验区的制度创新为政府职能的转变提供了重要动力。通过制度创新，自贸试验区不仅提升了政府的管理和服务能力，还为全国范围内的政府职能转变提供了宝贵的经验和借鉴。自贸试验区通过"负面清单"管理模式的创新，推动了政府职能从传统的审批管理向规则管理的转变。这一转变不仅提升了政府的治理效率，还促使政府职能向更加高效和精准的方向发展。自贸试验区的"负面清单"管理模式将监管重点转向清单之外的违法违规行为，大大简化了企业的审批流程，提升了市场活力。上海自贸试验区率先推出的"负面清单"管理模式，已成为全国范围内市场准入改革的典范。在推动金融创新和监管模式改革方面，自贸试验区的探索使政府能够更好地应对金融市场的快速变化和复杂性，增强了金融的稳定性和安全性。自贸试验区在资本项目开放、人民币国际化和跨境金融服务等领域的制度创新，不仅提升了金融市场的竞争力，还推动了政府监管模式的改革。例如，海南自贸港在金融开放领域的探索，通过引入跨境金融服务平台和金融科技创新中心，推动了金融监管的智能化和风险管理的精准化。此外，自贸试验区在推动社会治理创新方面的实践，为政府职能的转变提供了新的思路和路径，不仅提高了政府在社会治理中的效率和精准度，还推动了政府职能向服务社会、创新治理的方向转变。自贸试验区内人口流动性高、市场主体多样化，要求政府在社会治理方面进行创新，以应对复杂多变的社会环境。例如，广东自贸试验区通过实施"互联网+社会治理"模式，依托大数据和智能技术，提高了社会治理的精细化和智能化水平。

（2）自贸试验区推动了社会治理社会化

社会治理社会化对于提升治理能力水平具有重要意义。它通过推动治理主体多元化、创新治理方式和共享治理成效，实现政府、市场和社会之间的良性互动，增强治理的包容性、协同性和有效性。社会化治理模式不仅提高了政策的透明度和公众的参与度，还通过整合社会各界的智慧和资源，增强了政府应对复杂社会问题的能力，促进社会公平正义，维护社会稳定与和谐，从而为政府治理能力的全面提升和国家治理体系的现代化进程提供坚实支持。中国的自贸试验区在推动治理主体、治理方式和治理成效的社会化方面发挥了重要作用，为我国社会治理体系和治理能力现代化提供了有益的探索和实践，也为其他地区提供了可借鉴的经验。

在治理主体多元化方面，自贸试验区通过创新体制机制，推动了社会治理模式从单一政府治理转变为党委领导、政府负责、社会协同和公众参与的共建共治共享格局。这一转变不仅优化了社会治理结构，还为社会治理模式的发展和完善提供了宝贵的经验和实践基础。自贸试验区始终坚持党的全面领导，确保社会治理的正确方向。在中国自贸试验区建设中，各级党委将加强党的领导作为首要任务，充分发挥党总揽全局、协调各方的领导核心作用。例如，上海自贸试验区成立了党工委，加强对社会治理工作的领导，确保各项工作有序推进。自贸试验区还通过政策扶持和资金支持，鼓励社会组织、企业和公民个人参与社会治理，形成了政府、市场和社会三方共同参与的治理模式。自贸试验区还建立了公共咨询、社会听证等机制，保障了公众对政策制定和执行的知情权、参与权和监督权，提高了社会治理的透明度和公众满意度。

在治理方式社会化方面，自贸试验区通过创新治理手段，促进了国家与社会、政府与民众之间的良性互动，从而提高了社会治理的公平性、公开性和公正性。自贸试验区通过建立企业信用信息公示平台，增强了社会公众对市场主体行为的监督，提升了社会治理的透明度。此外，自贸试验区还积极推动政府、企业与社会组织之间的信息共享和资源整合，形成了协同治理的良好局面。以江苏自贸试验区为例，通过建立政务信息资源共享平台、推进数字政府建设、推广"自贸区+开放平台"联动模式、实施"三社联动"的"江苏模式"等措施，有效促进了信息共享和资源整合。

在治理成效社会化方面，自贸试验区通过优化治理成效，充分释放了社会活力，促进了社会秩序的和谐稳定，使全民共享社会治理的成果。自贸试验区通过制度创新和开放政策，推动了经济的高质量发展和产业升级，为全体人民带来了实实在在的福祉。例如，自贸试验区内的进口商品价格更为便宜，直接惠及消费者。此外，自贸试验区的建设还促进了区域经济一体化和协同发展，通过制度创新成果的复制和推广，优化了营商环境，增强了经济发展的内生动力。这些措施不仅提升了自贸试验区自身的经济发展水平，还通过示范效应和辐射作用，带动了周边地区乃至全国的经济社会发展，有助于实现共同富裕的目标。

（3）自贸试验区推动了社会治理的法治化

社会治理法治化通过确立法律在社会治理中的权威地位，确保了治理的规范性、系统性和长效性，这对提升社会治理能力具有重要意义。法治化为政府提供了明确的行动指南和权力边界，提升了政府治理的透明度和公众参与度，有效预防和解决了权力滥用的问题，同时保障了公民的基本权利和社会秩序的稳定。中国的自贸试验区作为制度创新的实践平台，通过构建法治化营商环境、推进立法工作、改革监管制度和建立多元争议解决机制等重要措施，为推动社会治理法治化提供了可复制和可推广的经验。

构建法治化营商环境是自贸试验区推动社会治理法治化的核心举措。自贸试验区通过制定和实施一系列与国际接轨、具有前瞻性的法律法规和政策，确立了法治化营商环境的制度框架。例如，上海自贸试验区推出了《中国（上海）自由贸易试验区条例》，明确了政府职能、市场准入和贸易便利化等方面的法律规定，为社会治理提供了法治保障。在构建法治化营商环境的过程中，自贸试验区强化了政府依法行政的意识，注重保护市场主体的合法权益，始终坚持政府依法为市场主体提供公共服务，并依靠法治手段维护公平竞争的基本原则。例如，《全面对接国际高标准经贸规则推进中国（上海）自由贸易试验区高水平制度型开放总体方案》明确要求，上海自贸试验区要加强知识产权保护，对地理标志产品实施高水平保护，并加大行政执法监管力度和对权利人的司法保护力度，进一步完善商业秘密保护制度。这些措施为企业创新提供了法治保障，同时也促进了社会治理的法治化。

自贸试验区在立法层面的积极探索，为社会治理法治化提供了制度保障和法律支持。自贸试验区管理办法和自由贸易试验区条例为各自贸试验区的建设与发展提供了基本的法律保障。各自贸试验区根据实际情况制定了相应的地方性法规，为治理实践提供了法律依据。例如，《中国（上海）自由贸易试验区条例》在外资准入、贸易便利化等方面进行了制度创新。在立法过程中，自贸试验区特别注重法律法规的衔接与协调。例如，在制定《中国（上海）自由贸易试验区条例》时，上海自贸试验区关注与《中华人民共和国外商投资法》《中华人民共和国海关法》等上位法的关系，明确指出当条例中的规定与上位法不一致时，以上位法为准。这确保了自贸试验区的法规与国家层面的法律保持一致，避免了法律冲突。此外，自贸试验区在立法工作中广泛征求社会各界意见，提高了立法的民主性和科学性。例如，四川自贸试验区在立法过程中，多次组织专家论证和公众咨询，以确保立法质量。

自贸试验区在监管制度上的创新，推动了社会治理向更加规范、高效的法治化方向发展。自贸试验区创新了监管模式，优化了监管流程，减少了不必要的行政干预，尤其是强化了事中事后监管体系，通过信用监管和风险评估等手段，提高了监管的针对性和有效性。自贸试验区建立了综合执法平台，整合了各类执法资源，提升了执法效率和公正性。天津自贸试验区通过制度集成、队伍保障和平台依托，构建了"一套制度作支撑""一支队伍作保障""一个平台为依托"的行政执法监督体系，有效提升了行政执法的效能。① 同时，自贸试验区还加强了监管信息的公开，提高了社会公众对监管行为的了解和信任。例如，河北自贸试验区要求及时公开涉及自贸试验区的法律法规和政策文件，并建设统一的监管信息共享平台。

自贸试验区通过构建多元争议解决机制，保障了社会治理法治化的公正性和有效性。一方面，自贸试验区设立了专业调解机构，为市场主体提供便捷、高效的争议解决服务。例如，陕西自贸试验区设立的公共法律服务中心与"一带一路"国际商事调解中心西安调解室，为国际贸易纠纷提供了专业调解支持。另一方面，自贸试验区推广了仲裁制度，提高了争议解决的公正性和权威性。例如，辽宁自贸试验区设立的大连国际仲裁院（大连仲裁委员会）、大连知识产权仲裁院和中国海事仲裁委员会东北亚国际仲裁中心等机构，为企业提供公正、

---

① 集成化行政执法监督体系 ［EB/OL］. ［2017-07-17］. https：//www. china-tjftz. gov. cn/contents/16150/557812. html.

高效的仲裁服务。此外，自贸试验区还加强了诉讼与非诉讼争议解决机制的衔接，为市场主体提供多元化的纠纷解决渠道。例如，上海市浦东新区人民法院探索构建的"涉外商事纠纷一站式解决机制"，推动原有的"诉讼、调解"二元对接模式转向"诉讼、调解、仲裁""三位一体"的模式，实现"能调则调、适仲则仲、当判则判"的效果。上海自贸试验区法庭还引入外籍调解员参与案件调解，提高了案件审判的科学性和准确性。

（4）自贸试验区推动了社会治理的智能化

社会治理智能化使政府能够快速收集和分析海量社会信息，精准识别和预测社会需求与问题，从而深入洞察复杂的社会现象。这极大提升了政府治理的精准性、高效性和预见性。社会治理智能化还促进了政府服务模式的创新，例如通过在线服务平台提供便民服务，提高了政府的透明度和公众参与度，推动更加开放、互动、高效的治理生态系统的构建，为实现政府治理现代化奠定了坚实基础。自贸试验区在社会治理智能化方面的探索与实践，在精准治理、智慧服务和社会共治等方面实现了创新，为全国范围内的社会治理智能化改革积累了宝贵经验。

自贸试验区在利用大数据、人工智能等新技术推动精准治理方面的探索，有效提升了政府的预测、决策和执行能力，为构建更加智能高效的社会治理体系奠定了重要基础。自贸试验区广泛应用大数据和人工智能技术，实现了政府治理的精准化和智能化。例如，广东自贸试验区不断加强"互联网+监管"模式的创新，充分利用大数据、云计算和物联网等信息化手段，实施在线即时监督和监测。重庆自贸试验区两江片区利用物联网、人工智能和大数据等技术，形成了以这些应用为核心的"智慧环保"监管平台，实现对水、气、声、渣的融合监管。海南自贸港在跨境电商监管中，建立了基于区块链的智能监管系统，实现了进出口货物全链条的可追溯，有效防范了走私等违法行为。

自贸试验区在政府服务智能化方面的探索与实践，不仅提升了政府服务的便捷性和针对性，也促进了政府与公众之间的良性互动，为全国性的政务服务智能化改革提供了有益经验。例如，上海自贸试验区广泛应用人工智能技术，实现了政务服务的"一网通办"。企业和群众只需通过移动端便可完成各类行政手续，这不仅大幅提升了服务效率，还提高了政府服务的便捷性和透明度。自贸试验区还探索了基于人工智能的智能化服务模式，提高了服务的响应速度，增强了服务的个性化和针对性，显著提升了政府服务的满意度。例如，海南自贸港广泛应用智能客服和语音交互等技术，为企业和群众提供24小时的智能化咨询与服务。此外，自贸试验区通过构建智慧化的社会服务体系，推动政府向居民提供更加精准和贴心的公共服务。比如，广东自贸试验区在社区治理中建立了基于大数据的智慧服务平台，通过整合各部门的服务资源，为居民提供个性化的养老、医疗和教育等服务。

自贸试验区基于数字技术的社会共治新模式的探索，提高了公众参与度，增强了社会各方的协同性，为构建更加开放、协同的社会治理生态提供了有益经验。自贸试验区利用大数据、云计算和物联网等信息技术，探索了企业信用分类管理、监管信息共享、风险预警、综合行政执法、"互联网+监管"等模式，同时构建了市场主体自治、行业自律、社会监督和政务公开的共治格局。例如，广东自贸试验区建设了"互联网+社会治理"平台，整合了政府部门、企业和社会组织等各方资源，实现信息共享和协同应对。广东自贸试验区引入第三方检验机构参与产品质量监管，充分发挥社会组织的专业优势，增强了监管的公信力。这种"政府引导、社会参与"的共治模式，不仅提升了政府的治理效能，也增强了公众对社会治理的认同感。

（5）自贸试验区推动了社会治理的专业化

社会治理的专业化不仅增强了政府治理的科学性和规范性，还促进了多元主体的合作，优化了资源配置和治理效果，显著提升了政府的治理能力和公共服务水平，保障了社会的稳定与和谐发展。中国的自贸试验区通过政策、技术、协同、标准和人才等多方面的探索与创新，显著推动了社会治理的专业化进程，为全国范围内的治理现代化提供了有力支持和示范效应。

自贸试验区通过政策创新引领社会治理专业化的方向。自贸试验区设立的初衷之一便是通过政策创新来促进经济发展，这种创新精神同样渗透到社会治理领域。例如，上海自贸区通过"负面清单"管理模式的创新，在投资管理上实现了从审批到监管的转变，为全国范围内市场准入制度改革提供了示范。制度探索也是自贸试验区推动社会治理专业化的重要途径。在自贸试验区的设立过程中，各地通过对法律法规和管理制度的探索，逐步建立了适应现代社会治理需求的制度体系。这不仅为当地经济社会发展提供了法律保障，也为社会治理提供了更加科学、规范的制度框架，推动了社会治理的专业化。例如，广东自贸试验区在法律服务、商事仲裁和知识产权保护等领域进行了深入的制度创新，推动了相关领域治理的法治化和专业化进程。此外，自贸试验区通过政策与制度的叠加效应，提升了社会治理整体水平。在政策实施和制度设计过程中，各自贸试验区注重理论与实践相结合，形成了一系列专业化的治理经验。这些经验不仅在自贸区内部有效运作，还通过"复制推广"的方式，影响了全国范围内的社会治理模式。例如，海南自由贸易港在人才引进和管理方面的政策创新，为全国其他地区的人才管理制度提供了有益借鉴，推动了社会治理的专业化与国际化。

自贸试验区广泛应用现代技术手段，推动了社会治理的专业化进程。技术手段的应用是推动社会治理专业化的重要驱动力，而自贸试验区则成为这一领域的先锋。随着大数据、人工智能和区块链等现代技术的发展，自贸试验区通过引入和应用这些前沿技术，显著提升了社会治理的精准性和高效性，为治理的专业化提供了坚实的技术支撑。在大数据技术的应用方面，自贸试验区走在全国前列，推动了社会治理决策的科学化和精准化。例如，深圳前海自贸试验区通过建立大数据平台，整合和分析海量数据，形成覆盖全区的"智慧前海"治理系统。这种基于数据的决策方式，有效避免了传统治理模式因信息滞后或片面导致的低效决策，提升了治理的专业化水平。人工智能技术的广泛应用不仅减少了人力资源的投入，还显著提高了监管的精准度和治理效率，推动了社会治理向更加专业化、智能化的方向发展。例如，上海自贸试验区通过智能化监管系统，实现了对区内企业的全生命周期管理，从企业注册到运营监管，再到后期的风险监控，整个过程都通过人工智能技术进行辅助。区块链技术的应用为自贸试验区的社会治理带来了革命性的变化，使得治理过程中的数据记录更加安全、可靠，有效防范了信息篡改和数据泄露的风险，提高了社会治理的公信力和专业化水平。在海南自贸港，区块链技术被广泛应用于商事登记、合同管理和跨境支付等领域，极大提升了信息透明度和治理的可信度。

自贸试验区通过跨部门协同与多元参与机制的创新，有效推动了社会治理的专业化进程。通过建立跨部门的协作机制，自贸试验区打破了部门之间的壁垒，实现了信息共享和资源整合。这不仅提升了治理效率，还增强了社会治理的系统性和专业化。例如，天津自贸试验区在市场监管领域，建立了由工商、税务、质检等多个部门共同参与的协同监管平台，实现了对市场主体的全方位监管。自贸试验区通过鼓励和吸引企业、社会组织和公众积极参与，形成了政府主导、社会协同、公众参与的多元治理格局。这不仅丰富了社会治理的主体结构，还增强了治理的专业性和有效性。例如，厦门自贸试验区在社会治理中广泛引入社会组织和企业的力量，特别是在环保治理和社会服务领域，企业和社会组织通过参与项目管理和提供专业服务，显著提升了治理的专业化水平。此外，自贸试验区在社会治理中的实践探索积累了大量成功经验和有效模式，这些经验和模式不仅在自贸试验区内得到了推广，还为全国其他地区的社会治理提供了有益的参考。例如，上海自贸试验区的跨部门协同监管模式和公众参与经验，已在全国多个省市复制推广，显著提升了这些地区的社会治理水平和专业化程度。

自贸试验区通过制定和实施标准化治理流程与制度，有效减少了治理过程中的随意性和不确定性，有效促进了社会治理的专业化进程。一方面，自贸试验区积极探索并制定适应当地需求的标准化管理制度，提升了社会治理的规范性和透明度。例如，上海自贸试验区在市场监管、环境保护和公共服务等领域，制定了一系列标准化管理流程和操作规范，推动了社会治理的专业化。另一方面，自贸试验区注重运用科学的方法与标准指导治理实践，提升治理的科学性和可操作性。例如，天津自贸试验区在知识产权保护领域，制定并实施了一系列规范化管理制度，包括专利申请、维权援助和法律咨询等方面的标准操作流程。这些措施有效提高了社会治理的专业化水平。此外，自贸试验区在标准化与规范化推进过程中积累了宝贵的经验与模式，各自贸试验区通过实践形成了大量可复制、可推广的治理经验。例如，广州南沙自贸区在商事登记领域的标准化管理经验，已在全国范围内推广应用，显著提升了各地商事治理的专业化水平。这些探索为全国社会治理的现代化提供了重要参考。

自贸试验区通过吸引和培养具备专业背景和国际视野的人才，提升了治理队伍的整体素质，为社会治理的专业化奠定了坚实的人才基础。一方面，自贸试验区吸引大量高端人才，不仅提高了社会治理的国际化水平，也推动了治理模式的专业化转型。例如，海南自贸港实施的《百万人才进海南行动计划（2018—2025 年）》成功吸引了在法律、金融和环保等领域具备国际经验的专业人才。另一方面，自贸试验区通过开展专业培训和教育，培养了一批具备专业知识与技能的治理人才。这些培训不仅提升了治理人员的专业素质，还为自贸试验区的社会治理提供了有力支持，推动了治理的专业化进程。以上海自贸试验区为例，开设了涵盖法律法规、国际贸易、环境保护等多个领域的专业培训课程。此外，自贸试验区通过培养和输出专业人才，将治理经验推广到全国各地。天津自贸试验区的治理人才在全国社会治理领域发挥了重要作用，他们不仅将成功经验带到其他地区，还推动了这些地区社会治理的专业化进程。通过这一系列措施，自贸试验区为提升全国社会治理的专业化水平提供了重要支持。

（五）自贸试验区的促进区域协调发展功能

区域协调发展可以通过优化资源配置、促进产业升级、激发创新活力、推动市场一体化、增强经济互补性、发展特色经济、提升综合竞争力、实现可持续发展和分散经济风险等方式，提高供给体系的质量与效率，进而化解供需结构性失衡。尽管中国在区域协调发展方面取得了显著成效，但当前仍面临区域发展不平衡、关键产业和产业链分布不均、地区产业同质化及低水平重复建设、地方保护和区域壁垒等问题。中国的自贸试验区凭借广泛布局和独特功能定位，在促进区域协调发展中发挥了重要作用。

（1）自贸试验区的区位布局促进了区域均衡发展

中国自贸试验区的区位布局涵盖全国东西南北，既推动了东中西部及沿海与内陆的协调发展，又加强了沿边地区的边境经贸合作。此外，这也促进了国家重大区域发展战略的实施，为实现区域资源共享、优势互补和共同繁荣提供了强大动力和广阔空间。

中国分批次在东部沿海、中部和西部地区设立了不同特色的自贸试验区，实现了东中西全面覆盖，有效促进了各区域之间的经济互补和协调发展。东部沿海自贸试验区依托开放的经济结构和成熟的产业基础，成为国家对外开放的先行区。东部自贸试验区在贸易和投资自由化便利化方面进行了大量创新，不仅提升了自身发展水平，还通过经验复制带动了周边及中西部地区的发展。例如，上海自贸试验区在金融服务和航运贸易等领域的创新，推动了本地经济转型，同时辐射效应促进了长三角及整个东部地区的发展，其先进经验也为中西部改革开放提供了借鉴。中西部自贸试验区依托地理和政策优势，通过政策创新激发了内陆发展潜力，促进了区域经济的内生增长，缩小了与东部地区的差距。湖北、河南等中部地区通过交通物流融合，推动了产业转移和资源共享。四川、重庆等西部地区则吸引了大量投资，推动当地特色产业发展。同时，中西部自贸试验区通过承接东部产业转移，促进产业结构优化升级，增强了区域经济竞争力。

中国的自贸试验区实现了沿海、内陆和沿边地区的全面覆盖，促进了区域经济协同和资源共享，推动了均衡发展。沿海自贸试验区凭借地理优势和开放传统，成为对外开放的前沿，为内陆地区提供了资金、技术、管理经验和市场渠道，助力内陆的产业升级和经济转型。例如，上海自贸试验区利用其国际航运中心地位，推动了贸易和金融的深度开放，吸引了大量外资企业，促进了高端制造和现代服务业的发展。内陆自贸试验区通过与沿海地区的战略联动，充分发挥资源丰富和劳动力成本低的优势，成为产业转移的重要基地。这一机制促进了区域经济协调发展，优化了产业布局，推动内陆经济快速增长和结构升级。例如，河南自贸试验区通过发展现代物流和跨境电商，增强与沿海地区的经济联系，吸引沿海企业内迁，促进了就业和经济增长。自贸试验区的沿海与内陆互补发展还体现在产业链的优化和整合上。沿海自贸试验区侧重研发和高端制造，而内陆自贸试验区则专注生产和物流，形成完整的产业链。这种分工合作不仅提升了整体竞争力，还促进了区域间的经济互补和协调发展。此外，沿海自贸试验区通过海港和空港与内陆自贸试验区的铁路、公路和空港物流网络相连，形成高效物流体系，促进了区域货物和服务的流通。自贸试验区在沿边地区的布局，为边境经贸合作提供了新平台，推动了沿边地区的开放与均衡发展。沿边自贸试验区利用政策和地缘优势，增强与周边国家的经贸往来，促进了边境贸易和特色产业的发展。一方面，沿边自贸试验区发展边民互市和跨境电商等新业态，丰富了边境地区的经贸合作模式。例如，广西自贸试验区利用与东盟国家邻近的地理优势，加深了与东盟的经贸合作，促进了边境贸易和跨境物流，推动了当地经济快速发展。另一方面，沿边自贸试验区加强跨境产业链建设，促进跨境产能合作。例如，广西自贸试验区崇左片区通过打造中越"两国双园"项目，吸引企业跨境布局，形成重要的产业合作平台。此外，沿边自贸试验区通过基础设施建设，提升了边境地区的互联互通水平。云南自贸试验区建设跨境交通网络，加强了与南亚、东南亚国家的物流联系，提高了边境地区的开放度。沿边自贸试验区还通过人文交流和教育合作，促进了边境地区的人才培养与文化交流。例如，新疆自贸试验区与中亚国家的文化和教育合作，致力于培养熟悉"一带一路"合作伙伴语言和文化的人才，为边境地区的长远发展提供支持。

自贸试验区的全国布局与国家重大区域发展战略深度融合，极大地推动了区域均衡发展。自贸试验区与"一带一路"倡议、粤港澳大湾区、京津冀协同发展、长江经济带、西部大开发、成渝地区双城经济圈、中部崛起及东北振兴等战略协同推进，形成了多层次、全方位的战略联动，为实现区域均衡发展提供了重要支撑。"一带一路"沿线自贸试验区通过优化通关流程、完善基础设施、促进跨境贸易与投资等措施，提升了对外开放水平，发挥了促进沿线区域均衡发展的关键作用。例如，重庆和四川的自贸试验区深化对外开放，加快与"一带一路"合作伙伴的经贸合作，不仅提升了本地区的经济水平，还带动了整个西部的发展，缩小了东西部之间的差距，推动了区域经济均衡发展。京津冀自贸试验区通过深化改革、优化营商环境、推动高端产业聚集及加强区域协同，促进了产业分工与资源共享，助力京津冀区域均衡发展。自贸试验区与长江经济带战略高度契合，为沿江地区协调发展注入新动能。例如，重庆和武汉等地的自贸试验区通过产业转移和资源整合，缩小了区域间的经济差距，促进了长江经济带的协调发展。西部地区的自贸试验区如四川、重庆、云南、广西和陕西，通过优化营商环境、促进对外开放和发展特色产业，推动了西部经济发展，支撑了新时代的西部大开发战略。中部地区的安徽、湖南、湖北和河南自贸试验区，通过制度创新、产业升级、区域协同、基础设施建设和生态环境保护等举措，促进了中部地区的高质量发展与均衡崛起。东北地区的黑龙江和辽宁自贸试验区则通过吸引外资和优化资源配置，为经济转型和全面振兴注入新动能。

（2）自贸试验区的产业布局促进了区域间产业的分工与协作

中国自贸试验区的产业布局具有区域差异性、产业集聚性、跨境协作性和创新驱动性等特点。这有助于发挥各地区的比较优势，促进区域间的分工合作与产业协作，为区域协调发展注入新动力。

自贸试验区的差异化产业定位充分利用了各地区的比较优势，有效避免了重复建设和不必要的竞争，从而推动了区域产业链的一体化发展。不同自贸试验区根据各自的区位条件、资源禀赋和产业基础，确定了差异化的重点产业发展方向，促进了区域间的产业分工与协作。这种差异化定位不仅避免了区域间的同质化竞争，还促进了合作共赢。例如，上海自贸试验区吸引了大量金融机构和高端人才，提升了其自身的发展水平，同时推动了长三角地区金融业的一体化发展。广东自贸试验区则通过现代服务业和先进制造业的崛起，吸引了包括世界 500 强企业和港澳资企业在内的各类高端生产要素，为粤港澳大湾区的产业链协作奠定了基础。

自贸试验区的产业集聚效应通过吸引企业和延伸产业链，推动了相关区域产业链条的优化整合，促进了区域间的产业分工与协作。自贸试验区优化营商环境和提供政策支持，显著吸引了企业和资本的聚集，形成了强大的产业集群。这些产业集群不仅提升了自贸试验区自身的竞争力，还通过产业链延伸和辐射效应，带动了周边地区相关产业的发展，增强了整体区域实力。例如，天津自贸试验区聚集了大量融资租赁、航空航天、装备制造和新一代信息技术等领域的企业，形成了相应的产业集群。这些集群提升了天津自贸试验区的产业竞争力，并通过产业链延伸，促进了环渤海地区相关产业的发展，如河北和山东的零部件配套产业。此外，自贸试验区的产业集聚还促进了相关基础设施和公共服务的完善。这不仅有利于自贸试验区内部的产业发展，也惠及周边地区，进一步优化了区域间的产业链整合。例如，天津自贸试验区的制造业企业推动了周边地区在交通、能源和通信等基础设施建设方面的提升，为当地企业提供了更完善的保障。

自贸试验区的跨境产业链协作特点充分利用了跨境要素流动的便利，与周边国家和地区广泛开展产业链合作，提升了当地的开放水平，促进了区域一体化发展。这种跨境合作的辐射效应为区域间产业分工提供了重要支撑。例如，广东自贸试验区与港澳地区在金融、贸易等领域进行了深度合作。香港在金融和贸易方面发挥优势，澳门在旅游和会展等服务业中突出，而广东则集中发展制造业和现代服务业。这种区域内部的分工不仅提升了自贸试验区的开放水平和产业竞争力，也推动了粤港澳大湾区的一体化进程。

自贸试验区凭借优良的创新制度环境和丰富的创新资源，通过持续优化创新生态，不仅提升了自身的创新水平，也带动了相关区域的共同发展，增强了区域间产业分工的能力。自贸试验区在制度创新和政策支持方面，为科技创新提供了良好环境，有力促进了新技术和新业态的发展。自贸试验区的创新成果复制推广及要素流动，为其他地区的产业发展提供了技术和人才支持，推动了产业链的优化整合。例如，上海自贸试验区在人工智能和生物医药等前沿领域实施了一系列创新政策，提供了优质的政策支持和监管环境，显著提升了创新活力，使其在相关领域形成优势。上海自贸试验区在人工智能和生物医药领域的创新成果，通过产业链延伸和技术扩散，逐步传播到周边地区，提升了长三角地区的整体创新动能。

(3) 自贸试验区的制度创新打破了区域壁垒

中国自贸试验区在跨境贸易、资金流动和人才流动等方面的制度创新，有效打破了区域间商品和要素流动的障碍，提升了区域经济一体化水平。这些创新成果为其他地区提供了可复制的经验，有助于消除阻碍区域协调发展的壁垒，进而推动区域和全国大市场加速形成。

自贸试验区在市场准入、监管模式和营商环境等方面的创新，打破了传统行政区划带来的地方保护主义问题，促进了区域间市场一体化。一方面，自贸试验区通过实施负面清单管理模式，从根本上改变了传统的行政审批制度，减少了行政干预，降低了市场准入门槛。这一模式的推广，打破了地方保护主义壁垒，使外地企业能够更公平地进入本地市场，促进了资本、技术和人才等要素的自由流动。另一方面，自贸试验区在事中事后监管方面的创新，如信用体系建设和综合执法改革，提高了监管效率和透明度，为企业提供了公平竞争的市场环境。这种监管创新有助于减少地方政府的不当干预，促进区域间公平竞争。此外，自贸试验区通过简化审批流程和提高行政效率等措施，显著优化了营商环境，降低了企业交易成本，为外地企业进入本地市场创造了便利条件。例如，上海自贸试验区推行的"单一窗口"和"一网通办"等改革措施，显著提升了行政服务效率，为外地企业进入上海市场提供了有力支持。

自贸试验区在商品贸易和要素流动方面的制度创新，有效打破了区域壁垒，促进了要素的自由流动和优化配置。在商品贸易方面，自贸试验区通过简化通关手续和提升物流效率，大幅降低了跨区域商品流通的交易成本。这种贸易便利化创新，不仅提升了自贸试验区的对外开放水平，还推动了周边地区进一步放松对外交流限制，促进了区域商品市场的一体化。这些创新经验为其他地区提供了可复制的做法，有助于消除商品流通的障碍。在要素流动方面，自贸试验区在金融开放和人才引进上进行了大胆创新，特别是在户籍、社保和住房等人才政策方面，突破了区域间人才流动的障碍，消除了制度性壁垒，促进了人才的自由流动。这种创新既提升了自贸试验区的人才集聚能力，也带动了周边地区放宽人才引进限制，为区域人才资源的优化配置创造了有利条件。此外，自贸试验区在跨境人民币业务和投融资等领域的制度创新，显著提升了区域内资金流动的便利性，为资本自由流动创造了良好条件。这种资本流动便利化的创新，不仅增强了自贸试验区在资金集聚和配置方面的能力，还推动了周边地区放松资金管制，有助于打破区域间资本流动的障碍，促进区域资本市场的一体化发展。

自贸试验区的政策创新和先行先试为解决交通物流障碍提供了新思路。这些经验通过全国范围内的复制推广，有助于形成统一开放、竞争有序的全国大市场，从根本上打破因交通物流障碍造成的区域壁垒。一方面，自贸试验区在物流基础设施建设方面的创新，如建设多式联运中心和优化物流园区布局，整合了不同的运输方式，提升了区域物流网络的互联互通性。这不仅为区域内外企业提供了高效的物流平台，还改善了交通物流条件，促进了区域经济的一体化发展。另一方面，自贸试验区通过政策引导和激励机制，鼓励物流企业和服务机构采用先进的物流技术和管理模式，提高服务质量和效率。这种创新提升了物流行业的整体竞争力，提供了更便捷的物流服务，降低了企业运营成本，增强了区域市场的吸引力。此外，自贸试验区在区域物流合作方面的创新，如建立区域物流联盟和推动信息共享平台，有助于打破行政区划限制，实现资源共享和优势互补。这种跨区域物流合作机制促进了资源的优化配置，加强了区域间的经济联系和市场一体化。

自贸试验区在信息共享和产业服务等方面的制度创新，有效缓解了区域间信息不对称问题，打破了地方保护主义，促进了市场一体化，为全国性改革开放探索了可复制的经验。在信息共享方面，自贸试验区积极融入区域发展战略，建立跨区域信息交流平台，增强了地方政府间的协作，为企业跨区域经营提供了重要参考。例如，沪苏浙皖自贸试验区共同发起了长三角自由贸易试验区联盟，整合了三省一市的政策信息、投资环境和产业动态，为企业提供全面的市场数据。在产业服务方面，自贸试验区搭建了跨区域产业合作网络，不仅为企业开拓海外市场提供了"一站式"服务，也促进了产业链上下游信息的高效流通，推动了区域产业链的协同发展。例如，浙江自贸试验区依托"一带一路"倡议，打造了"丝路电商"综合服务平台，整合了跨境电商、国际物流和贸易金融等产业链环节。

（4）自贸试验区的辐射示范效应提升了区域综合竞争力

中国的自贸试验区通过制度创新、产业协同和开放发展等多个角度的辐射示范效应，有效提升了区域综合竞争力。这些效应不仅推动了自贸试验区的高质量发展，也为其他地区提供了可借鉴的经验和模式，发挥了积极的引领作用。

自贸试验区在制度创新方面的探索，对提升区域综合竞争力发挥了显著的示范效应。通过一系列创新政策和管理体制的先行先试，自贸试验区成功打造了更加开放、便利、透明的营商环境，这些创新制度的推广对周边地区及全国的综合竞争力提升具有重要意义。例如，自贸试验区推行的负面清单管理模式，放宽了市场准入，提高了投资自由化水平，激发了市场活力，降低了企业进入门槛，吸引了更多资本流入，促进了区域经济的多元化发展。自贸试验区的"单一窗口"服务模式通过整合海关、税务、外汇等多个部门的信息资源，简化了通关流程，提高了贸易便利化水平。这一服务模式的复制和推广有助于降低区域内部的交易成本，提升贸易效率和国际竞争力。在金融创新方面，自贸试验区建立的自由贸易账户体系，为企业提供多元化的金融服务，促进了资本的有效流动和配置，增强了区域的金融服务水平和经济活力。同时，自贸试验区在人才政策和知识产权保护等方面的创新，为区域的创新驱动发展提供了有力支撑。这些政策的推广不仅吸引和留住高层次人才，还激发了区域的创新活力，提升了整体的创新能力和核心竞争力。

自贸试验区通过产业协同发展，有效促进了区域产业链的优化和价值链的提升，从而推动了区域综合竞争力的增强。自贸试验区在推动产业集群发展和上下游协同方面的实践，为区域产业竞争力提供了强有力的支撑。自贸试验区通过集聚高端产业和创新要素，推动产业结构的优化升级。其产业政策和环境优势吸引了大量高新技术企业和研发机构，形成了一批具有国际竞争力的产业集群。这些集群的发展，不仅提升了自贸试验区自身的产业竞争力，还通过技术溢出和产业链联动，带动了周边地区的产业升级。在推动产业链上下游协同方面，自贸试验区通过搭建产业合作平台和优化产业链布局，加强了与周边地区的产业对接与合作，促进了区域产业链的整合与优化，提升了整体竞争力。同时，自贸试验区通过支持企业加大研发投入和鼓励技术创新，促进了产业技术的创新和应用，为区域产业竞争力提供了新动力。此外，自贸试验区通过优化政策环境和提供一站式服务，为企业和产业集群发展创造了良好的政策环境，进而为区域产业协同发展提供了有力保障。

自贸试验区在扩大开放和促进国际合作方面的探索，为区域开放型经济的发展提供了强有力的支撑，推动了区域综合竞争力的提升。通过降低贸易和投资壁垒，自贸试验区显著提高了区域的开放水平，其开放政策吸引了大量外资企业入驻，促进了国际贸易和投资的增长。这种开放效应的扩散，不仅提升了区域的国际竞争力，也增强了其市场吸引力。自贸试验区还通过参与国际经贸活动和推动国际产能合作，加强了与国际市场的交流与合作，进一步提升了区域的国际影响力。自贸试验区大力发展跨境电子商务和服务贸易等新兴业态，有效推动了区域经济的转型升级，增强了经济活力与竞争力。此外，自贸试验区通过优化开放政策环境和提供国际化服务，为企业国际化发展创造了便利的条件，促进了开放型经济的健康发展和竞争力提升。

第三节　自贸试验区助力供给侧结构性改革的实现路径

去产能、去库存、去杠杆、降成本和补短板是供给侧结构性改革的五大重点任务。去产能旨在解决产能过剩问题，通过淘汰落后产能和压减过剩产能，促进供给与需求的动态平衡。去库存则是消化房地产和制造业等领域的库存，缓解供需结构性矛盾。去杠杆是降低企业、政府和家庭的高杠杆率，防范系统性金融风险。降成本通过减税、降低交易成本等手段，减轻企业负担，提高盈利能力。补短板则针对基础设施、创新能力和公共服务等薄弱环节进行投资和改革，增强经济发展动力。这五大任务的有机结合，旨在深化供给侧结构性改革，优化供给结构，提高供给质量，增强经济内生动力，推动高质量发展。自贸试验区作为制度创新的试验田、现代新兴产业的聚集地和高水平对外开放的窗口，能够通过多种方式推动这五大任务的实施。

一、自贸试验区的"去产能"路径

化解过剩产能有两种基本路径。一是资源再配置路径，将资源从产能过剩的行业释放出来，以支持新兴行业发展，优化资源配置效率和产业结构。这需要进行跨国、跨地区、跨行业及不同所有制的兼并重组，并对僵尸企业进行破产清算。二是市场拓展路径，通过加大国际市场开拓力度，增加相关行业产品的国际需求，将"过剩产能"转化为"有效产能"，提高产能利用率，避免资源闲置和浪费。自贸试验区在资源再配置和市场拓展方面均可发挥积极作用。

（一）自贸试验区资源再配置功能的实现路径

（1）自贸试验区在推动传统产业转型升级中加速了产能过剩行业的资源转移

中国自贸试验区作为制度创新的试验田，通过一系列制度创新和改革措施，为传统产能过剩行业的资源释放和新兴产业的资源吸纳提供了制度保障和政策支持，从而提升了整个经济体系的资源配置效率。

自贸试验区通过深化行政审批制度改革，降低企业市场准入门槛，打破了阻碍资源要素流动的制度壁垒。传统产能过剩行业的资源，如资本和土地，通过简化审批程序和优化营商环境，更加便捷地流向高附加值的新兴产业。这种制度创新不仅提升了资源要素的流动性，还降低了企业转型升级的成本，使更多企业能够从低效益的传统行业转移到新兴行业，有效化解产能过剩。例如，上海自贸试验区在工商登记和投资项目审批等方面实施了一系列简政放权的改革措施，显著提高了企业运营效率，促进了资源要素的重新配置。

自贸试验区通过金融领域的制度创新，支持企业的兼并重组和技术改造。在产能过剩行业，企业兼并重组常面临资金和制度的双重障碍，自贸试验区通过探索金融市场的开放与创新，为企业提供多样化的融资渠道，特别是引入外资和社会资本，支持传统产业的整合与重组，有效缓解了资源闲置问题。例如，山东自贸试验区通过引入外资和社会资本，推动当地轮胎企业的兼并重组，不仅提高了行业集中度，还通过淘汰落后产能实现了资源的高效利用，减少了闲置产能。青岛双星轮胎公司成功收购了锦湖轮胎和山东恒宇科技有限公司等多家轮胎企业，实现了资源整合与优化配置。

自贸试验区还通过引入国际先进的管理经验和技术标准，推动传统产业的转型升级。自贸试验区放宽市场准入，并推动与国际规则接轨，吸引大量国际先进企业入驻，带来先进的管理经验和技术标准。这些国际企业的进入，不仅提升了当地产业的技术水平，还促使传统行业进行技术改造和产品升级，提高了资源配置效率，减少了低端产能的过剩。例如，上海自贸试验区临港新片区引入特斯拉，建立其首个海外超级工厂，带动了当地汽车产业链的升级，促进国内企业加快技术改造与产品升级。同时，宁德时代作为特斯拉的电池供应商，借助合作关系，加速技术创新和产能扩张，提升了中国在全球电动汽车电池领域的竞争力。此外，天津自贸试验区引入空客（Airbus），建设空客 A320 系列飞机总装线，使天津成为全球第四个同时具备单通道和宽体飞机生产能力的基地。这一举措不仅提升了天津在航空航天产业链中的地位，还促进了航空制造业的转型升级。

（2）自贸试验区在促进新兴产业集聚发展中促进了资源高效再配置

中国自贸试验区作为现代新兴产业的集聚地，通过推动新兴产业的发展与集聚，有效促进了资源的高效再配置，助力了过剩产能的有效化解。新兴产业的集聚效应不仅吸引了大量的资本、技术和人才流入，还带动了相关配套产业的转型升级，进一步推动了传统行业资源的释放与再配置，从而为解决产能过剩问题提供了有力支撑。

自贸试验区通过政策支持和产业引导，推动新兴产业的快速发展。新兴产业通常需要大量资本、技术和人才，自贸试验区通过税收优惠和产业基金等政策措施，吸引了大量资源流入新兴产业领域。这种资源集中投入使新兴产业迅速成长并形成规模效应，从而带动传统行业资源向新兴产业转移。例如，深圳前海自贸试验区大力发展科技服务业，吸引了众多国内外高科技企业和人才入驻，推动了区域资源的高效配置，有效化解了部分传统制造业的产能过剩问题。

新兴产业的集聚效应进一步加速了区域内资源的重新配置。当某一地区的新兴产业形成集聚效应后，会带动资本、技术和人才等生产要素的快速流动与优化配置。这些资源优先流入高成长性行业，而传统行业的资源则逐渐被边缘化或转移。通过这种集聚效应，区域内的资源配置效率显著提高，传统行业中低效益的资源得以释放并重新分配，有效化解传统行业的产能过剩问题。例如，上海自贸试验区临港新片区通过发展智能制造和新能源汽车等新兴产业，吸引了大量投资和技术集中涌入，进一步优化了区域内的资源配置，推动了区域经济的转型升级，有效化解了部分传统行业的过剩产能。

新兴产业的发展带动了相关配套产业的转型升级，进一步促进了资源的再配置。在新兴产业集聚的过程中，配套产业也随之升级和改造，推动整个产业链的转型。这种转型不仅提升了产业链的整体竞争力，还促进了资源在产业链中的高效配置。例如，广东自贸试验区通过发展先进制造业和现代服务业，带动周边传统制造业的技术升级和改造，使传统行业的资源更好地服务于新兴产业的发展，避免了资源浪费和产能过剩。

（二）自贸试验区市场拓展功能的实现路径

（1）自贸试验区通过开拓新市场增加出口化解过剩产能

中国自贸试验区实施的一系列高水平对外开放政策，拓展了中国企业的海外市场空间，显著提升了其国际竞争力和出口能力，有效将"过剩产能"转化为"有效产能"，为缓解国内产能过剩问题提供了重要路径。

自贸试验区通过对接高标准自由贸易区网络和参与"一带一路"建设，拓展了中国企业进入海外市场的渠道。截至 2023 年年底，中国已与相关国家和地区签署 22 个自贸协定，建立 29 个自贸伙伴，覆盖亚洲、拉丁美洲、非洲、欧洲和大洋洲。作为中国主动高水平对外开放的窗口，自贸试验区积极与已签订自贸协定的国家对接，为中国企业打造了更加畅通的出口通道。例如，广西和云南自贸试验区积极对接《区域全面经济伙伴关系协定》（RCEP），挖掘中国产品进入东盟国家市场的潜力，促进农产品、钢铁、汽车等的出口。自贸试验区还通过设立技术性贸易措施企业服务中心、推广能源类特色供应链合作平台、升级检测认证服务和建设综合服务中心等多种措施，为企业开拓"一带一路"合作伙伴和地区的市场提供了重要服务，推动了这些市场的发展。例如，四川自贸试验区支持与"一带一路"合作伙伴在海关、检验检疫、认证认可和标准计量等方面的合作与交流，探索贸易供应链的安全与便利合作。

自贸试验区通过优化贸易投资环境，显著提升了中国企业的出口能力。自贸试验区实施了一系列便利化措施，如简化通关手续、提高货物通关速度和减少行政审批，极大地降低了企业的出口成本。同时，自贸试验区建立了多层次的出口信用保险体系，为出口企业提供风险保障。这些措施不仅提高了运营效率，还增强了国际市场竞争力。例如，天津自贸试验区通过优化外贸环境，大幅提升了当地企业的出口效率，有效推动了过剩产能行业的国际市场开拓。

自贸试验区通过培育外贸新业态，拓展了出口产品的渠道。它鼓励发展跨境电商、服务贸易等新兴业态，为中国企业提供更灵活便捷的出口渠道。这些新兴业态有效连接国内外市场，降低出口企业的运营成本，并有针对性地开发符合海外消费者需求的产品，从而提升市场竞争力。例如，上海自贸试验区大力发展跨境电商，为当地传统制造业开辟了新的出口渠道，推动了产能过剩行业的国际化发展。

（2）自贸试验区通过推动产能跨国转移化解过剩产能

中国自贸试验区通过优化对外投资环境、加强国际产能合作和引导企业合理转移产能，有效降低了企业对外投资的成本和风险，推动了产能的跨国转移，为化解国内过剩产能提供了重要途径。

自贸试验区不断优化对外投资环境，为企业跨国转移产能提供了强有力的制度支持和政策保障。一方面，自贸试验区在对外投资领域实施了更开放便利的政策，大幅降低了企业投资成本，简化了审批程序，缩短了审批时间，提高了投资效率。例如，上海自贸试验区对 3 亿美元以下的项目及非敏感行业实行备案制管理。另一方面，自贸试验区通过资本项目可兑换、人民币跨境使用、跨境融资和放宽外资金融机构准入等金融创新，有效缓解了企业的资金约束，创造了有利条件。例如，上海自贸试验区构建了包括跨境投融资与并购平台、全球现金管理平台在内的六大国际创新平台，推动金融产品创新，实现了自贸试验区与全球市场的深度联动。这一举措增强了自贸试验区企业对境内外市场的双重利用能力，显著提升了区域金融体系的国际化水平和竞争力。此外，在知识产权保护、投资争端解决等领域，自贸试验区与其他国家和地区进行规则对接，为企业通过对外投资实现产能跨国转移营造了更加有利的国际环境。

自贸试验区积极参与"一带一路"建设，与共建国家和地区开展了广泛的产能合作。一方面，自贸试验区推动中国—中东欧 16+1 合作框架的落实，加强了中国企业与东欧国家在钢铁、机械制造等行业的产能合作，有效缓解了国内过剩产能。例如，浙江自贸试验区宁波片区鼓励企业在中东欧设立境外经贸合作区，为国内企业对欧洲的跨国投资提供"跳板"。另一方面，自贸试验区积极融入中国—东盟自贸区，强化了中国企业与东盟国家在基础设施建设和装备制造等领域的产能合作，拓展了对外投资空间。例如，广西自贸试验区通过实施向海通道建设，构建面向东盟的跨境产业链供应链，推动与东盟国家的合作，推动了中国企业在基础设施和装备制造领域的对外投资与产能合作。

自贸试验区引导和鼓励企业"走出去"，实现产能的跨国转移与市场拓展，有效化解了产能过剩。自贸试验区积极为企业对外投资提供政策支持和信息服务，帮助企业选择合适的投资目标国家和行业，降低了资金压力和不确定性，为跨国转移产能创造了良好条件。自贸试验区出台了一系列优惠政策，为企业"走出去"提供了有力的财税支持。例如，上海自贸试验区推出专项资金支持计划，为企业提供了贷款贴息等财政补贴。此外，自贸试验区建立专业服务平台，为企业"走出去"提供了全方位支持，有效降低了对外投资的各种成本和风险，营造了良好的服务环境。上海自贸试验区设立"一带一路"企业服务中心，为企业提供了法律咨询、贸易促进等支持。针对产能过剩行业，如钢铁和化工，一些自贸试验区主动为企业"走出去"提供海外投资指导和信息支持。例如，广西自贸试验区利用沿边开放的优势，推动与东盟国家的经贸合作，打造跨境产业链，促进了钢铁和化工等产能过剩行业的跨境产能合作。

（3）自贸试验区通过推动产品升级化解过剩产能

中国的自贸试验区积极支持企业通过技术创新和产品研发推动产品升级，以应对国内外市场对高品质、多样化产品的需求增长。这一策略不仅有助于化解过剩产能问题，还推动了产业结构的优化与升级。

自贸试验区为企业产品升级提供了丰富的技术创新资源和政策支持。一方面，自贸试验区大幅放宽外资准入，吸引了大量国际先进企业入驻，为国内企业带来了先进的管理经验和技术标准。例如，上海自贸试验区引进特斯拉等国际领先的电动车企业，促进了本地汽车制造业的技术升级；另一方面，自贸试验区通过实施税收优惠、建立技术创新基金等措施，为企业的产品升级提供了强有力的政策和资金支持。例如，湖北自贸试验区鼓励加工贸易企业利用研发费用税前加计扣除等优惠政策，推动技术研发和改造，以提升制造水平和产品附加值。此外，自贸试验区还积极组织产学研合作，推动企业开发符合中高端市场需求的新产品。例如，黑龙江自贸试验区不断推动企业与哈尔滨工业大学、哈尔滨工程大学及省绿色食品科学研究院等高校科研机构的合作，助力高端装备和新一代信息技术等领域的发展。

自贸试验区通过大力培育高端制造业集群，推动相关企业产品向中高端迈进。自贸试验区聚焦于航空航天、智能装备等战略性新兴产业，为这些产业的集聚发展创造了良好环境。例如，天津自贸试验区在航空航天领域取得显著成就，吸引了空客天津总装线和庞巴迪公务机维修等项目入驻，带动了整个产业链的技术升级和产品创新。这种高端制造业集群的培育为过剩产能行业的转型升级提供了可借鉴的经验。

此外，自贸试验区还积极推动企业品牌建设，提升产品附加值和影响力。自贸试验区为企业品牌建设提供了丰富的政策支持，激发了企业的品牌建设动力，为产品向中高端市场转型奠定了基础。自贸试验区出台专门的品牌发展政策，通过税收优惠、品牌培育基金等措施，大幅降低了品牌建设成本。例如，广东自贸试验区支持企业建立自主可控的国际销售网络，推动互联网战略及自主品牌的国际化发展，组织参与国内外品牌展会，帮助企业提升产品知名度和美誉度，增强市场竞争力。同时，自贸试验区还通过创新品牌培育模式，提升企业的品牌价值。一些自贸试验区建立了品牌孵化基地和品牌展示中心等专门平台，为企业提供全方位的品牌培育服务。例如，重庆自贸试验区两江新区的国货精品推广中心，通过集中展示和交易优质国货、非遗产品及地理标志产品，提升了中国品牌的国际影响力和竞争力，同时促进了传统与现代国货文化的传承与创新，加速了"国货精品"向"世界名品"的转变。

二、自贸试验区的"去库存"路径

解决工业产品和房地产市场库存高企的问题，需要同时从减少供给和扩大需求两个方面入手。针对工业产品库存的解决路径与化解产能过剩相似，这里主要分析房地产市场去库存的问题。2008年金融危机以来，经济增速放缓、部分城市常住人口增速减缓甚至负增长，以及房地产调控政策的变化（如"房住不炒"），均显著抑制了房地产市场需求的增长。同时，地方政府对土地财政的依赖导致其过度追求房地产开发的规模和速度，使得部分城市房地产市场库存高企的现象时有发生。房地产库存高企的根本原因在于开发速度超过了购房需求的增长速度。自贸试验区的制度创新与产业发展在抑制房地产开发速度和增加购房需求两方面均发挥了积极作用，从而有助于缓解房地产市场库存高企的问题。

（一）自贸试验区增加房地产市场需求的实现路径

（1）自贸试验区通过促进人口和企业聚集路径增加了房地产市场需求

中国自贸试验区通过引进优质企业和投资项目、优化营商环境、建设高品质生活环境等措施，有效增加了就业机会，吸引了大量人口流入，从而推动了住宅需求的增长。这种以人口集聚带动需求的模式，为缓解房地产库存高企问题提供了有效支撑。一方面，自贸试验区放宽外资准入限制，支持本地中小企业发展，引进大量国内外优质企业和投资项目，创造了大量就业岗位，促进了人口流入，增加了普通住宅的刚性需求。例如，上海自贸试验区引进了特斯拉、通用电气等知名企业，推动了当地新兴产业发展，并为居民创造了高质量就业机会。另一方面，自贸试验区优化营商环境和人才政策，吸引了高端人才创业和就业，带动了高收入群体聚集，增加了对优质住房的需求。此外，自贸试验区还通过完善公共服务设施，推动高品质生活环境建设，显著提升了城市的居住宜居性，进一步增强了对人口的吸引力，从而促进了住宅需求的增加。例如，海南自贸港建设了完善的医疗、教育、文化等公共服务体系，为居民创造了高品质的生活环境。

中国自贸试验区通过吸引大量跨国和国内高端企业入驻，显著增加了区域商业地产的需求，为缓解商业地产库存高企问题提供了重要路径。自贸试验区通过放宽投资准入、提供税收优惠、简化行政审批流程及建设高标准配套基础设施，成功吸引了众多优质跨国金融机构和企业，带动了高端写字楼和专业服务中心等优质商业地产的需求。例如，上海自贸试验区凭借开放的政策环境、高效的行政服务和优越的地理位置，成功吸引了包括微软、通用电气在内的众多全球知名跨国公司设立总部和研发中心。

（2）自贸试验区通过促进现代新兴产业发展路径增加了房地产市场需求

中国自贸试验区通过大力发展现代服务业和战略性新兴产业，有效提高了当地居民的整体收入水平，从而推动了普通住宅需求的增长。这种以产业发展带动需求的模式，为缓解房地产库存高企问题提供了另一个有力支撑。

自贸试验区利用区位优势积极培育金融、物流、科技服务等现代服务业，创造了更多高收入就业机会，增加了高收入人群数量，进而提升了住宅市场的有效需求。例如，上海自贸试验区在金融领域取得显著成就，吸引了众多国内外金融机构入驻，为居民提供了大量高薪岗位。自贸试验区通过培育新能源、新材料等战略性新兴产业，促进相关产业链的发展，提高了整体就业和收入水平，有助于提升普通住宅需求。例如，浙江自贸试验区在新能源汽车领域形成了完整的产业体系，推动了相关企业的快速发展，为当地居民创造了大量优质的就业岗位。

自贸试验区的发展也带动了商业地产需求的增长，成为缓解商业地产库存高企的另一重要路径。一方面，自贸试验区聚焦金融、物流、科技服务等现代服务业，推动了写字楼、专业服务中心、仓储和配送中心等商业地产的需求；另一方面，自贸试验区通过培育战略性新兴产业，促进相关企业集聚，进一步增加了厂房、办公楼、数据中心、研发中心等商业地产的需求。

（3）自贸试验区通过提振消费信心路径增加了房地产市场需求

中国自贸试验区的高质量发展能够提振居民消费信心，进而推动住宅需求的增加。这种通过提升消费信心带动需求的模式，为缓解房地产库存高企问题提供了有力支撑。一方面，自贸试验区通过税收优惠和金融支持等措施，提高了居民的可支配收入，增强了消费信心；另一方面，自贸试验区积极完善公共服务设施、推动城市更新、改善居民生活条件，营造良好的社会环境和生活品质，增强了居民的安居信心，有助于提高其长期定居的意愿。最后，自贸试验区不断优化营商环境，为企业创造了更加宽松的发展条件，提升了企业的信心，促进了就业市场的繁荣，从而进一步增强了居民的消费信心。居民的消费信心和安居信心的提升，将有效带动自贸试验区及周边地区住宅需求的增长。

（4）自贸试验区通过完善配套设施路径增加了房地产市场需求

中国自贸试验区通过持续完善交通、通信、能源等基础设施，以及医疗、教育、文化等公共服务设施，直接推动了相关商业地产需求的增加，为缓解商业地产库存高企问题提供了重要路径。首先，自贸试验区在轨道交通和公路网络方面进行了大规模投资，打造了高效的交通体系，提升了区域的整体可达性，为商业地产的建设创造了良好的外部环境。其次，自贸试验区注重完善通信网络、供水供电等基础设施，确保区域内企业享有稳定可靠的服务，从而直接增强了商业地产的吸引力。最后，自贸试验区在医疗、教育和文化等公共服务领域进行了大量投入，建设了一批高端医院、国际学校和文化中心，为入驻企业及其员工提供了完善的公共服务设施，直接带动了高端写字楼周边商业综合体和高端公寓等商业地产的需求。

（二）自贸试验区减少房地产市场供给的实现路径

（1）自贸试验区通过推动政府职能转变路径减少房地产市场供给

中国自贸试验区通过有效推动政府职能的转变，显著降低了地方政府对土地财政的依赖，从而抑制了房地产开发速度过快的问题，为缓解房地产市场库存高企提供了重要路径。首先，自贸试验区政府职能的转变有助于限制土地供给。在"放管服"改革的推动下，服务型政府建设取得突破，显著减弱了政府对经济建设的直接干预，降低了行政成本，从而减轻了对土地财政的依赖。这种转变直接抑制了地方政府大规模增加土地供给的冲动，限制了新房源的过度投放。其次，政府职能的转变还优化了房地产开发节奏。自贸试验区政府不再过度干预企业经营，赋予房地产开发商更大的自主权，使其能够根据市场需求合理调整开发节奏，避免盲目追求规模扩张，从而有效控制房地产供给。最后，自贸试验区政府更加注重公共服务，推动棚改等存量房源的货币化安置。这不仅有助于疏导存量房源，也能满足普通居民的刚性住房需求，从而减少新房源的过度投放。

（2）自贸试验区通过优化供给结构路径抑制普通住宅供给的增长速度

中国自贸试验区的建设与发展，吸引了大量高端企业和人才，带动了商业地产需求的快速增长，促使房地产开发企业将更多资源投向商业地产，相应减少了普通住宅的开发，从而有效优化了房地产市场的供给结构，为缓解普通住宅市场库存高企提供了重要路径。自贸试验区引发的商业地产需求快速增长，必将促使开发企业将资源和精力集中于商业地产开发。商业地产因其较高的投资回报率和良好的市场前景，成为开发企业的重点投资领域。这种转移不仅能为企业带来丰厚的利润回报，还能分散风险并提升融资能力。因此，开发企业将主动减少对普通住宅的开发投入，而专注于对商业地产的开发投入。商业地产的快速增长将有效抑制房地产开发企业对普通住宅的盲目开发，减少普通住宅的供给，有助于缓解房地产市场的供给过剩问题。同时，商业地产的扩张将吸引更多资金和开发企业，推动产品结构的优化升级，为消费者提供更加优质的商业地产产品。这一系列变化将推动整体市场向更合理的供给结构转型。

（3）自贸试验区通过引导市场预期路径减少房地产市场供给

中国自贸试验区通过创新土地利用方式和房地产调控政策，有效提高了土地使用效率，推动了房地产市场合理预期的形成，从而降低了房地产供给规模。在创新土地利用方式方面，自贸试验区根据产业发展需求，合理调整容积率，以实现土地的高效利用。例如，浙江自贸试验区在舟山片区实施的"立体用地"政策显著提高了土地利用率。此外，自贸试验区还鼓励土地混合使用，推动产业、商业和住宅等多功能用地的融合，提高了土地利用效率。四川自贸试验区成都片区通过"产业用地+商业用地+住宅用地"的混合用地模式，成功降低了房地产供给规模。在房地产调控政策方面，自贸试验区加强对市场的监管，遏制投机炒房行为，使市场回归理性。例如，天津自贸试验区加大了对房地产市场的监管力度，有效抑制了投机性购房需求。同时，自贸试验区根据不同区域和房地产市场需求实施差别化调控政策。湖北自贸试验区武汉片区针对住宅市场实施限购、限贷等政策，并降低住宅供给，这些措施共同促进了房地产市场的稳定和健康发展。

三、自贸试验区的"去杠杆"路径

政府、企业和家庭的高债务水平会影响经济社会的稳定，并增大金融体系的系统性风险。在供给侧结构性改革中，去杠杆主要集中在降低企业和地方政府的债务。去杠杆是一个复杂的过程，需通过多种措施相互配合，例如增加收入、减少支出、增加权益资本、进行债务重组、进行资产出售和提高盈利能力。自贸试验区的创新实践为降低企业和地方政府的债务水平提供了积极的支持。

（一）自贸试验区助力政府去杠杆的实现路径

中国地方政府债务水平较高是多种因素综合作用的结果。地方政府刺激经济增长压力、财权与事权不匹配、土地财政依赖、融资平台监管缺失等是其中较为重要的因素。首先，地方政府为了刺激经济增长，常常过度依赖基建投资和房地产开发等高杠杆领域，导致债务规模不断攀升。其次，中国的财政体制存在事权与财权不匹配的问题，地方政府承担了大量公共服务支出，却缺乏足够的财政收入来支撑，只能通过举债来弥补资金缺口。再次，地方政府过度依赖土地财政，大量通过土地出让获取收入。这加剧了其对房地产市场的依赖，进而增加了债务风险。最后，地方政府融资平台的监管缺失，使得许多隐性债务得不到有效控制。这些因素的综合作用造成了中国地方政府债务水平偏高的局面。中国的自贸试验区在抑制基建投资和房地产开发过度依赖、优化财政体制、加强融资平台监管等方面都具有积极作用，进而有助于降低地方政府的债务水平和债务风险。

（1）自贸试验区通过推动政府职能转变路径降低政府债务负担

中国自贸试验区通过推动政府职能从"管理型"向"服务型"转变，有效减弱了地方政府的经济建设功能，增强了企业的经营自主权，从而抑制了地方政府对基建投资和房地产开发的过度依赖，减轻了地方政府的债务负担。自贸试验区的建设标志着政府职能转变进入新阶段，政府逐步减少对经济活动的直接干预，实施"负面清单"管理模式，集中精力制定规则和维护市场秩序。这种转变降低了地方政府追求经济增长的动力，减少了对基建和房地产投资的依赖。同时，自贸试验区强化政府为企业提供服务的功能，优化营商环境，简化行政审批流程，使企业更加关注自身发展，进一步减少地方政府对投资的依赖。此外，自贸试验区还推动政府与市场、企业关系的重塑，让市场在资源配置中起决定性作用。这一系列措施有助于降低地方政府因追求政绩而盲目投资的现象，降低其债务风险。

自贸试验区的建设与发展为企业提供了更广阔的发展空间，保障了企业经营自主权，进而降低了地方政府对基建投资和房地产开发的过度依赖，减轻了债务负担。首先，自贸试验区内政府取消或简化了部分行业的市场准入审批，使企业更容易进入市场，激发了投资活力，减少了地方政府为吸引投资而过度投资基建和房地产的动机。其次，企业在自贸试验区内可以灵活选择用地方式，如租赁和购买，降低了对政府供地的依赖，使企业更加注重内涵式发展，进一步减少了地方政府对房地产开发的依赖。此外，自贸试验区鼓励企业加大研发投入，培养创新型人才，提升企业的创新能力，帮助企业摆脱对政府投资的依赖，实现可持续发展。

自贸试验区还通过放宽市场准入，为外资和民营资本进入基建投资和房地产开发领域提供便利，改变了地方政府在经济增长中的角色，减少了政府资金投入。放宽市场准入降低了外资和民营资本的进入门槛，使其能够更加自由地参与基建和房地产项目。这种市场化资源配置方式减少了地方政府为刺激经济增长而进行的直接投资，从而降低了债务负担。例如，广东自贸试验区通过引入社会资本参与基础设施建设，有效减轻了财政压力。多元化的资金来源有助于分散风险，降低地方政府的债务负担。此外，放宽市场准入还引入了竞争机制，提高了基建投资和房地产开发的效率。在竞争压力下，地方政府不得不重新审视投资行为，避免盲目投资和重复建设，使投资效益更为显著，降低了债务风险。以浙江自贸试验区为例，通过放宽市场准入，吸引多家企业参与基础设施建设，提高了项目质量和资金使用效率。

（2）自贸试验区通过培育新增长点降低政府的债务负担

中国自贸试验区通过培育金融服务业、贸易和供应链、先进制造业以及新兴产业集群等新经济增长点，显著降低了地方政府依赖基建投资和房地产开发等传统手段刺激经济的动机。这一举措有效抑制了地方政府对高杠杆领域的过度依赖，进而减少了地方政府的债务负担。

自贸试验区在金融服务业、贸易和供应链、航运物流等领域取得了显著进展，培育了一批新兴支柱产业。比如，上海自贸试验区成功吸引众多金融机构和航运企业，巩固了其作为国内重要金融中心和航运枢纽的地位；广东自贸试验区在跨境贸易和供应链创新等方面也实现了重大突破。这些新兴产业的快速发展，不仅增强了当地经济的竞争力和抗风险能力，还为地方财政提供了新的收入来源。与以往依赖政府主导的大规模基建投资和房地产开发不同，新兴产业的崛起使地方政府不再过度依赖传统刺激手段来推动经济增长，从而有效降低了债务负担。

自贸试验区先进制造业和现代服务业的发展，为地方经济转型升级注入了新动力。天津、广东等自贸试验区积极引进高端制造企业和技术，培育新一代信息技术和高端装备制造，提升产业链附加值。同时，这些区域也发展了研发设计、检验检测、商贸物流等现代服务业，增强了服务业的国际竞争力。这些新兴产业的培育，不仅丰富了地方产业结构，还为地方财政注入新活力，显著降低了地方政府对基建投资和房地产开发的依赖。

自贸试验区在新兴产业集群的发展方面也取得了显著成效。以上海、深圳为例，这些自贸试验区聚焦新能源、生物医药和人工智能等新兴产业，通过引进龙头企业和加大研发投入，培育了具有国际竞争力的新兴产业集群。这些产业集群的崛起，不仅推动了相关商业地产和生活配套需求的增长，还为地方经济和财政收入创造了新的增长点，降低了地方政府依赖负债融资刺激经济的动机，从而有效减轻了债务负担。

（二）自贸试验区助力企业去杠杆的实现路径

中国企业面临较重的债务负担，主要源于多个因素。在经济繁荣期，一些企业采取激进扩张策略，利用高杠杆迅速扩大资产规模，导致负债累积。经济下行及外部冲击影响了资金回流，迫使企业增加负债以维持运营。同时，企业盈利能力减弱和风险管理不足，使金融机构收紧信贷，提高了融资成本。应收账款回收不力以及公司治理与财务管理制度缺陷，加剧了资金链紧张，增加了对债务的依赖。资本市场发育不健全，导致企业过度依赖债务融资，进一步推高了债务水平。此外，行业特性如资本密集度、资产回报周期，以及政策环境和市场预期，也影响了企业的债务水平。自贸试验区可通过金融开放创新、优化营商环境、促进产业升级和贸易便利化，有效降低企业融资成本，增强融资能力，从而减轻企业的债务负担。

（1）自贸试验区通过金融开放创新路径拓展企业的融资渠道

自贸试验区作为我国改革开放的前沿阵地，在金融领域进行了深入的制度创新，成功优化了企业融资结构，降低了融资成本，从而有效缓解了企业的债务负担。自贸试验区积极推进金融开放，为企业提供更加便利和低成本的融资渠道，显著降低了融资成本。一方面，自贸试验区大幅放宽外资准入，鼓励外资金融机构进入，增加了金融服务供给，丰富了金融产品和服务，提升了融资选择和效率。例如，上海自贸试验区取消了外资银行设立子行或分行的最低资本金要求，简化了业务审批流程。另一方面，自贸试验区还积极推动金融创新，开发了一系列契合企业需求的金融产品，优化了融资环境，降低了融资成本。例如，在上海自贸试验区，企业可以通过跨境人民币贷款和供应链金融等创新融资方式获取低成本资金。广东自贸试验区政府为中小企业提供融资担保支持，降低了融资风险溢价，进一步优化了企业融资环境，缓解了企业的债务压力。

自贸试验区还通过优化企业融资结构，有效降低了企业的债务负担和风险。首先，自贸试验区大力推动企业直接融资，鼓励通过股权和债券融资等方式补充资本金，减少对银行间接融资的依赖。这不仅拓宽了融资渠道，还降低了财务杠杆率，提高了抗风险能力。例如，广东自贸试验区允许企业更方便地发行股票和公司债券，从而获得直接融资支持。其次，自贸试验区积极发展多层次资本市场，为中小微企业提供更多融资选择。海南自贸港建立了区域性股权市场——海南股权交易中心，提供股权、债权等产品的登记、托管和转让等服务，拓展了中小企业的融资渠道。同时，自贸试验区还发展私募股权投资和创业投资，为创新型中小企业提供丰富的资本支持。此外，自贸试验区通过金融科技创新，提升中小企业的融资能力。例如，重庆自贸试验区利用供应链金融和大数据、云计算等技术，为中小企业提供精准高效的融资服务，显著降低了融资难和融资贵的问题。同时，自贸区鼓励金融机构与科技企业合作，提供智能化金融产品和服务，进一步增强实体企业的融资能力。这些举措有效拓宽了融资渠道，提高了企业的融资能力，减轻了债务压力。

（2）自贸试验区通过提高自我融资能力路径降低企业债务负担

自贸试验区通过营造优质的营商环境、推动产业升级和促进创新发展，有效提升了企业的发展机会和盈利能力，从而增强了企业的自我融资能力，减轻了债务负担。

一方面，自贸试验区积极构建更加开放和便利的营商环境，为企业创造了更多的发展机会，增强了盈利能力，进而提升了自我融资能力，减轻了债务压力。市场准入放宽，破除了许多行政壁垒，使企业能够进入新领域、开拓新市场。行政审批流程优化，简化了企业在投资、生产和销售等环节的审批流程，大幅压缩审批时间，显著降低企业运营成本，提高盈利水平和自我融资能力。此外，自贸试验区还构建高效便捷的贸易投资环境，为企业提供更多国际合作机会，使其更便利地参与跨境贸易，获取全球资源，拓展国际市场，从而提升竞争力和盈利能力。

另一方面，自贸试验区通过推动产业升级和技术创新，提升了企业的盈利能力，增强了自我融资实力，从而减轻了债务负担，为实体经济的高质量发展注入了强劲动力。自贸试验区聚焦战略性新兴产业，积极支持高新技术产业的发展。例如，重庆自贸试验区重点发展智能制造和生物医药等前沿产业，提供丰富的政策支持和资金保障，帮助企业加快技术创新，提升产品附加值和盈利能力。自贸试验区还鼓励企业开展跨界合作创新，促进产业链的优化升级。如天津自贸试验区搭建跨行业、跨领域的创新合作平台，推动制造业与互联网、大数据等新兴技术深度融合，增强了企业的创新能力和盈利水平。此外，自贸试验区为企业提供多层次的创新创业支持服务。例如，海南自贸港建立了创新创业生态圈，为初创企业提供政策优惠和融资支持，显著降低了创新成本，提升了创新动力和盈利能力。

四、自贸试验区的"降成本"路径

中国企业面临的高成本压力源于生产要素成本不断上升、期间费用持续上升、税费负担较重、环保治理成本上升、合规成本增加、融资渠道有限和融资成本高等多个方面。这些成本因素的共同作用导致中国企业整体盈利能力下降，可持续发展面临挑战。因此，缓解企业高成本困境对于提高企业竞争力和促进经济高质量发展具有重要意义。供给侧结构性改革通过减税降费、降低融资成本、优化用工环境、降低用能成本、提高行政办事效率等措施，旨在降低企业的综合成本。自贸试验区通过深化改革开放、优化营商环境和促进要素流动，有效降低了企业的各项成本，为企业的发展创造了更有利的条件。

（一）自贸试验区降低制度性交易成本的实现路径

中国的自贸试验区不仅通过减税降费和财政补贴等措施降低企业显性的制度性交易成本，还积极推动"放管服"改革，以降低企业隐性的制度性交易成本。自贸试验区通过提高行政办事效率、减少政府干预、创新监管方式和优化配套环境等多元化路径，有效降低了企业的各类制度性交易成本，促进了经济的高质量发展。这些措施不仅为企业提供了切实的便利，还为其他地区提供了可借鉴的经验，对推动我国经济的持续健康发展具有重要意义。

（1）自贸试验区通过提高行政办事效率路径降低企业成本

自贸试验区通过持续优化行政审批流程、推进"放管服"改革和提升政务服务效能，有效提高了企业的办事效率，降低了投资开办和生产经营等环节的制度性交易成本。自贸试验区积极推进"证照分离"改革，将行政许可与营业执照"两证合一"，大幅精简企业开办所需的审批手续。例如，上海自贸试验区在企业开办时的申请材料压减近70%，填表要素压减超60%。办理时间从原来的8个工作日减少到1个工作日。此外，自贸试验区实施了"一线放开、二线监管"的改革模式，将许多事项从前置审批转为事后监管，大幅减少了政府的行政审批事项，有效降低了企业的制度性交易成本。"一站式"服务和"一网通办"平台，将原本分散在不同部门的审批事项集中处理，企业只需在一个窗口或一个平台上提交材料，便可完成多项审批。例如，广东自贸试验区建立了"一窗受理、集成服务"的综合性服务平台，使企业能够在一个窗口完成多项业务办理，极大提升了办事效率。自贸试验区还推动了行政审批透明化，公开审批流程、时限和收费标准，增强了企业办事的可预期性，减少了因信息不对称而产生的额外成本。比如上海自贸试验区通过建立透明高效的审批体系，为企业提供了清晰的办事指引。

（2）自贸试验区通过减少政府干预路径降低企业成本

自贸试验区通过放宽市场准入和优化市场竞争环境，增强了企业的自主经营权，激发了市场主体的活力，从而有效降低了企业的制度性交易成本。在这一过程中，政府减少了不必要的干预，允许更多市场主体参与竞争，提高了资源配置效率。首先，自贸试验区在多个领域放开外资准入限制，为企业进入新行业和开拓新市场创造了更多机会。以上海自贸试验区为例，外资在金融、教育和医疗等领域的准入壁垒大幅降低，这不仅拓宽了企业的发展空间，还显著降低了其进入市场的制度性交易成本。其次，自贸试验区赋予企业更大的自主经营权，减少了对企业的不必要管制。这种做法不仅提高了企业的运营效率，还减轻了合规负担，从而降低了制度性交易成本。例如，天津自贸试验区实施的"放管服"改革措施，大幅压缩了行政审批事项，使企业能够更加自主地进行投资决策和生产经营活动。此外，自贸试验区还建立了更加公平透明的市场竞争环境，为企业创造了公平的发展机会。例如，海南自贸港出台了一系列针对性的政策措施，严厉打击各类违法违规行为，维护市场秩序，从而为企业营造了更加公平公正的发展环境，进一步降低了企业的制度性交易成本。

（3）自贸试验区通过创新监管方式路径降低企业成本

自贸试验区通过创新监管方式，转变了政府的监管理念和手段，不仅提升了监管的精准性和有效性，还有效降低了企业的制度性交易成本，为企业发展营造了更加优良的营商环境。自贸试验区积极探索实施"事中事后监管"的新模式，逐步由严格的前置审批转向依赖信用监管和信息披露等手段，从而有效降低企业的合规负担。一方面，自贸试验区在多个领域实行了"证照分离"改革，将行政许可与营业执照"两证合一"，大幅减少企业在开办阶段的前置审批环节。这种"先照后证"的模式，不仅提高了办事效率，也降低了企业的合规成本，减轻了制度性交易成本。另一方面，自贸试验区积极推行信用监管机制，依托大数据和信息披露手段，实现对企业事中事后的智能化监管。例如，广东自贸试验区实施的"双随机、一公开"监管措施，有效提升了市场监管的科学性和规范性，促进了企业诚信经营和市场环境的健康发展。

（4）自贸试验区通过优化配套环境路径降低企业成本

自贸试验区通过不断健全法治环境、公共服务、政商关系和社会信用等配套措施，为企业营造了更加公平、透明的营商环境，有效降低了市场准入和生产经营等环节的制度性交易成本。首先，自贸试验区持续完善法律法规，为企业发展提供稳定可预期的法治环境。例如，海南自贸港出台了一系列针对性的法规，如《海南自由贸易港法》和《海南自由贸易港公平竞争条例》，为企业在自贸港内的投资和经营活动提供明确的法律依据，这些措施增强了企业的预期，降低了合规成本。其次，自贸试验区优化公共服务供给，为企业提供便利高效的配套支持，提升了办事效率，降低了信息搜集和流程协调等成本。例如，上海自贸试验区建立了涵盖投资、贸易、金融等领域的综合服务平台，提供一站式投资咨询、政策解读和项目审批服务。再次，自贸试验区积极构建亲清政商关系，营造公平、透明的营商环境。例如，广东自贸试验区政府以企业需求为导向，主动与企业沟通，充分听取企业诉求并针对性出台政策。这种主动服务和紧密合作的做法，不仅增强了企业的获得感，也减少了企业与政府之间的摩擦，有效降低了制度性交易成本。最后，自贸试验区注重营造良好的社会信用环境，保护企业合法权益。例如，天津自贸试验区建立了覆盖全区的信用信息共享系统，对失信企业实施联合惩戒，并出台相关法规保护企业权益。这些举措提升了社会诚信水平，增强了企业信心，有效降低了制度性交易成本。

（二）自贸试验区降低融资成本的实现路径

中国自由贸易试验区承担着金融创新和开放的重要使命。自贸试验区在降低企业融资成本和支持实体经济高质量发展方面发挥了重要作用。自贸区通过优化融资结构、创新金融产品与服务、改善金融生态等多种方式，不断拓宽融资渠道，丰富融资选择，有效满足企业的多样化融资需求，显著降低了融资成本。

（1）自贸试验区通过优化企业融资结构路径降低融资成本

自贸试验区积极推动金融创新，优化企业融资结构，提高直接融资比重，创造了更丰富的融资渠道，降低了企业融资成本，促进了实体经济的高质量发展。首先，自贸试验区放宽了股权融资准入限制，扩大了企业股权融资渠道，丰富了融资选择，增强了融资能力，降低了融资成本。例如，上海自贸试验区大幅放开了外资在证券、期货等领域的准入限制，为企业提供了更多股权融资机会。其次，自贸试验区支持企业通过发行债券和资产证券化等方式进行直接融资。天津自贸试验区出台了一系列措施，支持企业发行公司债和中期票据，提供了更加多元化的直接融资渠道。这些创新型融资工具有助于企业优化融资结构、降低杠杆率，并有效降低融资成本。此外，自贸试验区积极构建资本市场生态，提升企业融资吸引力。例如，海南自贸港出台政策，鼓励企业根据自身发展状况在主板、创业板和科创板上市，支持初创型和创新型中小企业在新三板挂牌，并鼓励企业赴境内外上市融资。

（2）自贸试验区通过创新金融产品和服务路径降低融资成本

自贸试验区通过大力发展供应链金融、推动金融科技创新和鼓励金融机构设计新产品，为企业提供了更加丰富便捷的融资渠道和服务，有效满足了多样化融资需求，降低了融资成本。首先，自贸试验区积极发展供应链金融，为中小企业提供便捷的融资渠道。例如，重庆自贸试验区创新开展应收账款质押融资和仓单融资等业务，有效缓解了中小企业融资难题，降低了其融资成本。其次，自贸试验区推动金融科技创新，利用大数据和人工智能提升金融服务的精准性和效率。例如，广东自贸试验区支持金融科技企业落户，为中小企业提供基于大数据的智能化金融服务，显著降低了融资难度。最后，自贸试验区鼓励金融机构创新设计符合企业需求的金融产品。例如，海南自贸港支持银行推出知识产权质押贷款和科技创新贷款等产品，更好地满足企业的差异化融资需求，进一步降低了融资成本。

（3）自贸试验区通过优化金融生态环境路径降低融资成本

自贸试验区通过提升金融市场国际化程度、健全金融法治体系和营造规范有序的市场环境，持续优化金融生态，创造了更加有利的融资环境，有效降低了企业融资成本，为实体经济的高质量发展注入新动能。首先，自贸试验区大幅放宽外资在金融领域的准入限制，增强了金融市场国际化。例如，上海自贸试验区在银行、证券、保险等领域放开了外资准入限制，拓宽了企业融资渠道，增强了市场竞争活力，从而降低了企业融资成本。其次，自贸试验区不断健全金融法治环境，为企业融资提供稳定的制度保障。例如，多个自贸试验区设立了专业审判机构，如上海浦东法院和天津自贸试验区法庭，专注处理金融、贸易和电子商务相关案件，为企业融资活动提供司法保障。最后，自贸试验区注重风险防范，营造规范市场环境。例如，河南自贸试验区通过监测外汇收支、开展金融知识宣传和推动多元化金融纠纷调解机制，增强了市场的安全性和稳定性，促进了和谐的金融环境。

（三）自贸试验区降低物流成本的实现路径

中国自贸试验区的重要使命之一是促进贸易自由化和便利化，而物流效率和成本直接反映了这一便利化程度。自贸试验区通过优化企业物流流程、提升物流数字化水平和创新物流服务模式，显著提高了企业的物流效率，有效降低了物流成本。

（1）自贸试验区通过提升物流数字化水平路径降低物流成本

提升物流数字化水平能通过优化信息流通、自动化处理和智能决策支持，显著提高物流效率，降低物流成本。推动物流基础设施智能化升级和促进物流企业数字化转型是实现这一目标的重要路径。智能化物流基础设施利用先进的自动化技术，实现高效、精准和无缝的物流操作，显著提高运转效率并降低运营成本。同时，物流企业的数字化转型通过大数据和云计算优化供应链管理，提升服务速度和灵活性。中国自贸试验区在促进物流基础设施智能化和推动企业数字化转型方面发挥了重要作用。

自贸试验区通过引进和应用先进技术，促进物流基础设施的自动化和智能化，加快了物流运转速度，减少了人工操作的误差和时间成本，显著提升了企业的物流效率。一方面，自贸试验区通过引入物联网、人工智能和自动化设备，积极推进港口和仓储等物流基础设施的智能化建设。例如，上海自贸试验区的洋山港部署全自动化码头，采用无人驾驶自动导引车（AGV）和自动化码头起重机（ASC），通过智能调度系统优化资源配置，显著降低货物处理时间，从而减少港口物流成本。另一方面，依托大数据和人工智能技术，自贸试验区推动物流网络的智能化升级，实现物流资源的高效配置。天津自贸试验区建立的物流大数据平台通过精准预测货物流向和流量，优化运输路径，减少中间环节的等待时间和资源浪费，提高物流效率，降低企业物流成本。此外，自贸试验区还推动智慧园区建设，促进物流园区内部的智能化运营。智慧园区集成各种智能化系统，如智能仓储管理、智能配送和智能安防，实现全面数字化管理。例如，广东自贸试验区的南沙国际物流园区通过智慧物流平台实时监控物流操作，优化内部流程，减少资源浪费，提高整体运营效率。

自贸试验区还鼓励企业应用大数据、云计算等先进技术，推动物流企业的数字化转型，使其能够提升物流运营效率，降低物流成本。一方面，自贸试验区为物流企业提供良好的政策环境，支持技术创新和数字化转型。政府还提供财政支持和税收优惠，鼓励企业加大对新兴技术的投入。这些政策激励物流企业加快数字化转型，提升运营效率。例如，浙江自贸试验区支持企业建设物流大数据平台，利用大数据进行需求预测和库存管理优化，降低库存成本和运输费用。另一方面，自贸试验区推动供应链管理的数字化，提升物流响应速度，并通过优化库存和运输显著降低物流成本。引入供应链管理系统和智能物流平台后，企业实现了从原材料采购到产品交付全过程的数字化管理。例如，山东自贸试验区通过推动供应链管理数字化，使企业能实时监控各环节，及时处理问题，避免物流延误和资源浪费。此外，自贸试验区还积极推动物流企业国际化发展，通过数字化手段提升跨境物流效率。跨境物流涉及复杂的运输、海关清关和多国法规遵循，数字化手段有效简化这些流程，降低时间和成本。例如，海南自贸试验区建设跨境电商综合服务平台，使物流企业能够实现跨境物流全流程的数字化管理，从订单生成到最终交付的每个环节均可在线跟踪和管理，显著提升了跨境物流效率。

（2）自贸试验区通过优化物流流程路径降低物流成本

优化物流流程通过精简不必要的操作步骤、提升作业自动化水平、加强各环节协同，有效缩短了物流周期，减少了资源浪费，从而显著提升了物流运作的整体效率，降低了物流成本。自贸试验区通过技术和管理创新，在优化物流流程方面发挥了关键作用。

自贸试验区在货物通关方面推行多项创新措施，显著提高了货物通关效率，从而提升了企业的物流效率并降低了物流成本。一方面，自贸试验区简化了通关手续，大幅提高了通关效率。传统流程中，企业需准备大量文件并提交给多个政府部门审批，这不仅耗时，还增加管理成本。为了解决这一问题，自贸试验区引入了电子报关系统，实现海关、检验检疫和港口等部门的数据共享和业务协同，极大缩短了通关时间。同时，推行"提前申报、快速验放"模式，企业在货物到港前可进行申报，货物到港后可快速验放，从而进一步提高通关效率。另一方面，自贸试验区积极推广国际贸易"单一窗口"模式，通过整合多个部门的业务流程，进一步简化通关环节。在这一模式下，企业只需通过一个平台提交通关所需文件，系统自动将信息分发给相关部门进行审核，减少了重复提交文件的负担并降低沟通成本。这些措施使通关流程更加高效透明，企业的物流效率显著提升。总体而言，自贸试验区的通关效率提升直接降低了企业物流成本。通关时间缩短使企业能够更快获取货物，减少库存持有成本和仓储费用，同时简化的通关环节降低了管理成本。

自贸试验区通过促进物流各环节的协同作业，优化了物流流程，显著提升了企业的物流效率，有效降低了物流成本。企业在仓储、运输、配送等环节的协同不仅提高了效率，还减少了中间环节带来的时间和成本消耗。一方面，自贸试验区推动仓储与运输的紧密衔接。传统物流模式下，仓储和运输常常分开运作，导致信息不对称和资源浪费。为了解决这一问题，自贸试验区引入智能仓储系统，利用自动化设备和物联网技术，实现仓储与运输的无缝对接。另一方面，自贸试验区通过政策支持，促进配送环节的高效协作。企业可以利用区内的优惠政策，优化配送网络，减少配送中的中间环节。同时，试验区鼓励采用共同配送和区域配送中心等模式，通过整合配送资源，提高配送效率。通过促进各环节的协同作业，自贸试验区实现了物流流程的优化，企业的物流效率大幅提高。这种协同作业不仅减少了时间浪费，还有效降低了各环节的运营成本，使自贸试验区内的企业在市场竞争中占据有利位置。

(3) 自贸试验区通过创新物流模式路径降低物流成本

通过引入先进的物流技术和管理理念创新物流模式，能够优化资源配置，提升运输效率，减少中转环节，缩短配送时间，从而显著提高物流服务质量和客户满意度，同时降低运营成本，为物流行业的可持续发展注入新的活力。中国自贸试验区通过创新物流模式，极大提升了企业的物流效率并降低了整体物流成本，特别是在多式联运和跨境电商物流等领域取得了显著成果。

自贸试验区大力推广多式联运，这种模式通过结合公路、铁路、水路和航空等多种运输方式，实现了货物运输的无缝衔接。多式联运不仅提高了运输效率，还降低了物流成本。自贸试验区通过政策引导和基础设施建设，积极推动多式联运的发展。例如，在广西自贸试验区，企业可以利用多式联运枢纽实现货物在不同运输方式间的快速转换，减少因运输工具转换带来的时间浪费和额外成本。通过这一模式，企业能够高效完成长距离、大批量货物的运输，显著提高物流效率并降低整体成本。

跨境电商物流作为自贸试验区内的另一创新模式，极大地优化了物流流程。随着跨境电子商务的快速发展，对物流速度、灵活性和成本控制的要求不断提高。自贸试验区引入智能物流系统和大数据分析技术，为跨境电商企业提供高效的物流解决方案，大幅缩短了从下单到交货的时间。这些创新的跨境电商物流模式成功优化了跨境物流流程，提升了企业的物流效率。

(4) 自贸试验区通过优化物流服务体系路径降低物流成本

自贸试验区以建设高效、透明、便捷的物流服务体系为重要目标，不断推动物流信息共享与整合，提升物流服务质量与效率。各项优化措施显著提高了企业物流效率，降低了成本。

一方面，自贸试验区通过信息化手段实现物流服务透明化。信息平台的建设使各环节能够实时监控和信息共享。例如，江苏自贸试验区通过建立物流信息共享平台，实现了货物跟踪、仓储管理和运输调度的全流程透明管理。这些措施让企业实时了解运输状态，减少信息不对称带来的不确定性，提高了物流效率，降低了运营成本。

另一方面，自贸试验区通过建设高效物流服务网络，进一步扩大了服务覆盖范围和响应速度。合理布局物流节点和优化运输路线，使物流企业能迅速响应客户需求，减少运输时间和成本。例如，重庆自贸试验区通过建设国际物流通道，开通多条国际货运班列，显著缩短了从中国西部到欧洲的运输时间。这些物流通道不仅提升了效率，还大幅降低了长途运输成本，为企业国际化运营提供了有力支持。

此外，自贸试验区引入第三方物流服务商，提高了物流服务的专业化水平。这些服务商通过提供专业物流解决方案，帮助企业优化流程，降低成本。例如，上海自贸试验区内的第三方物流企业提供仓储管理、运输配送和供应链优化等服务，帮助企业实现物流外包，让它们更专注于核心业务。这种专业化服务不仅提高了物流效率，还通过降低自建体系成本，为企业带来更高经济效益。

五、自贸试验区的"补短板"路径

补齐政治、经济、科技、生态和民生等领域的短板是深化供给侧结构性改革的重点任务之一，也是优化供给结构与扩大有效需求的结合点。自贸试验区的建设对供给侧结构性改革的补短板任务具有重要支持作用。自贸试验区围绕优化营商环境展开制度创新，不仅消除了制约经济活力的限制因素，还推动了体制机制的改革与完善，显著提升了有效制度的供给。其贸易投资便利化改革和金融开放创新推动了中国的对外开放从商品和要素流动型开放向制度型开放转型。通过布局现代新兴产业，自贸试验区促进了产业和产品结构的转型升级，显著提升了中国在全球产业链、供应链、价值链和创新链中的地位，增强了经济发展动能，并有效缓解了高端产品供给不足的问题。自贸试验区通过聚集全球优质企业和高端人才，打造总部经济和科技创新中心，显著提升了中国的全球影响力和科技创新能力。自贸试验区的增设与扩容及其辐射示范效应，将扩大政策影响的地域和产业范围，促进各区域和产业的协调发展与平衡发展。

（一）自贸试验区弥补有效制度供给不足短板的实现路径

中国有效制度供给不足的主要原因可归结为经济发展阶段的制约、治理体系的复杂性、利益群体的固化以及创新动力不足等方面。随着国家从中低等收入向中高等收入迈进，经济结构的转型升级对制度供给提出了更高要求，而现有制度的更新速度未能与之同步。治理体系的层级性和决策流程的复杂性降低了制度改革的效率，中央与地方在制度执行中的协调难度加大，导致制度供给出现偏差。同时，部分利益群体的固化对新制度的供给和改革形成阻力，维护既得利益的同时削弱了制度的适应性和效能。此外，制度创新的不足导致制度供给缺乏前瞻性和主动性，难以有效应对经济社会发展中的新问题。中国的自贸试验区作为新时代改革开放的重要试验田，通过制度创新弥补有效制度供给不足是其重要使命之一。自贸试验区的各项改革措施对于缓解制度供给滞后、制度执行效率低、制度碎片化等一系列问题具有重要的作用。

（1）自贸试验区通过改革创新提升了制度供给的适应性

坚持改革创新是提升制度供给适应性、解决制度供给滞后问题的关键。一方面，改革创新能及时响应经济社会发展中的新情况和新问题，通过建立新制度框架提供有效解决方案；另一方面，改革创新有助于修订和完善现有制度，使其更加科学合理，以适应新的发展需求，从而提高制度的适应性和有效性。此外，改革创新还可以废除过时的旧制度，消除制度障碍，为新的发展模式提供空间。中国的自贸试验区在提升制度供给的适应性方面发挥了不可替代的作用。

制度探索是自贸试验区提升制度供给适应性的关键路径。作为改革开放的前沿阵地，自贸试验区在制度探索方面的持续创新，为提升制度供给的适应性提供有力支撑。首先，自贸试验区在投资领域实施准入前国民待遇加负面清单管理模式，大幅缩减外资准入负面清单，进一步扩大外商投资范围。同时，探索实施外商投资"一窗受理、集成服务"模式，通过简化审批流程、提高服务效率，优化外商投资环境。在监管方面，压减行政审批事项，实现"无许可即准入"的贸易便利化，为企业创新发展营造宽松的制度环境。这些创新制度安排充分响应了新时期经济社会发展的新需求，有助于提升制度供给的适应性。其次，自贸试验区根据新情况和新问题，及时修订和完善相关法律法规，消除制度障碍，为新发展模式提供法治保障，也为全国性改革探索了可复制的经验，有助于提升制度供给的普遍适应性。最后，自贸试验区坚持问题导向，深化关键领域和环节的改革创新。在行政管理体制方面，探索政府职能转变和管理模式创新，实现权责清晰、服务高效。在监管机制方面，建立健全事中事后监管体系，提高监管效能。在公共服务领域，整合完善公共服务体系，优化营商环境。这些改革创新有利于破除制度障碍，提升制度供给的针对性和有效性。

开放创新是自贸试验区提升制度供给适应性的重要动力。作为对外开放的重要窗口，自贸试验区不断优化要素跨境流动环境，构建开放型经济新体制，发挥开放合作的协同效应，为提升制度供给的适应性注入强大动力。自贸试验区实施了一系列贸易和投资自由化便利化措施，如简化通关手续、提高通关效率、实施负面清单制度、优化要素跨境流动环境，降低企业的贸易和投资成本。在贸易、投资、金融等领域的开放创新推动了中国开放型经济新体制的构建，增强了企业在全球产业链中的地位和影响力，提升了中国在全球经济治理中的话语权，从而推动制度供给的全球适应性。同时，自贸试验区积极参与双多边开放合作机制，与国际规则和惯例实现良性互动，为制度供给的全球适应性提供重要支撑。

试点示范是自贸试验区提升制度供给适应性的重要途径。自贸试验区作为国家战略层面的改革试验田，通过先行先试、经验总结和引领示范，积累了大量可复制、可推广的改革创新实践，为全国性改革探索了有益路径，有助于整体提升制度供给的适应性。首先，自贸试验区通过先行先试积累了大量可推广的改革创新经验。在投资管理、贸易监管、跨境金融等领域，自贸试验区先行先试了一系列创新制度安排，如实行外商投资"一窗受理、集成服务"、建立贸易便利化新机制、探索人民币跨境使用等。这些实践有效解决了自贸试验区自身发展中的问题，也为全国性改革提供了可靠的样本。例如，上海自贸试验区在资本项目可兑换、跨境金融服务和利率市场化等金融领域的改革创新，为全国金融体制改革积累了宝贵经验。其次，自贸试验区在制度创新中注重总结经验，推动成熟的试点经验向全国复制推广。自贸试验区通过建立健全的试点评估和经验总结机制，及时总结成功做法和经验教训，为全国性改革提供参考。自贸试验区成立十年来，国家层面总结提炼了七批改革试点经验、四批最佳实践案例，共向全国复制推广302项制度创新成果。同时，自贸试验区还积极与其他地区开展经验交流与合作，促进了区域协同改革创新。例如，广东自贸试验区将在贸易便利化和投资管理方面的创新实践向珠三角地区推广，为提升全国制度供给的适应性发挥了示范引领作用。

（2）自贸试验区通过推动政府职能转变提高了制度执行效率

政府职能转变是提高制度执行效率的重要保障。通过简化审批流程、下放管理权限、强化事中事后监管、运用信息化手段提高透明度和决策科学性、加强法治建设以及鼓励政策创新与灵活应对等方式，政府职能转变有效提升了制度执行的效率，确保政策和服务更加精准、高效，同时为企业和市场主体营造了公平、透明的营商环境。中国的自贸试验区通过精准定位政府职能、完善服务体系、创新行政管理等措施，有效构建了服务型政府，切实提升了制度执行的针对性与效率。

　　自贸试验区通过简政放权实现了政府职能转变，在减少行政审批、强化监管和优化政府与市场关系方面，显著提升了制度执行效率。自贸试验区内，政府大幅削减了行政审批事项，取消和下放了大量不必要的审批权限，减少了企业办事时间和成本，使政策更快速直接落地，从而提高了制度执行的效率。简政放权推动了政府职能从"重审批、轻监管"转向"宽准入、严监管"，进一步提升了制度执行效率。同时，自贸试验区内，政府更加注重事中事后监管，建立以信用监管为核心的新型监管机制，确保政策执行的公正性和有效性。此外，简政放权还重塑了政府与市场的关系，增强了市场在资源配置中的决定性作用。

　　自贸试验区通过优化政府服务实现了职能转变，极大地缩短了政策落地时间，提高了执行的精准度和实效性。这种转变不仅体现在服务流程的简化和电子政务的推广上，也体现在政府与企业关系的重塑及服务理念的更新上。首先，通过提升政务服务效能，自贸试验区显著提高了制度执行效率。政府服务流程经过重塑，实现了标准化、便捷化。例如，广东自贸试验区推行"一窗受理、集成服务"模式，将多个部门服务集中在一个窗口，达成"最多跑一次"的目标，显著减少了企业办事的环节和时间，使政策能够迅速传递至市场主体。其次，自贸试验区推动电子政务发展，为提高执行效率提供了技术支撑。电子政务的广泛应用打破了信息壁垒，实现了政务信息资源的共享。例如，上海自贸试验区建立的电子政务平台，实现了企业注册、税务申报和项目审批的在线办理，大幅提升了办事效率。这种信息化手段使执行过程更加透明、快捷，进一步提升了执行效率。最后，自贸试验区积极构建亲商环境，推动政府角色从管理者向服务者转变，主动为企业提供政策咨询和业务指导。例如，浙江自贸试验区推出"企业服务员"制度，为企业提供一对一服务，帮助解决实际问题，增强了企业对政策的理解和信任。

　　自贸试验区通过创新监管方式，实现了政府职能的转变，显著提高了监管的针对性与实效性，为制度高效执行提供了坚实保障。首先，自贸试验区构建的新型监管机制提升了制度执行效率。传统监管模式中，政府常常过度依赖行政审批，而忽视了事中事后监管。自贸试验区通过创新监管机制，加强了事中事后监管，改变了这一现状，比如推出的"双随机、一公开"监管模式，通过随机抽取检查对象和执法人员，公开监管结果，提高了监管的公正性和透明度。其次，自贸试验区实施分类监管，根据不同行业和企业的风险等级，采取差异化监管措施，提高了监管的精准度和效率。例如，广东自贸试验区对高风险行业和企业实施重点监管，而对低风险行业则采取简化程序，既保证了监管的有效性，也减轻了企业负担。再次，自贸试验区强化信用监管，利用信用信息和大数据技术，提高了监管智能化水平，提升了制度执行效率。在自贸试验区，政府建立了企业信用档案，作为监管的重要依据。例如，浙江自贸试验区推出的企业信用监管系统，通过分析信用数据实现企业风险的实时监控，提高了监管前瞻性和有效性。最后，自贸试验区还大力推进数字监管，提升了监管的精准性与有效性。传统监管模式下，政府存在信息孤岛、手段落后等问题，难以及时发现和惩治违规行为。自贸试验区通过利用大数据、人工智能等新兴技术，建立跨部门的监管体系，同时推进监管信息的共享与交互，增强了监管的覆盖面和穿透力。这种基于数字技术的智慧监管，不仅提高了制度执行的刚性，也增强了企业的自律意识，为提升制度执行效率提供了有力支撑。

（3）自贸试验区通过推进制度型开放加强制度创新的系统性

持续推进制度型开放是中国建设高水平开放型经济新体制的必由之路。制度型开放的核心在于与国际通行规则的对标和对接，主要涉及规则、规制、管理和标准开放。制度型开放为市场主体创造公平、透明、可预期的营商环境，推动要素跨境自由流动，促进生产要素优化配置，提高整体经济效率。此外，制度型开放有利于中国融入全球产业链和价值链，提升在全球经济治理中的话语权。推进制度型开放需要系统性和全方位的改革创新，对加强制度创新的系统性具有重要意义。它不仅促进了国内制度与国际规则的深度融合，还推动了跨领域、多层次的制度创新，增强了制度的适应性、稳定性和国际竞争力，为构建全国统一大市场、提升国际话语权和参与全球治理提供了坚实的制度基础，确保了开放型经济的健康发展和国家治理体系的现代化。自贸试验区作为改革开放的试验田，在推动规则、规制、管理和标准开放方面进行了大量创新实践，显著增强了制度创新的系统性，并为全国范围内加强制度创新提供了重要借鉴。

在规则开放方面，自贸试验区积极对接国际经贸规则，参与并引领国际规则体系建设，推动国内外规则的协调。这些举措不仅促进了国内规则的完善，也提升了中国在全球经济治理中的参与度和话语权。自贸试验区借鉴国际先进规则，将其转化为国内可操作的制度安排，如上海自贸试验区在投资管理和贸易便利化方面的创新实践，不仅提高了中国参与全球经济治理的能力，也为相关领域的制度建设提供了基础。同时，自贸试验区利用先行先试的优势，积极参与国际经贸规则的谈判和制定，特别是在数字贸易和电子商务等新兴领域，通过实践探索，推动中国在国际谈判中发挥主导作用，构建更加公平合理的国际经济秩序。此外，自贸试验区因地制宜，积极探索国内规则的创新与完善路径。

在规制开放方面，自贸试验区完善社会主义市场经济体制，推动国内外规制互借互补，加强与国际规制的互认和衔接。这些战略性措施为建设高水平开放型经济新体制提供了有益借鉴。自贸试验区通过机制创新，促进了国内规制与国际规制的协调，如在投资管理领域放宽外商投资准入限制，实施外商投资准入前国民待遇加负面清单管理模式，实现了与国际通行做法的良好衔接。同时，探索柔性监管，建立投资者权益保护机制，增强了外商投资者的信心，为国内投资管理体系的健全奠定了基础。在知识产权保护领域，自贸试验区参考国际做法，建立了知识产权快速维权和惩罚性赔偿制度，并推广至全国，完善企业创新激励和知识产权交易等配套措施，破解了知识产权保护的难点，提升了中国参与全球经济治理的能力。此外，自贸试验区注重加强与国际规制的互认和衔接，在与其他国家的自贸协定谈判以及推动标准、认证、检验等国际互认方面发挥了重要作用，降低了贸易壁垒，促进了贸易和投资的便利化。

在管理开放方面，自贸试验区破除阻碍公平竞争的体制机制障碍，建立有利于要素自由流动的政策法规体系，打造市场化、法治化、国际化的一流营商环境。自贸试验区通过简政放权，大幅精简行政许可事项，实行工商登记"证照分离"等改革，有效降低了市场准入门槛，为市场主体创造了公平竞争环境。同时，自贸试验区放松对特定行业和领域的管控，赋予经营主体更大的自主权和决策权，提供宽松的制度环境。此外，自贸试验区在人才引进和资金汇兑等领域放宽管制，建立灵活的政策法规体系，提升了要素流动的便利性，为境外投资者参与国内市场创造了条件。在打造一流营商环境方面，自贸试验区推进"放管服"改革，建立健全行政审批、监管执法和公共服务等机制，提高了营商环境的市场化、法治化、国际化水平。例如，上海自贸试验区在政务服务方面实施"一网通办"改革，提升了政府服务效率。在监管执法领域，实行全流程法治化监管，维护公平竞争秩序。这些管理开放措施为创新主体营造了公平、透明、可预期的发展环境，激发了他们的创新热情，为制度创新的系统性提供了支持。

在标准开放方面，自贸试验区引入和对接国际标准，减少标准差异带来的贸易壁垒，鼓励企业参与国际标准制定，增强了国内标准体系与国际标准的兼容性，提升了企业参与国际标准制定的能力，降低了市场准入障碍，增强了制度创新的系统性。首先，自贸试验区积极参与国际标准的制定和修订，推动国内标准与国际接轨，加强了国内标准体系与国际标准的协调。例如，上海自贸试验区在生物医药和信息技术领域与国际标准对接，有效推动了产业升级和技术创新。同时，自贸试验区建立了标准化信息平台，增强了国际标准的研究和应用，提高了国内企业的标准化管理水平，为制度创新奠定良好的基础。其次，自贸试验区通过制度创新，减少了因标准不统一导致的贸易和技术壁垒，增强了市场的互联互通，建立了技术性贸易措施体系，推动了国内外产品标准的一致性评价。例如，广东自贸试验区在食品安全和电子产品领域通过与国际标准对标，降低了企业的合规成本，提高了市场准入效率。同时，自贸试验区开展标准互认试点，促进了国内外标准的互认，为企业提供了便利的贸易环境。再次，自贸试验区通过优化政策环境和提供技术支持，鼓励企业参与国际标准的制定，增强了企业在国际标准制定中的话语权，进一步提升了制度创新的系统性。例如，天津自贸试验区在高端装备制造领域支持企业参与国际标准的制定，提升了企业的国际竞争力。最后，自贸试验区还建立了国际标准化人才培训基地，提高了企业标准化人才的专业能力，并为企业提供政策咨询和技术支持，帮助其更好地理解和应用国际标准。

（二）自贸试验区弥补中高端商品供给不足短板的实现路径

中国中高端产品和服务供给不足的主要原因在于产业基础和产业链薄弱、结构性矛盾突出以及创新能力不足。因此，弥补中高端商品供给不足，需要综合利用扩大进口、产业升级、提升创新能力、结构性改革等多种措施。中国的自贸试验区作为改革创新的实践场所，在这些方面都具有积极的作用。

（1）自贸试验区通过扩大进口路径增加中高端商品供给

在国内中高端产品和服务的供给不能有效满足中国居民日益增长的需求背景下，扩大高品质商品进口成为弥补供给缺口的重要途径。一方面，扩大高品质商品进口能够迅速满足消费者对高品质、个性化商品的需求，促进消费升级；另一方面，这一措施还将增大国内市场的竞争压力，迫使国内企业提升产品质量和服务水平，以满足消费者需求，并激励企业进行技术创新和管理改革，提高效率、降低成本。此外，进口商品的高标准有助于提升整个行业的质量标准，推动产业向高端化、智能化发展。自贸试验区作为中国推进贸易自由化和便利化的重要平台，在扩大高品质商品进口、弥补国内中高端产品和服务供给不足方面发挥了积极作用。

自贸试验区通过实施贸易自由化政策，降低了进口商品的关税和非关税壁垒，放宽了市场准入条件，从而有效扩大了高品质商品的进口规模。首先，自贸试验区简化了进口手续，提高了通关效率。海关部门深化"放管服"改革，简化审批流程，缩短通关时间，降低企业成本。例如，上海自贸试验区实施的"单一窗口"制度，实现了企业申报、查验、放行的一站式办理，大幅提高了进口效率。其次，自贸试验区优化了进口税收政策，部分中高端商品享受关税减免和增值税退税，降低了进口成本，刺激了消费者对高品质商品的需求。最后，自贸试验区加强与国际市场的合作，拓宽进口渠道，积极参与国际交流，增强与多个国家和地区的经贸合作，降低了进口关税，丰富了商品种类。例如，广西自贸试验区与东南亚和南亚地区的企业建立合作关系，引进了大量高品质农产品和消费品。

自贸试验区通过探索跨境电商、保税展示交易和平行进口等新型贸易业态推动进口贸易模式创新，拓宽了高品质商品进入市场的渠道，弥补了国内中高端产品和服务供给不足，并为国内企业提供了学习国际先进水平的机会，促进了产业转型升级。首先，自贸试验区大力发展跨境电商零售进口业务，为高品质商品提供了高效渠道。针对跨境电商通关、税收优惠和物流配送，自贸试验区出台了一系列支持政策，显著提高了通关效率，降低了消费者的购买成本。例如，中国（杭州）跨境电商综合试验区建立了公共服务平台，集成跨境支付、报关和物流功能，提供一站式服务，拓宽了高品质商品的市场渠道，有效满足了消费者对时尚商品的需求。其次，自贸试验区积极推动保税展示交易模式，为企业提供展示和交易高品质商品的平台。在这一模式下，进口商品可先进入保税区域展示，买家在线下单后再清关，大幅缩短商品上市时间。上海自贸试验区构建了保税展示交易综合服务区，吸引了众多跨国企业展示和销售高端产品，迅速响应消费者需求，提高商品流转效率。最后，自贸试验区还发展平行进口业务，为企业搭建了多元化进口渠道。企业可直接从国外授权渠道采购商品，避免了中间环节，有效降低了成本。例如，天津自贸试验区出台政策，降低平行进口商品的关税和通关成本，吸引汽车和家电等跨国企业开展平行进口。这不仅丰富了国内市场供给，也为消费者提供了更多高品质选择。

（2）自贸试验区通过引进国际先进企业路径增加中高端商品供给

国际企业在弥补中国国内中高端商品供给不足方面发挥了重要作用。中国的自贸试验区通过政策创新、制度优化、投资环境改善和贸易便利化等措施，有效降低了外资准入门槛，提升了营商环境的国际竞争力，为国际企业提供了广阔的市场机遇和便利的投资条件，吸引了大量优秀的国际企业入驻。这些国际企业在弥补中国中高端商品供给不足方面发挥了重要作用。

自贸试验区通过国际企业进口高品质产品，直接增加了中高端商品的市场供给，满足了消费者多样化的需求，进而有效弥补了供给不足的问题。自贸试验区以其独特的政策优势，吸引了大量国际企业。这些企业引入全球领先的技术和产品，丰富了消费者的选择并提升了整体商品的质量。关税减免和进口便利化措施降低了国际企业的进口成本。例如，在汽车、化妆品和奢侈品领域，国际企业以更优惠的价格引入高品质商品。以上海自贸试验区为例，通过进口优质汽车，不仅丰富了消费者选择，还推动了国内汽车产业升级。自贸试验区的保税展示交易制度允许国际企业展示和交易进口商品，消费者可以直接接触和购买高品质商品，缩短了与进口商品之间的距离，提高了流通效率，进一步满足了市场需求。此外，自贸试验区通过举办进口博览会和国际采购节等活动，为国际企业提供了展示和推广产品的平台，促进了商品进口，加强了国际企业与中国市场的联系，为长期合作奠定了基础。

自贸试验区通过国际企业的本土化生产和运营，增加了中高端商品市场供给，促进了本土企业技术提升。国际企业在自贸试验区内设立生产基地，不仅降低了成本，还能快速响应市场需求，提供符合中国消费者偏好的产品。自贸试验区的土地和税收优惠政策鼓励国际企业将生产环节转移到中国，使其能够灵活调整产品线，生产更多符合市场需求的商品。例如，在广东自贸试验区，多家国际电子企业设立生产基地，推出针对中国市场的高端产品。本土化生产有助于更好地适应中国市场的法规和标准，提高产品质量。国际企业设立研发中心以进行产品创新，增强竞争力，并通过本土化运营深入了解消费者需求，提供个性化服务。

此外，国际企业的竞争效应和示范效应也推动了本土企业技术和管理的进步，增强了中高端商品的市场供给能力。国际企业的进入加剧了市场竞争，迫使本土企业加快产品创新和升级。面对国际品牌的竞争压力，本土企业提升了产品质量和服务水平，改进了生产流程，提高了效率。国际企业通常拥有行业领先的技术和管理经验，其入驻为本土企业提供了学习对象。例如，在汽车制造和生物医药等领域，国际企业的先进技术对本土企业产生了积极的示范作用。自贸试验区还通过举办论坛和研讨会等活动，为国际企业与本土企业交流合作搭建平台，促进技术创新和管理升级。国际企业的品牌效应和营销策略为本土企业提供了学习范例，帮助它们提升品牌价值。通过与国际企业的竞争，本土企业不断学习借鉴成功经验，增强了自身的市场竞争力。

（3）自贸试验区通过培育现代新兴产业路径增加中高端商品供给

推动产业升级是解决中国中高端供给不足的关键路径，而先进制造业、高端装备业、现代服务业等新兴产业的发展是产业升级的重要内容。自贸试验区作为现代新兴产业的集聚地，在培育这些产业和推动产业升级方面发挥了重要作用。

第一，自贸试验区发展高端制造业，为弥补中高端商品供给不足做出了重要贡献。自贸试验区实行更加开放的投资政策，吸引了大量跨国企业在中国设立生产基地，引进先进技术和管理经验。例如，上海自贸试验区重点发展集成电路和航空航天等高端装备制造业，并提供税收优惠和知识产权保护等政策支持，推动技术进步和产品升级。同时，自贸试验区鼓励跨国并购和建设国际研发中心，促进制造业与现代服务业的深度融合，提升产品附加值，满足多样化的消费需求。此外，自贸试验区还支持企业"走出去"，参与全球价值链重塑，增强产品国际竞争力。

第二，自贸试验区大力发展生物医药产业，在满足中高端医疗健康需求方面发挥了关键作用。自贸试验区通过更加开放的人才和财税政策，吸引国内外医药研发人才，提供创新资源。例如，上海自贸试验区为生物医药产业提供一站式政策支持，包括税收优惠、融资便利和知识产权保护。同时，自贸试验区促进生物医药产业链的协同创新，提升医药研发、临床试验和生产制造的高效衔接，满足人民对高品质医疗服务的需求。

第三，自贸试验区发展数字经济，为中高端商品供给创造新的增长空间。自贸试验区鼓励人工智能、大数据、云计算等新兴技术的创新应用。例如，广东自贸试验区重点发展网络安全和数字贸易，提供良好的政策环境。同时，自贸试验区推动数字技术在制造业和现代服务业的深度融合，提高产品智能化水平和服务质量，满足消费者对个性化、高附加值商品的需求，并鼓励数字平台企业开拓国际市场，提升中国数字经济的全球影响力。

第四，自贸试验区还发展新能源和新材料产业，为增加中高端商品供给做出了积极贡献。自贸试验区通过开放的投资政策，吸引国内外企业参与新能源汽车、新型电池和先进材料领域，带动产业快速发展。例如，上海自贸试验区重点发展新能源汽车产业，提供完善的基础设施和优惠政策，促进技术创新和产品迭代。同时，推动新能源和新材料产业链的延伸与升级，为制造业转型升级提供重要支撑。

第五，自贸试验区发展现代服务业，通过提升产品附加值弥补中高端商品供给不足。自贸试验区实行开放的服务贸易政策，吸引跨国服务企业进入中国市场，带来先进管理经验和技术。例如，天津自贸试验区重点发展现代物流、研发设计和商贸服务，为制造业提供高端配套服务，促进产业链的协同创新。同时，鼓励制造业与现代服务业的深度融合，提升产品附加值和国际竞争力，满足消费者对高品质商品的需求。

（4）自贸试验区通过增强科技创新能力路径增加中高端商品供给

缺乏核心技术和创新动力会阻碍新产品的开发与高质量产品的生产，进而导致中高端商品的供给无法满足市场需求。因此，提升科技创新能力是弥补中高端商品供给不足的重要途径。中国自贸试验区在财政、金融、法律保障及科技型企业集聚等方面采取的一系列措施，增强了区内企业的科技创新能力，为中高端产品的研发和产业化提供了有力支撑，在弥补中高端商品供给不足方面做出了积极贡献。

财政支持是自贸试验区推动科技创新的重要手段。政府通过设立专项基金和提供税收减免，为企业研发活动提供资金支持。例如，海南自由贸易港设立创新投资基金，服务种子期、初创期企业和专精特新的中小企业，包括高新技术企业。这些资金减轻了企业财务负担，激励企业加大研发投入，提高产品技术水平。同时，财政支持还用于建设公共技术服务平台，如检测中心和研发中心，帮助企业降低研发成本，加快科技成果转化，增加中高端商品供给。

除了财政支持，自贸试验区还通过金融创新促进科技创新。灵活的金融政策鼓励银行等金融机构开发针对科技创新企业的信贷产品，如知识产权质押贷款和科技保险等。这些金融工具缓解了科技型企业的融资难题，为其提供稳定的资金来源。此外，自贸试验区探索多层次资本市场建设，例如设立科创板，为科技创新型企业提供直接融资渠道，帮助其快速成长并实现成果商品化。金融支持的有效实施助力科技企业突破资金瓶颈，加速成果产业化，丰富中高端商品市场。

为保护科技创新成果，自贸试验区完善法律法规体系，加强知识产权保护，提高对侵权行为的法律追责和违法成本，营造有利于创新的环境。例如，广东自贸试验区成立知识产权法庭，专门处理相关纠纷，提升案件处理效率和司法公信力。良好的法律环境吸引了国内外高科技企业，激发科研人员和企业的创新热情，推动更多具有自主知识产权的中高端商品进入市场。

自贸试验区通过打造科技创新高地，吸引了大量科技型企业聚集，形成上下游产业链的协同效应，共同推动技术创新和产业升级。例如，天津自贸试验区重点发展智能制造和生物医药等产业，形成产业集群效应。在此集群中，企业共享信息和技术资源，降低研发成本，提高创新效率，协作攻克技术难题，快速发展新技术和新产品，最终满足市场对中高端商品的需求。

（三）自贸试验区弥补区域发展不平衡短板的实现路径

中国区域发展不平衡的原因主要包括地理条件差异、政策倾斜、历史发展基础的不均衡、人口流动的区域选择性以及投资偏好的地域集中性。这些因素共同导致东部沿海地区与中西部地区在开放水平、产业结构、基础设施和公共服务等方面存在显著差异。区域发展不平衡降低了资源配置效率，扩大了贫富差距，可能影响社会稳定和国家经济均衡发展，促使政府采取区域协调发展战略，以实现更平衡和可持续的经济增长。中国自贸试验区通过制度创新、政策优惠和开放合作等措施，促进高端产业集聚、科技创新和区域经济一体化，有效缓解了区域发展不平衡的问题。

（1）自贸试验区通过建设区域开放发展高地缩小区域开放水平差距

区域开放水平的差距是中国区域发展不平衡的重要表现。自贸试验区作为推进高水平对外开放的平台，在缩小区域开放差距方面发挥着关键作用。通过科学布局、加强与特定区域国际市场的联系和辐射示范效应，自贸试验区有效促进了区域开放水平的均衡发展。

中国政府在设立自贸试验区时考虑到了区域发展的平衡性，力求在全国范围内形成东中西协调发展的格局。自贸试验区覆盖了中国的各个区域，构建了一个全面、立体、开放的发展网络，为不同区域提供了平等参与国际竞争的机会。首先，自贸试验区的布局体现了国家对区域协调发展的重视。通过在沿海、内陆和沿边设立自贸试验区，中国实现了对外开放的均衡布局。沿海自贸试验区如上海和广东，依托地理和经济优势，深化了与国际市场的融合，推动了贸易和投资的自由化。而内陆和沿边自贸试验区如四川和黑龙江，则利用区位特点，加强与周边国家的经贸联系，拓展了开放合作空间。其次，自贸试验区根据地方资源和产业特点，发展了各具特色的开放型经济。如新疆自贸试验区重点发展中亚合作，海南自贸试验区则打造国际旅游消费中心。这种差异化策略避免了区域同质化竞争，促进了各区域开放经济的多样化发展。再次，自贸试验区利用不同地区的区位优势，加强与特定区域国际市场的联系。广东自贸试验区推动粤港澳大湾区深度融合，西部自贸试验区通过建设陆海新通道，加强与东南亚国家的经贸往来，提升了当地和周边地区的开放水平。中部自贸试验区如河南、湖北，依托交通枢纽，加强与"一带一路"合作伙伴的物流合作，提高了内陆地区的国际影响力。最后，自贸试验区的创新实践对周边地区产生了明显的辐射示范作用。例如，福建自贸试验区在两岸交流方面积累了丰富的经验，通过产业合作项目推动两岸经济融合，为其他与台湾有密切联系的地区提供了借鉴模式。

（2）自贸试验区通过建设区域产业发展高地缩小区域产业水平差距

区域产业水平差距过大是区域发展不平衡的另一个重要表现。这种不平衡不仅制约国家整体经济发展潜力，还可能增加社会不稳定因素。因此，缩小区域产业水平差距对促进全国协调发展具有重要意义。作为现代新兴产业的集聚地，中国的自贸试验区在这一方面发挥了重要作用。

首先，自贸试验区大力发展先进制造业和现代服务业，构建区域产业发展高地，并在全国范围内广泛布局，有效推动了产业的均衡分布，缩小了区域产业水平的差距。目前，中国设立了 22 个自贸试验区，覆盖东中西部，形成全国开放发展格局。这些自贸试验区通过差异化政策吸引大量先进制造业和现代服务业企业投资，带动了不同区域新兴产业的发展。

其次，自贸试验区的广泛布局和差异化发展有利于缩小区域产业水平差距。不同区域的自贸试验区通过差异化定位和政策导向，整合和优化各地产业资源，促进产业链协同发展。例如，广东自贸试验区重点发展现代服务业，为先进制造业提供高端配套；天津自贸试验区则专注于人工智能等产业创新。这些产业链的衔接与融合，提升了区域间的产业水平。

最后，自贸试验区作为区域产业发展的高地，其示范引领和辐射带动效应对于缩小产业水平差距发挥了重要作用。一方面，自贸试验区通过快速发展和创新实践，为周边地区提供了可借鉴的经验。例如，上海自贸试验区在金融、航运和贸易等领域实施高水平开放政策，吸引高端服务业进驻，为相关产业创造了良好的发展环境。同时，通过建立众创空间和实施税收优惠，自贸试验区有效推动了战略性新兴产业的发展，促进优势产业的集聚和融合。另一方面，自贸试验区通过产业链延伸、技术溢出和人才流动，推动周边地区的产业升级和转型。自贸试验区的产业链不断延伸到周边，带动相关产业发展，并通过技术交流和人才培养推动技术和人才向周边地区流动，为当地产业创新注入新动力。此外，自贸试验区还积极参与区域合作，推动跨区域产业链的融合发展，有效促进不同地区产业水平的协调提升。这些辐射效应有助于缩小区域产业水平差距。

（3）自贸试验区通过加强基础设施建设缩小区域基础设施水平差距

区域基础设施水平差距既是区域发展不平衡的重要原因，也是其显著表现。这种差距可能导致经济发展不均衡、社会资源分配不公以及地区间互联互通性降低，从而影响国家整体协调发展和人民生活水平的提升。中国自贸试验区在推进基础设施建设与改造方面发挥了重要作用，为提升基础设施的系统韧性做出了积极贡献。

首先，自贸试验区通过推动交通基础设施的互联互通，缩小区域间的交通基础设施水平差距。自贸试验区的使命之一是推动贸易投资自由化，而交通基础设施是实现货物自由流动的基础。自贸试验区分布在全国各地，因地理条件和交通基础设施的差异，建设重点各有不同。沿海自贸试验区侧重海运和港口建设，增强国际贸易；沿边自贸试验区注重跨境交通网络，促进邻国经贸合作；

内陆自贸试验区则打造多式联运交通枢纽，提升开放度和互联互通性。这些措施显著提升了本地和周边的交通基础设施水平，推动了自贸试验区之间的互联互通。例如，西部自贸试验区通过陆海通道建设，与沿海自贸试验区的基础设施实现互联互通。这些举措促进了不同区域交通网络的融合，并为其他地区的基础设施建设提供了可复制的经验。

其次，自贸试验区推动物流基础设施的数字化改造，缩小了区域基础设施的数字化和智能化水平差距。自贸试验区实施差异化政策，支持物流基础设施的智能化改造，并在仓储和配送环节推广智慧物流技术，提升数字化水平。同时，自贸试验区注重跨区域物流基础设施的协同发展，参与区域合作，促进物流网络的融合。这些举措不仅提升了自贸试验区内部物流设施的互联互通能力，也推动了其他地区的数字化转型，增强了整体物流网络的系统性和协同性。

再次，自贸试验区相对同步推进新型基础设施建设，缩小了区域新型基础设施水平差距。自贸试验区在新型基础设施建设方面具有重要的辐射示范作用，各自贸试验区在这一领域的推进相对同步，因此新型基础设施的差距明显小于传统基础设施。自贸试验区的辐射效应促进了周边地区新型基础设施的发展，推动了全国范围内的新型基础设施水平差距缩小。

最后，自贸试验区在基础设施建设中注重有机融合，促进不同基础设施之间的互联互通。一方面，自贸试验区将交通基础设施与物流基础设施深度融合，推动两大体系的高度协同。例如，广东自贸试验区在建设"智慧港口"时，实现了港口与公路、铁路、航空的有机衔接，形成覆盖国内外的立体化物流网络。同时，探索交通物流数据共享和一体化管理，提高基础设施系统的运行效率。这种一体化建设不仅增强了自贸试验区内部的互联互通水平，还带动了区域间基础设施的深度融合，提升了区域系统韧性。另一方面，自贸试验区积极推动新型基础设施与传统基础设施的融合，有效促进互联互通。例如，自贸试验区探索的"智慧港口"建设模式已在国内其他港口推广，推动了区域港口物流基础设施的数字化转型。自贸试验区在基础设施融合发展中积累的经验为其他地区提供了可复制、可推广的示范，推动了全国范围内交通、物流等基础设施的互联互通，增强了整体系统的协同性和适应性，从而缩小了区域基础设施水平差距。

（4）自贸试验区通过构建公共服务多元供给格局缩小区域公共服务水平差距

区域公共服务供给水平和质量差距明显也是区域发展不平衡的重要表现。公共服务供给差异过大会加剧区域发展不平衡，限制人口和要素的合理流动，阻碍社会公平正义的实现。因此，动员政府与社会各方的力量，构建多元化的公共服务供给格局，是缩小区域差距的重要途径。中国的自贸试验区作为改革开放的重要实践平台，在构建政府主导与社会参与的公共服务供给格局中发挥了关键作用，进而缩小了区域公共服务水平差距。

自贸试验区通过放宽公共服务领域的准入政策，吸引社会资本参与公共服务供给，有效补充了政府的不足。例如，广东自贸试验区吸引了众多外资医疗机构入驻，显著提升了当地的医疗资源。自贸试验区的负面清单制度消除了外资和国内民营资本进入公共服务领域的障碍，增加了公共服务的有效供给。例如，天津自贸试验区则支持民营资本投资养老服务，拓展了老年人服务的供给。此外，自贸试验区通过金融创新，满足了服务企业的融资需求，推动了更多优质公共服务的开发，如上海自贸试验区探索的政府购买服务和 PPP 模式。

在监管机制创新方面，自贸试验区同样发挥了积极作用。海南自贸港制定医疗机构管理条例，规范社会资本的参与。同时，通过合同管理和绩效考核等手段，提高了公共服务供给的规范性和公信力。这些创新为公共服务多元供给的健康发展奠定了制度基础。

自贸试验区还注重政府的兜底保障作用，通过政策支持和财政投入，确保了基本公共服务的可及性与公平性。一方面，自贸试验区推动服务型政府建设，集中精力提升公共服务质量；另一方面，培育现代新兴产业，如上海自贸试验区的高科技产业，增强了区域经济，为公共服务提供更多财力支持。

此外，自贸试验区在促进区域公共服务协同发展方面也发挥了重要作用。粤港澳大湾区内的自贸试验区共同构建区域公共服务供给规划，实现了优质资源的合理配置，并在公共服务数字化改革方面走在前列。这些措施有助于缩小区域公共服务供给差距，增强可及性与公平性。

第六章

中国自贸试验区的供给侧结构性改革效应的案例分析

上一章对自贸试验区助力供给侧结构性改革的理论逻辑、现实逻辑以及实现路径的分析，整体上以全国视角探讨了自贸试验区的供给侧结构性改革效应。为了深入了解自贸试验区的供给侧结构性改革效应，本章将选取一些具有代表性的自贸试验区进行案例研究。中国的自贸试验区可以大致分为沿海型、沿边型和内陆型三类，本章将从这三类中各选一个进行分析。沿海型自贸试验区的代表为上海自贸试验区，沿边型自贸试验区的代表为云南自贸试验区，内陆型自贸试验区的代表则是四川自贸试验区。由于缺乏全面的各地区债务数据，本章将不对自贸试验区的"去杠杆"效应进行分析，而是从"去产能""去库存""降成本""补短板"四个方面探讨各自贸试验区的供给侧结构性改革效应。

第一节　上海自贸试验区的供给侧结构性改革效应

一、上海自贸试验区概况

上海自贸试验区于 2013 年 8 月经国务院正式批准设立，并于同年 9 月正式挂牌成立。上海自贸试验区是中国设立的第一个自贸试验区，标志着中国正式启动了自贸试验区网络建设的历程。上海自贸试验区在制度创新、法治化建设、金融开放等方面的探索，为后续自贸试验区的发展提供了有益借鉴和示范。同时，上海自贸试验区的建设也带动了长三角一体化发展，进一步完善了地区之间的协调联动机制，为构建更加开放、自由的区域经济合作格局提供了有力支撑。上海自贸试验区的战略定位是建设具有国际水准的投资贸易便利、货币兑换自由、监管高效便捷、法治环境规范的自由贸易试验区，为中国扩大开放和深化改革探索新思路和新途径，更好地为全国服务。①

　　上海自贸试验区的实施范围并非一次性确定，而是经历了多次扩容。2013年设立之初，上海自贸试验区包含了上海外高桥保税区、上海外高桥保税物流园区、洋山保税港区和上海浦东机场综合保税区等四个海关特殊监管区域，总面积为28.78平方公里。2014年，上海自贸试验区首次扩容，新增了陆家嘴金融片区、金桥开发片区和张江高科技片区，总面积增加至120.72平方公里。② 2019年，上海自贸试验区再次扩容，增设了临港新片区，总面积进一步扩大至240.22平方公里。目前，上海自贸试验区的片区包括保税区片区、陆家嘴片区、金桥片区、张江片区、世博片区和临港新片区。保税区片区是全国海关特殊监管区域发展的启航地，同时也是自由贸易试验区的策源地，承担着深化改革开放、探索新路径和积累新经验的重要战略使命。该片区重点聚焦生物医药、集成电路、智能制造、汽车及零部件产业，致力于打造辐射全球、服务全国的贸易枢纽、国际国内物流集散中心及高技术、高附加值的保税加工制造基地。陆家嘴片区作为中国金融改革开放的重要平台，通过先行先试金融领域的各项制度创新，为推动中国金融服务业的全面对外开放探索了可复制、可推广的有效路径。该片区重点发展金融业、航运业、现代商贸业和专业服务业，致力于打造全球人民币金融资产配置中心、世界级总部功能集聚高地，以及国际一流营商环境示范区。金桥片区重点发展半导体装备、电子信息和工业自动化等产业，旨在打造先进制造业核心功能区、生产性服务业集聚区、战略性新兴产业先行区和生态工业示范区。张江片区则重点发展集成电路、人工智能和生物医药等高新技术产业，致力于建设具有强大原始创新能力的综合性国家科学中心，形成开放包容的创新环境和高度集聚的创新主体。世博片区专注于总部经济、航运金融和高端服务业的发展，致力于打造"央企总部+国际企业总部"双轮驱动的总部经济高地、国际经济组织集聚区以及具有国际影响力的文化创意产业集聚区。临港新片区重点发展集成电路、人工智能、生物医药和民用航空等前沿产业，同时推动现代服务业的开放，旨在打造世界级先进制造业集群、国际航运服务中心和具有全球影响力的国际创新协同区。

　　上海自贸试验区的扩展历程及各片区的产业功能定位，为中国自贸试验区

---

①　国务院关于印发中国（上海）自由贸易试验区总体方案的通知：国发〔2013〕38号〔A/OL〕.〔2013 - 09 - 18〕. https：//www. gov. cn/gongbao/content/2013/content _ 2509232. htm.

②　中国（上海）自由贸易试验区〔EB/OL〕.〔2017 - 10 - 14〕. https：//www. shanghai. gov. cn/nw39342/index. html.

的建设提供了宝贵的实践经验和启示。首先,上海自贸试验区的逐步扩容体现了其作为改革开放先行者的战略定位。从最初的 28.78 平方公里扩大到如今的 240.22 平方公里,反映了其在深化改革和扩大开放中的先锋作用。这种渐进式扩容有助于在确保改革平稳有序的前提下,最大限度地发挥自贸试验区的示范效应。其次,各片区的差异化定位突出了自贸试验区的多元功能。保税区片区聚焦制造业高端化,陆家嘴片区专注金融开放创新,临港新片区则瞄准先进制造业集群,各具特色,相辅相成,共同构筑了上海自贸试验区的整体竞争优势。这种差异化定位为其他自贸试验区的建设提供了可借鉴的经验。此外,上海自贸试验区的探索为中国自贸试验区网络的建设指明了方向。无论是在制度创新、营商环境优化,还是产业升级和开放水平提升方面,上海自贸试验区积累了丰富的实践经验,为构建更加开放、高效的自贸试验区体系贡献了宝贵智慧。

二、上海自贸试验区的"去产能"功能

自贸试验区主要通过资源再配置和市场拓展来淘汰落后产能和化解过剩产能。由于上海经济发展和产业技术水平在中国相对领先,本地区的产能过剩问题并不明显。因此,上海自贸试验区的"去产能"功能主要体现在通过自身的资源再配置和市场拓展,为其他地区的去产能提供外部动力。

(1)上海自贸试验区的资源再配置效应

上海自贸试验区通过制度创新形成的"虹吸效应",有效聚集全国资源,引导资金和项目流向高技术制造业和现代服务业,从而减少对传统产能过剩行业的投资,缓解中国产能过剩问题。该自贸试验区在投资贸易便利化方面进行了大胆尝试,例如实施负面清单管理模式和简化审批流程。这些措施降低了企业的投资门槛,提高了资源配置效率,使资金和项目更容易流向高技术制造业和现代服务业。在这种背景下,传统产能过剩行业的投资吸引力减弱,减少了无序投资。在金融开放方面,上海自贸试验区也取得了显著成就,例如设立自由贸易账户和推动人民币跨境使用。这些措施吸引了大量国内外资金,为高技术制造业和现代服务业提供了充足的资金支持。同时,金融资源从传统产能过剩行业流出,降低了这些行业的投资规模,有助于缓解产能过剩问题。此外,上海自贸试验区在监管创新方面进行了积极探索,如实施"证照分离"改革和建立综合监管体系。这些举措为企业提供了公平、透明的竞争环境,促使企业加大技术创新和产业转型升级。在此过程中,传统产能过剩行业的企业逐步退出市场,新兴产业得以快速发展,从而缓解了产能过剩问题。以上海自贸试验区的实践经验为例,自 2013 年设立至 2020 年年底,该区新设企业超过 5 万家,其

中高新技术企业和现代服务业企业占比超过 70%。这些企业的发展为中国的产业结构调整和转型升级提供了强大支持。

上海自贸试验区通过"虹吸效应"形成了产业集聚效应，推动产业链升级，有效减少产能过剩行业的投资，从而缓解产能过剩问题。上海自贸试验区持续完善产业布局和优惠政策，吸引了大量跨国公司和头部企业。这些企业的入驻不仅带来了先进的技术和管理经验，还促进了上下游企业的集聚。例如，高端制造业企业的落户，促使上游供应商提高产品质量和技术水平，下游服务商也随之提升服务标准，从而实现整体产业链升级。这种升级取代了部分低端制造环节，减少了低端产能的扩张，进一步缓解了产能过剩问题。在上海自贸试验区的集聚效应下，资源得以向高效领域集中，低端产能因缺乏竞争力而逐渐被淘汰。这种资源优化配置，使投资更集中于具有竞争优势的产业环节，减少了盲目投资和重复建设，有效降低了产能过剩的风险。此外，上海自贸试验区内，不同产业和企业之间的协同作用增强。企业间的信息交流、技术合作和资源共享更为频繁，形成了良好的产业生态。这种协同效应提升了整个产业链的竞争力，使链上企业更能应对市场变化，从而减少产能过剩的可能性。自成立以来，上海自贸试验区成功吸引了特斯拉、大众汽车等国际知名企业入驻，形成了汽车、电子信息和生物医药等产业集群。这些产业集群的发展不仅推动了产业链的升级，也促进了相关产业的转型升级。上海自贸试验区内企业的创新能力显著增强，高新技术产业的产值占比逐年上升，而低端制造业的产值占比相应下降，有效缓解了产能过剩问题。

上海自贸试验区通过其"虹吸效应"推动资源向先进制造业和现代服务业聚集，其改革试验的探索与推广为全国提供了宝贵经验，帮助减少产能过剩行业的投资，从而有效缓解整体产能过剩压力。自 2013 年成立以来，上海自贸试验区在投资贸易便利化、金融开放和监管创新等方面进行了大胆尝试，形成了一系列可复制的制度创新成果。这些成果的推广使其他地区能够借鉴上海经验，优化产业结构，避免重复建设和无序扩张，有效缓解产能过剩压力。例如，上海自贸试验区的成功经验在辽宁、浙江、河南、湖北、重庆、四川、陕西等地得到了复制和推广。这些地区结合自身实际，推动了产业结构的优化升级。例如，通过推行负面清单管理模式，其他地区实现了投资便利化，吸引了更多高质量项目，减少了低端产能的投资。

（2）上海自贸试验区的市场拓展效应

上海自贸试验区作为对外开放的前沿阵地，利用其区位和政策优势，积极开拓国际市场，为国内制造业提供更广阔的出口平台，有效调整了国内产能结构，缓解了中国整体的产能过剩问题。一方面，自贸试验区实施了一系列贸易便利化措施，如自由贸易账户、无纸化通关和"单一窗口"，简化了进出口手续，缩短了通关时间，降低了贸易成本。根据 2014 年上海海关的数据，自贸试验区的进口平均通关时间较区外减少 41.3%，出口平均通关时间减少 36.8%。① 另一方面，自贸试验区鼓励企业建立海外营销中心和分销网络，直接对接国际市场，增强产品的国际竞争力。同时，自贸试验区大力发展跨境电商，为企业提供新的出口渠道，尤其是对中小企业而言，跨境电商成为其进入国际市场的快速通道。这些措施帮助企业打开国际市场，扩大出口规模，从而缓解国内产能过剩问题。例如，在挂牌首年，上海自贸试验区累计实现出口总值 1965 亿元，占同期全市出口总值的 15.4%，其中机电产品出口 1441.2 亿元，占自贸试验区出口总值的 73.3%。②

自贸试验区还通过一系列改革创新，为企业"走出去"开展国际产能合作提供了有力支持，有效缓解了国内产能过剩压力。首先，在投资贸易便利化方面，上海自贸试验区实施了更开放的外商投资准入政策，简化了投资审批流程，大幅提升了跨境投资和国际并购的便利性。许多制造业企业借助这些改革，纷纷"走出去"寻求海外市场和产能整合。例如，上海华谊集团在泰国投资了 3 亿美元的橡胶轮胎制造项目。其次，自贸试验区在金融开放创新方面的举措，为企业"走出去"提供了资金支持。自贸试验区大幅放开了人民币资本项目可兑换，优化了跨境投融资政策，使企业在海外投资和并购时更加便捷地获得融资支持。例如，中国银行上海市分行推出了"汇款直通车"产品，帮助企业实现跨境汇款的全流程自动化。此外，宝武钢铁集团在自贸试验区设立了离岸融资中心，利用当地的金融创新为海外投资并购提供资金支持。这种金融创新增强了企业的海外投资能力，同时为调整国内产能结构创造了有利条件。最后，自贸试验区在监管模式创新方面的探索，为企业"走出去"提供了有效保障。自贸试验区在投资审查和税收管理方面进行了大胆尝试，建立了更加灵活高效的监管体系，便利了企业的海外投资布局，使其能够安心开展国际合作。例如，宝钢股份依托自贸试验区的监管创新，顺利推进了在印度尼西亚的钢铁产能合作项目，优化了国内产能结构。

---

① 上海外贸增速五年来首超全国平均水平 [EB/OL].［2015-01-20］. https：//www. gov. cn/xinwen/2015-01/20/content_ 2807076. htm.

② 上海自贸区挂牌一年 进出口总值占同期近三成 [EB/OL].［2014-10-24］. https：//www. gov. cn/xinwen/2014-10/24/content_ 2769889. htm.

三、上海自贸试验区的"去库存"功能

上海自贸试验区位于中国的一线城市上海，其房地产市场的库存压力不大。不过，自贸试验区的成立与发展对增加上海房地产市场需求及控制房地产开发速度产生了积极影响。

（1）上海自贸试验区的增加房地产市场需求效应

自贸试验区的设立为上海带来了人口和企业的聚集，显著增加了普通住宅和商业地产的需求。凭借独特的政策优势，自贸试验区吸引了大量企业和人才入驻，给房地产市场注入了新的活力。根据上海自贸试验区管委会的数据，自挂牌至 2022 年年底，累计新设企业达 8.4 万户，是挂牌前 20 年的 2.35 倍。同时，自贸试验区临港新片区自设立以来至 2023 年年底，外商直接投资年均增长 45.3%，贸易进出口额年均增长 37.5%，新设内外资企业超过 10 万家。这些企业的入驻创造了大量就业机会，吸引了更多人口，进而推动了对普通住宅和商业地产的需求。以陆家嘴金融城为例，作为中国金融产业的重要集聚区，这里吸引了众多金融机构和企业。到 2022 年年底，陆家嘴金融城的企业员工人数已超过 50 万，他们大多选择在上海购房或租房，导致对住宅和商业地产的需求日益增加。因此，自贸试验区的人口聚集效应有效推动了房地产市场的发展。伴随企业入驻，人口密度不断提高，这些人口的居住需求使得普通住宅和商业地产市场迅速升温。同时，人口聚集还促进了教育、医疗、商业等相关配套设施的建设，进一步提升了房地产市场的吸引力。张江高科技园区是另一个典型案例，园区内汇聚了众多高科技企业和人才。这些人才对居住环境的要求较高，显著增加了对高品质住宅和商业地产的需求。张江的商业地产项目，如长泰广场，近年来在沪上商业排行榜中多次名列前茅，显示出强劲的市场需求。此外，张江创新园区内的商业地产项目几乎售罄，办公楼和研发楼的售价较高，这进一步反映出市场对商业地产的强烈需求。

上海自贸试验区产业发展的多元化，为房地产市场提供了强大的动力，增加了普通住宅和商业地产的需求。自贸试验区内的产业结构丰富，涵盖金融、贸易、物流和科技创新等多个领域。这些产业的发展带来了多样化的需求。例如，金融产业需要大量写字楼，而科技创新企业则需要研发和办公空间，均为商业地产市场提供了广阔的发展空间。以外高桥保税区为例，作为我国最大的保税区，它吸引了众多跨国和国内大型企业入驻。这些企业的发展带动了周边商业地产项目的开发。此外，产业升级促使企业对高品质办公和居住环境的需求上升，从而推动了普通住宅和商业地产的发展。例如，漕河泾新兴技术开发

区内以高新技术产业为主，企业对办公和居住环境的要求较高，近年来，该地区普通住宅和商业地产项目数量持续增加，市场需求旺盛。

上海自贸试验区的设立和健康发展提振了消费信心，进一步增加了普通住宅和商业地产的需求。一方面，自贸试验区的创新政策为居民创造了更加开放便利的消费环境。例如，放宽跨境电商零售进口商品限制和简化通关流程，不仅为居民提供了多元化的消费选择，也提升了消费便利性。自贸试验区还积极推动现代服务业发展，提升居民在餐饮、娱乐和医疗等方面的服务质量，进一步增强消费信心。另一方面，自贸试验区的产业升级和创新发展创造了更多就业机会和较高收入水平。同时，良好的营商环境和发展前景增强了居民对该区域未来的信心，推动了房地产市场的投资意愿。一些居民将自贸试验区作为居住首选和房地产投资热点，进一步拉动了当地房地产市场的需求。以上海自贸试验区内的临港新城为例，随着政策实施，临港新城的企业数量和产值逐年增长，消费者对其发展前景充满信心，纷纷投资当地房地产市场。近年来，临港新城的普通住宅成交量在上海市中名列前茅。此外，上海自贸试验区的建设和发展促进了消费市场繁荣，吸引了大量消费者前来购物和休闲，推动了普通住宅和商业地产市场的发展。

（2）上海自贸试验区的降低房地产开发速度效应

上海自贸试验区的建立为解决地方政府过度依赖土地财政的问题提供了新路径，有助于抑制房地产市场的过度供给。一方面，自贸试验区的政策创新和产业结构调整，为地方政府创造了新的财政收入来源，降低了土地财政的重要性。自贸试验区实施了一系列创新政策，如放宽金融服务业市场准入和推动贸易投资便利化，这些举措为地方政府带来了新的税收来源。通过引进高端制造业和现代服务业，自贸试验区提升了产业附加值，增加了企业所得税和增值税等税收收入。自贸试验区成立后，区内企业税收收入逐年增长，有效缓解了地方政府对土地财政的依赖。例如，2019年上海自贸试验区世博片区的税收收入达到52.07亿元，同比增长20.45%；一般公共预算收入为15.76亿元，同比增长23%。土地出让收入在上海财政收入中的比例逐年下降，这使得地方政府在土地出让时更加审慎，从而避免了房地产市场的过度供给。另一方面，上海自贸试验区将提高土地利用效率作为重点任务，积极探索更集约、高效的土地开发和利用方式。例如，通过推进"一园多证"改革，统一登记管理土地使用权，从而提高土地利用效率，减少土地闲置和重复开发。同时，自贸试验区还创新土地供给模式，试行以级差地租为主的土地定价模式，允许适当提高土地容积率，并实行产业用地弹性年期供应，鼓励社会资本参与土地开发。这些措施也有助于进一步降低地方政府对土地财政的依赖。

上海自贸试验区的建立为优化当地房地产市场供给结构提供了新契机。一方面，自贸试验区实施差异化的土地供应政策，重点支持刚性和改善性需求，抑制投资投机性需求。例如，针对居民自住和租赁需求，自贸试验区大力推进保障性住房和长租公寓建设，显著增加中低端住宅的供给。同时，限制高端住宅用地的供应，有效优化了房地产市场的供给结构，避免了过度供给的现象。另一方面，自贸试验区积极推动商业地产供给结构的优化，针对新兴产业如仓储物流和金融科技，增加相应的商业地产供给，以满足产业发展需求。同时，采取措施限制高端商业地产的过度供给，如限制新建超大型购物中心。这种差异化的供给政策有助于缓解商业地产市场的供需失衡。

上海自贸试验区的创新政策为市场主体树立了正确的发展预期，从而抑制了房地产市场的过度供给。首先，自贸试验区的良好发展前景为市场主体提供了积极预期。挂牌以来，自贸试验区取得显著经济社会成就，成为上海及全国高质量发展的重要增长极。这种发展态势营造了乐观的市场预期，抑制了过度投资和供给的冲动。其次，自贸试验区的创新政策为市场主体树立了理性预期。例如，灵活调整限购和限贷等调控措施，引导市场主体建立合理的房地产投资预期。临港新片区放宽了住房限购政策，由家庭限购转为个人名下房产数量限购，购房资格的社保要求从 5 年缩短至 3 年。① 同时，自贸试验区积极推动住房租赁市场的发展，引导居民形成长期租房的预期，从而抑制投资性需求。此外，自贸试验区还鼓励金融机构加强对房地产市场的监管，建立审慎的放贷预期，进一步抑制过度投机性需求。形成合理的市场预期将有效避免房地产的盲目投资和过度开发。

四、上海自贸试验区的"降成本"功能

（1）上海自贸试验区的降低制度性交易成本效应

上海自贸试验区通过深化"放管服"改革，提高行政审批效率，有效降低了制度性交易成本。自成立以来，上海自贸试验区始终将提高行政审批效率视为降低制度性成本的重要途径。通过简化审批程序和创新监管模式，自贸试验区显著提高了政府服务效率，从而降低了企业面临的制度性成本。上海自贸试验区实施了"证照分离"改革和"先照后证"制度，显著减少了企业开办前的

---

① 上海：定向微调临港新片区住房限购政策 [EB/OL]. [2019 - 08 - 30]. https：//www. thepaper. cn/newsDetail_ forward_ 4293483.

审批环节，缩短了审批时间。例如，企业的新设和变更在名称库选名时可当场办结，核名的企业在 2 天内办结，不动产登记可在 5 个自然日内完成，首次进口非特殊用途化妆品的审批时间则从 3 到 6 个月缩短至 3 到 5 个工作日。① 此外，上海自贸试验区还积极探索行政审批制度创新，推行"并联审批""容缺受理""告知承诺制"和"一业一证"等措施，进一步提升了政府服务效率。同时，自贸试验区推进了"单一窗口"改革，显著降低了企业跨境贸易的制度性负担。上海国际贸易"单一窗口"自 2014 年启动，截至 2023 年已形成十六大功能模块和 66 项特色应用，覆盖通关作业全流程和主要贸易监管环节，推动长三角区域跨境贸易互联互通，服务超过 60 万家企业，每年节省贸易成本超过 20 亿元。② 此外，自贸试验区推行"事中事后监管"的新型监管模式，将监管重心从事前审批转移到事中和事后，大幅降低了企业的制度性负担。

　　上海自贸试验区通过放宽市场准入、深化要素市场化改革等一系列措施，促进市场竞争，有效降低了企业的制度性交易成本，为企业营造了更加有利的制度环境。首先，上海自贸试验区大幅放开了市场准入，创造了更加公平的竞争环境。自贸试验区实行了外商投资准入前国民待遇加负面清单管理制度，取消或放宽了大量外商投资准入限制，为外资企业进入中国市场提供了更加宽松的环境。例如，在电信业务方面，上海自贸试验区率先取消了对外资企业的股比限制，允许外资企业在区内设立独资或控股的电信公司。此外，自贸试验区还推行了内外资一致的市场准入政策，确保内资企业与外资企业在竞争中享有平等的机会。其次，上海自贸试验区积极推动要素市场化改革，为企业获取生产要素创造了更加有利的条件。自贸试验区深化了要素价格市场化改革，例如建设自贸区债券市场、放宽小额外币存款利率上限等，这些措施为企业融资提供了更加便利的渠道。同时，自贸试验区推进了人才流动的市场化，建立了符合市场规律的人才流动机制，支持科技创新人才通过挂职、兼职、短期工作和项目合作等方式实现合理流动，并建设行业人才市场化评价体系。最后，上海自贸试验区还率先开展公平竞争审查工作，对涉及市场准入、产业发展和招商引资等方面的政策文件进行全面审查，确保政策的公平、公正和透明。2020 年，上海自贸试验区临港新片区率先试行公平竞争审查会审机制，并于 2021 年推广

---

① 黄尖尖，王志彦. 一支进口口红背后的"改革集成"［N］. 解放日报，2017－08－03（1）.

② 形成 16 大功能模块、66 项特色应用！上海国际贸易"单一窗口"成为支持全球最大口岸营商环境优化的"数字底座"［EB/OL］.［2023－10－12］. https：//kab. sww. sh. gov. cn/xwzx/001001/20231012/8a85e2fd－294d－466b－9873－5c826ddf42fe. html.

至上海全市范围。这一机制有助于打破行政垄断，防止市场垄断，保护和激发市场活力，营造公平竞争的市场环境。

（2）上海自贸试验区的降低融资成本效应

上海自贸试验区通过深化金融业对外开放，吸引外资金融机构入驻，促进了金融市场竞争，从而有效降低了企业融资成本。上海自贸试验区自成立以来，金融业开放一直是其改革的重头戏。通过放宽市场准入、扩大业务范围等措施，自贸试验区吸引了大量外资金融机构入驻，为降低融资成本创造了有利条件。全国首家外资独资券商、外资保险控股公司、外资独资人身保险公司、外资独资公募基金公司均成立于上海自贸试验区，摩根大通、汇丰银行等众多国际知名金融机构也入驻上海自贸试验区。金融业开放带来的市场竞争，促使金融机构优化服务、降低收费。以跨境融资为例，上海自贸试验区内的外资银行可以为企业提供更为优惠的跨境融资利率。截至 2023 年 6 月末，已有 62 家上海市金融机构提供自由贸易账户相关金融服务，各类主体共开立 14.7 万个自由贸易账户，自由贸易账户累计办理跨境结算折合人民币 163.1 万亿元；企业通过自由贸易账户获得的本外币融资总额折合人民币 3.1 万亿元。① 此外，上海自贸试验区还积极推动人民币国际化进程，降低了企业的汇率风险。企业可以通过自贸试验区内外资银行开展跨境人民币业务，有效规避汇率波动带来的风险，为企业节约了大量的汇率风险管理成本。

上海自贸试验区在优化企业融资结构方面进行了一系列积极探索，推动直接融资与间接融资相结合，为企业提供多样化的融资渠道。在直接融资方面，自贸试验区支持企业通过发行债券和股票筹集资金。例如，2016 年 12 月，上海市政府发行了首单 30 亿元的自贸市政债；2019 年 11 月，南京东南国资投资集团通过中央结算公司发行了 10 亿元的全球自贸公司债。自贸试验区吸引了百余家 A 股上市公司，其中包括多家战略性新兴产业企业，促进了区域经济的发展。在间接融资方面，自贸试验区推动金融机构创新融资产品，提高贷款审批效率，并降低利率。以中小企业融资为例，金融机构推出了"银税贷"和"科技贷"等针对性强、利率优惠的贷款产品，从而降低了企业融资成本，提高了融资效率。

此外，上海自贸试验区鼓励金融市场与金融机构围绕实体经济需求进行金

---

① 设立本外币一体化自由贸易账户，上海自贸区首创一套风险可控的金融审慎管理制度［EB/OL］.［2023 - 11 - 09］. https：//www. pudong. gov. cn/zmqfc/20231109/769561. html.

融产品与服务创新。自贸试验区在自由贸易账户、境外融资和人民币资金池等领域开展了一系列创新，显著降低了企业资金成本，提供了多样化选择。同时，大力推进供应链金融服务，鼓励开发应收账款融资、仓单融资及订单融资等产品，满足企业在原材料采购、生产和销售环节的融资需求。此外，推出知识产权质押融资和绿色金融等创新产品，如农业银行上海市分行筹组的国内首笔人民币可持续发展挂钩国际银团贷款。

（3）上海自贸试验区的降低物流成本效应

上海自贸试验区通过完善物流基础设施、促进物流模式创新和优化监管体系等多种方法，有效降低了企业的物流成本。首先，上海自贸试验区持续改善物流基础设施，为企业提供便捷的物流服务。自贸试验区积极发展多式联运，优化物流通道和网络，使之成为物流枢纽和供应链节点，提升了海铁、空铁等多式联运的效率。同时，自贸试验区推进仓储、分拨中心等设施建设，进一步完善物流保障。通过洋山深水港、浦东国际机场和芦潮港铁路集装箱中心站等关键节点，推动海运、空运和铁路运输的信息共享，提升了多式联运的整体效率。

其次，自贸试验区积极推动物流模式创新，为企业提供低成本的物流解决方案。自贸试验区大力发展跨境电子商务，鼓励"直邮+保税"的物流模式，显著缩短货物在海关的通关时间，降低企业的仓储及中转成本。此外，自贸试验区支持第三方物流企业提供个性化、一体化的供应链解决方案，如订单管理和库存优化等增值服务，进一步降低物流成本。同时，自贸试验区推动无车承运人等新型物流模式的应用，创造了灵活、高效的物流选择。这些创新的物流模式有效帮助企业降低了物流支出。

最后，上海自贸试验区不断优化海关监管服务模式，有效提升了通关和物流运作效率。上海自贸试验区成立首年，海关推出23项创新制度，如"一次备案、多次使用""自动审放、重点复核"等，显著提高了通关效率，减少了企业成本。例如，允许企业使用自有车辆或委托具备资质的公司进行货物结转，使每辆车的通关时间缩短约30分钟，每年可为企业节约约20万元物流费用。2014年实施的"单一窗口"改革，整合了进出口报关、税费征收和监管检验等环节，大幅缩短了通关时间。以船舶进出港办理为例，传统方式需耗时2天，而利用"单一窗口"后，数据电子化处理可在不到2小时内完成。十年来，上海海关在提升通关效能、深化功能拓展、优化营商环境等方面，先后推出"批次进出、集中申报""期货保税交割""保税展示交易""第三方检验结果采信"等68项海关监管创新制度。① 这些改革措施体现了上海自贸试验区在海关监管服务方面的持续创新，显著提升了贸易便利化水平，通关效率大幅提高。截至 2023 年年底，上海口岸的进口整体通关时间已缩短至 48 小时内，低值类快件可在正常情况下 6 小时内放行。

五、上海自贸试验区的"补短板"功能

上海自贸试验区通过制度创新、高水平对外开放以及现代新兴产业的集聚发展，显著提升了有效制度和中高端商品的供给，增强了服务业的开放水平，促进了区域协调发展。

（1）上海自贸试验区的增加有效制度供给效应

上海自贸试验区作为中国首个自贸试验区，肩负着通过制度创新弥补有效制度供给不足的重要使命。自成立以来，上海自贸试验区积极推进制度创新，重点在投资贸易便利化、金融开放创新和监管体系优化等方面进行先行探索，有效解决了中国在市场准入、跨境贸易和金融服务等领域的制度缺失或滞后问题，为全国改革开放提供了大量可复制、可推广的经验。截至 2024 年 1 月，上海自贸试验区在深化改革开放的过程中取得了显著的制度创新成果。在国家层面推广的 349 项自贸试验区制度创新中，近半数源自上海的首创或同步先行，彰显了其作为深化改革和扩大开放试验田的作用。上海自贸试验区不仅推出了全国首张外商投资准入负面清单，还上线了第一个国际贸易"单一窗口"，并创设了首个自由贸易账户，为中国改革开放贡献了多项具有开创性的"上海经验"，大力推动了政策创新和制度完善。根据 2014 年发布的《国务院关于推广中国（上海）自由贸易试验区可复制改革试点经验的通知》，上海自贸试验区的34 项试点经验在全国范围内或其他海关特殊监管区域推广，涵盖投资管理、贸易便利化、金融、服务业开放、事中事后监管、海关监管、检验检疫制度等领域。这些经验包括外商投资广告企业项目备案、检验检疫通关无纸化、个人人民币结算业务、设立股份制外资投资性公司、企业年度报告公示和经营异常名录制度、期货保税交割等海关监管制度和进口货物预检验等。② 此外，上海自

---

① 市政府新闻发布会介绍上海自贸试验区十周年建设有关情况 ［EB/OL］.［2023-09-15］. https：//www. shanghai. gov. cn/nw12344/20230915/a4030ebb2add 49c58cc389108c 728f86. html.

② 国务院关于推广中国（上海）自由贸易试验区可复制改革试点经验的通知：国发［2014］65 号 ［A/OL］.［2015-01-29］. https：//www. gov. cn/gongbao/content/2015/content_ 2810093. htm.

贸试验区的国际贸易"单一窗口"还入选了 2015 年商务部发布的自由贸易试验区"最佳实践案例"。

上海自贸试验区（包括临港新片区）的制度创新主要体现在四个方面。第一，按照国际高标准经贸规则推进制度型开放，主要包括实施外商投资准入前国民待遇和负面清单管理制度，深化海关监管制度创新，建设上海国际贸易"单一窗口"，拓展洋山港全球枢纽港功能，并营造接轨国际的法治环境等。第二，坚持要素市场化改革，提升全球资源配置能力，主要涉及资金跨境通道拓展、金融市场国际化、促进数据流通和更加开放的人才政策等。第三，加强政府自身改革，提升治理现代化水平，包括企业全生命周期商事制度改革、事中事后监管体系构建和基于"互联网+"的政务服务体系建设等。第四，聚焦产业发展所需创新制度供给，促进高质量发展动力，包括集成电路监管创新试点、医疗器械注册人和药品上市许可持有人制度实施、智能网联汽车示范应用深化、"一司两地"一体化监管模式创设等。

（2）上海自贸试验区的扩大服务业开放效应

上海自贸试验区通过放宽服务业市场准入、推动服务业与新技术的深度融合、示范带动全国服务业对外开放等途径有效促进了中国服务业的扩大开放。

上海自贸试验区通过实施负面清单管理模式，有效降低了外资进入的门槛，吸引了大量全球知名服务企业在区内落户。在扩大金融服务业对外开放方面，上海自贸试验区的成效尤为突出。自 2013 年以来，上海自贸试验区率先实行外商投资准入前国民待遇和负面清单管理制度，显著放开了外资金融机构的准入限制。《中国（上海）自由贸易试验区总体方案》明确提出推动金融服务业全面开放，允许符合条件的外资金融机构设立外资银行。2020 年，上海自贸试验区发布了《关于扩大金融服务业对外开放 进一步形成开发开放新优势的意见》，提出 25 条具体措施，涵盖吸引外资金融机构集聚、便利外资金融机构落户、全面深化金融改革创新、支持科技创新中心建设、聚集高层次金融人才以及构建与国际规则接轨的金融法治环境等多个方面。[①] 2023 年发布的《上海市落实〈关于在有条件的自由贸易试验区和自由贸易港试点对接国际高标准推进制度型开放的若干措施〉实施方案》，进一步明确允许外资金融机构开展国家金融管理部门明确的新金融业务。在这些政策的推动下，上海自贸试验区吸引了一系列

---

① 中国（上海）自由贸易试验区管理委员会印发《中国（上海）自由贸易试验区管理委员会关于扩大金融服务业对外开放 进一步形成开发开放新优势的意见》的通知［A/OL］.［2018 - 10 - 25］. https：//www. pudong. gov. cn/zwgk/zwgk_ zfxxgkml_ atc_ tz/2022/287/94293. html.

首家外商独资金融项目，其中包括首家外商独资保险控股公司、首家外商独资券商以及首家外商独资公募基金管理公司。此外，目前已有80家国际知名资产管理机构在上海自贸试验区设立了120家各类外资资管公司，彰显了区域在金融领域的开放与创新成果。这一系列举措不仅提升了上海自贸试验区在全球金融市场中的地位，也为中国金融市场的开放与发展提供了重要经验。

上海自贸试验区在推动航运、医疗和教育等服务业扩大开放方面也取得了显著成效。在航运领域，上海自贸试验区充分利用洋山港的地理和资源优势，实施了一系列创新的开放举措。这些措施包括推动国际船舶登记制度的创新，以及积极拓展洋山港作为全球枢纽港的功能，目前已与全球200多个重要港口建立了联系。截至2021年，超过30家外资国际船舶管理公司获批入驻自贸试验区。到2023年，洋山深水港的集装箱吞吐量突破了2500万标准箱，同比增长4.6%，在上海港4900万标准箱中的占比攀升至51%。在医疗领域，上海自贸试验区放宽了对外资医疗机构的设立限制，允许设立独资医疗机构。2015年，全国首家外商独资医院——上海永远幸妇科医院落户于此。截至2023年年底，上海自贸试验区内已设立多家外资医疗机构，如上海阿特蒙医院、上海莱佛士医院、上海和睦家新城医院和上海嘉会国际医院等。这些医疗机构的入驻体现了上海自贸试验区在医疗领域的开放态度和国际化医疗服务能力。在教育领域，上海自贸试验区同样放宽了外资教育机构的设立限制，允许设立独资或合资学校。这一政策吸引了多家国际学校和教育机构落户，为区内居民和外籍人士提供了更多的教育选择，并促进了教育资源的多元化和国际化。截至2023年年底，区内已有上海哈罗国际学校、上海惠灵顿国际学校和上海德威外籍人员子女学校等多所国际学校。

上海自贸试验区还通过推动服务业与新技术的深度融合，成功培育了一批跨境电商、数字贸易等新兴服务业态，为服务业对外开放注入了新动能。在数字贸易领域，上海自贸试验区建立了上海数据交易所和国家（上海）新型互联网交换中心，探索数据出口和产品定制等创新模式。这些举措不仅为数据要素的跨境流通提供了制度保障和基础设施支撑，还强化了数据治理和技术创新，促进了数据要素的流通和数字贸易的发展。截至2023年，上海数据交易所全年数据交易金额超过11亿元人民币，挂牌数据产品数量逾2700个。此外，上海临港国际数据港的落地也为跨境数据流动提供了新的探索平台，推动了数字贸易的发展。在跨境电商领域，上海自贸试验区率先在全国设立了跨境电商综合试验区，创新探索了跨境电商全流程监管新模式。依托洋山特殊综合保税区的优势，上海自贸试验区先后引进了天猫国际、京东全球等知名跨境电商平台，形成了以洋山港为核心的跨境电商生态圈。通过这些改革创新，上海浦东的跨境电商交易规模从 2021 年的 197.8 亿元增长至 2023 年的 683.3 亿元，实现了 2.5 倍的增长。

作为中国服务业对外开放的先行区，上海自贸试验区充分发挥了示范带动作用，为全国服务业对外开放提供了大量可复制、可推广的经验。在政策创新方面，上海自贸试验区率先实施负面清单管理模式，为全国范围内的服务业开放提供了有效借鉴。目前，这一模式已在全国推广，显著推动了中国服务业的开放。此外，上海自贸试验区吸引了大量全球优质服务企业入驻，成为全国服务业发展的成功案例。上海自贸试验区在服务业开放方面的其他创新实践，如跨境电商全流程监管新模式、智能网联汽车示范应用等，也为全国服务业的高质量发展积累了丰富的经验。这些创新成果的复制与推广，不仅进一步优化了各地的营商环境，还为服务业向更高水平的发展注入了新动能。

（3）上海自贸试验区的增加中高端商品供给效应

上海自贸试验区充分发挥自身独特的制度优势和区位优势，通过一系列创新举措有效扩大进口，缓解了国内中高端商品供给不足的问题。一方面，上海自贸试验区加快建设进口商品集聚区，吸引了大量国际知名品牌进驻。例如，在洋山港区域，引进了宝马、梅赛德斯—奔驰等高端汽车品牌，建立了进口车展示中心和维修中心。同时，欧莱雅、雀巢、宝洁等国际消费品企业也在此集聚，设立了大型进口商品展销中心。这些举措不仅丰富了市场的商品种类，也为国内消费者提供了更多高品质选择。另一方面，上海自贸试验区积极响应"一带一路"倡议，建设了"一带一路"国别（地区）进口商品中心，以吸引更多共建国家和地区的商品进入中国市场。这一措施显著增加了商品的种类和数量，进一步满足了国内消费者对中高端商品的需求。在医药和食品等重点领域，上海自贸试验区不断完善进口商品质量监管，确保了进口商品的质量安全。这些措施为满足国内中高端需求创造了有利条件。例如，在医疗器械和药品领域，上海自贸试验区先后出台了医疗器械注册人制度和药品上市许可持有人制度等创新政策，大幅提升了进口商品的质量监管水平。此外，上海自贸试验区还积极开展进口特殊物品和研发用物品的便利化试点，为科研等领域提供更加高效的进口服务。在生物医药领域，上海自贸试验区深化了研发机构的进口"白名单"试点，允许"白名单"中的物品在进口时无须办理《进口药品通关单》。这些创新措施提高了进口效率，有效推动了中高端商品的进口，为国内消费者提供了更多优质选择。

上海自贸试验区积极推动金融服务产业集群的发展，为上海国际金融中心建设提供了有力支持，显著提升了中高端金融服务的供给能力。通过一系列政策创新，如跨境人民币业务、利率市场化改革以及金融服务业对外开放等措施，上海自贸试验区有效提高了区域内金融机构的服务能力和国际化水平，弥补了国内中高端金融服务供给不足的问题。凭借自贸试验区在金融开放和创新方面的先行优势，2023 年，上海跨境人民币结算量突破 20 万亿元，占全国结算总量的 43% 以上，继续保持在全国首位。同时，上海自贸试验区吸引了大量外资银行入驻，促进了国内外金融机构之间的合作与竞争，进一步提升了区内金融服务的专业化程度和创新能力。截至 2023 年 6 月底，上海自贸试验区内的银行业机构总数已经达到 588 家，涵盖 49 家法人银行、121 家分行级机构和 418 家分行以下机构；保险业机构总数为 135 家，包括 16 家法人保险机构和多个保险分支机构。这些成就巩固了上海作为国际金融中心的地位，为国内外企业提供了更多元化的金融产品选择，满足了企业日益增长的中高端金融服务需求。

上海自贸试验区在促进上海成为全球重要航运中心方面同样发挥了关键作用。通过推进航运服务贸易的便利化、建立高效的多式联运体系以及加强与国际航运市场的接轨，上海自贸试验区显著改善了物流服务的质量与效率。具体措施包括简化通关流程、实施电子口岸建设以及推动航运金融创新，这些都大幅降低了企业的物流成本，提高了货物运输的速度。自贸试验区成立以来，上海港的集装箱吞吐量持续增长，连续多年位居世界第一。这不仅反映了上海作为国际航运枢纽的强大实力，还为国内外贸易商提供了更加便捷可靠的物流支持，尤其是对于那些需要高时效性和高质量物流服务的中高端商品。此外，上海自贸试验区还积极推动航运保险、融资租赁等高端航运服务的发展，填补了国内市场在这些领域的空白。例如，在航运保险方面，上海自贸试验区通过实施优惠政策、优化监管环境和促进国际交流与合作，吸引了如中国太平洋保险、中国人民财产保险和中国平安保险等知名保险公司，以及达信保险经纪公司等专业服务机构入驻，提供包括船舶保险、货物保险和责任保险等多元化航运保险产品和服务。这些努力推动了航运保险业务的发展，促进了市场的繁荣。

此外，上海自贸试验区在推动上海成为具有全球影响力的科技创新中心方面也发挥了引领作用。通过实施一系列优惠政策，吸引高科技企业和研发机构入驻，设立专门的科技创新基金，以及构建完善的知识产权保护体系，上海自贸试验区极大激发了区内科技创新的活力，为提高国内中高端产品的供给能力提供了重要的技术支撑。在高新技术企业的发展方面，上海自贸试验区的成就显著。金桥片区内集聚高新技术企业 232 家，每年新认定的高新技术企业数量不断跃升，2020年55家，2021年新增97家，2022年新增127家。① 临港新片区也表现突出，累计认定创新型中小企业921家，有效期内的高新技术企业数量接近1500家，此外，区域内还拥有56家上海市科技小巨人企业（含培育）、385家上海市专精特新企业，以及25家国家专精特新"小巨人"企业。② 为了进一步推动科技成果的产业化，上海自贸试验区致力于创造一个有利的创新生态环境，鼓励产学研合作，加快科研成果向市场产品转化。例如，临港新片区初步建立了全链条科技创新体系，借助16家新型科创平台和科研机构的特色优势，与创新企业深度合作，形成了超过280项产学研合作项目和720余项知识产权成果。综上，上海自贸试验区通过引导科技创新与产业发展的深度融合，为上海建设全球科技创新中心提供了强有力的支撑。

（4）上海自贸试验区的促进区域协调发展效应

上海自贸试验区不仅推动了高端产业集群的发展，增强了区域经济活力，还通过产业链的辐射和延伸，带动了周边地区的产业升级与经济增长。这有效促进了长三角区域一体化，为构建更加均衡、高效的区域发展格局提供了强有力的支持。

上海自贸试验区以产业集群发展为核心，通过引入高端产业和优化产业链布局，推动区域协调发展。上海自贸试验区内的产业集群效应不仅增强了区域产业竞争力，还通过集聚和辐射推动了周边地区的产业转型升级，实现更广泛的协调发展。首先，自贸试验区积极引进高端制造业与现代服务业，形成了高科技、现代金融、生物医药和智能制造等产业集群。这些集群不仅为上海经济发展注入新动能，也为周边地区的产业升级指明了方向。例如，临港新片区的生命蓝湾生物医药产业园吸引了美敦力、波士顿科学等知名企业，共同推动区域生物医药产业的集聚与创新。其次，产业集群的创新要素聚集提升了区域的技术创新和研发能力。上海自贸试验区内众多高新技术企业依托政策优势，积极开展研发活动，不仅推动了本区的技术创新，还与周边高校和科研机构合作，提升了整体创新能力。例如，上海自贸壹号生命科技产业园吸引了100多家创新药企业入驻，合作建立了联合创新中心，专注于科研成果的转化。这些资源的集聚与共享，增强了区域科技创新能力，推动了产业结构优化升级。最后，

---

① 勇立潮头谱写产城融合新篇章！金桥着力打造世界一流智造城 [EB/OL]. [2023-04-24]. http://sh.people.com.cn/n2/2023/0424/c134768-40389837.html.

② 凝聚科创伟力、共赢新质未来，2024临港科创大会今日成功举行 [EB/OL]. [2024-03-26]. https://www.lingang.gov.cn/html/website/lg/index/news/list/p1772558707883769858.html.

产业集群效应通过带动上下游产业链的发展，进一步促进了区域经济的协同增长。上海自贸试验区内的先进制造业和高新技术产业发展带动了相关上下游产业，形成了完整的产业链。这种延伸效应提升了经济活力，并通过跨区域联动，促进了长三角区域的产业一体化发展。例如，新能源汽车产业集群吸引了特斯拉、上汽集团等企业，并带动了电池制造和关键零部件供应商在周边设立工厂。这一发展不仅限于上海，更延伸至江苏、浙江，促进了区域产业一体化。宁德时代在自贸试验区内建立全球创新中心和高端制造业基地，同时与上汽集团在江苏常州溧阳打造电池及电池系统生产基地，进一步推动了区域协同发展。

上海自贸试验区作为长三角地区的重要引擎，通过制度创新、产业协同和基础设施互联互通等手段，推动了长三角区域的一体化发展。这不仅为长三角的经济增长提供了强劲动力，还为全国范围内的区域协同发展积累了宝贵经验。首先，上海自贸试验区通过制度创新，为长三角区域一体化提供了有力的制度保障。自贸区内实施的"负面清单"管理模式、自由贸易账户体系和跨境人民币业务创新等制度，逐步推广至长三角区域，形成了统一的市场规则。例如，"负面清单"模式在上海自贸试验区率先实施，经过实践与优化，推广至江苏、浙江等地，促进了投资管理体制的统一。这种制度创新不仅降低了企业在长三角跨区域经营的制度性成本，也为资源的自由流动创造了良好环境，加速了区域一体化进程。其次，上海自贸试验区通过产业协同，推动了区域内产业链的深度融合与合作。区内优势产业如金融服务、生物医药和智能制造，通过产业链延伸与辐射，促进了相关产业的协同发展。例如，生物医药产业集群聚集了大量国内外知名制药企业，并通过合作推动长三角生物医药产业链的形成。江苏、浙江等地通过与自贸区合作，共享产业资源与技术，形成了分工合作格局，推动了产业的集群化与高端化，进一步增强了长三角在全球产业链中的竞争力。再次，依托地理位置和政策优势，上海自贸试验区推动了交通、物流和信息等基础设施的联通与共享，促进了区域的深度一体化。例如，自贸试验区与苏州、杭州等地的交通网络对接，促进了高铁、港口和机场的联动发展，显著提升了人流、物流和信息流的效率。最后，上海自贸试验区积极搭建跨区域合作平台，为企业提供更多合作机会，推动长三角的协同发展。与江苏、浙江自贸试验区共同建立的"长三角自贸试验区联盟"，通过共享信息、联合招商和协同创新等形式，促进了产业、技术和资本等要素的流动与合作。这种跨区域合作平台有效优化了资源配置，增强了区域经济发展的内生动力与协调性。

第二节　云南自贸试验区的供给侧结构性改革效应

一、云南自贸试验区概况

云南自贸试验区于 2019 年 8 月经国务院正式批复设立，并于当月挂牌成立。云南自贸试验区是中国第五批次设立的 6 个自贸试验区之一，也是中国在内陆沿边地区设立的第一个自贸试验区。云南自贸试验区的设立是中国构建覆盖全国的自贸试验区网络的重要步骤，不仅进一步推动自贸试验区网络向西部内陆地区拓展，而且开创了中国内陆边境地区自贸试验区建设的先河。云南自贸试验区的战略定位是打造"一带一路"和长江经济带互联互通的重要通道，建设连接南亚和东南亚的大通道重要节点，推动形成我国面向南亚和东南亚的辐射中心和开放前沿。①

云南自贸试验区的实施范围为 119.86 平方公里，涵盖三个片区：昆明片区 76 平方公里（包括昆明综合保税区 0.58 平方公里）、红河片区 14.12 平方公里和德宏片区 29.74 平方公里。这三个片区均具备相对优越的地理位置和交通条件。昆明片区位于云南省省会，是中国西南地区的交通枢纽，拥有航空、铁路和公路等多种运输方式，形成了国内外立体交通网络。昆明是云南省最大的国际航空枢纽，与东南亚等地区有直飞航线，同时还是中越、中老、中缅等跨境铁路的重要节点。红河片区位于中国与越南、老挝的交界地带，是连接中国与东南亚的重要通道。该区域拥有多条跨境公路和铁路通道，如中越和中老国际大通道，为区域物流运输提供了便利。红河港等内河港口与云南省内主要铁路网和高速公路网相衔接，形成了公铁联运为补充的多式联运体系。德宏片区地处中国与缅甸、泰国的交界，是连接东南亚和南亚的重要门户。该区域拥有多条跨境公路和铁路通道，如中缅和中泰国际大通道，为区域贸易和物流提供了便利。此外，云南自贸试验区的设立与这些地方良好的保税区发展基础密切相关。昆明保税区、红河保税区和瑞丽姐告边境贸易区的成熟发展为自贸试验区的各片区奠定了坚实基础。

---

① 国务院关于印发 6 个新设自由贸易试验区总体方案的通知：国发〔2019〕16 号［A/OL］.［2019-08-26］. https：//www. gov. cn/gongbao/content/2019/content_ 5428459. htm.

云南自贸试验区各片区对重点产业进行了差异化布局。昆明片区着重发展高端制造、航空物流、数字经济和总部经济，建设面向南亚和东南亚的互联互通枢纽、信息物流中心及文化教育中心。红河片区则重点发展加工贸易、大健康服务、跨境旅游和跨境电商，力争打造面向东盟的加工制造基地、商贸物流中心及中越经济走廊的创新合作示范区。德宏片区重点发展跨境电商、跨境产能合作和跨境金融，致力于建设沿边开放先行区和中缅经济走廊的门户枢纽。这种差异化布局不仅能够充分利用各片区的资源优势，还为其产业协同创造了良好条件。同时，各片区产业的协同发展有助于增强云南自贸试验区的整体竞争力，提高其在区域经济合作中的地位与影响力。

二、云南自贸试验区的"去产能"功能

在云南自贸试验区成立之前，云南省在化解部分行业的过剩产能方面已取得显著成效，煤炭、钢铁、建材等行业的产能利用率持续提高。然而，2019年云南自贸试验区成立时，传统产业如煤炭、钢铁和建材仍存在一定的产能过剩问题。云南自贸试验区的建设与发展对进一步化解产能过剩问题发挥了重要促进作用。

（1）云南自贸试验区的资源再配置效应

云南自贸试验区通过推动资源向重点产业流动，有助于减少产能过剩行业的投资，从而缓解产能过剩问题。首先，云南自贸试验区聚焦新兴产业和高附加值产业，如总部经济、加工贸易和跨境电商等，这些领域具备良好的市场前景和发展潜力，能够吸引投资并促进新产业集群的形成。相比之下，钢铁和煤炭等传统产能过剩行业在自贸试验区内的发展将受到限制。通过引导资源向优势产业集中，可以抑制过剩行业的无序扩张，避免恶性竞争加剧产能过剩。

其次，云南自贸试验区各片区的差异化布局有助于发挥区域比较优势，提高资源配置效率。以昆明片区为例，其重点发展高端制造和航空物流，利用云南省会城市的区位优势，建设通往南亚和东南亚的互联互通枢纽。而红河片区则专注于加工贸易和跨境旅游，利用地理优势打造面向东盟的加工制造基地。合理的区域分工可以避免无序竞争，减少低水平重复建设，进一步缓解产能过剩。

再次，云南自贸试验区的差异化产业布局有助于培育新的经济增长点，促进产业转型升级。例如，红河片区重点发展大健康服务产业，满足市场需求，带动相关产业链发展，为区域经济转型注入新动能。同时，德宏片区的跨境电商和跨境金融等新兴产业，也促进传统产业向数字化、智能化转型。通过培育

新兴产业，可以逐步压缩传统产能过剩行业在区域经济中的份额，缓解产能过剩问题。

最后，云南自贸试验区各片区的差异化产业布局还可促进区域内外产业链的协同发展，增强整体竞争力。昆明片区的航空物流中心为红河片区的跨境贸易提供支持，而德宏片区的中缅经济走廊枢纽则为自贸试验区的跨境合作创造条件。通过产业链的纵向整合和横向协同，提升资源配置效率，减少低水平重复建设，从而有效缓解产能过剩。

（2）云南自贸试验区的市场拓展效应

云南自贸试验区积极开拓国际市场，尤其是东南亚地区，有助于促进产能过剩行业的产品出口，从而缓解本地区的产能过剩问题。首先，云南自贸试验区位于中国西南，邻近东盟国家，具备独特的地理优势，便于跨境贸易合作。红河、德宏等片区紧邻东盟，为企业与东南亚国家的合作创造了机会。自贸试验区利用这一优势，采取多项措施深化与东盟国家的经济和文化交流，推动跨境贸易、投资和物流等领域的合作，为煤炭、钢铁和建材等产能过剩行业开辟了广阔的国际市场。

其次，云南自贸试验区充分发挥区位优势与政策支持，推动煤炭、钢铁、建材等企业开展国际产能合作。自贸试验区通过优化跨境基础设施、鼓励企业境外投资和参与周边国家基建项目、改善金融服务，显著降低了国际业务的成本，增强了企业的国际竞争力。在加强跨境基础设施方面，自贸试验区努力为产能过剩行业提供支持。例如，红河片区重点打造面向东盟的加工制造基地和物流中心，为煤炭、建材等企业出口提供高效服务。在德宏片区，发展跨境电商和金融产业，为钢铁企业进入东南亚市场创造便利。自贸试验区还鼓励企业在海外投资建厂，将过剩产能转化为海外生产力。例如，云南能源投资集团和云南煤炭产业集团利用自贸政策，赴东南亚投资煤矿和电力项目，有效缓解国内煤炭行业的产能过剩。这种跨境投资还带动了技术、设备和人员的输出，提升了国际竞争力。同时，推动建材企业参与周边国家的基建项目，拓展国际市场。例如，红河片区的新型建材项目与东南亚国家合作建设基础设施，将过剩建材产能转化为海外需求，缓解国内建材行业过剩问题，还为企业带来了新增长点。自贸试验区通过优化金融服务，为企业的国际产能合作提供资金支持，帮助钢铁企业降低融资成本，例如提供一站式跨境人民币结算服务，推动人民币作为跨境贸易和投资的计价货币。综上，云南自贸试验区通过支持企业"走出去"开展国际产能合作，为缓解煤炭、钢铁和建材等行业的产能过剩提供了有效途径。

此外，云南自贸试验区还推动产能过剩行业产品的国际营销和品牌推广。在昆明片区建设的南亚、东南亚互联互通枢纽，为本地产品提供了高效的物流和营销渠道。同时，自贸试验区鼓励企业参加国际展会，增强品牌建设，提升国际竞争力。这些措施促进了产能过剩行业产品的出口，缓解了本地区的产能过剩压力。

三、云南自贸试验区的"去库存"功能

在云南自贸试验区成立前，昆明片区、红河片区和德宏片区所在城市的房地产市场面临一定的"去库存"压力。以昆明市为例，昆明锐理数据发布的《2019年上半年昆明房地产市场研究报告》显示，自2017年以来，昆明商业存量面积持续增加，去化周期不断延长。截至2019年上半年，昆明商业存量的去化周期约为14年，住宅存量的去化周期约为7.7个月，办公市场的去化周期则为2.9年。这表明，昆明市在商业和办公领域存在明显的去库存压力。自贸试验区的设立为这些城市的房地产市场，尤其是商业地产的去库存提供了新的动力。

（1）云南自贸试验区的增加房地产市场需求效应

云南自贸试验区的设立，为昆明市、红河河口县和瑞丽市带来了前所未有的发展机遇。自贸试验区的政策优势和产业集聚效应吸引了大量企业和人才涌入，提高了对普通住宅和商业地产的需求。根据云南省商务厅的数据，云南自贸试验区成立4年多以来，新设经营主体超过30万户，其中新设企业9.9万户，占全省同期新设企业的10.4%。大量企业的设立创造了就业机会，吸引了人口聚集，不仅提高了对普通住宅的需求，还促进了生活服务业的发展，进一步提高了对商业地产的需求。例如，昆明市的常住人口从2018年的803万增长至2023年的868万。但由于疫情等因素的影响，2020年以来，昆明市的房地产市场与全国其他城市一样，处于低迷状态。此外，自贸试验区的企业聚集还提高了对办公楼和商业综合体等商业地产的需求。以德宏片区为例，自贸试验区设立以来，跨境电商、现代物流和金融服务等产业快速发展，吸引了大量企业入驻，对商业地产的需求不断增加。

自贸试验区的一个重要任务是推动产业发展，进而提升地区经济实力。在云南自贸试验区的带动下，昆明市、红河河口县和瑞丽市的产业结构不断优化，为房地产市场提供了强有力的需求支撑。以昆明片区为例，自贸试验区成立以来，高新技术产业和现代服务业快速发展，产业结构趋于合理。这一优化不仅增加了就业人口，还进一步提高了对普通住宅和商业地产的需求。此外，自贸

试验区通过税收优惠和债券支持等政策，助力企业转型升级、推动产业链延伸，从而增加了对普通住宅和商业地产的需求。例如，在红河片区，自贸试验区设立以来，众多企业加大研发投入，实现了产业升级，带来的经济效益促使企业对办公楼和研发中心等商业地产的需求持续增加。同时，员工的住宅需求也日益旺盛。

云南自贸试验区的设立显著提升了地区经济发展水平，并改善了基础设施和公共服务设施，有助于提振消费信心，为房地产市场注入活力。一方面，自贸试验区通过产业发展带动了居民收入水平的提升；另一方面，政策扶持改善了消费环境。这些都增强了消费信心。以德宏片区为例，自贸试验区设立以来，地区生产总值和人均收入水平不断提高，居民消费信心逐步增强。消费信心的提升使得房地产市场活力增强，对普通住宅和商业地产的需求持续增长。

（2）云南自贸试验区的抑制房地产市场供给效应

云南自贸试验区的设立，为地方政府财政收入提供了新的经济增长源，帮助减少对土地财政的依赖，从而抑制房地产市场的过度供给。通过发展高端制造业和现代服务业，云南自贸试验区拓宽了税基，降低了对土地财政的依赖，以此来调节房地产市场的供给。昆明、红河和德宏三个片区依托各自的地理和资源优势，积极引进外资和高新技术企业，推动产业结构优化升级，同时增加了地方政府的税收来源，减少了对土地财政的依赖。例如，昆明片区自贸试验区设立后，高新技术产业和现代服务业迅速发展，企业所得税和个人所得税显著增加，减轻了对土地出让收入的依赖。2023年，昆明片区的税收收入占地方一般公共预算收入的96%。此外，云南自贸试验区还强调土地利用的效率和效益，通过规划引导和产业政策，促进土地资源的合理配置。在红河片区，地方政府已从追求土地出让收入转向追求土地的综合效益，通过土地整治和再开发，提高了土地利用效率，减少了低效土地供应，抑制了房地产市场的过度供给。

云南自贸试验区的设立也为房地产市场供给结构的优化提供了契机，通过调整供给结构以满足多样化市场需求，进一步抑制房地产市场的过度供给。自贸试验区的产业发展促使昆明市、红河和瑞丽的人口结构和消费需求发生转变。以昆明片区为例，随着自贸试验区的推进，高端人才和创新创业企业的聚集，增加了对高品质住宅和特色商业地产的需求。为此，昆明片区有针对性地增加了这类地产的供给，减少了普通住宅的过度建设，实现了供给与需求的匹配。此外，自贸试验区鼓励发展产业地产，如红河片区的跨境电商产业园和德宏片区的边境贸易区。这些产业地产的发展不仅满足了企业的办公和仓储需求，还减轻了传统住宅市场的供给压力。

云南自贸试验区通过引导形成合理的市场预期，有效抑制了房地产市场的过度供给。云南自贸试验区出台了相应的土地供应、住房建设和市场监管政策，向市场传递了稳定发展的信号，避免了开发商的盲目投资和建设。例如，昆明市强调优化用地空间布局，统筹安排自贸试验区昆明片区的国土空间规划，综合考虑区域环境、产业发展和基础设施等因素，加强用地保障。此外，自贸试验区还通过限购、限贷和限价等手段，加强房地产市场调控，抑制投机性购房需求，稳定市场预期。同时，注重提升房地产市场信息透明度，通过定期发布市场报告和土地供应计划，增强市场参与者的信息获取能力，帮助形成合理的市场预期。昆明片区建立了房地产市场信息平台，提供实时、准确的市场数据，引导开发商和购房者做出理性的决策。综上所述，云南自贸试验区通过引导形成合理市场预期，明确政策信号，加强市场调控，并提升信息透明度，有效抑制了房地产市场的过度供给。

四、云南自贸试验区的"降成本"功能

云南自贸试验区的建设和发展显著降低了区内及周边地区企业的各类成本。为了便于分析，以下从贸易和投资两个方面探讨自贸试验区的"降成本"效应。

（1）云南自贸试验区的降低贸易成本效应

关税减让是云南自贸试验区降低贸易成本的最直接途径。通过实施更加开放的关税减让政策，云南自贸试验区有效降低了进出口商品的成本，促进了跨境贸易的发展。自成立以来，云南自贸试验区致力于打造中国面向南亚和东南亚的重要开放门户，持续加强与周边国家的经贸合作，积极利用中国—东盟自由贸易区和区域全面经济伙伴关系协定（RCEP）等自由贸易协定中的关税减免政策，显著减少了双边和多边贸易中的关税壁垒。例如，中国—东盟自由贸易区升级版协议的实施，使得云南自贸试验区内的企业能够享受更优惠的关税待遇，直接降低了进口原材料和出口制成品的成本，增强了区内企业的国际竞争力。以花卉种子减免税政策为例，自政策实施以来，截至 2023 年 9 月，昆明海关累计办理花卉种子类的征免税确认通知书 1465 份，减免税款高达 2612 万元，显著降低了花卉企业的进口成本。①

贸易自由化和便利化措施是云南自贸试验区降低贸易成本的另一重要途径。

---

① 当好制度创新"头雁"打造沿边开放新高地——中国（云南）自由贸易试验区昆明片区建设五周年巡礼［EB/OL］.［2024-08-31］. https：//yn. yunnan. cn/system/2024/08/31/033209252. shtml.

通过简化通关流程、提高通关效率和优化检验检疫程序等一系列举措，云南自贸试验区极大缩短了货物进出口的时间，减少了企业在物流环节的支出。云南自贸试验区推行"单一窗口"申报系统，实现了海关、检验检疫等多个部门之间的数据共享与业务协同，大幅提升了货物通关速度。2021年，云南省口岸的整体进出口通关时间分别缩短至7.93小时和0.15小时，均不到全国平均通关时长的1/4和1/10，分别位列各省（区、市）第二和第三。此外，自贸试验区还积极探索跨境电子商务新模式，鼓励跨境电商平台的建设与发展，为中小企业提供更加便捷的国际贸易渠道，从而降低了它们进入国际市场所需承担的风险和成本。例如，云南跨境电商综合试验区已吸引了一大批电商企业入驻，形成了较为完善的产业链配套体系，为中小企业参与全球贸易提供了有力支持。

增强金融服务是云南自贸试验区促进贸易成本下降不可或缺的一环。通过构建多层次的金融服务体系，自贸试验区为区内企业提供更加多元化的金融产品和服务，有效缓解了企业在跨境交易中面临的融资难题。云南自贸试验区积极引入各类金融机构入驻，并推动金融创新，例如开展跨境人民币结算业务和探索跨境资产转让机制等。这些措施有助于降低企业的财务成本，提升资金使用效率。截至2022年7月，云南自贸试验区各银行累计完成跨境人民币结算791.94亿元，占同期全省结算总量的39%，显著减轻了企业的汇率风险和资金压力。此外，自贸试验区内还建立了多个金融服务平台，旨在为中小企业提供一站式金融服务解决方案，这些服务包括信贷支持、保险服务以及外汇风险管理工具等。这些金融服务不仅帮助中小企业更好地应对复杂多变的国际市场环境，还促进了它们的稳健发展。通过上述措施，云南自贸试验区不仅为企业创造了良好的金融生态环境，也为进一步降低贸易成本奠定了坚实基础。

（2）云南自贸试验区的降低投资成本效应

放宽市场准入是云南自贸试验区降低投资成本的关键路径。云南自贸试验区实施了更加宽松的市场准入政策，显著降低了投资者的进入门槛，简化了审批流程，从而减少了企业的时间和资金成本。云南自贸试验区采用负面清单管理制度，减少了对外资企业的限制，使外商能够自由选择投资领域。例如，昆明片区建立了面向南亚和东南亚的跨境电力交易平台，成功吸引了大量外资企业参与跨境电力业务。在外资准入方面，云南自贸试验区通过减少监管机构的重叠和繁杂手续，使外资企业的注册和运营更为便利。在德宏和红河等地区，企业可享受更灵活的外汇管理和税收优惠政策，从而进一步降低投资者的综合成本。此外，自贸试验区还推进了"准入前国民待遇"政策，确保外资企业与本土企业享有平等待遇。这些措施显著减少了企业进入市场时的阻力和相关费用。根据云南省商务厅的数据，云南自贸试验区成立四年来，实际使用外资 8.1 亿美元，新设企业 9 万户，分别占云南全省同期的 27.3% 和 11.7%。

优化政务服务是云南自贸试验区降低投资成本的重要途径。通过实施"单一窗口"服务，云南自贸试验区大幅简化企业办理各种行政手续的流程，减少了企业与多个部门协调的复杂性和重复性。这一改革不仅提高了行政效率，还减少了企业因等待审批而可能遭受的损失。在云南自贸试验区内，企业可利用"互联网+"等新兴技术实现线上办理，显著缩短了审批时间，从而降低了运营成本。例如，昆明片区整合外贸、金融、物流等资源，建立了一站式跨境电商服务平台，有效减少了跨境贸易中的繁琐手续和重复申报问题，特别是在鲜活产品的通关领域，实施"附条件提离"等创新模式，允许产品提前通关，减少了因商品滞留产生的额外成本。

拓展资金来源也是云南自贸试验区降低投资成本的有效方式。通过多种金融创新手段，云南自贸试验区为企业提供了多样化的资金来源，帮助其更容易获得低成本资金。云南自贸试验区大力发展跨境投融资，支持企业通过人民币进行跨境融资，并推动银行业金融机构参与跨境资金业务，这一创新使得企业能够从境外获得更低成本资金。此外，通过实施本外币合一账户体系试点，企业在资本项目下的跨境资金流动更加便利，进一步降低了资金流动成本。例如，昆明片区吸引国际金融机构参与离岸金融业务，建立了更加开放的资金市场，为企业提供多元化融资渠道。同时，云南自贸试验区内的金融机构积极运用互联网和区块链技术优化信贷流程，创新信贷产品，支持中小微企业发展。例如，云南自贸试验区支持跨境电商的线上融资和担保创新，使小微企业能够以较低成本获取必要的运营资金。

五、云南自贸试验区的"补短板"功能

云南自贸试验区通过制度创新、高水平对外开放和现代新兴产业的集聚发展，有效弥补了区域制度供给不足、开放水平不高及中高端商品供给不足等发展短板。

（1）云南自贸试验区的增加有效制度供给效应

云南自贸试验区作为西南边境地区的自贸试验区，在建设和发展过程中面临有效制度供给不足的问题。为了解决这一短板，云南自贸试验区一方面主动学习借鉴其他自贸试验区的成功经验，另一方面结合自身的区位优势和资源特色进行制度创新，逐步弥补了有效制度供给不足，从而推动了区域经济的高质量发展。

云南自贸试验区在面对制度供给不足的问题时，通过借鉴和推广其他自贸试验区的成功经验，有效弥补了制度短板。首先，云南自贸试验区在设立初期深入研究了上海、广东、天津等先行自贸试验区的成功经验，迅速推进区域内的制度创新。例如，借鉴上海自贸试验区的"负面清单"管理模式，云南改革了外商投资管理体制，减少了投资准入限制，提升了外资企业的投资便利性。数据显示，自"负面清单"制度引入后，云南自贸试验区外资企业注册数量显著增加。以昆明片区为例，挂牌首年新增外资企业 54 户，注册资本达 6.6 亿美元，其中包括 58 家世界 500 强企业及其分支机构；2020 年至 2023 年，昆明片区累计新注册外资企业 243 户。其次，云南自贸试验区通过学习其他自贸试验区的金融开放政策，有效弥补了本地区金融服务供给不足。例如，参考上海自贸试验区的自由贸易账户体系，云南推出了适应本地需求的跨境金融服务创新政策，包括跨境人民币结算便利化和外汇管理简化等措施，大幅提升了企业在跨境交易中的资金流动性和结算效率。以 2020 年上半年为例，云南自贸试验区的跨境人民币结算额达 108.4 亿元，占同期云南全省结算总量的 40.62%。此外，云南自贸试验区还借鉴其他自贸试验区的经验，推动贸易便利化和海关监管模式的创新。例如，该区借鉴上海自贸试验区的国际贸易"单一窗口"便利化服务平台，建立了一站式通关服务，显著提升了跨境贸易效率。2020 年，云南省口岸的进口整体通关时间为 14.02 小时，相比 2017 年压缩了 87.56%，比全国平均进口通关时间缩短了 27.8 小时，排名全国第四；出口整体通关时间为 0.12 小时，减少了 89.4%，使云南成为全国出口通关时间最短的省区。[①] 云南自贸试验区在借鉴其他地区制度创新的同时，注重本地化的适应与调整。在学习其他自贸试验区的贸易便利化措施基础上，该区结合与周边东南亚国家的贸易实际情况，推出了支持跨境电子商务的政策，促进区域内企业与东南亚国家的电子商务合作。这种具有云南地方特色的制度创新，不仅提升了本地区在跨境贸易中的竞争力，还促进了区域内电子商务产业的发展。总之，云南自贸试验区通过学习和借鉴其他自贸试验区的成功制度创新，有效弥补了制度供给不足的短板。

作为中国与东南亚国家接壤的自贸试验区，云南自贸试验区在制度创新方面不仅借鉴他区经验，还结合本地区的地理、经济和文化特点，积极探索符合本地实际的创新路径，进一步弥补了有效制度供给不足的短板。首先，云南自贸试验区充分发挥与东南亚国家接壤的地理优势，主动推动跨境贸易和投资制

---

① 韩成圆. 2020 年云南出口整体通关时间全国最短［N］. 云南日报，2021-01-31（1）.

度的创新。云南自贸试验区率先试点与老挝、缅甸、越南等国家的双边投资和贸易协定，探索跨境合作区的建设。这些制度创新促进了区域内企业与东南亚国家之间的直接投资和合作。例如，昆明片区实施的"边境贸易+跨境电商"模式，整合了边境贸易和跨境电商的优势，推动了区域内跨境电商交易额的显著增长。这种创新不仅提升了贸易的便利性和安全性，还加深了云南自贸试验区与东南亚国家的经济联系。其次，云南自贸试验区根据本地产业特点，积极推进农业和资源型产业的制度创新。作为中国的重要农业省份，云南的农业在经济结构中占据重要地位。为此，云南自贸试验区通过制度创新，推动农业领域的投资和技术引进。例如，实施现代农业产业化发展政策，吸引大量国内外投资者在区内开展农业技术研发和应用。以德宏片区为例，自贸试验区深化了绿色农业"大产业+新主体+新平台"的模式创新，并争取设立国家级农产品深加工技术研发中心。此外，该区还支持探索建设国家级种源保护基地，推动云南成为全国种质资源保护量最大的省份。最后，云南自贸试验区结合本地生态环境特点，探索绿色发展制度的创新。以生态优先、绿色发展为导向，实施了一系列环保制度创新，如绿色能源推广、生态农业发展和环境影响评价强化等，有效推动了区域经济与生态环境的协调与可持续发展。总之，云南自贸试验区通过结合自身实际情况，主动进行制度创新，弥补了有效制度供给不足的短板。成立五年来，云南自贸试验区已累计推出393项制度创新成果，其中104项在省内复制推广，98项为沿边跨境特色案例，80项为全国首创案例。通过探索"互联网+边民互市"贸易监管模式、飞行保税培训监管新模式，以及跨境产能合作"一线两园"新模式等创新做法，云南自贸试验区不断提升在沿边开放发展中的引领作用。这些地方特色的制度创新不仅推动了区域经济的高质量发展，还为其他自贸试验区及区域经济发展提供了宝贵的经验和有益的借鉴。

（2）自贸试验区的提升区域开放水平效应

云南省位于中国西南边陲，尽管其对外开放水平显著低于沿海发达地区，但与越南、老挝、缅甸等东南亚国家有着悠久的经贸往来关系。云南自贸试验区在贸易和投资自由化便利化方面的创新实践，进一步加强了云南省与周边国家的经贸合作，显著促进了云南省国际贸易和国际投资的发展，从而缩小了与东部沿海发达省份在对外开放水平上的差距。

在国际贸易方面，云南自贸试验区作为中国连接东南亚的桥头堡，充分发挥其地缘优势和政策创新，积极推动与东南亚国家的贸易合作，优化区域内的贸易结构，增强云南在全球贸易体系中的地位和影响力。云南自贸试验区充分利用与老挝、缅甸、越南等东南亚国家接壤和邻近的地理优势，持续加强与东南亚国家的紧密贸易联系，显著提高了云南省对外贸易的规模（如图6-1所示）。云南自贸试验区设立以来，进出口贸易总额从2018年的298.58亿美元持续增长至2022年的500.42亿美元，增幅超过60%，年均增长率达到13.78%。其中，进口总额从2018年的170.47亿美元增加到2022年的259.03亿美元，增幅超过50%，年均增长率为11.03%；出口总额从2018年的128.10亿美元增长至2022年的241.38亿美元，增幅超过80%，年均增长率为17.16%。云南省的贸易伙伴呈现多元化趋势，但东盟国家依然是云南主要的外贸市场。到2022年，云南的贸易国别市场增至200多个，与东盟国家的贸易额占全省贸易总额的比重从2019年接近50%下降至接近40%。云南自贸试验区内企业的进出口总额在全省进出口总额中持续维持较高水平。自2019年8月云南自贸试验区成立至2022年7月，该区域累计外贸进出口总额达到2791.36亿元，占同期云南省整体外贸进出口总额的32.58%。此外，云南自贸试验区通过大力发展跨境电商，拓宽国际贸易渠道，进一步提升了区域的对外开放水平。云南自贸试验区内的昆明、德宏、红河三个地区均获得国务院批准设立为跨境电商综合试验区。跨境电商业务的迅速增长，成为推动云南省外贸增长的新动能。以德宏片区为例，成立5年来，累计完成跨境电商交易额达到30.8亿元。

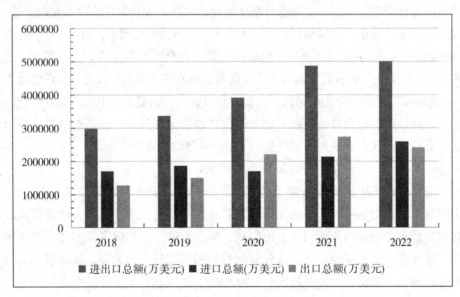

图6-1 云南省对外贸易发展情况

数据来源：国家统计局。

在国际投资方面，云南自贸试验区坚持"引进来"和"走出去"的协同推进，通过制度创新和搭建国际合作平台，积极吸引外资并支持本地企业拓展国际市场。这一系列创新举措在促进国际双向投资方面取得了显著成效。在"引进来"方面，云南自贸试验区实施了外资准入制度改革，推行跨境金融创新，并优化营商环境，以吸引大量国际资本进入高端制造、现代服务、绿色能源等领域。以昆明片区为例，成立 5 年来，普洛斯、万纬国际等一批外资项目相继落地，上好佳等外资企业的利润再投资也顺利实现；与 2019 年相比，外资企业数量增长了 1.8 倍，实际利用外资增长了 2.1 倍，显示出外资的显著吸引力。在"走出去"方面，云南自贸试验区重点通过跨境产能合作和跨境产业园区建设，推动区域内企业在东南亚等国家的投资与合作。一方面，云南自贸试验区加大科技领域的国际合作，引导企业在"一带一路"合作伙伴共建创新平台和科技孵化基地，支持企业进行境外并购、股权投资及研发中心的建立；另一方面，该区积极推进跨境产业园区体系的建设，支持如缅甸皎漂工业园区和老挝万象赛色塔综合开发区的共建，同时推动资源运营模式的创新，实施"重资产投资运营"和"轻资产管理输出"模式，以助力企业"抱团出海"，拓展国际产业合作的新空间。此外，云南自贸试验区还支持企业参与东南亚国家的基础设施建设项目，如推动中缅伊洛瓦底江陆水联运大通道建设和缅甸货场硬化援建工程等。这些措施不仅增强了云南省在国际投资领域的竞争力，也为参与国际经济合作与发展创造了新的机遇。

（3）云南自贸试验区的增加商品有效供给效应

云南自贸试验区充分发挥独特的地理优势和资源禀赋，通过扩大进口和发展产业集群，显著提高了区域内商品的有效供给。这些举措不仅丰富了市场商品种类、提升了供给质量，还为区域内企业开拓国内外市场和增强竞争力提供了有力支持。

云南自贸试验区充分利用其地理优势，通过优化进口政策、建立跨境电商平台和加强与东南亚国家的贸易合作，有效增加了区域内商品的供给，满足了市场多样化和高质量的需求。作为中国与东南亚重要的贸易通道，云南自贸试验区利用政策支持，推动了进口贸易的便利化与多元化，增强了商品市场的活力。一方面，云南自贸试验区通过优化进口政策，降低关税和非关税壁垒，显著提高了商品进口量，丰富了供给的多样性和质量。借鉴上海、广东等自贸试验区的经验，云南采取了关税减免和简化通关程序等措施，降低了进口成本，促进了进口贸易的增长。例如，昆明片区设立南亚、东南亚进口商品展示交易中心，为进口商品提供一站式展示和销售平台；德宏片区则推进中朔中药材国际交易中心项目，采取"原料在外、加工在内、销售国内外"的投资模式，推动了农产品精深加工。另一方面，云南自贸试验区通过建立跨境电商平台，拓展了进口商品渠道，进一步增加了供给。充分发挥与东南亚的地理优势，云南积极推动跨境电商的发展，尤其是在引入东南亚特色产品方面。例如，昆明片区建立跨境电商产业园，支持企业通过电商平台进口东南亚的热带水果、食品和手工艺品，丰富了商品种类和选择。同时，云南自贸试验区加强与东南亚国家在农产品、食品和日用消费品等领域的贸易合作，扩大了进口商品的种类和数量。通过与泰国、越南等国签署农产品进口协议，云南进口了大量优质水果、米面制品和海产品，丰富了商品供给。例如，红河片区已获批水果、中药材、冰鲜海产品和粮食等多种指定进口口岸，能够从越南、泰国等东盟国家进口多种商品。

云南自贸试验区依托独特的地理优势和资源禀赋，积极发展特色产业集群，优化产业链，提升商品生产和供应能力，有效增加了商品的供给。首先，云南自贸试验区通过培育特色农产品产业集群，增加了农产品的有效供给，提升了市场竞争力。作为中国的农业大省，云南拥有丰富的农产品资源。自贸区以本地农业资源为基础，推动特色农业集群发展。例如，红河片区重点发展咖啡、茶叶和花卉等高原特色农产品，形成覆盖种植、加工、销售的全产业链。引进先进农业技术和现代化生产设备后，农产品的产量和质量显著提升，增加了区域内的有效供给。其次，云南自贸试验区通过发展资源型产业集群，增加了矿产和能源产品的供给，保障了商品市场的稳定性。云南矿产资源丰富，被誉为"有色金属王国"。自贸区积极推动矿产资源开发，形成具有区域特色的矿产资源产业集群。市场化改革推动矿业权交易公开透明，吸引了大量国内外投资者参与矿产资源开发。这不仅增加了矿产品供给，还提升了资源型产业的竞争力和可持续发展能力。此外，云南自贸试验区推动绿色能源产业集群发展，增加了清洁能源产品的供给，促进了能源结构优化和商品供给的绿色转型。依托丰富的清洁能源资源，自贸区大力发展水电、风电和太阳能等绿色能源，形成了绿色能源产业集群。红河片区引进国际先进的绿色能源技术，发展水电站、风电场和太阳能发电基地，不仅提高了能源供应的稳定性和清洁性，还减少了对化石燃料的依赖，降低了温室气体排放。最后，云南自贸试验区通过文化产业园区建设，推动文化产业集群发展，增加文化产品的供给。这不仅丰富了商品种类，也提升了云南在国际市场的文化影响力。依托深厚的历史文化底蕴，云南自贸试验区积极推动形成以文化创意、旅游演艺和工艺品制造为主的文化产业集群。昆明片区建立了一系列文化创意产业园区，并出台了支持文化创意产业发展的相关措施。此外，红河片区打造面向南亚和东南亚的跨境电商产业园，吸引企业入驻，推动紫陶等特色产品销售；德宏片区引入大型数字经济项目，推动翡翠产业提质升级。

第三节 四川自贸试验区的供给侧结构性改革效应

一、四川自贸试验区概况

四川自贸试验区于 2017 年 3 月获国务院正式批复设立，是中国第三批自贸试验区之一，也是内陆地区开展自贸试验区试点的首批地区之一。这标志着自贸试验区的空间布局从东部沿海向中西部内陆扩展，成为构建全国自贸试验区网络的关键一步。四川自贸试验区的战略定位包括建设西部门户城市开发开放引领区、内陆开放战略支撑带先导区、国际开放通道枢纽区、内陆开放型经济新高地，以及内陆与沿海沿边沿江协同开放示范区，旨在打造内陆开放型经济高地，发挥示范作用，推动西部大开发和长江经济带发展①。

四川自贸试验区实施范围为 119.99 平方公里，分为三个片区：成都天府新区片区 90.32 平方公里 [包括成都高新综合保税区区块四（双流园区）4 平方公里、成都空港保税物流中心（B 型）0.09 平方公里]、成都青白江铁路港片区 9.68 平方公里 [包括成都铁路保税物流中心（B 型）0.18 平方公里]、川南临港片区 19.99 平方公里 [包括泸州港保税物流中心（B 型）0.21 平方公里]。成都天府新区片区重点发展现代服务业、高端制造业、高新技术、临空经济及口岸服务，建设国家重要的现代高端产业集聚区、创新驱动发展引领区、开放型金融产业创新高地、商贸物流中心和国际航空枢纽，成为西部地区的门户城市开放高地。成都青白江铁路港片区则重点发展国际商品集散转运、保税物流仓储、国际货代、整车进口及现代服务业，打造连接丝绸之路经济带的重要支点。川南临港片区主要发展航运物流、港口贸易、教育医疗等现代服务业，以及装备制造、现代医药和食品饮料等先进制造业，建设区域综合交通枢纽，辐射成渝城市群南向开放，并连接滇黔地区。四川自贸试验区主要依托保税区建设，体现了从保税区到自贸试验区的渐进式开放模式。其区位优势明显，交通

---

① 国务院关于印发中国（四川）自由贸易试验区总体方案的通知：国发〔2017〕20 号 [A/OL].［2017 - 03 - 31］. https：//www. gov. cn/gongbao/content/2017/content _ 5186970. htm.

便利，经济发展水平较高，涵盖了四川的重要铁路、水路和航空物流中心。四川自贸试验区各片区根据自身特点和产业基础坚持差异化发展，有效避免了过度竞争和重复建设，促进了产业分工与协同发展。

二、四川自贸试验区的"去产能"功能

四川自贸试验区成立时，四川省的供给侧结构性改革正处于深化阶段，淘汰钢铁、煤炭、水泥等行业的过剩和低效产能的工作持续推进。四川自贸试验区的成立为四川省的"去产能"工作注入了新的动力，通过资源再配置和市场拓展，显著推动了四川省"去产能"工作。

（1）四川自贸试验区的资源再配置效应

四川自贸试验区通过推动资源向重点产业流动和聚集，有效促进了资源的优化再配置，为缓解产能过剩问题提供了新路径。首先，自贸试验区的产业定位和政策导向对资源配置起到了重要引领作用。四川自贸试验区涵盖成都天府新区、成都青白江铁路港和川南临港三个片区，各片区根据自身区位优势和产业基础，重点发展现代服务业、高端制造业和航运物流。通过实施差异化发展战略、提供税收和土地使用优惠等激励措施，四川自贸试验区吸引了大量资源流向这些重点产业，有效推动了资源再配置。以成都天府新区为例，该片区重点发展现代服务业、高端制造业和高新技术产业。通过建设国家重要的现代高端产业集聚区和创新驱动发展引领区，天府新区吸引了大量资金、技术和人才进入新兴产业领域，促进了资源高效配置和产业结构转型升级，特别是在金融产业方面，天府新区通过建设开放型金融产业创新高地，引导大量资本流向新兴产业，减少了传统重工业的投资压力。

其次，四川自贸试验区通过打造产业平台，有效促进资源向重点产业的流动和聚集，为煤炭、钢铁等产能过剩行业的资源再配置提供了新路径，减少了这些行业的投资，缓解了产能过剩问题。自贸试验区的产业平台建设体现在对各类产业园区的规划上。以成都天府新区为例，该区域建设高新技术产业园区，吸引电子信息、生物医药和新能源等高新技术企业入驻。这些企业的集聚不仅为煤炭和钢铁行业提供了转型升级的样本，也为过剩资源寻找了新的利用途径。此外，四川自贸试验区还通过政策扶持，鼓励企业建立研发中心和孵化平台，推动产业链向高端延伸。例如，成都高新综合保税区的企业在政策支持下建立多个研发中心，这些中心成为技术创新和产业升级的重要基地。煤炭和钢铁企业通过参与这些研发活动，不仅提升了技术水平，也为过剩产能创造了新的市场需求。

最后，四川自贸试验区通过产业链延伸，有效带动了周边地区产业升级，为煤炭、钢铁等产能过剩行业的资源再配置提供了新机遇，减少了这些行业的投资，缓解了产能过剩问题。自贸试验区通过发展主导产业，促进相关配套产业发展，形成产业联动效应。以成都青白江铁路港片区为例，该区域重点发展国际商品集散转运和保税物流仓储，这不仅为煤炭和钢铁行业的物流服务提供了新市场，也促使这些企业向产业链高附加值环节转移。四川自贸试验区的产业发展不仅限于区内，还通过与周边地区的产业互动，形成区域性产业链。这种协同效应使产能过剩行业的企业能够参与更广泛的市场竞争，从而促进资源的优化配置。

（2）四川自贸试验区的市场拓展效应

四川自贸试验区主要通过促进产品出口和对外直接投资来实现"去产能"功能。自设立以来，四川自贸试验区一直是四川进行国际经济交流与合作的重要平台和窗口。在过去七年里，四川自贸试验区的面积不到全省的1/4000，却吸引了近1/4的外商直接投资和1/10的进出口总额①。四川自贸试验区在贸易投资便利化方面进行了多项制度创新与实践，推动了四川的对外贸易和投资发展，积极应对了钢铁、玻璃、机电等产业的产能过剩问题。

一方面，四川自贸试验区充分利用政策和地理优势，积极拓展国际市场，为产能过剩行业的产品出口创造了良好条件。通过优化口岸服务体系、创新跨境金融服务、完善贸易投资便利化政策，以及深化与"一带一路"合作伙伴的合作，四川自贸试验区不断提升贸易便利化水平，帮助企业拓展海外市场，缓解国内产能过剩问题。例如，自贸试验区推动多式联运和中欧班列等国际物流通道建设，为钢铁企业向东南亚、南亚、中亚和中东等"一带一路"合作伙伴出口提供了更便捷的通道。这不仅增加了企业的订单量，还有效消化了过剩产能。此外，四川自贸试验区搭建国际交流平台，加强了产能过剩行业与国际市场的联系。成都天府新区举办的各种国际博览会和论坛，为煤炭、钢铁等行业企业提供了与国际买家对接的机会，帮助企业了解市场需求变化，从而调整生产策略，生产更符合国际需求的产品。同时，四川自贸试验区还提供市场信息、贸易咨询等服务，帮助企业适应国际市场变化。这些服务提升了企业对国际市场的敏感度和应对能力，使其能够及时调整生产和销售策略，有效缓解产能过剩。在四川自贸试验区的引领下，四川的出口规模持续快速增长，尤其是制造

---

① 四川自贸试验区从"试验田"走向"高产田"［EB/OL］.［2024-03-06］. https：//sichuan. scol. com. cn/ggxw/202403/82478577. html.

业产品的出口（如图6-2所示）。例如，钢材出口额从2017年的25.16亿元增长到2022年的65.32亿元，玻璃及其制品出口额从4.09亿元增至34.72亿元，机电产品出口额从1996.88亿元增至4644.61亿元。

 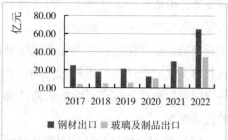

图6-2 2017—2022年四川出口发展情况

数据来源：成都海关。

另一方面，四川自贸试验区通过支持企业"走出去"开展国际产能合作，为煤炭、钢铁、机电等产能过剩行业提供了新的发展机遇，有效缓解了国内产能过剩问题。首先，四川自贸试验区通过政策支持，降低企业"走出去"的门槛。提供海外投资保险、出口信贷等金融产品，降低了企业的风险，增强了其开展国际产能合作的信心。其次，四川自贸试验区构建国际合作平台，加强与"一带一路"合作伙伴的产能合作。成都天府新区和青白江铁路港等区域利用地理优势，与多个国家和地区建立了经贸关系，为企业提供海外市场信息和合作伙伴对接服务。企业通过参与国际产能合作项目，如共建海外产业园和合资生产基地，将过剩产能转化为海外市场的有效供给。在四川自贸试验区的示范引领下，四川省重点围绕中国—东盟自由贸易区、中欧班列沿线、中巴经济走廊和孟中印缅经济走廊布局国际产能合作，并制定了《四川省推进国际产能合作三年行动指引（2018—2020年）》和《四川省制造业参与建设"一带一路"行动指南（2017—2020年）》等政策文件。四川积极推进与重点国家的产业合作园建设，鼓励中小企业"借船出海"，推动四川优势产能、成套设备、技术、标准和服务"走出去"。近年来，越来越多的四川企业进行了境外投资，促进了四川过剩产能的跨国转移。以2022年为例，四川新增境外投资企业80家，对外直接投资达到208.7亿元人民币，同比增长2.4倍，位居全国第七。流向制造业、采矿业、科学研究和技术服务业的投资明显增长，对RCEP成员国的直接投资为 141 亿元，占全省总额的 74%。①

三、四川自贸试验区的"去库存"功能

四川自贸试验区设立前，成都和泸州市的房地产市场面临明显的库存压力。以泸州市为例，2016 年其商品房待售面积达到 241.59 万平方米，比上一年增长 59.6%；其中，住宅待售面积为 134.55 万平方米，增长 33.2%。四川自贸试验区的成立，为成都和泸州的去库存提供了有利条件，对化解这些城市的高库存问题起到了一定的促进作用。

（1）四川自贸试验区的增加房地产需求效应

四川自贸试验区通过促进人口和企业聚集、产业发展以及提振消费信心，增加了对房地产市场的需求。首先，四川自贸试验区优化产业结构和提升城市功能，吸引了大量人口和企业入驻。成都天府新区、青白江铁路港和川南临港片区的人口和企业聚集，直接推动了普通住宅和商业地产的需求增长。其次，随着高新技术和口岸服务业的快速发展，四川自贸试验区创造了大量就业机会，提升了区域经济活力，进一步带动了对高品质办公空间和商业设施的需求。最后，居民收入水平的提升和消费环境的改善有效提振了消费信心，增强了居民的购买力，进而增加了对改善型普通住宅和商业服务的需求。总体来看，四川自贸试验区通过人口和产业聚集效应，发挥了房地产市场去库存的作用。自贸试验区的设立为所在区域及其周边的经济社会发展提供了新的机遇与动力。产业的发展及其辐射作用带来了就业机会，促进了人口向自贸试验区周边聚集，从而增加了住房需求，缓解了房地产库存压力。

四川自贸试验区设立以来，成都和泸州的常住人口持续增长（如图 6-3 所示）。到 2022 年，成都的常住人口达到 2126.8 万人，比 2016 年增加了 268.6 万人；泸州的常住人口为 425.3 万人，增加了 6.4 万人。此外，两市的就业机会也在不断增加。2017 年至 2022 年，成都市城镇新增就业人数累计超过 150 万人，泸州市城镇新增就业人数累计超过 25 万人。成都市和泸州市常住人口与就业机会的增加，是多种因素综合作用的结果，其中四川自贸试验区的设立起到了重要作用。四川自贸试验区建设不仅直接推动了产业发展和就业增长，还增强了人们对其所在地及周边地区发展的信心，提高了这些地区对人口的吸引力。

---

① 2022 年四川对外经济合作简明统计 ［EB/OL］. ［2023 - 01 - 18］. https：//swt. sc. gov. cn/sccom/swdt/2023/1/18/188b5cad2ad4431183acc33ce9c769bb. shtml.

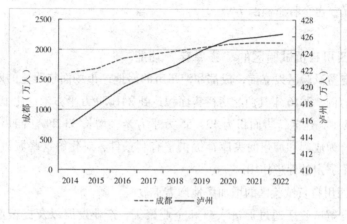

图 6-3　2014—2022 年成都与泸州常住人口变化情况
数据来源：CEIC 数据库。

　　四川自贸试验区设立以来，各片区所在地的成都市和泸州市的商品房销售面积持续高于商品房竣工面积，商品房待售（空置）面积总体呈现逐步下降的趋势（如图 6-4 所示）。这表明成都和泸州的房地产行业正在有效进行去库存。常住人口的增加和新增就业所带来的收入提升，对房地产行业的去库存具有重要影响。四川自贸试验区的建设和发展成为推动常住人口和就业机会增长的重要因素，因此，自贸试验区在其所在地区房地产行业的去库存过程中发挥了不可忽视的积极作用。通过吸引人才和企业入驻，四川自贸试验区不仅促进了经济发展，还增强了房地产市场的活力，帮助降低了过剩库存。

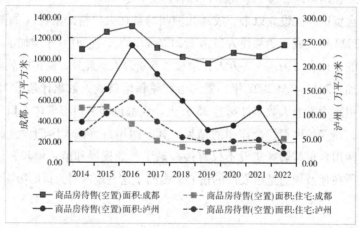

图 6-4　2014—2022 年成都和泸州市商品房待售面积变化情况
数据来源：CEIC 数据库。

(2) 四川自贸试验区的抑制房地产过度供给效应

四川自贸试验区在推进地方政府财政体制改革方面取得了显著成果，有效降低了地方政府对土地财政的依赖，从而抑制了房地产市场的过度供给。一方面，四川自贸试验区积极推动产业转型升级，提高企业效益，拓宽税收来源，减少了对土地使用权出让收入的依赖。例如，成都天府新区片区大力发展现代服务业和高端制造业，吸引了大量企业入驻，显著提升了地方税收收入。另一方面，四川自贸试验区实施了多元化的土地使用政策，进一步降低地方政府对土地出让收入的依赖。成都市作为四川省的政治、经济和文化中心，其房地产市场长期受到较大压力，特别是在土地出让环节，政府财政对土地收入的依赖程度较高。为此，成都市政府采取了一系列措施，如推进土地使用权的多元化改革，鼓励长期租赁而非一次性买卖，从而减少地方政府短期内对土地财政的依赖。此外，成都市还积极探索土地流转制度，允许农村集体建设用地入市交易，这不仅增加了土地供应来源，还缓解了城市土地的紧张状况。例如，在推进新型城镇化过程中，成都天府新区采用了"人地挂钩"的方式，根据人口流动情况动态调整土地供应量，有效避免了因土地过度开发导致的市场泡沫。这一举措使得政府不再单纯依靠土地出让来获取收入，而是更多关注土地的可持续利用和增值效应，从而在一定程度上抑制了房地产市场的过度供给。

四川自贸试验区还通过调整住房供给结构，增加保障性和租赁性住房的比例，满足多层次的住房需求，从而有效抑制了房地产市场的过度供给。以成都青白江铁路港片区为例，作为重要的物流中心，该地区吸引了大量外来务工人员，导致对住房的巨大需求。为应对这一情况，成都市政府加大了对保障性住房的支持力度，推出了包括公租房和共有产权房在内的多种住房形式，以满足不同收入水平居民的居住需求。政府还鼓励企业和社会资本参与租赁市场建设，推动长租公寓的发展，以提供更多元化的租赁选择。作为首批开展住房租赁试点的城市之一，成都逐步扩大了"租售同权"政策，允许符合条件的租户享有与购房者相同的公共服务权益。这一举措不仅促进了租赁市场的繁荣，也为控制商品房供给提供了有力支持。

此外，四川自贸试验区还通过建立健全的信息发布机制，加强市场监管，帮助市场主体建立稳定预期，避免盲目投资引发的供给过剩。在泸州市，川南临港片区所在的地方，政府建立了房地产市场监测预警系统，定期发布土地供应、新房销售、价格变动等信息，提高市场透明度。该系统的运行有效减少了信息不对称造成的市场波动，使开发商和购房者能够基于更准确的数据作出决策。同时，泸州市政府联合金融机构严格控制信贷政策，以防止资金过度流向房地产领域。通过限制个人购房贷款额度、提高首付比例等措施,进一步稳定了市场预期,遏制了房地产市场的过度供给现象。这些措施综合作用,促进了四川自贸试验区在住房供给结构调整和市场稳定方面的积极成效。

四、四川自贸试验区的"降成本"功能

四川自贸试验区坚持以制度创新为核心推动贸易投资便利化和政府职能转变,显著地优化了各片区的营商环境,明显降低了企业的各项成本。通过四川自贸试验区的示范引领及其制度创新成果的复制推广,自贸试验区周边地区企业的成本也不断下降。

(1)四川自贸试验区的降低贸易成本效应

四川自贸试验区通过建设成都国际铁路港和推广多式联运等方式,创新了物流运输模式,有效降低了企业的物流成本。成都国际铁路港作为"一带一路"倡议下的重要物流节点,截至 2023 年已开通近 50 条中欧班列(成渝)线路,覆盖欧亚 110 个城市。这些班列实现了四川自贸试验区与全球市场的快速对接,缩短了货物运输时间,减少了仓储费用,整体降低了企业的物流成本。例如,从成都到波兰罗兹的中欧班列运输时间比海运缩短了约三分之二,且其成本低于空运。此外,四川自贸试验区还积极发展多式联运,整合公路、铁路和航空等运输方式,提供一站式解决方案,简化货物转运流程,减少中途停留时间,进一步降低了物流成本。依托中欧班列和中老班列,自贸试验区不断探索多式联运"一单制",签发国内首张中欧班列多式联运提单,首创集拼集运新模式和铁路运单金融化新规则,并在全国率先开展运费分段结算改革,实现了降本增效。以 2021 年上半年为例,共有 1405 票班列回程进口货物实现境内运费扣减,为企业减征税款 93 万元。

提高通关效率是四川自贸试验区降低贸易成本的另一项关键举措,旨在减少企业在进出口过程中的等待时间和相关费用。自贸试验区不断优化通关环境,提升通关效率。例如,成都片区通过探索综合保税区设备零配件便捷监管等创新措施,进口和出口通关时间分别较挂牌时缩短了 63.24% 和 86.49%。[①] 成都双流自贸试验区"区内流转货物虚拟运抵"系统将部分货物的通关时间从 9.2 小时缩短至 9 分钟。[②] 川南临港片区采用长江内河口岸的"极简通关"模式后,

---

① 王明峰,曹宇阳. 制度创新激发开放型经济活力 [N]. 人民日报,2022-04-26 (10).

② 四川自贸区用 9 分钟通关 再次证明这句 30 多年前的口号 [EB/OL]. [2017-07-16]. https://www.nbd.com.cn/articles/2017-07-16/1128478.html.

泸州口岸通关时间从 25 天缩短至约 15 天，其中江运平均节省了 5 天，查验货物的时间压缩至 1 小时以内。此外，通过开行"直航快班"，有效避免了货物在进境口岸停滞而产生的高额滞报金风险，车载查验的实施则节约了吊箱移箱次数，每箱节省约 800 元。川南临港片区的"即到即入"创新模式使入区车辆平均节约了 1 天的等待时间，进一步降低了成本。"多式联运'一单制'＋全程保险模式"实现了门到门运输，功能包括"一次委托、一口报价、一单到底、一票结算、全程保险"，显著提升了供应链管理的效率。

除了物流和通关效率的提升，四川自贸试验区还注重优化贸易金融服务，以帮助企业减轻财务压力，从而间接降低贸易成本。四川自贸试验区的"铁银通"铁路运单金融化创新以及"自贸通"综合金融服务，为铁路多式联运客户和外向型中小微企业提供了新的物流金融增值服务方案，缓解了融资难问题，降低了企业的融资和结算成本。截至 2023 年年底，"自贸通"为 101 家企业提供了综合金融服务，并为 41 家中小外贸企业累计发放"自贸贷"约 4.5 亿元。[①]

（2）四川自贸试验区的降低投资成本效应

四川自贸试验区积极贯彻国家"放管服"改革，通过大幅压缩企业投资审批环节和优化审批流程，有效降低了企业的投资成本。四川自贸试验区借鉴上海自贸试验区的制度创新成果，实施对外商投资的准入前国民待遇和负面清单管理制度，并建立与之相适应的事中事后监管体系。四川自贸试验区严格落实各版本的《自由贸易试验区外商投资准入特别管理措施（负面清单）》。借助部分审批权下放的机遇，自贸试验区不断深化"放管服"改革，提升政务服务效率，优化营商环境，投资便利化程度持续提高。在自贸试验区内注册的企业可享受企业集群注册登记政策，以集约利用场地资源，降低经营成本；同时，他们还可以享受全程电子化登记服务及电子营业执照的拓展应用。四川自贸试验区实施了未开业企业和无债权债务企业的简易注销登记管理改革。例如，在成都天府新区，截至 2023 年，企业开办时间已缩短至 4 小时。此外，自贸试验区出台了一系列政策措施，全面降低企业在人力资源和税收等方面的投资成本。例如，在人才引进方面，区内实施了外国高端人才"一站式"服务，简化了外籍人员的工作许可申请流程，大幅缩短审批时间。在税收优惠方面，符合条件的企业可享受增值税和企业所得税等税收优惠，减轻了企业的税负。综合上述措施，四川自贸试验区内企业的投资成本不断下降，显著增强了对国内外企业

---

① 陈碧红. 四川自贸试验区从"试验田"走向"高产田"［N］. 四川日报，2024-04-06 (1).

的吸引力。截至 2023 年年底,四川自贸试验区吸引外商直接投资近 50 亿美元,占全省比重从挂牌初的 4.3%上升至 25%;区域内累计新设企业 27 万家,达到挂牌前的 12 倍。

四川自贸试验区围绕"促进跨境投融资便利化、增强金融服务功能、发展新兴金融业态、探索创新金融监管机制"四个方面开展金融创新。通过实施跨境人民币结算、自贸贷、党建增信融资、区块链技术知识产权融资等多元化金融创新措施,为企业提供了多样化的融资渠道,有效降低了融资成本,促进了实体经济的发展。截至 2023 年年底,四川自贸试验区试点银行已开立 116 户本外币合一账户,其中 98 户"首办户"使用跨境人民币结算 517 笔,金额合计 33.1 亿元;"党建增信"融资模式为区内 940 余家企业提供了超过 58.5 亿元的债权融资;同时,基于区块链技术的知识产权融资服务平台也已建成,实现知识产权融资 20 亿元。[①]

五、四川自贸试验区的"补短板"功能

四川自贸试验区通过制度创新、高水平对外开放以及现代新兴产业的集聚发展,有效弥补了区域在制度供给不足、开放水平不高、中高端商品供给不足以及创新能力不足等方面的短板。

(1)四川自贸试验区的增加有效制度供给效应

四川自贸试验区一方面积极复制和推广其他自贸试验区,特别是东部沿海自贸试验区的制度创新成果;另一方面则针对四川自贸试验区自身面临的实际问题进行制度创新探索,并努力将这些创新成果进行复制和推广。通过这两方面的努力,四川自贸试验区有效缓解了制度供给不足的问题,显著提升了投资贸易便利化程度和营商环境。

在复制推广其他自贸试验区改革试点经验方面,国务院已先后七批次复制和推广了自由贸易试验区的改革试点经验,四川自贸试验区在这些任务中表现出色。在四川自贸试验区正式挂牌之前,四川多次前往上海自贸试验区进行调研,并于 2014 年制定了《成都市部分区域学习借鉴中国(上海)自由贸易试验区经验方案》,学习并借鉴了上海自贸区探索的 17 项可直接复制的经验。挂牌七年来,四川自贸试验区全面实施了中央赋予的 159 项改革试验任务,并推动了超过 300 项国家层面的改革经验的推广。这些举措不仅促进了区域经济的发

---

① 陈碧红.四川自贸试验区从"试验田"走向"高产田"[N].四川日报,2024-04-06
(1).

展，也为地方政府在推动改革创新方面提供了宝贵的经验和借鉴。

在制度创新方面，四川自贸试验区始终将制度创新作为核心任务，不断探索可复制和可推广的改革经验。截至 2023 年年底，四川自贸试验区已形成 800余项制度创新成果，并在近 4 批国家层面复制推广的改革试点成果中贡献了 14项。其中，多个制度创新成果得到了国务院的复制推广，例如"最多跑一次"改革、生产型出口企业出口退税服务前置、中欧班列集拼集运模式、空铁联运一单制货物运输模式、分布式共享模式的"银政互通"、冰鲜水产品两段准入监管模式、增值税小规模纳税人智能辅助申报服务、企业"套餐式"注销服务模式等 8 项。此外，四川自贸试验区还自主研发了 6 个入选自由贸易试验区"最佳实践案例"的创新案例，包括知识产权类型化案件快审机制、"铁银通"铁路运单金融化创新、"自贸通"综合金融服务、中欧班列运费分段结算估价管理改革、"关银一 KEY 通"川渝通办集成化改革和综合保税区一线进区货物"即到即入"新模式。其中，"即到即入"模式还被评选为"中国改革 2023 年度地方全面深化改革典型案例"。这些制度创新成果的推广和应用，显著改善了自贸试验区内外的营商环境，并有效降低了企业的经营成本。以"关银一 KEY 通"川渝通办集成化改革为例，这项改革更好地满足了川渝两地企业在进出口业务跨关区办理的需求。截至 2024 年 3 月，川渝两地已设置受理点 40 个，单次业务办理为企业节约往返所需交通成本近 1000 元，且办理时间压缩了超过 2/3。这些创新举措不仅提升了企业的办事效率，也为推动区域经济一体化发展奠定了基础。

（2）四川自贸试验区的提升内陆地区开放水平效应

相较于沿海地区，四川等内陆地区的开放水平相对较低。四川自贸试验区建设的重要目标之一是打造内陆开放高地，而持续深化改革开放是实现这一目标的必经之路。四川自贸试验区通过对标国际高标准经贸规则，学习国内先进地区的经验，以制度创新为驱动，推进贸易投资便利化，这成为深化改革开放的重要举措。在扩大对内对外开放、促进要素自由流动、减少制度性成本等方面，四川自贸试验区持续发力，贸易便利化水平不断提高，吸引外资的能力持续增强，营商环境不断优化。四川自贸试验区正在逐步成为中国内陆开放的高地，带动了整个四川省对外开放水平的提升。根据四川自由贸易试验区工作办公室的数据，自成立以来的六年内，四川自贸试验区累计新增外商投资企业1300 多家，贡献了全省近 1/4 的外商投资企业，实际使用外资占全省的比重上升至 31.2%。此外，四川自贸试验区的进出口总额超过 2700 亿元，贡献了全省近 1/10 的进出口额。如今，已有 104 家世界 500 强企业入驻四川自贸试验区，显示出强大的吸引力。四川自贸试验区还启用了新版"外商投资负面清单",进一步拓宽了新能源汽车等制造业和电商等服务业的开放程度,为高端装备制造、先进服务业的发展创造了良好的机遇。

(3) 四川自贸试验区的增加中高端商品供给效应

随着产业和消费的转型升级,四川面临高技术产品和高品质消费品供给不足的问题。四川自贸试验区采取多种措施扩大进口,缓解中高端产品供给不足。首先,指导企业利用中日关税减让承诺,重点加强精密仪器、化学品等中间产品的进口,并扩大食品、美妆和母婴等日用消费品的进口。其次,依托成都整车口岸的基本功能,发展以整车及零配件进口为核心的汽车产业链,打造西部地区的进口车及零配件贸易基地。自 2015 年 2 月获批整车进口口岸以来,截至2022 年年底,成都铁路口岸整车进出口累计超过 2.6 万台。此外,成立"成都国际铁路港进口肉类企业联盟",实现肉类的海铁联运,并常态化运行中欧班列(蓉欧快铁)进口欧洲肉类专列。同时,提升医药产品的进口便利性,支持自贸试验区争取跨境电商零售进口部分药品和医疗器械的试点,增设首次进口药品和生物制品口岸,并对境外已上市但境内未上市的药品和医疗器械开展保税仓储。最后,积极推动进口贸易促进创新示范区的建设。成都天府新区和青白江区分别于 2020 年 11 月和 2022 年 11 月获批为国家进口贸易促进创新示范区。这些示范区在促进进口、服务产业、提升消费和示范引领方面发挥着重要作用。

四川自贸试验区大力支持现代服务业和高端制造业的集群化、特色化发展,增强了中高端商品的国内生产和供给能力。承接东部沿海地区的产业转移,并依托重点企业壮大产业集群,是四川自贸试验区发展现代特色产业的重要路径。川南临港片区积极承接东部沿海地区纺织和服装制造业的转移,重点发展先进材料产业集群。该地区聚集了恒力纺织、中海沥青、合盛、新康意等龙头企业,形成了纺织新材料、石油化工新材料、硅基铜基新材料和高分子复合新材料等四大产业链。2022 年,川南临港片区的先进材料产业链实现营业收入 84.8 亿元。依托现有人才、技术和政策等优势,四川自贸试验区还积极发展新兴产业。天府新区利用科技人才及科研院所资源,重点发展新一代信息技术、智能制造和生物医药等产业。同时,在天府商务区发展总部经济、会展商务、跨境电商、保税商品展示及文化创意等产业,在国际基金小镇发展股权投资基金、互联网金融和科技金融等新兴金融产业。天府新区的高新功能区依托国家自主创新示范区和创建"世界一流高科技园区"的政策优势,重点发展数字贸易。全区数字贸易总额突破 50 亿美元,汇聚了华为软件云、索贝数码、音泰思和联发芯等数字贸易龙头企业。与新加坡、韩国和日本合作共建的新川创新科技园、中韩创新创业园和中日联合创新中心，在发展 5G、人工智能和新医学等新兴产业方面发挥了重要作用。在建设"中国航空经济之都"背景下，天府新区双流功能区推动航空运营服务、制造维修、文旅和金融等产业集群发展，引进中航油 BP总部、金石飞机租赁、顺丰西部航空货运枢纽等重点项目。国航西南总部基地、四川国际航空发动机维修基地和四川飞机维修基地等项目已在双流建成投运。青白江铁路港片区利用成都国际班列及国际陆港的枢纽效应，重点聚焦国际供应链、国际贸易和临港智能制造。该地区建设了多式联运基地、西部智能制造基地的欧亚供应链中心和国际贸易产业园，吸引了大量跨境电商企业。

　　（4）四川自贸试验区的提升创新能力效应

　　科技创新是现代服务业和高端制造业发展的重要支撑。然而，与其他发达地区相比，四川的创新能力相对较弱，因此提升创新能力是四川现代服务业、高端制造业及整体经济高质量发展的关键。创新能力的提升不仅要发挥新型举国体制在核心技术攻关中的优势，还需要积极学习国外先进经验并参与国际科技合作。四川自贸试验区坚持"引进来"和"走出去"相结合，推动区域及企业的创新能力提升。

　　四川自贸试验区通过积极的"引进来"战略，成功吸引了众多国内外高新技术企业和研发机构的入驻，大幅提升了区域的创新能力。凭借独特的区位优势和政策优惠，四川自贸试验区成为国际先进技术转移和高端人才聚集的重要平台。例如，成都高新区自挂牌以来的六年间，引进了包括网易成都数字产业基地、昆仑万维总部和字节跳动创新业务中心在内的 98 个重大项目，总投资额约 2518.64 亿元，其中外资项目 21 个，总投资约 279.5 亿元。这些项目中有大量研发投入，包括英特尔和戴尔在内的多家世界 500 强企业在此设立或扩大研发中心。通过与全球领先企业的联合研发，四川自贸试验区的企业能够直接参与国际前沿科技的研究，大大增强了其技术消化吸收再创新的能力。例如，京东方在成都高新区建立的第六代柔性 AMOLED 生产线，通过引进先进设备和技术并结合自身研发，实现了技术突破，生产出具有自主知识产权的产品，充分体现了"引进来"战略在本土企业掌握核心技术、提升市场竞争力方面的巨大作用。

　　与此同时，四川自贸试验区积极推行"走出去"战略，鼓励企业参与国际竞争与合作，这也是提升区域创新能力的重要举措。通过构建开放型经济新体制，四川自贸试验区为企业提供了更便利的国际化发展环境，促使越来越多企业敢于将业务拓展至海外，在全球范围内配置资源，寻求新的增长点。在四川自贸试验区的带动下，四川企业对外投资步伐加快，特别是在"一带一路"合作伙伴的布局明显提速。2023 年，四川非金融类对外直接投资达 137.5 亿元，其中在"一带一路"共建国家的非金融类直接投资为 31 亿元，同比增长 31.4%，占比为 22.6%。这种"走出去"的过程让企业站在全球视角审视自身发展，面对激烈的市场竞争，企业必须不断创新才能生存与发展，这种压力往往能激发更强的创新动力。同时，海外市场的开拓也为新技术和新产品提供了广阔的应用场景和反馈渠道，加速了技术迭代和产业升级。因此，"走出去"战略不仅帮助四川企业拓宽视野，积累丰富的国际市场经验，更关键的是促使企业在适应变化过程中实现角色转变，从跟随转向引领，显著增强了企业的创新意愿和能力。

第七章

总结与展望

第一节 研究结论和启示

本研究在深化供给侧结构性改革和实施自贸试验区提升战略的背景下，审视了中国自贸试验区建设与供给侧结构性改革之间的内在联系，重点探讨了自贸试验区在深化供给侧结构性改革过程中的潜在功能及其实现路径。研究梳理并总结了自贸试验区与供给侧结构性改革的相关理论与研究文献，回顾了中国自贸试验区建设及供给侧结构性改革的发展概况，详细分析了自贸试验区促进供给侧结构性改革的理论逻辑和实践逻辑，并探讨了其实现路径。此外，研究选取了上海、云南和四川作为沿海、沿边和内陆自贸试验区的代表，进行了具体的案例研究，探讨了自贸试验区的供给侧结构性改革效应。本研究得出的主要结论包括以下几个方面。

第一，虽然西方经济学的各种理论，如自由贸易理论、经济全球化理论、制度经济学理论、生产理论、经济增长理论以及供给与需求的相互关系理论等，对中国自贸试验区建设和供给侧结构性改革具有重要的启示和借鉴价值，但这些理论的适用场景主要是资本主义市场经济环境。中国的自贸试验区建设和供给侧结构性改革是在中国特色社会主义市场经济这一独特环境下进行的创新性实践，其理论基础应当是马克思主义政治经济学的基本原理和中国特色社会主义政治经济学。

第二，中国自贸试验区建设采取的是一种渐进式的推进模式，先后分7批次设立了22个自贸试验区，构建了一个覆盖全国东中西部的自贸试验区网络，为全面深化改革和扩大开放提供了重要平台，为中国经济社会高质量发展提供了新的动能。从功能定位来看，中国的自贸试验区是制度创新的试验田，是现代新兴产业的集聚地，是高水平对外开放的窗口，是服务国家战略的重要执行者。中国自贸试验区建设在自贸试验区网络建设、制度创新、外资外贸发展及产业集群打造等方面取得了显著成就。中国构建了覆盖东中西部的自贸试验区网络，促进了区域协调发展，尤其提升了内陆和沿边地区的开放水平。自贸试验区探索了多项可复制推广的成果，优化了营商环境，提高了贸易投资便利化水平，扩大了外资外贸规模，优化了外资外贸结构。自贸试验区通过制度创新和政策优惠等手段，吸引了高端要素集聚，促进了产业链上下游整合，形成了特色鲜明、竞争力强的产业集群，提升了产业竞争力和创新能力。

第三，中国的供给侧结构性改革大致经历了筹备启动、深化拓展、巩固提升和供需协同四个主要阶段。从发展历程来看，中国的供给侧结构性改革具有问题导向性、阶段性、系统性、长期性、政策连续性和创新性相统一、风险防控与稳定发展相统一等特征。从改革内容来看，中国供给侧结构性改革的重点内容包括优化资源配置、推动产业结构升级与创新驱动、完善市场机制、提升社会治理能力、加强环境保护、促进区域城乡协调发展等方面。每个方面的改革措施相互关联，共同构建了一个系统性、全方位的改革路径，旨在通过优化供给结构和提高供给质量和效率解决供需结构性失衡问题，从而实现经济社会高质量发展。中国供给侧结构性改革通过"三去一降一补"五大任务的有效执行，取得了显著成效。在"去产能"方面，重点行业如钢铁、煤炭等过剩产能得到有效削减，产能利用率回归合理区间，但部分新兴行业如电子信息、汽车制造和新能源等也开始面临产能过剩问题。在"去库存"方面，房地产市场库存规模一度显著下降，但由于内外部环境变化，库存压力有所回升，需要持续调整政策巩固成果。在"去杠杆"方面，非金融企业和金融部门的杠杆率在改革初期有所下降，但随后再度上升，政府需持续关注并加以调控。在"降成本"方面，通过减税降费、简化行政审批、降低物流成本等措施，显著降低了企业负担，提升了企业竞争力。在"补短板"方面，通过加强基础设施建设、提升创新能力、促进区域协调发展、改善生态环境、提高社会治理水平等措施，有效弥补了发展短板，推动了经济高质量发展。然而，改革过程中仍面临不少挑战，需要持续努力以巩固和扩大改革成果。

第四，从理论上讲，供需结构性失衡是经济循环不畅通的表现。根据马克思主义的经济循环理论，国民经济循环包括生产、分配、交换、消费四个环节。自贸试验区在这些环节都具有诸多积极的作用，有助于畅通经济循环和化解供需结构性失衡。因此，畅通国民经济循环的功能是自贸试验区助力供给侧结构性改革的基本理论逻辑。在生产环节，自贸试验区通过促进生产要素的自由流动和高效配置，有效降低了生产成本，提升了生产效率，从而畅通了经济循环，减少了供需结构性失衡。在分配环节，自贸试验区通过降低市场准入门槛、提高政策透明度、推动技术创新与产业升级以及促进资源全球化配置，优化了资源和收入分配，从而畅通了经济循环，减少了供需结构性失衡。在交换环节，自贸试验区通过贸易自由化和便利化措施、市场机制创新以及物流服务优化，提高了交换效率，促进了生产与消费的顺畅连接，从而畅通了经济循环。在消费环节，自贸试验区通过提升居民消费能力、满足消费者多元化和高品质需求以及增加政府消费和公共服务消费，促进了经济循环的畅通与持续增长。

第五，中国自贸试验区建设和供给侧结构性改革在推动经济社会高质量发展方面具有紧密的内在联系。两者都旨在培育经济发展新动能、实现经济高质量发展，通过制度创新和政府职能转变降低企业成本，提高创新能力。自贸试验区建设侧重于贸易和投资便利化，而供给侧结构性改革侧重于解决结构性矛盾。共同的任务是降低制度性交易成本，优化市场机制，转变政府职能，推动技术创新和现代新兴产业发展。然而，自贸试验区建设具有地理范围和行业领域的限制性，而供给侧结构性改革则覆盖全国所有地理范围和行业领域，体现了自贸试验区建设是供给侧结构性改革的重要组成部分。这种内在联系表明，自贸试验区建设对供给侧结构性改革具有重要的推动作用。自贸试验区在进行制度创新、集聚发展现代新兴产业、高水平对外开放、服务国家战略的过程中必然带来优化资源配置、促进产业升级、提升社会治理能力、促进城乡区域协调发展等积极影响。

第六，中国的自贸试验区通过多种路径推动供给侧结构性改革去产能、去库存、去杠杆、降成本以及补短板五大重点任务的完成。自贸试验区可以通过促进资源再配置和市场拓展来缓解过剩产能。自贸试验区通过促进人口和企业聚集、现代新兴产业和服务业发展、提振消费信心、完善配套设施、推动政府职能转变、优化供给结构以及引导市场预期等多条路径，有效增加了房地产市场需求并减少了市场供给，从而推动了房地产市场的去库存进程。自贸试验区通过推动政府职能转变、培育新增长点、金融开放创新、优化营商环境、提高企业自我融资能力等多途径，有效助力了政府和企业去杠杆。自贸试验区通过提高行政办事效率、减少政府干预、创新监管方式、优化配套环境、优化企业融资结构、创新金融产品和服务、优化金融生态环境、提升物流数字化水平、优化物流流程、创新物流模式以及优化物流服务体系等多方面措施，有效降低了企业的制度性交易成本、融资成本和物流成本。自贸试验区通过制度创新、提升制度供给适应性、推动政府职能转变、加强基础设施与公共服务建设、促进产业均衡布局以及推动规则、规制、管理等制度型开放等措施弥补了有效制度供给不足；通过扩大高品质商品进口、引进国际先进企业、培育现代新兴产业和增强科技创新能力等多途径弥补了国内中高端商品供给不足的短板；通过建设区域开放和产业发展高地、加强基础设施建设、构建公共服务多元供给格局等措施，有效缩小了区域开放水平、产业水平、基础设施水平及公共服务水平的差距，从而在一定程度上弥补了区域发展不平衡的短板。

第七，上海自贸试验区作为中国设立的首个自贸试验区，肩负着为全面深化改革和扩大开放探索新途径、积累新经验的重要使命，其建设和发展对于上海市乃至全国的供给侧结构性改革都产生了重要的推动作用。在去产能方面，上海自贸试验区通过制度创新形成的资源再配置效应和市场拓展效应，引导资金流向高技术制造业和现代服务业，减少了传统产能过剩行业的投资，并通过开拓国际市场和推动企业"走出去"开展国际产能合作，有效缓解了国内的产能过剩问题。在去库存方面，上海自贸试验区通过吸引企业和人才聚集、优化供给结构和政策调控来增加住宅和商业地产需求，并通过创新土地管理和调控政策来抑制过度供给，从而有效发挥了"去库存"功能，促进了房地产市场的健康发展。在降成本方面，上海自贸试验区通过深化"放管服"改革降低制度性交易成本、推动金融业开放和金融创新降低融资成本、完善物流基础设施和优化监管体系降低物流成本，有效提升了企业的经营效率和市场竞争力。在补短板方面，上海自贸试验区通过增加有效制度供给、扩大服务业开放、增加中高端商品供给和促进区域协调发展，有效弥补了制度供给不足、服务业开放程度不高、中高端商品供给短缺及区域发展不平衡的短板，推动了经济高质量发展和区域一体化进程。

第八，云南作为中国首批在陆地边境地区设立的自贸试验区之一，肩负着打造"一带一路"和长江经济带互联互通的重要通道、建设连接南亚和东南亚的大通道重要节点、推动形成我国面向南亚和东南亚的辐射中心和开放前沿等独特使命。在去产能方面，云南自贸试验区通过差异化产业布局，引导资源流向具有市场前景的新兴产业和高附加值产业，如总部经济、加工及贸易、跨境电商等，同时限制传统过剩产能行业的发展空间，以此减少低水平重复建设和恶性竞争，促进产业转型升级，并通过区域内外产业链的协同发展增强了整体竞争力，从而有效缓解了煤炭、钢铁、建材等传统产业的产能过剩问题。在去库存方面，云南自贸试验区通过增加房地产市场需求、优化供给结构、减少对土地财政的依赖以及引导形成合理市场预期等途径，有效缓解了昆明市、红河河口县、瑞丽市等地的房地产市场库存压力，特别是在商业地产领域，借助自贸试验区的政策优势和产业集聚效应，促进了地区经济和人口增长，增强了市场活力并改善了供需平衡。在降成本方面，云南自贸试验区通过关税减让、贸易便利化措施、增强金融服务、放宽市场准入、优化政务服务以及拓展资金来源等多元化路径，显著降低了区内及周边地区企业的制度性交易成本、融资成本和物流成本。在补短板方面，云南自贸试验区通过增加有效制度供给、提升区域开放水平、扩大进口和发展产业集群等方式，充分发挥其地缘优势和资源特色，有效弥补了制度供给不足的短板，促进了国际贸易和投资的增长，并丰富了市场商品供给，推动了区域经济高质量发展与对外开放水平的提升。

第九，四川自贸试验区作为首批在内陆地区设立的自贸试验区之一，肩负着建设西部门户城市开放高地、推动内陆与沿海沿边沿江协同开放及在西部大开发和长江经济带发展中发挥示范作用的独特使命。在去产能方面，四川自贸试验区通过推动资源向重点产业流动聚集、打造产业平台、延伸产业链、促进产品出口、加强国际产能合作等措施，有效缓解了四川省内钢铁、煤炭等行业的产能过剩问题。在去库存方面，四川自贸试验区通过促进人口和企业聚集、优化产业结构、调整住房供给结构、建立健全信息发布机制以及实施多元化的土地使用政策等途径，有效增加了对房地产市场的需求，抑制了房地产市场的过度供给，从而缓解了成都和泸州市房地产市场的库存压力。在降成本方面，四川自贸试验区通过创新物流运输模式、提高通关效率、优化贸易金融服务、落实"放管服"改革、简化审批流程、提供税收优惠、实施多元化金融创新等途径，有效降低了区内企业的物流成本、通关成本、财务成本及投资成本。比如，通过中欧班列和多式联运"一单制"改革缩短货物运输时间，减少中间环节成本；通过"自贸通"综合金融服务缓解中小微企业融资难问题，降低了供应链综合成本；通过简化外资企业准入流程、缩短企业开办时间、提供税收优惠和人才引进便利化措施等，全面优化了营商环境。在补短板方面，四川自贸试验区通过复制推广其他自贸试验区的制度创新成果与探索自身制度创新相结合、提升内陆地区开放水平、扩大进口并促进现代服务业和高端制造业的集群化发展、实施"引进来"和"走出去"战略提升创新能力等方式，有效缓解了有效制度供给不足、开放水平不高、部分中高端商品供给短缺及创新能力较弱等问题。

本研究揭示了中国自贸试验区建设和供给侧结构性改革之间的密切联系以及自贸试验区在深化供给侧结构性改革中的重要作用。本研究的结论对于推进自贸试验区提升战略和进一步深化供给侧结构性改革具有重要的启示价值。首先，研究强调了自贸试验区建设和供给侧结构性改革必须基于中国特色社会主义市场经济的实际情况，这意味着改革应结合中国的具体国情，发挥制度优势，而不是简单模仿西方模式。其次，自贸试验区的渐进式推进模式和网络建设为全国的改革开放提供了平台和动能，这表明自贸试验区应继续作为改革开放的前沿阵地，推动制度创新和产业升级。再次，研究指出自贸试验区在生产、分配、交换、消费各环节的积极作用，这为自贸试验区如何更好地服务于供给侧结构性改革提供了理论支持和实践路径。最后，研究还提出了自贸试验区在去产能、去库存、去杠杆、降成本、补短板等方面的具体实现路径，这对于自贸试验区如何在不同领域发挥作用提供了指导。例如，通过促进资源再配置和市场拓展来缓解产能过剩，通过增加房地产市场需求和优化供给结构来去库存，通过创新物流和金融服务来降低企业成本，以及通过提升制度供给和开放水平来补齐发展短板。这些结论不仅为自贸试验区的未来发展提供了明确的方向，也为供给侧结构性改革的深化提供了实践操作指南，有助于实现经济的高质量发展和结构性供需失衡问题的解决。

第二节　对策建议

伴随自贸试验区建设和供给侧结构性改革的深入推进，两大战略的各项阶段性任务基本得到了较为有效的完成。然而，国际国内形势的剧烈演变，导致各种新情况和新问题层出不穷。为有效应对这些新情况和新问题，需要更深层次的改革和更高水平的开放。自贸试验区建设和供给侧结构性改革作为新时代深化改革扩大开放的两大战略举措，必须根据国际国内形势的变化适时进行调整和升级，坚持通过统筹推进深层次改革和高水平开放解决新问题。

（1）推进自贸试验区提升战略的对策建议

党的二十大报告提出了实施自由贸易试验区提升战略，标志着中国的自贸试验区建设进入了新的阶段。基于本研究的主要发现，在深入实施自由贸易试验区提升战略过程中重点应该加强以下几个方面的工作。

首先，继续推进自贸试验区网络建设，加快构建覆盖全国所有省级行政区域的自贸试验区网络。中国自贸试验区建设自启动以来，已经成为推动国家经济改革和对外开放的重要抓手。基于现有的自贸试验区布局，中国亟须进一步扩大自贸试验区网络，以支撑全国范围内更高水平开放型经济新体制的构建。当前，中国22个省级行政区域已设立自贸试验区，覆盖了东北、北部沿海、东部沿海、南部沿海、黄河中游、长江中游、西南、大西北等区域。然而，尽管自贸试验区的设立取得了显著进展，区域布局仍存在不均衡现象。北部沿海、东部沿海、南部沿海等地区的省份实现了自贸试验区全覆盖，而其他区域均未实现自贸试验区省级行政区域全覆盖，尤其是大西北地区仅有新疆设立了自贸试验区。这意味着当前中国自贸试验区网络的覆盖广度和深度还有待继续加强。而自贸试验区网络覆盖的广度和深度直接关系到中国进一步发展开放型经济的能力。因此，继续扩容自贸试验区、不断织密自贸试验区网络，逐步实现省级行政区域全覆盖，已成为推进自贸试验区提升战略的一项重要任务。中国要加快推进尚未设立自贸试验区的9个省份，如江西、青海、甘肃、宁夏、内蒙古等地区的自贸试验区筹建工作，争取尽快实现自贸试验区网络省级行政区域全覆盖，为在全国范围内构建开放型经济新体制提供有力支撑。随着自贸试验区网络的不断完善和功能的持续增强，其在推动中国经济高质量发展中的作用将更加显著。

其次，继续加强对接国际高标准经贸规则，稳步扩大制度型开放，为扩大高水平对外开放积累新经验、探索新路径。自贸试验区自 2013 年设立以来，成为中国深化改革、扩大开放的试验田，在对接国际高标准经贸规则方面取得了显著成效。自贸试验区通过引入国际通行的投资和贸易规则，极大地促进了贸易投资便利化，比如率先实行了外商投资准入负面清单管理模式，将国际通行的规则与中国的经济发展需求相结合，极大地提升了外商投资环境的透明度和规范性。此外，自贸试验区还在跨境电商、知识产权保护、自由贸易港建设等领域进行了诸多创新，这不仅使得区内企业更好地融入全球供应链，也为全国范围内的制度创新提供了宝贵经验。尽管取得了显著成绩，但在全球贸易环境日益复杂和高标准规则不断升级的背景下，中国自贸试验区仍需进一步加强与国际高标准经贸规则的接轨。一方面，全球化进入新阶段，国际经贸规则更加注重环境保护、劳工权益和数据安全等领域，中国自贸试验区需与之同步，以提升在全球经济中的竞争力和适应性；另一方面，随着区域全面经济伙伴关系协定（RCEP）和《全面与进步跨太平洋伙伴关系协定》（CPTPP）等多边贸易协定的深化推进，加入和履行这些协定要求中国在市场准入、服务贸易、知识产权等领域采取更高标准的政策体系。此外，加强对接国际高标准规则也是提高中国在国际市场上话语权的必要途径。通过借鉴和融合国际先进经验，中国可以进一步提升开放型经济体制的现代化水平。自贸试验区作为试验先锋，应当率先进行这些领域的制度探索，以便为全国提供可复制、可推广的经验。为进一步加强对接国际高标准经贸规则，自贸试验区应在以下几个方面采取措施：①推动制度型开放升级，探索符合中国国情的高标准国际规则对接方案。例如，在服务贸易、数字贸易、金融开放、知识产权保护、"边境后"管理制度改革等领域，可以通过引进更多国际最佳实践和标准，提升制度透明度和法治化水平。②要推动区域政策差异化发展，以便各自贸试验区根据自身区位优势，聚焦不同领域的高标准规则对接。例如，沿海地区自贸试验区可以加强在自由贸易、金融创新方面的规则对接，而内陆地区则可以侧重于绿色经济、跨境电商等新兴领域。③自贸试验区还应加强与国际多边机制的互动，在参与全球规则制定过程中积累更多实践经验，增强中国在国际经贸规则中的影响力。通过这些措施，自贸试验区将为中国探索更加灵活有效的开放路径，积累新经验，促进制度型开放的稳步推进。

再次，继续推进各自贸试验区产业集群差异化发展策略，持续提升优势产业集群的规模和竞争力。根据自贸试验区所在地的地理、资源和产业优势对重点产业进行差异化布局一直是中国自贸试验区建设的重要原则之一。然而，从发展实践来看，中国自贸试验区布局的重点产业在一定程度上存在同质化竞争和重复建设的问题。随着自贸试验区数量的增加，各地自贸试验区普遍希望借助政策优势吸引相同类型的优质产业，特别是在先进制造业、金融服务、跨境电商和高新技术等领域，这可能导致某些产业的过度集中和资源配置的低效。自贸试验区同质化竞争和重复建设的原因可能源于地方政府间缺乏协调规划、区域竞争压力、政策创新不足等多个方面。为有效避免同质化竞争和重复建设，自贸试验区应更加注重差异化发展，结合自身资源禀赋和区位优势，探索独特的产业方向和政策措施。一方面，各自贸试验区应通过综合评估区位条件、资源禀赋、产业基础、市场需求、政策环境和国际联动，准确认识自身比较优势，制定差异化发展策略，突出特色产业和政策创新，将自身真正具有竞争优势的产业集群做强做大，避免与其他地区形成同质化竞争。例如，沿海地区可以继续深耕国际贸易和高端制造，而内陆自贸区则应发展跨境电商、绿色经济和资源开发等领域。另一方面，各自贸试验区，特别是地理邻近的自贸试验区，要加强政策和市场信息沟通、建立有效的合作机制，比如通过建设信息共享平台、共建产业园区、共建创新协作平台、共同举办国际经贸活动等措施促进资源共享、信息互通和项目合作，共同提升产业链供应链的现代化水平，这样可以减少因信息不对称和利益冲突带来的盲目投资和重复建设。此外，中央政府需加强顶层设计和规划协调，通过国家层面的统筹规划，强化自贸试验区之间的分工与协作，确保各自根据区域特色和产业优势进行合理布局，避免资源浪费和无序竞争，特别是要充分发挥商务部自贸区港建设协调司在协调各自贸试验区之间的利益冲突中的积极作用，确保各试验区能够互补而非互相竞争。通过采取这些措施，自贸试验区可以有效避免同质化竞争，促进全国自贸试验区体系的整体效益最大化。

最后，积极探索自贸试验区与周边地区协同发展机制，充分发挥自贸试验区的辐射带动能力。中国的自贸试验区利用政策优势和制度创新，有效地吸引了周边地区的资本、人才、技术等生产要素向自贸试验区集聚，产生了明显的"虹吸效应"。自贸试验区的"虹吸效应"在推动自贸试验区发展的同时，也可能导致周边地区的资源流失和经济发展放缓。充分发挥自贸试验区的辐射带动作用是实现自贸试验区与周边地区协同发展的必由之路。然而，当前不少自贸试验区对周边地区的辐射带动作用相对比较有限。这显然没有达到通过自贸试验区的"溢出效应"带动周边地区发展的预期目标。因此，实施自贸试验区提升战略，不仅要继续推进自贸试验区自身高质量发展，而且要更好地发挥自贸试验区的辐射带动作用。为了更好地发挥自贸试验区对周边地区的辐射带动作用，关键在于推动自贸试验区与周边地区建立协同发展机制，实现资源共享、产业互动和优势互补。这既需要通过加强顶层设计和规划协调，推动自贸试验区与周边地区在产业布局、基础设施建设、市场体系构建等方面形成互补和协同，实现资源共享和优势互补，推动区域市场一体化；又需要深化自贸试验区的制度创新，探索建设自由贸易港，赋予更大的改革自主权，同时加强人才和技术交流，提升周边地区的人才素质和技术能力。

（2）深化供给侧结构性改革的对策建议

当前，中国的供给侧结构性改革已经进入供需协同的阶段。在此阶段，供给侧的调整策略不应仅仅基于过去和现有的供求状况，而应基于对供给和需求变化的精准预测和前瞻性分析。统筹扩大内需和深化供给侧结构性改革的战略部署要求继续深化供给侧结构性改革，以自主可控、高质量的供给适应满足现有需求、创造引领新的需求，形成更高水平供需动态平衡。为此，我们需要持续推进结构性改革，以适应国内国际形势的演变。去产能、去库存、去杠杆、降成本、补短板这五大任务的内涵随着时间和环境的变化而变化，要求我们准确识别各个时期和阶段的核心问题，并制定针对性的策略。基于本研究的视角，当前深化供给侧结构性改革需要重点关注以下几个方面的问题。

第一，在继续关注传统制造业产能过剩的同时，更加关注新兴产业的产能扩张和利用状况。传统制造业需求虽然整体来看呈现下降趋势，但是出现周期性上下波动的情况仍是相当普遍的现象。在深化供给侧结构性改革过程中，不能将传统制造业需求短期周期性的上涨误认为是长期的需求扩张，进而增加传统产业的投资，这将导致供给侧结构性去产能效果大打折扣。新兴产业虽然代表了新一轮科技革命和产业变革的方向，具有巨大的发展潜力和市场空间，但是新兴产业的市场需求是逐步形成的，并且市场规模存在发展上限，新兴产业发展过快同样可能出现产能过剩的问题。这就需要我们对新兴产业的市场需求的动态变化进行科学的预测，以此确保新兴产业供给与需求保持相对协调的增长速度。

第二，供给侧结构性改革房地产市场去库存应该密切关注房地产市场的周期性变化。房地产市场具有明显的周期性特征，其周期与经济周期紧密相关，并且不同层级的城市的房地产周期具有明显的异质性。当前，国际国内经济形势不太乐观，中国房地产市场库存压力不断增大，供给侧结构性改革使房地产去库存的任务重新变得艰巨，尤其是中小城市。在此背景下，中国在制定和调整房地产政策时，需要对当前房地产市场周期所处的阶段及其可能持续的时间进行较为客观准确的预判，进而作出有效的决策。中国房地产市场分化的现象可能将更加明显，大量人口和企业向一、二线城市聚集，将显著缓解这些城市的库存压力，而三、四线城市将因为人口和企业的流失而面临较大的库存压力。各地政府应根据当地房地产市场实际需要灵活地采用调整房贷利率和交易税费、优化限购政策、存量房收储、优化土地供应政策等多种政策促进房地产市场平稳健康发展。

第三，供给侧结构性改革去杠杆应该同时关注企业、政府和家庭的债务变化。过去，供给侧结构性改革主要关注企业的债务负担，去杠杆主要是指降低企业的债务水平。近年来，随着政府和家庭债务的不断积累，政府债务和家庭债务过高逐渐成为影响经济和金融稳定的重要因素。因此，在深化供给侧结构性改革过程中，去杠杆是一个涉及多方面、多部门的复杂过程，需要综合考虑企业、政府和家庭的债务变化，以实现经济的健康、稳定和可持续发展。在推动企业去杠杆方面，应该重点通过加快多层次的资本市场建设拓展企业的资金来源，优化企业融资结构，鼓励企业通过股权融资、内部积累等方式增强资本实力，减少对外部债务的依赖。此外，政府还需加强对高杠杆、流动性风险较高的行业和企业的监测和预防，及时化解潜在风险。在推动政府去杠杆方面，一方面需要进一步厘清中央与地方财权和事权划分，确保地方政府财力和支出责任相匹配，并进一步完善一般性转移支付和专项转移支付体系，确保中央资金向重点领域和欠发达地区倾斜；另一方面，地方政府要持续推进政府职能转变，加快推进服务型政府建设，并积极构建一个政府、市场和社会共同参与的多元化公共服务供给格局，并优化公共服务的供给方式。政府应从直接提供服务转变为服务的规划者、监管者和购买者，通过政策引导和激励措施，鼓励和支持社会力量参与公共服务的供给。在推动家庭去杠杆方面，政府一方面需要积极推动商业银行下调房贷利率（包括存量房贷利率），降低家庭的房贷负担；另一方面需要加强信贷监管，要求商业银行应根据家庭收入和还款能力合理评估贷款额度，防止过度借贷。

（3）统筹推进自贸试验区提升战略和深化供给侧结构性改革的对策建议

在当前全球经济形势复杂多变的背景下，统筹推进自贸试验区提升战略和深化供给侧结构性改革显得尤为重要。自贸试验区作为中国对外开放的重要窗口，旨在通过制度创新和政策试点，推动贸易和投资自由化便利化，提升国际竞争力。而供给侧结构性改革则关注经济结构的优化升级，强调提升供给质量以适应市场需求变化。两者相辅相成，共同为实现高质量发展提供动力。通过自贸试验区的政策创新，能够为企业创造更为宽松的经营环境，激发市场活力，推动技术进步与产业升级。同时，深化供给侧结构性改革有助于解决经济发展中的结构性矛盾，提升资源配置效率，增强经济的内生增长动力。两者结合，有助于形成新的经济增长点，推动经济转型，提升整体经济的韧性与抗风险能力，适应新发展阶段的要求。鉴于当前中国面临的国际国内形势，统筹推进自贸试验区提升战略和深化供给侧结构性改革重点应该关注以下几个方面。

首先，中央政府和地方政府应加强自贸试验区提升战略与深化供给侧结构性改革的政策协同，通过制定一系列配套措施，确保政策得以有效落实，防止政策执行过程中出现孤立和重复现象。为此，中央和地方政府需明确这两大战略的主要目标，将自贸试验区提升战略与深化供给侧结构性改革紧密结合起来，形成强大的政策合力。自贸试验区作为我国改革开放的前沿阵地，应充分发挥其制度创新的优势，为供给侧结构性改革提供动力。通过在自贸试验区内实施更加灵活的贸易和投资政策，推动生产要素的自由流动和优化配置，从而为供给侧结构性改革注入新的活力。同时，自贸试验区内的政策创新和制度探索，可以为全国范围内的供给侧结构性改革提供可复制、可推广的经验。另外，供给侧结构性改革要借助自贸试验区的平台，进一步优化资源配置，提高供给体系的质量和效率。通过不断深化供给侧结构性改革，可以进一步去除过剩产能、降低企业成本、增强企业创新能力、提升产品和服务的质量，从而在自贸试验区内形成更具竞争力的产业体系。

其次，要将强化制度创新作为统筹推进自贸试验区提升战略与深化供给侧结构性改革的重要抓手。强化制度创新不仅是自贸试验区提升战略的关键所在，也是深化供给侧结构性改革的重要路径。自贸试验区通过先行先试，探索出简政放权、优化营商环境、构建法治化国际化便利化的投资贸易环境等一系列创新举措，为全国深化改革提供可复制可推广的经验，从而推动供给侧结构性改革，通过提高供给体系的质量和效率来满足人民日益增长的美好生活需要，促进经济结构调整和产业升级，最终实现经济高质量发展目标。因此，当前和未来很长时期内，中国都需要持续推进自贸试验区的制度创新，构建与国际接轨的开放型经济新体制，以此为深化供给侧结构性改革提供强大动力。在统筹推进自贸试验区提升战略与深化供给侧结构性改革的过程中，强化制度创新的重点在于持续推动政府职能转变和营商环境优化，继续提升自贸试验区的市场化、法治化和国际化水平，并积极复制推广自贸试验区的成功经验，推动全国范围内供给效率和质量的提升。

再次，要把推动科技创新作为统筹推进自贸试验区提升战略与深化供给侧结构性改革的另一重要抓手。一方面，实施自贸试验区提升战略需要依托科技创新来提升自贸试验区内企业的竞争力，促进新兴产业的集群化发展，带动区域产业升级和经济结构优化；另一方面，深化供给侧结构性改革需要通过科技创新提升产品和服务的科技含量，满足高端消费需求，提高供给体系的适应性和灵活性。通过推动科技创新统筹推进自贸试验区提升战略与深化供给侧结构性改革的重点在于构建高水平的创新生态系统和着力攻克关键核心技术，为战略性新兴产业发展和传统产业转型升级提供技术支撑。自贸试验区要通过设立专项创新基金、鼓励产学研合作、建设科技园区等措施，吸引国内外顶尖科研机构和企业入驻自贸试验区，推动跨区域、跨领域的创新资源共享，开展国际合作项目，提升自贸试验区和整个国家的科技创新影响力，推动战略性新兴产业发展和传统产业的智能化、绿色化改造。此外，政府需要在加大基础研究投入力度、加强知识产权保护力度、构建更加完善的科技成果转化体系等方面持续推进工作。

最后，要在统筹推进自贸试验区提升战略与深化供给侧结构性改革的过程中，有效促进区域协调发展。自贸试验区建设和供给侧结构性改革在优化资源配置、促进产业升级、创新驱动发展、促进区域经济一体化等方面存在相似或共同之处，两者都是中国促进区域协调发展、实现经济高质量发展的重要战略。如何推动形成自贸试验区建设和供给侧结构性改革促进区域协调发展的政策合力，成为统筹推进自贸试验区提升战略与深化供给侧结构性改革的一个重要实践方向。在当前形势下，统筹推进自贸试验区提升战略与深化供给侧结构性改革以促进区域协调发展，重点应该加强以下几个方面的工作。

第一，为优化资源配置，需要建立跨区域资源共享机制，促进资本、技术、人才和数据等生产要素的自由流动，尤其是需要通过智能化平台优化资源配置。这种思路可以首先在自贸试验区内进行试点，取得成功后再通过供给侧结构性改革在其他区域进行复制和推广，从而实现资源的最优配置，促进区域经济的协调发展。

第二，为促进产业升级，需要大力发展新兴产业，推动产业链向高端延伸，并加强区域间产业合作，实现产业链优势互补。一方面，要充分利用自贸试验区的政策优势，吸引高新技术企业和研发机构入驻，形成技术创新和现代新兴产业集群，推动产业链上下游企业协同创新，提升产业链整体竞争力。另一方面，要通过深化供给侧结构性改革，实施差异化产业政策，鼓励优势产业发展；加大对过剩产能的淘汰力度，释放资源用于新兴产业；推动传统产业与现代信息技术融合，实现产业智能化、绿色化转型。此外，相关合作区域要制定区域产业协同发展规划，明确各区域产业定位；举办产业合作论坛，加强区域间信息沟通；推动跨区域产业链整合，实现产业链各环节高效对接。

第三，为进一步推动区域经济一体化，既需要充分利用自贸试验区的制度创新和开放优势，实现区域市场深度融合，又需要通过深化供给侧结构性改革，优化供给结构，提升区域经济整体竞争力。自贸试验区要重点加强在区域市场一体化协调机制方面的制度创新，推动区域间政策衔接和基础设施互联互通。深化供给侧结构性改革的重点工作主要包括以下几点：推动区域内产业错位发展，形成各有侧重、相互补充的产业格局；加强区域间产业链协同，促进产业链上下游企业跨区域合作；实施区域品牌战略，提升区域产品和服务的市场影响力。

第三节　未来研究展望

本研究较为深入地探讨了中国自贸试验区建设和供给侧结构性改革的内在联系，以及自贸试验区在深化供给侧结构性改革中的作用，丰富了自贸试验区建设和供给侧结构性改革关系的研究内容。本研究得出了一些有益的结论，在一定程度上丰富了中国特色社会主义政治经济学的内涵，并为自贸试验区提升战略的有效实施和供给侧结构性改革的深化提供了决策依据。

鉴于研究者学识、能力以及资料的限制，本研究还存在不少可以改进之处，主要表现在以下三个方面：首先，虽然选取了上海、云南、四川等三个自贸试验区进行案例分析，但是样本数量有限，无法全面代表所有自贸试验区的情况，研究整体来看还是从全国层面研究自贸试验区的供给侧结构性改革效应，缺乏各个自贸试验区的深入细致研究和对比分析。其次，研究中使用的数据相对比较零散，未能通过完整系统的时间序列反映政策效果和市场反应的动态变化，特别是部分研究中数据未能涵盖最新的发展情况。最后，研究缺乏对自贸试验区供给侧结构性改革效应的影响因素的研究，并且没有对自贸试验区供给侧结构性改革效应进行较为严格的统计检验。

基于本研究存在的不足，未来研究可以重点关注以下几个方面：

第一，加强数据资料系统化的搜集与整理。重点搜集各自贸试验区制度创新成果及其复制推广情况、自贸试验区内的企业和产业集群发展情况、科技创新情况等方面的资料，为扩大案例研究的范围、深化案例研究内容和进行比较研究提供数据资料支撑。当前，相关数据通常较为零散，无法全面反映政策效果。因此，可以建立专门的数据库，详细记录自贸试验区内各类政策的实施细节、效果评估及其对地方经济的具体影响。这包括政策出台的时间、内容、执行情况、地方经济的变化以及相关企业的反馈，特别需要关注的是科技创新的动态变化，如科技项目的启动、技术突破以及研发投入情况。这些数据的系统整理能够为深入的案例研究提供坚实基础，并支持政策评估的全面性和准确性。

第二，加强不同区域自贸试验区对供给侧结构性改革效应差异性的研究。自贸试验区的地理、经济和社会背景不同，使得改革效果可能存在显著差异。

例如，沿海与内陆地区在经济发展水平、产业结构和市场需求方面差异较大，这对供给侧结构性改革的实施效果有重要影响。因此，后续研究应通过比较分析，探讨不同区域自贸试验区如何根据其特定背景调整改革策略，从而实现有效的供给侧结构性改革。这种研究能够揭示区域间改革效果的异同，为政策制定者提供更具针对性的建议。

第三，加强自贸试验区供给侧结构性改革效应的实证研究。当前研究中多以案例分析为主，缺乏量化评估。建议采用计量经济学模型对自贸试验区内政策实施后的经济发展指标进行定量分析，如经济增长率、产业结构变化、对外贸易、就业情况等。通过面板数据分析和回归模型，可以量化评估改革措施对经济增长和产业升级的具体影响，并探讨政策效果的影响因素，如政策执行力度、地方政府的配套措施等。这种量化评估能够增强研究结论的科学性和说服力。

第四，详细分析自贸试验区内具体政策措施的实施效果。例如，分析简政放权、优化营商环境、支持科技创新等政策的实际效果如何。研究者应通过调查和访谈等方法，评估这些政策对企业经营环境、市场活力和投资吸引力的具体影响。同时，需关注政策实施中的问题，如政策执行不力、地方政府间的协调问题等，并提出改进建议。对具体政策措施效果的深入分析不仅能揭示政策的实际影响，还能为未来政策的调整和优化提供依据。

第五，关注自贸试验区与周边区域的跨区域协调机制的优化。自贸试验区的政策创新和经济发展不仅影响自身，还对周边区域产生溢出效应。因此，需要研究如何通过跨区域合作机制，推动自贸试验区与邻近地区实现资源共享、政策对接和经济一体化。重点研究区域间的协调机制现状、存在的问题以及优化建议。例如，在基础设施建设、交通物流和信息网络的互联互通方面，如何提升区域间的协调性，以实现更高效的资源配置和政策对接。这种研究能够为推动区域经济的均衡发展和增强自贸试验区与周边区域的经济联系提供更有针对性的对策建议。

参考文献

一、中文文献

（一）专著

［1］邓小平．邓小平文选：第3卷［M］．北京：人民出版社，1993.

［2］高鸿业．西方经济学［M］．7版．北京：中国人民大学出版社，2018.

［3］李具恒，张美玲．区域经济协调发展研究：一个广义梯度理论的分析框架［M］．北京：科学出版社，2015.

［4］中共中央党校（国家行政学院）．习近平新时代中国特色社会主义思想基本问题［M］．北京：人民出版社，中共中央党校出版社，2020.

（二）期刊

［1］安国俊，訾文硕．绿色金融推动自贸区可持续发展探讨［J］．财政研究，2020（5）.

［2］巴曙松，柴宏蕊，方云龙，等．自由贸易试验区设立提高了金融服务实体经济效率吗？：来自沪津粤闽四大自贸区的经验证据［J］．世界经济研究，2021（12）.

［3］白仲林，孙艳华，禾哲．自贸区设立政策的经济效应评价和区位选择研究［J］．国际经贸探索，2020，36（8）.

［4］曹全来，杨丹军．新常态下开发区的供给侧改革与自贸区的法律制度创新研究［J］．法制与经济，2016（8）.

［5］陈柏林．"十三五"中国水泥经济运行成就显著［J］．中国水泥，2021（7）.

［6］陈经伟．差异化推进海南自由贸易区（港）金融结构性改革［J］．银行家，2019（10）.

［7］陈亮，王溪若，张源．前海自贸区金融创新与金融监管协调发展对策研究［J］．特区实践与理论，2018（2）.

［8］陈亮，王溪若，周睿．前海自贸区与上海自贸区金融创新比较研究

[J]. 上海金融, 2017 (9).

[9] 陈清. 中国特色社会主义政治经济学研究进展 [J]. 经济学动态, 2017 (8).

[10] 陈小亮, 陈彦斌, 王兆瑞. 供给侧结构性改革的动态演进及其对宏观经济治理的影响研究 [J]. 中共中央党校 (国家行政学院) 学报, 2023, 27 (5).

[11] 陈宗胜, 吴志强. 论中国自贸试验区建设的意义、目标及难点 [J]. 全球化, 2016 (3).

[12] 程翔, 杨宜, 张峰. 中国自贸区金融改革与创新的实践研究: 基于四大自贸区的金融创新案例 [J]. 经济体制改革, 2019 (3).

[13] 崔卫杰, 马丁, 山康宁. 中国自贸试验区促进投资的成效、问题与建议 [J]. 国际贸易, 2023 (1).

[14] 崔艳新. 供给侧结构性改革视角下我国发展技术贸易的战略思考 [J]. 国际贸易, 2018 (3).

[15] 戴翔, 宋婕. 我国外贸转向高质量发展的内涵、路径及方略 [J]. 宏观质量研究, 2018, 6 (3).

[16] 戴翔, 邹小奕. 自贸试验区制度创新的高端要素流入效应 [J]. 国际商务 (对外经济贸易大学学报), 2024 (3).

[17] 戴翔. 中国式现代化视阈下自贸试验区提升战略 [J]. 阅江学刊, 2023, 15 (1).

[18] 邓忠奇, 高廷帆, 朱峰. 地区差距与供给侧结构性改革: "三期叠加" 下的内生增长 [J]. 经济研究, 2020, 55 (10).

[19] 丁志国, 张炎炎, 任浩锋. 供给侧结构性改革的 "去产能" 效应测度 [J]. 数量经济技术经济研究, 2020, 37 (7).

[20] 杜秦川. 供给侧结构性改革下创新宏观调控的方向 [J]. 宏观经济管理, 2018 (6).

[21] 杜仕菊, 叶柏荣. 中国式现代化的生态意蕴 [J]. 环境与可持续发展, 2023, 48 (6).

[22] 杜文洁, 张晗. 基于供给侧改革的自贸试验区制度创新机制研究 [J]. 铜业工程, 2016 (2).

[23] 方江山. 深刻领会习近平新时代中国特色社会主义思想的科学体系和核心要义 [J]. 人民论坛, 2022 (Z1).

[24] 房伟, 郭庆利. 自贸试验区平行进口汽车业务前景分析: 基于银行金融服务视角 [J]. 港口经济, 2016 (12).

[25] 冯明. "十四五"时期畅通国民经济循环的理论逻辑与战略取向[J]. 经济体制改革, 2022 (1).

[26] 冯杨, 张海波. 自由贸易试验区设立对区域开放的影响研究[J]. 中国发展, 2022, 22 (2).

[27] 冯志峰. 供给侧结构性改革的理论逻辑与实践路径[J]. 经济问题, 2016 (2).

[28] 高云龙, 陈斯诺. 自由贸易试验区对所属区域经济增长的影响: 基于川渝地区的"反事实"分析[J]. 重庆工商大学学报 (社会科学版), 2024, 41 (2).

[29] 格根其日, 刘志云. 自由贸易试验区海关监管创新之法律探析: 以上海自由贸易试验区为例[J]. 上海师范大学学报 (哲学社会科学版), 2024, 53 (3).

[30] 葛察忠, 杜艳春, 吴嗣骏. 加快环境成本内部化推动供给侧结构性改革[J]. 环境保护, 2016, 44 (18).

[31] 葛浩阳. 经济全球化真的逆转了吗: 基于马克思主义经济全球化理论的探析[J]. 经济学家, 2018 (4).

[32] 葛磊, 赵宣. 土地整治助力供给侧结构性改革: 以陕西黄河西岸 (小北干流区域) 生态环境综合整治为例[J]. 西部大开发 (土地开发工程研究), 2017, 2 (8).

[33] 龚六堂. 以深化供给侧结构性改革加快建设现代化产业体系[J]. 人民论坛·学术前沿, 2023 (6).

[34] 关阳, 王开科. 供给侧结构性改革下中国资本回报率变动: 理论基础与现实证据[J]. 经济学家, 2021 (9).

[35] 桂拉旦, 李具恒. 区域可持续和谐发展的广义梯度理论论纲[J]. 中国软科学, 2005 (3).

[36] 郭长伟. 多维场域下我国主流意识形态话语权建构研究[J]. 广西社会科学, 2022 (10).

[37] 郭瑞轩. 退税减税降费落实处服务发展大局显担当: 党的十八大以来税务部门落实退税减税降费政策助力稳定宏观经济大盘综述[J]. 中国税务, 2022 (10).

[38] 海关总署研究室—上海海关学院联合课题组, 李魁文. 深化自贸试验区海关制度创新, 推进上海供给侧结构性改革[J]. 科学发展, 2018 (4).

[39] 韩彩霞, 岳华. 国家级金融综合改革试验区设立与企业实质性创新[J]. 产业经济研究, 2024 (2).

[40] 韩瑞栋，薄凡. 自由贸易试验区对资本流动的影响效应研究：基于准自然实验的视角 [J]. 国际金融研究，2019 (7).

[41] 韩文科. 强化环保约束推进能源供给侧结构性改革 [J]. 环境保护，2016，44 (17).

[42] 郝华勇，刘璐妍. 以新发展理念推动乡村特色产业高质量发展 [J]. 学习月刊，2024 (7).

[43] 何代欣. 结构性改革、扩大内需与财税政策的互动机制：一项由理论迈向实践的中国式探索 [J]. 中国社会科学院研究生院学报，2016 (5).

[44] 洪银兴. 培育新动能：供给侧结构性改革的升级版 [J]. 经济科学，2018 (3).

[45] 侯晓辉，王博. 金融供给侧结构性改革背景下的绿色金融发展问题研究 [J]. 求是学刊，2020，47 (5).

[46] 胡凤乔，李金珊. 自贸区制度外溢效应对中国自贸区制度建设的启示：基于国际公共物品视角 [J]. 华东经济管理，2016，30 (11).

[47] 胡家勇，李繁荣. 政府职能转变与供给侧结构性改革 [J]. 学习与探索，2017 (7).

[48] 黄启才. 福建自贸试验区社会事业试点创新与影响分析 [J]. 东南学术，2017 (1).

[49] 黄庆华，向静，潘婷. 成渝地区双城经济圈产业融合发展：水平测度、时空分布及动力机制 [J]. 重庆大学学报（社会科学版），2023，29 (6).

[50] 黄志钢. 中国宏观经济管理的演变和创新发展 [J]. 上海经济研究，2023 (12).

[51] 霍春辉，卞圣凯，庞铭. 统一大市场建设促进了国内价值链循环吗 [J]. 财经科学，2024 (4).

[52] 简新华，程杨洋. 中国共产党的社会主义市场经济理论创新：庆祝中国共产党成立100周年 [J]. 财经科学，2021 (5).

[53] 姜富伟，林奕皓，马甜. "去刚兑"背景下的企业债券违约风险：机器学习预警和经济机制探究 [J]. 金融研究，2023 (10).

[54] 蒋媛媛. 供给侧改革视角下的上海自贸区发展与全球城市建设 [J]. 上海经济，2017 (2).

[55] 金成晓，姜旭. 中国结构性货币政策：理论辨析、政策特点与发展策略 [J]. 经济体制改革，2021 (6).

[56] 赖先进. 从便利化向市场化法治化国际化全面推进：持续优化营商环境的策略 [J]. 行政与法，2022 (5).

［57］赖先进. 改善优化营商环境的举措、成效与展望：基于世界银行《营商环境报告2020》的分析［J］. 宏观经济管理，2020（4）.

［58］雷曜. 为改革开放新格局提供浙江自贸区金融方案［J］. 浙江金融，2021（1）.

［59］雷一鸣，唐兴军. 论共同富裕视域下的社会结构及其优化［J］. 学校党建与思想教育，2023（2）.

［60］李超，张超，刘志忠. 新发展格局下促进消费的机理与路径：以供给侧为主线［J］. 江海学刊，2023（4）.

［61］李方旺. 加大供给侧结构性改革，促进创新驱动发展，成功跨越"中等收入陷阱"［J］. 经济研究参考，2017（4）.

［62］李国平，许扬. 梯度理论的发展及其意义［J］. 经济学家，2002（4）.

［63］李国平，赵永超. 梯度理论综述［J］. 人文地理，2008（1）.

［64］李杰. 自贸试验区助力供给侧结构性改革的理论逻辑与实现路径［J］. 江苏商论，2024（5）.

［65］李杰. 自贸试验区助力构建新发展格局［J］. 国际商务财会，2022（23）.

［66］李静，许家伟. 全球价值链重构演变趋势与我国的对策：基于供给侧结构性改革的视角［J］. 江淮论坛，2017（5）.

［67］李具恒，李国平. 区域经济广义梯度理论新解［J］. 社会科学辑刊，2004（5）.

［68］李具恒. 广义梯度理论：区域经济协调发展的新视角［J］. 社会科学研究，2004（6）.

［69］李全，陈扬. 供给侧结构性改革中"去产能"政策阶段性效果研究：基于上市公司视角［J］. 河南社会科学，2019，27（7）.

［70］李世杰，赵婷茹. 自贸试验区促进产业结构升级了吗？：基于中国（上海）自贸试验区的实证分析［J］. 中央财经大学学报，2019（8）.

［71］李新光，张永起，黄安民. 自贸区背景下金融发展与产业结构升级关系的实证［J］. 统计与决策，2018（13）.

［72］李艳，杨汝岱. 地方国企依赖、资源配置效率改善与供给侧改革［J］. 经济研究，2018，53（2）.

［73］李艺丹，孙万贵. 金融规模、结构、效率影响区域经济发展的实证研究：基于供给侧结构性改革视角［J］. 西部金融，2020（6）.

［74］李云鹤，吴文锋. 供给侧结构性改革下海归高管与企业创新：来自公

司并购的证据 [J]. 系统管理学报, 2021, 30 (6).

[75] 李云鹤, 吴文锋. 数字化转型能否助力我国制造业企业创新提质增效? [J]. 社会科学, 2023 (9).

[76] 李佐军. 推进中国区域经济发展质量的全面提升 [J]. 区域经济评论, 2018 (1).

[77] 梁明, 夏融冰. 自贸试验区离岸贸易创新发展研究 [J]. 国际贸易, 2022, 485 (5).

[78] 梁玉涛. 供给侧结构性改革的税收政策研究 [J]. 改革与战略, 2017, 33 (7).

[79] 林丽琼, 梁颖欣, 黄晓莉, 等. 居民杠杆现状、成因及调控对策: 以福建省为例 [J]. 福建金融, 2020 (8).

[80] 林毅夫, 付才辉, 郑洁. 新结构环境经济学: 一个理论框架初探 [J]. 南昌大学学报 (人文社会科学版), 2021, 52 (5).

[81] 刘昶. 宏观税负、市场化与经济增长: 基于供给侧结构性改革视角的分析 [J]. 宏观经济研究, 2017 (10).

[82] 刘法威, 朱新华. 集体建设用地产权制度改革的动力机制研究 [J]. 渤海大学学报 (哲学社会科学版), 2015, 37 (2).

[83] 刘惠好, 陈梦洁, 焦文妞. "去杠杆" 政策之于国有企业创新效率: 抑制还是促进 [J]. 经济管理, 2023, 45 (11).

[84] 刘劼. 推动上海自贸试验区成为质量发展高地的思考 [J]. 中国质量与标准导报, 2017 (5).

[85] 刘金全, 张龙. 全要素生产率视角下供给侧结构性改革的经济增长效应: 基于 DSGE 模型与 PSTR 模型的分析 [J]. 西安交通大学学报 (社会科学版), 2018, 38 (3).

[86] 刘胜, 谢嘉怡. 粤港澳大湾区城市创新载体发展评价及其技术创新效应 [J]. 深圳社会科学, 2022, 5 (3).

[87] 刘霞辉. 供给侧结构性改革助推中国经济增长: 2015 年宏观经济分析及思考 [J]. 学术月刊, 2016, 48 (4).

[88] 刘晓宁. 双循环新发展格局下自贸试验区创新发展的思路与路径选择 [J]. 理论学刊, 2021 (5).

[89] 刘学侠, 崔笑李. 我国产业转型升级面临的挑战及对策 [J]. 中国党政干部论坛, 2016 (12).

[90] 刘振中, 李志阳. 新消费时代公共服务供给侧结构性改革的思路与路径 [J]. 经济纵横, 2019 (10).

［91］刘志彪．深化经济改革的一个逻辑框架：以“政府改革”推进供给侧结构性改革［J］．探索与争鸣，2017（6）．

［92］卢露，杨文华．供给侧结构性改革与企业杠杆率调整：基于上市工业企业数据的实证研究［J］．当代财经，2020（7）．

［93］罗小芳，卢现祥．增强国内大循环内生动力和可靠性的制度分析［J］．社会科学战线，2024（1）．

［94］马大来，叶红．供给侧结构性改革视角下中国科技成果转化绩效研究：基于空间面板数据模型的实证分析［J］．重庆大学学报（社会科学版），2020，26（1）．

［95］马大来，张凤太，肖粤东，等．中国工业绿色全要素生产率的时空演化特征及影响因素研究：以供给侧结构性改革为视角［J］．生态经济，2023，39（8）．

［96］马晓河，杨祥雪．以缩小城乡发展差距推动实现共同富裕［J］．改革，2023（4）．

［97］毛艳华．广东自贸试验区试点改革成效与制度创新方向［J］．国际贸易，2017，426（6）．

［98］孟景伟．全面深化改革答好“二十年之问”［J］．前线，2023（12）．

［99］牟秋菊．农村金融扶贫供给侧结构性改革初探：基于尤努斯的小额信贷扶贫实践反思［J］．新金融，2016（11）．

［100］那艺，贺京同．行为经济学与实验经济学的学术分野［J］．经济学动态，2019（7）．

［101］倪方树．论供给侧结构性改革：基于我国四大自贸试验区建设实践的研究［J］．产业创新研究，2017（2）．

［102］聂飞．自贸区建设促进了制造业结构升级吗？［J］．中南财经政法大学学报，2019，236（5）．

［103］聂飞．自贸区建设抑制了地区制造业空心化吗：来自闽粤自贸区的经验证据［J］．国际经贸探索，2020，36（3）．

［104］裴成荣，顾菁．长江中上游建设高水平自贸试验区调研报告［J］．新西部，2018（31）．

［105］乔榛．马克思经济循环理论及当代意义［J］．当代经济研究，2022（1）．

［106］秦德君．马克思主义国家职能理论框架中的“放管服”改革价值分析［J］．学术界，2021（4）．

［107］秦惠敏，徐卓顺，赵奚．供给侧结构性改革背景下财政支出对产业

结构调整的影响 [J]．社会科学战线，2019 (10)．

[108] 邱辰禧．马克思经济增长理论的新拓展：评《马克思经济学——价值与增长的双重理论》[J]．当代财经，2022 (3)．

[109] 权衡．论统筹扩大内需和深化供给侧结构性改革 [J]．中共中央党校 (国家行政学院) 学报，2024，28 (1)．

[110] 权金亮，朱思翘，刘洪伯．以自贸试验区建设为引领加快边疆经济发展 [J]．东北亚经济研究，2021，5 (1)．

[111] 任保平．工业互联网发展的本质与态势分析 [J]．人民论坛，2021 (18)．

[112] 任红梅．马克思经济学与西方经济学供给需求理论的比较研究 [J]．西安财经学院学报，2016，29 (6)．

[113] 邵志高，吴立源．供给侧结构性改革、轻资产转型与制造业业绩波动 [J]．财经问题研究，2019 (4)．

[114] 沈佩翔，蒋锦洪．共享发展：新时代中国特色社会主义政治经济学的逻辑主线 [J]．西安财经学院学报，2019，32 (3)．

[115] 苏振东，宫硕．自贸试验区能否缩小城市间经济差距？[J]．浙江学刊，2022 (6)．

[116] 孙万君，姚娟娟．新时代中国共产党共同富裕思想：生成逻辑、基本内涵及实践进路 [J]．理论导刊，2022 (4)．

[117] 孙早，许薛璐．产业创新与消费升级：基于供给侧结构性改革视角的经验研究 [J]．中国工业经济，2018 (7)．

[118] 唐国华，许成安．马克思经济增长理论与中国经济发展方式的转变 [J]．当代经济研究，2011 (7)．

[119] 唐国华．资本有机构成、劳动收入占比与经济增长方式转变：基于马克思经济增长理论的分析 [J]．经济论坛，2011 (3)．

[120] 王冰冰．创新驱动视角下供给侧结构性改革的逻辑与政策选择 [J]．经济纵横，2019 (9)．

[121] 王长明，赵景峰．创新模式选择、技术环境支持与供给侧结构性改革 [J]．现代经济探讨，2022 (8)．

[122] 王广亮，辛本禄．供给侧结构性改革：政府与市场关系的重构 [J]．南京社会科学，2016 (11)．

[123] 王海燕，刘玉顺，闫磊．新时代西北地区转型跨越的区域方位 [J]．甘肃行政学院学报，2017 (5)．

[124] 王力．自贸试验区发展应与国家重大区域战略实现对接 [J]．银行

家，2019（11）.

[125] 王利辉，刘志红.上海自贸区对地区经济的影响效应研究：基于"反事实"思维视角 [J].国际贸易问题，2017（2）.

[126] 王铭磊.基础设施 REITs 与 PPP 的融合创新 [J].中国金融，2023（5）.

[127] 王恕立，吴楚豪.自贸试验区建设推动了区域经济协同发展吗 [J].国际贸易问题，2021，462（6）.

[128] 王小艳，李黎宇.把湖南自贸试验区打造为改革开放新高地的路径探索 [J].湖南行政学院学报，2023（1）.

[129] 王垚.新时代经济治理创新赋能边疆发展：从"分散"到"整合" [J].云南社会科学，2021（4）.

[130] 王勇，汤学敏.结构转型与产业升级的新结构经济学研究：定量事实与理论进展 [J].经济评论，2021（1）.

[131] 魏蓉蓉，李天德.自贸区设立与经济高质量发展：基于 FTA 建设的准自然实验证据 [J].商业经济与管理，2020（5）.

[132] 温彬，王静文.扩大内需落地见效将成为中国经济增长重要引擎 [J].清华金融评论，2023（4）.

[133] 温来成，翟义刚.地方政府债券市场发展问题研究 [J].财政科学，2019（1）.

[134] 温信祥.稳健的货币政策保持中性 [J].中国金融，2018（8）.

[135] 翁良殊，路日亮.人的需要与社会主要矛盾的转变 [J].北京交通大学学报（社会科学版），2019，18（3）.

[136] 吴宣恭.马克思主义产权理论与西方现代产权理论比较 [J].经济学动态，1999（1）.

[137] 吴志鹏，方伟珠，陈时兴.经济全球化理论流派回顾与评价 [J].当代经济研究，2003（1）.

[138] 肖林.自贸试验区建设与推动政府职能转变 [J].科学发展，2017（1）.

[139] 肖巍.作为发展问题的我国社会主要矛盾及其解决思路 [J].思想理论教育，2018（6）.

[140] 熊易寒.浦东综合监管改革的正反馈与自我强化机制 [J].社会治理，2020（4）.

[141] 熊宇航，湛婧宁.自贸试验区的设立对制造业资源错配的改善效应研究 [J].软科学，2022，36（9）.

[142] 徐文燕. 马克思主义对西方新制度经济学的影响和贡献 [J]. 当代世界与社会主义, 2004 (3).

[143] 徐政, 张姣玉. 新发展格局下大力发展新质生产力: 价值指向与路径方向 [J]. 四川师范大学学报 (社会科学版), 2024, 51 (4).

[144] 许培源, 罗琴秀. 自贸试验区功能差异化与"一带一路"建设 [J]. 华侨大学学报 (哲学社会科学版), 2018 (6).

[145] 闫坤, 于树一. 促进我国供给侧结构性改革效能提升的财税政策研究 [J]. 国际税收, 2016 (12).

[146] 闫小斌, 段小虎, 贾守军, 等. 超越结构性失衡: 农村公共文化服务供给驱动与需求引导的结合 [J]. 图书馆论坛, 2018, 38 (6).

[147] 杨春梅. 供给侧结构性改革中的税收政策取向 [J]. 税务与经济, 2016 (6).

[148] 杨莎莉, 张平竺, 游家兴. 税收优惠对企业全要素生产率的激励作用研究: 基于供给侧结构性改革背景 [J]. 税务研究, 2019 (4).

[149] 杨枝煌. 中国成为贸易强国的实现路径 [J]. 西部论坛, 2017, 27 (2).

[150] 姚大庆, 约翰·沃雷. 上海自贸区的设立对中国资本管制的影响 [J]. 新金融, 2015, 318 (8).

[151] 叶霖莉. 自贸区设立的产业结构升级效应: 基于 PSM-DID 方法的实证分析 [J]. 国际商务研究, 2023, 44 (1).

[152] 伊馨. 福建自贸区贸易便利化的制度创新 [J]. 开放导报, 2017 (2).

[153] 余川江, 白佳琦. 内陆自由贸易港的属性及建设内容和路径: 兼析重庆自贸试验区建设经验 [J]. 西部论坛, 2019, 29 (2).

[154] 余川江, 张华, 罗悦, 等. 基于内容分析法的川渝自由贸易试验区科技创新政策研究 [J]. 电子科技大学学报 (社会科学版), 2023, 25 (5).

[155] 元利兴. 建设中国特色自由贸易港应关注的几个关键问题 [J]. 中国经贸导刊, 2018 (16).

[156] 袁银传, 王喜. 马克思主义视域中的中国特色社会主义生态文明建设 [J]. 山东社会科学, 2013 (8).

[157] 曾宪奎. 供给侧结构性改革中政府市场关系研究 [J]. 经济研究参考, 2016 (58).

[158] 曾宪奎. 我国房地产去库存战略研究 [J]. 改革与战略, 2016, 32 (11).

[159] 湛军, 王照杰. 供给侧结构性改革背景下高端服务业创新能力与绩效: 基于整合视角的实证研究 [J]. 经济管理, 2017, 39 (6).

[160] 张斌. 减税降费与中长期税制优化 [J]. 国际税收, 2019 (9).

[161] 张丹. 自贸试验区对推动制度型开放的主要成效、面临障碍及建议 [J]. 对外经贸实务, 2020 (3).

[162] 张红霞, 江立华. 制度与实践的错位: 新生代农民工户籍城镇化的路径 [J]. 理论月刊, 2022 (11).

[163] 张嘉昕, 田佳琪. 中国社会主义市场经济理论与西方市场社会主义思潮之比较 [J]. 学术交流, 2013 (5).

[164] 张来明. 加快建设自贸试验区、海南自贸港推进高水平对外开放 [J]. 中国发展观察, 2023 (Z1).

[165] 张欣. 辽宁省推进国资国企改革的路径及建议: 基于自贸试验区视角 [J]. 现代商贸工业, 2018, 39 (15).

[166] 张新, 张毅, 郑晓彬. 基于供给侧结构性改革的低碳交通体系研究 [J]. 北京联合大学学报 (人文社会科学版), 2016, 14 (2).

[167] 张鑫, 杨兰品. 沿海、内陆、沿边自贸试验区开放优势特色与协同开放研究 [J]. 经济体制改革, 2021 (3).

[168] 张兴祥, 王艺明. "双循环" 格局下的自贸试验区 [J]. 人民论坛, 2020 (27).

[169] 张湧. 系统集成与协同创新: 上海自贸试验区改革应处理好的几组关系 [J]. 科学发展, 2017 (2).

[170] 张宇. 努力探索和完善中国特色社会主义政治经济学理论体系 [J]. 政治经济学评论, 2017, 8 (2).

[171] 赵爱英, 蒲璠, 陈莹. 开放型经济高质量发展: 动能维度与制度型开放 [J]. 陕西行政学院学报, 2022, 36 (1).

[172] 赵亮. 自贸试验区驱动区域产业结构升级的机理探讨 [J]. 经济体制改革, 2021 (3).

[173] 赵明亮, 高婕, 杨昊达. 自由贸易试验区设立对双向 FDI 协调发展的影响 [J]. 经济与管理评论, 2023, 39 (2).

[174] 郑丽珍. 自贸园区的国际法律规制与中国自贸试验区的应对: 以贸易公平为视角 [J]. 福建师范大学学报 (哲学社会科学版), 2016 (3).

[175] 钟磊. 上海自由贸易试验区对中国国际投资合作的影响初探 [J]. 特区经济, 2013 (11).

[176] 周国梅. 环境保护支撑供给侧改革的建议 [J]. 环境保护, 2016,

44 (16).

[177] 周国平. 贯彻落实新发展理念的成效、问题与对策 [J]. 科学发展, 2017 (6).

[178] 周金凯. 自贸试验区与 RCEP 产业合作的分析路径与实施策略 [J]. 当代经济管理, 2022, 44 (11).

[179] 周如俊, 陈冬云. 职业院校名师培养"内卷化"的瓶颈、破解机理与路径研究 [J]. 职教论坛, 2022, 38 (4).

[180] 朱尔茜. 供给侧结构性改革: 动因、内容与次序 [J]. 河北大学学报 (哲学社会科学版), 2016, 41 (3).

[181] 朱方明, 蔡彭真. 供给侧结构性改革如何提升制造业供给质量? [J]. 上海经济研究, 2022 (3).

[182] 祝宝良. 十八大以来的经济发展 [J]. 中国金融, 2017 (19).

[183] 祝红梅, 王勇. 发展新质生产力的三个着力点和四个协同路径 [J]. 河北学刊, 2024, 44 (4).

三、其他

[1] 陈金龙, 张鹏辉. 经济特区: 中国改革开放的伟大创举 [N]. 光明日报, 2020-11-11 (11).

[2] 陈彦斌. 深化对供给侧结构性改革的认识 [N]. 经济日报, 2023-10-11 (8).

[3] 汪文正. 非凡十年, "试验田"结出累累硕果 [N]. 人民日报海外版, 2023-11-09 (4).

[4] 王文涛. 努力建设更高水平自贸试验区 [N]. 人民日报, 2023-11-06 (11).

[5] 王璐, 栾松巍. 兼并重组提速"十四五"将组建 10 家亿吨级煤企 [N]. 经济参考报, 2021-03-04 (2).

[6] 冉梨. 供给侧结构性改革的理论创新研究 [D]. 成都: 西南财经大学, 2021.

[7] 任红梅. 马克思供给需求理论视角下中国供给侧结构性改革研究 [D]. 西安: 西北大学, 2018.

[8] 王磊. 地方政府行为对产能过剩的影响研究 [D]. 大连: 东北财经大学, 2017.

[9] 夏既明. 中国银行业国际股权合作问题研究 [D]. 北京: 财政部财政科学研究所, 2011.

　　[10] 徐明君. 马克思与诺斯制度变迁理论比较研究 [D]. 南京: 东南大学, 2014.

　　[11] 张世成. 中国自贸试验区建设对产业结构升级影响研究 [D]. 沈阳: 辽宁大学, 2021.

二、英文文献
(一) 期刊

　　[1] ARAI Y, ICHIMURA H, Kawaguchi D. The Educational Upgrading of Japanese Youth, 1982—2007: Are All Japanese Youth Ready for Structural Reforms? [J]. Journal of the Japanese and International Economies, 2015, 36 (SI).

　　[2] BASDEVANT O. An Econometric Model of the Russian Federation [J]. Economic Modelling, 2000, 17 (2).

　　[3] CHEN A, LO SASSO A T, RICHARDS M R. Supply‐side Effects from Public Insurance Expansions: Evidence from Physician Labor Markets [J]. Health Economics, 2018, 27 (4).

　　[4] CHIMERINE L. A Supply‐side Miracle [J]. Journal of Business & Economic Statistics, 1985, 3 (2).

　　[5] GREEN F, DENNISS R. Cutting with both Arms of the Scissors: the Economic and Political Case for Restrictive Supply‐side Climate Policies [J]. Clim Change, 2018, 150 (1-2).

　　[6] Johansson H. The Economics of Export Processing Zones Revisited [J]. Development Policy Review, 1994, 12 (4).

　　[7] KLEINKNECHT A. The (negative) Impact of Supply‐side Labour Market Reforms on Productivity: an Overview of the Evidence [J]. Cambridge Journal of Economics, 2020, 44 (2).

　　[8] KONARA K, Tokai A. Integrated Evaluation of Energy System in Sri Lanka: a Multidimensional Sustainability Perspective [J]. International Journal of Sustainable Energy, 2022, 41 (9).

　　[9] LAZARUS M, VAN ASSELT H. Fossil Fuel Supply and Climate Policy: Exploring the Road Less Taken [J]. Clim Change, 2018, 150 (1-2).

　　[10] MENDELEVITCH R. Testing Supply‐side Climate Policies for the Global Steam Coal Market—can They Curb Coal Consumption? [J]. Clim Change, 2018, 150 (1-2).

　　[11] MINFIRD L, MEENAGH D. Supply-side Policy and Economic Growth: A

Case Study of the UK [J]. Open Economies Review, 2020, 31 (1).

[12] MIYAGIWA K F. A Reconsideration of the Welfare Economics of a Free-trade Zone [J]. Journal of International Economics, 1986, 21 (3-4).

[13] NAGPAL S, MASAKI E, PAMBUDI E S, et al. Financial Protection and Equity of Access to Health Services with the Free Maternal and Child Health Initiative in Lao PDR [J]. Health Policy and Planning, 2019, 34 (S1).

[14] PILVAR H, YOUSEFI K. Changing Physicians' incentives to Control the C-section Rate: Evidence from a Major Health Care Reform in Iran [J]. Journal of Health Economics, 2021, 79.

[15] QIAN J. Chinese Economy 2018: Transforming Economic Structures and Stabilising Growth [J]. East Asian Policy, 2019, 11 (1).

[16] SIMSHAUSER P, GILMORE J. Climate Change Policy Discontinuity & Australia's 2016—2021 Renewable Investment Supercycle [J]. Energy Policy, 2022, 160 (1).

[17] WARR P G. Export Processing Zones: The Economics of Enclave Manufacturing [J]. The World Bank Research Observer, 1989, 4 (1).

[18] YASMIN T, EL REFACE G A , ELETTER S. Sectoral Productivity in Hungarian Economy: an Input-output Linkages Approach [J]. Journal of Eastern European and Central Asian Research. 2019, 6 (2).

[19] YI H T. Clean-energy Policies and Electricity Sector Carbon Emissions in the U. S. States [J]. Utilities Policy, 2015, 34 (6).

(二) 其他

[1] DEROSA D A, RONINGEN V O. Rwanda as a Free Trade Zone: An Inquiry into The Economic Impacts [R]. United States Agency for International Development, 2002.